KB210262

보현행원품과 마음공부

보현행원품과
마음공부

글 : 법상

민족사

머리말

🪷

『화엄경』「보현행원품」은 생활 속에서 마음공부하는 이들에게 최고의 경전입니다. 괴로움을 소멸하고 행복하게 살기를 원하는 모든 이들에게 쉽고도 직접적인 가르침을 전합니다. 매우 깊은 불교의 가르침을 이토록 쉬운 방식으로 실천하게 할 수 있다는 것은 참으로 놀랍습니다. 이 쉬운 열 가지 행원 속에는 쉽지만 매우 깊은 진리가 온전히 포함되어 있습니다. 곱씹을수록 더욱더, 이토록 깊고 깊은 가르침을, 이토록 간단명료하고 단순하게, 이토록 직접 실천가능하게 설해 놓았다는 사실에 찬탄하지 않을 수 없습니다.

이것은 한 종교의 신행서가 아닙니다. 겉보기에는 불교 용어가 많이 나오다 보니 전통적인 경전 같지만, 그 단어가 주는 방편을 뚫고 너머로 깊이 들어가 보면, 이 경전은 종교와는 상관없이, 괴로움에서 벗어나 진정으로 행복해지고 싶은 사람 모두에게 존재의 핵심을 관통하는 직접적인 지혜를 선물해 줍니다. 더욱이 여기에는 직접적으로 어떻게 실천할 것인지, 어떤 마음으로 살아갈 것인지 등에 대한 구체적이고 초등학생도 실천할 수 있을 만한 지침이 담겨 있습니다.

다만 억지로 실천하려고 애쓸 필요는 없습니다. 책을 읽어 나가다 보면 저절로 공명하고, 저절로 감동이 되면서 이심전심(以心傳心)으로 경전의 핵심이 어느덧 온 존재로 체화되는 놀라운 경험이 벌어질지도 모릅니다.

우리가 사는 이 치열한 삶의 현장이 곧 『화엄경』에서 선재 동자가 선지식을 찾아 구법여행을 떠나는 곳입니다. 우리는 모두 지혜를 찾는 여행자이며, 지구별은 우리가 잠시 머무는 정박지입니다. 선재 동자가 선지식을 찾듯, 우리는 삶에서 매 순간 선지식을 찾고, 지혜를 수확합니다.

실로 우리가 사는 이곳은 선지식으로 넘쳐나고, 시선 가는 곳마다 불국토가 펼쳐지며, 모든 것은 사랑스럽고, 완전하며, 날마다 좋습니다. 다만 우리는 이 있는 그대로의 진실한 세상을 자기 생각으로 재해석하면서 우울한 우주로 바꾸는 놀라운 생각 기술자들입니다. 생각은 눈앞의 놀랍고 눈부시게 아름다운 세상을 어둡고 우울하고 싸워 이겨야 하는 생존경쟁의 장으로 바꿉니다. 만나는 모든 사람이 선지식이지만, 생각으로 보면 경쟁자일 뿐입니다. 해야 할 일이 넘쳐나 쉴 수 없고, 싸워 이겨야 하고, 더 많이 벌어야 하며, 끊임없이 인정받아야 합니다.

이렇게 힘겹게 살다가 살다가 '문득', 이 「보현행원품」을 만납니다. 이것은 기적입니다. 이 보현행원의 세상은 모든 것이 있는 이대로, 화엄 (華嚴)이라는 온갖 아름다운 꽃들로 만발한 눈부시게 상서로운 정원입니다. 연화장세계(蓮華藏世界)죠. 그동안 살아오며 보지 못한 자신의 허물을 바르게 보고 문득 놓여나, 있는 그대로를 있는 그대로 보기 시작할 때, 비로소 본래 있던 이 놀라운 세계가 당신 앞에 모습을 드러낼 것입니다.

여기에서 세상은 화엄의 꽃밭이고 만나는 이들은 찬탄할 만한 선지식이요, 좋은 도반이며, 그들을 내 몸처럼 예경하고 공양하고, 그들의 공덕에 내 일처럼 기뻐하게 됩니다. 괴로움이 모두 내 분별이 만들어 낸 것임을 깨닫고는, 모든 괴로움에서 놓여나게 됩니다. 이 사실을 알려주는 선지식에게 법을 청하고, 따라 배우며, 오래오래 공부하는 즐거움을 깨닫게 될 것입니다. 욕심과 소유와 비교에 불타는 대신, 지혜와 사랑과 찬탄과 기쁨에 넘치는 도반들과 함께 괴로움 없는 삶을 살아가게 됩니다. 나와 남이 둘이 아님에 눈을 뜨니, 저절로 이웃을 사랑하게 되고, 돕게 되고, 또 다른 나인 그들과 평화로워질 것이며, 이 모든 공덕을 모두에게 나눌 것입니다. 본래부터 세상은 눈부시게 아름다운 곳이었음이 밝혀질 것입니다.

그것이 바로 보현이 펼치는 세계입니다. 그 세계는 바로 이 세계입니다. 바로 곧장 눈앞에 현현되어 있습니다. 정말일까요? 어떻게 그럴 수 있을까요? 이 경전, 이 책은 그 길을 함께 공부해 보고자 하는 뜻에서 시작되었습니다. 이 책과 함께, 선재 동자가 선지식을 찾아 길을 떠나듯, 함께 이 놀라운 탐방길을 떠나 보면 어떨까요?

이 책은 유튜브 '법상 스님의 목탁소리'에 올려진 「보현행원품」강의 전체를 녹취하고, 녹취한 것을 몇 번에 걸쳐 다시 고치고, 가독성 있게 바꾸며, 필요한 부분은 새로 쓰면서 긴긴 작업 끝에 탄생되었습니다. 처음 이 내용을 책으로 엮을 수 있도록 도움 주신 민족사 출판사와 그 긴 법문을 녹취해 주신 청정행 박순희 보살님께 깊은 감사를 드립니다. 아울러 교정도 도와주시고, 대원정사와 목탁소리의 일이라면 나서서 내 일처럼 늘 헌신해 주시는 봉사자분들께도 감사와 사랑의 마음을 전합니다. 또한 부족한 설법임에도 지극한 마음으로 발심하여 청법하고 들어주시는 많은 도반님들께도 깊은 감사를 드립니다.

이 아름다운 경전이, 보다 많은 이들에게 투과되고 체화되어, 본래 드러나 있는 이 눈부신 화엄의 정원에서 가볍게 놀이하듯 살아가는 선지식들이 많아지기를 축원합니다.

2024년 꽃피는 봄날, 상주 대원정사에서
법상 합장

차례

🪷

보현행원품과 마음공부

우리에게 보현행원이 필요한 이유

🪷

화엄경과 보현행원품

『화엄경(華嚴經)』「보현행원품(普賢行願品)」은 부처님 가르침의 핵심을 고스란히 담고 있습니다. 『법화경(法華經)』이 『묘법연화경(妙法蓮華經)』이라고 해서 묘한 부처님의 '법'을 설하는 것이라면, 『화엄경』은 『대방광불화엄경(大方廣佛華嚴經)』이라고 해서 '불' 즉, '부처님'에 대한 이야기를 하는 경전입니다.

『화엄경』은 39개의 품이 있는 80화엄, 34개의 품이 있는 60화엄과 40화엄 이렇게 3가지 종류가 있습니다. 80화엄과 60화엄은 전편이 담겨 있는 온전한 『화엄경』이라면 40화엄은 『화엄경』의 수많은 품 가운데 「입법계품(入法界品)」만 따로 떼어놓은 것입니다. 80화엄과 60화엄의 마지막 품이 「입법계품」입니다.

「입법계품」은 하나의 품인데도 분량을 따지면 전체 『화엄경』의 4분의 1 정도를 차지합니다. 그런데 신기하게도 60화엄이나 80화엄 같은 기존 『화엄경』에는 「보현행원품」이 없습니다. 「입법계품」만을 따로 떼어 놓은 40화엄에만 「보현행원품」이 들어 있는 점이 특별합니다. 또한, 이 40화엄을 유통분 혹은 『화엄경』의 총 결론이라고도 합니다. 「보현행원품」이야말로 그 장대한 『화엄경』의 결론 중의 결론이며, 핵심 중의 핵심이라는 것입니다. 옛날 스님들도 이 「보현행원품」이야말로 『화엄경』 법문의 총체적인 결론으로 화엄 사상의 진면목을 보여 준다고 말씀하곤 하셨습니다.

『화엄경』을 모르는 분이라도 선재 동자 구법 여행기에 관한 이야기는 많이 들어보셨을 것입니다. 영화로 만들어지기도 했지요. 선재 동자가 53명의 선지식을 찾아 구법 여행을 떠나면서 다양한 법을 구하는 모습들이 「입법계품」에 등장합니다.

여래의 성품으로 사는 삶

보통 『화엄경』은 「십지품(十地品)」, 「입법계품(入法界品)」, 「여래성기품(如來性起品)」, 이 세 가지 품이 가장 유명하며, 이 세 가지 품이야말로 『화엄경』의 핵심을 설하고 있다고 알려져 있습니다. 본격적으로 공부하기에 앞서 「여래성기품」에 나오는 여래의 성품이 무엇인지부터 간단히 공부하고 시작하겠습니다.

여래성기(如來性起)란 여래의 성품이 그대로 일어난 것이 바로 이 삼라만상이고 우리 존재라는 뜻입니다. 즉 우리의 본래 성품이 여래일 수밖에 없다는 것을 설하는 것이 「여래성기품」의 핵심입니다. 앞에서 『화엄경』은 부처님을 설하는 경전이라 했는데, '우리가 지금 이대로 여지없이 부처다.'라는 이야기를 고구정녕(苦口丁寧)하게 설하고 있는 것이 바로 『화엄경』의 가르침입니다.

평소 제가 "우리는 본래 부처이기 때문에 본래 부처로만 살면 아무 문제가 없다. 본래 부처인데 본래 부처로 살지 않고 주인 자리를 분별 망상에 내주었다."라는 표현을 자주 쓰곤 합니다. 머릿속의 생각, 분별심이 주인 자리를 딱 차지하고 있어서 이 본래 주인이 힘을 못 쓰고 있는 것입니다. 이 생각이라는 거짓된 주인, 오온(五蘊), 색수상행식(色受想行識), 다시 말해 몸과 마음이라는 허망한 것을 주인 삼아서 거기에만 초점을 맞추고 살다 보니 여래의 성품을 매 순간 억누르기 바쁘고, 반대로 이 분별망상은 끊임없이 내세우기 바쁜 삶을 지금까지 살아온 것이지요.

여래의 성품을 그대로 일어나도록 허용해 주는 것이야말로 가장 간단한 삶의 지혜이고 수행이고 마음공부입니다. 분별 망상이 판을 치도록 내버려 두지 않는 것이 마음공부의 핵심입니다. 이렇게 마음공부라는 것은 단순하고 간단하고 직접적인 공부입니다.

쉬워도 너무 쉬운 마음공부

그런데 우리는 지금까지 '여래의 성품이 저 깊은 곳에 숨어 있어서 찾기 힘들다. 찾으려면 찾을 길이 없고 보이지도 않는데 그 여래의 성품을 어떻게 찾느냐?'고 생각해 왔습니다. 그런데 이것은 완전 잘못 생각한 것입니다.

마음공부는 어려울 수가 없습니다. 여래의 성품은 숨어 있는 것이 아니라, 매 순간 완전하게 드러나 있습니다. 우리는 스스로 늘 그것을 체험하고 있고, 늘 이것을 쓰고 있습니다. 여래의 성품이 아니면 여러분은 제가 하는 말을 들을 수조차 없습니다. 지금 이 글을 읽을 수도 없지요. 항상 여래를 써서 말하고 생각하고 행동하고 느끼고 보고 듣고 모든 것을 다 하고 있습니다. 물론 여래를 쓴다는 말도 근본적으로는 안 맞지만, 여래, 불성 이것이 나와 세상 전체를 굴려 쓰고 있다고도 할 수 있고, 나와 세상이 온통 둘이 아니게 이것이라고도 할 수 있습니다.

항상 여래를 쓰고 있음에도 불구하고 그 여래를 보지 않고, 분별 망상만을 보며 살았기 때문에 몰랐을 뿐입니다. 그래서 여래의 성품이 본래 일어나 있다는 사실을 깨달으면 끝나는 아주 단순한 공부입니다.

이런 얘기를 할 때마다 어이가 없어서 헛웃음이 나옵니다. 지금까지 '이게 불교야. 불교 수행은 이거야.'라고 생각하면서 헛고생한 세월을 생각하면 웃음밖에 안 나오죠. 왜 이렇게 단순하고 쉬운 부처님의 가르침을 놔두고 '왜 그렇게 불교를 어렵게 생각하고, 엄청난 수행이 필수라고 여기며 살아왔는지.' 생각할수록 당황스럽습니다.

분별 망상을 걷어내고 여래의 성품으로 고스란히 사는 '방법 아닌 방법'에 대해 할 수 있는 한 쉽게 설명해 보겠습니다.

이 「보현행원품」 강설을 시작하면서, 일단 마음을 활짝 열고 믿는 마음으로 들어보시기 바랍니다. 기존에 내가 알고 있던 불교에 대한 상(相)을 내려놓고, 텅 빈 마음으로 따라와 보시기 바랍니다.

생각이 만든 괴로움일 뿐

모든 괴로움은 전부 자기 생각, 분별로 인해 일어납니다. 내 바깥에 나를 괴롭히는 원인이 따로 있을 것 같지만, 사실은 내 분별심이 그 모든 괴로움의 원인입니다.

평생토록 자존감 없이 살았던 분, 층간소음 때문에 죽고 싶고 죽이고 싶다는 분, 온갖 질병 때문에 고통받는 분, 혹은 앞으로의 미래가 두려우신 분, 공황장애가 있는 분들 등 온갖 괴로움이 다 마찬가지입니다. 전부 자기 마음에 그 원인이 있습니다.

제가 비행기를 타고 서울과 부산을 다닌다고 했더니, 어떤 분이 자신은 비행기를 못 탄다고 하면서, 비행기를 타면 무서워서 막 떨어질 것 같고 오금이 저리고 폐소공포증도 느낀다고 합니다. 그분은 땅에 딱 닿아 있어야 안심이 되지, 기차만 타도 불안해서 못 견디겠다고 하시더군요.

그런 마음은 어떤 것일까 궁금했는데, 저도 그 비슷한 것을 경험하니 조금은 알겠더군요. 얼마 전에 태풍이 오기 전날 비행기를 탔습니다. 태풍이 오기 전이라 그런지, 비행기가 작아서인지, 하늘 위에서 엄청나게 기체가 떨렸습니다. 사람들이 소리를 지르고 순식간에 공포심을 느끼는 분들이 많은 가운데 가까스로 착륙을 했습니다. 그때 '아, 이런 인연이 오면 이런 공포감이 있을 수 있겠구나.' 하고 또 배우게 되었습니다.

또 얼마 전에 기차를 탔는데, 기차가 과도하게 흔들리면서 마치 궤도를 이탈할 것처럼 흔들린 적이 있었습니다. 그럴 때도 물론 대부분 사람은 '그럴 수도 있지.' 하면서 책을 보거나, 노래를 듣거나, 잠을 자거나 할 것입니다. 그런데 어떤 사람은 그 순간 생각이 꼬리를 물기 시작합니다. '이러다가 큰 사고가 나는 것이 아닐까?' 이런 생각이 계속 반복되다 보면 흔들릴 때마다 더 큰 불안감으로 공황장애가 오는 사람도 생겨나겠지요. 이것이 다 기차가 흔들리는 첫 번째 화살이 문제가 아니라, 그 사건에 대한 나의 두려운 생각들, 쏘아 올려지는 온갖 덧붙여진 생각인 '두 번째 화살'로 인한 괴로움입니다. 자기 생각 때문에 괴로운 것이지요.

윗집에서 쿵쿵거릴 때 처음에는 '아, 짜증이 나네.' 하고 맙니다. 쿵쿵거리더라도 텔레비전을 보거나 대화를 나누거나 하면서 신경 쓰지 않았을 때는 별문제가 없었는데, 스트레스를 조금 받다가 쌓이고 쌓이며 더 심하게 받다 보면 화가 머리끝까지 치솟기도 합니다. 그렇게 층간소음으로 인한 고통이 몇 년이고 쌓여가면, '윗 집 사람을 죽여야겠다.' 하는 정도까지 괴로움이 커지기도 합니다. 그토록 층간소음으로 죽고 싶을 만큼 괴롭지만, 태연하게 남편은 "당신이 너무 예민해."라고 하거나, 아이들도 "엄마는 왜 그래?"라고 말할 수도 있습니다. 똑같은 층간소음이 누군가에게는 문제가 안 되고, 누군가에게는 문제가 된다면, 그것은 층간소음 그 자체에 문제가 있는 것은 아니라는 뜻이죠. 그 괴로움은 윗집이 아닌, 자신이 만든 것입니다.

불면증이 계속되는 이유

불면증도 마찬가지입니다. 처음에는 잠이 안 와도 가볍게 넘기면서 그럴 수도 있다고 여기겠지만, 불면의 날들이 계속되다 보면, 머릿속으로 두려워하면서 온갖 생각이 이 불면을 더욱 부채질합니다.

'이러다 내일 회사에서 너무 졸리면 어쩌지? 운전하며 졸다가 사고가 나면 어쩌지? 왜 자꾸 잠이 안 오는 거야. 자야 해! 벌써 새벽 3시군. 지금 자도 3시간밖에 못 잔단 말이야. 짜증나! 아니! 벌써 새벽 4시잖아….'

급기야 불면은 병이고 비정상이라고 여기면서 '나에게 무슨 문제가 있나? 건강이 나빠졌나? 이러다 정신병 오는 거 아냐?' 등등의 온갖 생각이 불안감을 더욱 부채질합니다. 잠이 안 올 때마다 화가 나고 두렵고, '오늘도 잠이 안 올 것이 뻔해.'라는 생각은 더욱 잠을 못 자게 만듭니다. 낮에도 그 두려움은 지속됩니다. 밤에만 잠을 안 자면 되는데, 낮에도 생각으로 불면에 시달립니다.

우리가 괴로워하는 모든 것들이 이와 같은 방식으로 진행됩니다. 사실 첫 번째 자극에서는 그냥 무디게 지나갑니다. 그런데 두 번째, 세 번째 화살을 맞으면서 그 생각이 꼬리에 꼬리를 물면서 거대한 망상으로 집어 삼켜지기 시작합니다.

본래는 괴로울 것 없는 있는 그대로의 현실인데, 생각이 온갖 망상 분별을 덧붙여 현실을 괴물로 만들기 시작하고, 스스로 만든 그 괴물에 스스로 사로잡혀 두려워합니다. 그 괴물은 본래 있던 것이 아니라, 나 스스로 생각으로 만든 것일 뿐입니다. 자승자박(自繩自縛)일 뿐이지요.

부처님의 괴로움 소멸법

부처님께서 알려 주신 괴로움을 없애는 방법은 아주 간단하고 쉽습니다. 중도(中道)가 바로 그것입니다. 중도는 고집멸도(苦集滅道) 사성제(四聖諦) 중 도성제입니다. 그런데 중도는 늘 불이중도(不二中道)라는 수식어가 붙습니다. 불이법(不二法), 즉 둘이 아닌 불이중도입니다.

우리는 항상 세상 모든 것을 둘로 나눈 뒤, 이건 좋고 저건 싫다고 해석해서 좋은 것은 집착하고 싫은 것은 버리려고 합니다. 그렇게 둘로 나누는 것을 이법(二法), 분별법이라고 합니다.

모든 사람의 행동을 좋거나 나쁘다고 분별합니다. 또 사람들이 나에게 해 주었으면 하는 행동과 내게 하면 절대 안 될 행동을 분별합니다. '내 인생은 이렇게 펼쳐져야 해.'라고 머릿속으로 한 길을 딱 정해 놓고는 다르게 펼쳐질까 봐 안절부절못합니다. 그리고 그렇게 정해 놓은 생각에 집착하기 시작합니다. 자기 생각대로 되면 행복하고, 뜻대로 안 되면 괴롭다고 여기기 시작합니다.

이렇듯 분별한 생각에 집착할 때 괴로움이 찾아옵니다. 불면증도 그렇고 다양한 어떤 정신적인 장애와 온갖 문제들이 다 이렇게 시작됩니다.

어떻게 하면 해결할 수 있을까요? 불이중도의 길을 가면 됩니다. 지금 나를 괴롭히고 있는 그 문제를 중도적인 안목으로 바라보면 됩니다.

늘 드러나 있는 중도실상

어떻게 하는 것이 중도적으로 바라보는 것일까요? 팔정도(八正道)의 정견(正見), 있는 것을 있는 그대로 보는 것입니다. 사마타와 위빠사나, 정혜(定慧), 지관(止觀), 즉, '멈출 지(止)', '볼 관(觀)'입니다. 멈추고 있는 그대로 보면 됩니다.

뭘 멈추고 보는 것일까요? 분별을 멈추고 분별 이전의 있는 그대로의 진실을 보는 것입니다. 중도를 실천하는 것이 지관이고, 분별 없이 있는 그대로 보면 곧 실상이 드러납니다. 눈앞에 이렇게 중도실상(中道實相)이 막힘 없이 드러나 있습니다.

제법실상(諸法實相), 일체가 그대로 법(法)입니다. 내 인생에는 언제나 부처만 있습니다. 언제나 진실만 있습니다. 그런데 사람들은 부처를 찾고 싶어 하면서도 스스로 부처를 버리죠. 부처를 외면하고, 부처를 밀쳐내고, 부처와 싸워 이기려고 합니다.

무엇이 부처일까요? 제법(諸法)이 부처이고, 실상입니다. 『화엄경』에서는 '부처와 중생과 마음은 하나'라고 설합니다.

"마음은 능숙한 화가와 같아서 갖가지 오음(五陰)을 그려내니,
그러므로 이 세계 가운데서 무엇이고 짓지 못하는 법이 없네.

마음과 같이 부처님도 그러하며 부처님과 같이 중생도 또한 그러하여 마음과 부처와 중생, 이 셋은 똑같아서 차별이 없네."

지정각세간(智正覺世間)이라는 표현도 있습니다. 깨달음을 얻은 부처님과 중생들의 중생세간, 또 기세간(器世間)이라고 해서 우리가 사는 이 세상 전체 자연환경, 이 세 가지 세간이 하나로서 모두 원융무애(圓融無碍)하다고 합니다. 하나의 부처, 하나의 부처의 나툼, 즉 이 세상 자체가 그대로 부처요, 중생이 그대로 부처라는 의미입니다.

중생이 곧 지정각(智正覺), 정각을 이룬 분입니다. 못난 나를 버리고 부처가 되는 것이 아닙니다. 못난 나를 버리고 부처 쪽을 향해 나아가야 하는 것이 아닙니다. 우리는 어디로도 갈 필요가 없습니다. 바로 지금 여기에 언제나 부처가 드러나 있기 때문입니다. 지금 둘이 아닌 하나로 같이 있기 때문입니다.

나를 버리고 부처를 찾아가는 사람은 결코 부처에 이를 수가 없습니다. 여기에 이미 있는 부처를 외면하고 없는 부처를 찾아 나서려고 하니까 문제가 생기는 것입니다.

무엇이 부처입니까? 지금 이대로 내가 부처고, 내가 경험하고 있는 이 모든 것이 바로 부처를 경험하고 있는 것입니다. 눈앞이 온통 부처로 찬란합니다.

『화엄경』 할 때 '화엄(華嚴)'은 이 온 세상이 전부 꽃으로 장엄되어 있다는 뜻입니다. 온갖 다양한 꽃들이 만발하게 피어난 아름다운 정원처럼 이 지구별은 온갖 다양한 존재들 삼라만상들이 저마다의 완전한 꽃으로 피어나 있습니다. 낱낱의 모든 존재가 그대로 꽃이며 부처입니다.

무상게(無常偈)에는 "묘체담연무처소(妙體湛然無處所) 산하대지현진광(山河大地現眞光)"이라는 말이 있는데요, 우리의 성품인 묘한 본체는 맑고 밝아서 있는 곳이 따로 없고, 산하대지 그대로가 지금 참다운 진리의 빛을 발하고 있다는 의미입니다.

온통 부처뿐이며, 진리뿐인 있는 이대로인 이것을 중생들이 자신의 분별심으로 온통 덧칠하고 해석하고 판단하면서 생각으로 물들이고 있을 뿐입니다. 그 분별의 덧칠만 없다면, 삶은 이대로 진실합니다.

불면증을 통한 마음공부

지관을 통해 중도 실상을 바로 보십시오. 불면으로 잠이 안 올 때 내 마음속에서 무엇이 나를 괴롭히는지를 그저 있는 그대로 보세요. 지금까지 불면에 대해 내 생각으로 해석하고, 덧칠하고, 그 덧칠한 생각에 집착하며 두려움에 떨고 있던, 바로 그 생각과 분별을 믿는 대신, 그 생각을 멈추고, 진짜 있는 것, 있는 그대로를 단지 보기만 하는 것입니다. 이것이 정견이고, 지관이며, 중도의 길 아닌 길입니다.

사실 잠이 안 오는 그 현실 자체는 나를 괴롭히거나 스트레스 주지 않습니다. 잠이 안 오는 것은 '문제'도 아니고, '불면증'도 아니고, 그저 잠이 안 오는 것일 뿐입니다. 이것이 있는 그대로의 진실입니다. 잠이 안 올 때는 그저 잠이 안 오면 됩니다. 분별하지 않으면, 잠이 안 오는 것은 아무 문제도 없습니다. 잠 안 오는 현실이 완전히 허용되고 거기에 판단분별을 개입시키지 않으면, 그저 잠이 안 와도 좋습니다.

'지금 안 자면 내일 힘들다.'는 것은 생각일 뿐입니다. 또 그것은 지금의 일이 아니죠. 진실은, 나는 지금 여기에 있다는 점입니다. 여기에는 아무 일도 없습니다. 그저 깨어 있을 뿐! 해석하지 않으면 이것이 전부입니다.

잠이 안 올 때 잠 안 온다는 그 생각에 빠져 있기보다는 그 현실을 있는 그대로 받아들인 채 법문도 듣고, 마음도 관하고, 책도 읽어 보세요. 명상은 더욱 좋겠네요. 명상센터에 가서 가부좌를 틀고 앉아 있으면 허리도 아프고 자꾸만 졸려서 명상이 안 되는데요, 잠이 안 올 때는 최상의 명상 조건입니다. 누워서 명상을 할 수 있고, 누워서 하는데도 불구하고 잠까지 안 오니 이보다 더 좋을 수는 없습니다. 보통 명상센터에서 와선(臥禪)을 할 때는 십중팔구 다 졸다 못해 쿨쿨 잠을 자거든요.

'불면증은 나쁜 것'이라는 것은 자기 생각일 뿐이지 않은가요? 수행자들에게 불면증은 공부하기 좋은 때일 수도 있습니다. 즉, 불면 그 자체는 좋은 것도 나쁜 것도 아닙니다. 누군가는 불면을 바라고, 누군가는 수면을 바랍니다. 불면 자체는 좋은 것도 아니고 나쁜 것도 아니며, 그저 있는 그대로의 현실일 뿐입니다. 제법 실상이지요.

비 오는 날도 있고, 햇볕 나는 날도 있고, 여름도 있고, 겨울도 있듯이, 그냥 잠이 올 때도 있고, 안 올 때도 있는 것입니다. 아무 문제가 아닌 자연스러운 상황입니다. 분별할 것은 없지요.

그러니 진실을 진실로써 보라는 것입니다. 억지로 불면을 좋게 만들라는 것이 아닙니다. 사람들은 불면에 대한 생각이 문제라고 하니까, 불면에 대한 생각을 좋게 바꾸려고 애를 씁니다. 그것은 중도가 아닙니다. 중도는 무위법(無爲法)이어서 애쓰는 수행이 아닙니다. 그저 그 순간의 진실이 무엇인지를 보면 될 뿐이지, 바꿀 것은 아무것도 없습니다. 그냥 보면 진실이 보입니다.

그저 잠이 안 올 뿐, 그 뒤에 아무 생각도 따라붙지 않습니다. 드디어 잠이 안 오는 것은 전혀 문제가 되지 않습니다. 아무것도 한 것이 없습니다. 그저 있는 그대로 보니, 이러한 진실이 드러난 것일 뿐입니다.

가장 근원적인 해결책

지금 잠이 안 온다면 그것이 진리입니다. 그런데도 우리는 잠 안 오는 것은 싫고, 잠 오는 것은 좋은 것이라고 둘로 나누어 놓고, 좋은 것은 취하고 싫은 것은 버리는 취사간택심(取捨揀擇心)을 일으킵니다. 취사간택심은 불이법(不二法)과 어긋나는 이법(二法)이며, 분별심입니다. 이 취사간택심이 모든 괴로움의 시작입니다.

지난 10년간 불면증 때문에 죽을 것 같다는 분들에게 이런 이야기를 하면 대부분 어이없어하면서 '그게 무슨 답이 되느냐? 그런 얘기나 들으려고 왔겠느냐?' 하는 표정으로 다른 답을 기대하십니다. 그러나 사실 이 말은 불면증 걸린 그분이 지금까지 해결하려고 했던 모든 문제 해결 방식과는 100% 다른 방식입니다. 전도몽상(顚倒夢想), 완전히 뒤집는 방식이지요. 이것이야말로 가장 근본적인 해결책입니다.

그분은 잠이 안 오는 것은 나쁜 것이라고 마음속에서 정해 놓고, 잠이 오는 걸 취하려고 애쓰다가 안 되니까 약도 먹어 보고, 운동도 해 보고, 병원 진단도 받아보고, 보약도 지어 먹는 등 잠이 안 오는 상황을 없애버리기 위한 온갖 방법을 총동원했고, 그런데도 해결이 되지 않았습니다. 그럴 수밖에 없죠. 왜냐하면, 취사간택하는 마음이 괴로움을 가져왔는데 그 취사간택하는 마음을 더 강력하게, 더 큰 취사간택심을 일으켜서 작은 취사간택심을 제압하겠다는 것이었으니 애초부터 불가능한 것입니다.

내가 내 마음과 싸워서 이길 수 있을까요? 공연히 힘만 빠지죠. 싸우는 놈도 나고 싸우는 대상도 내가 만든 나이니, 공연하게 자기가 자기와 싸우며 힘만 낭비할 뿐입니다. 날마다 힘이 없고, 생기가 빠집니다. 당연하게 늘 예민하고, 긴장하며 이완할 수 없습니다.

그럼 어떻게 하면 될까요? 여래성기(如來性起), 『화엄경』의 「여래출현품(如來出現品)」에 답이 있습니다. 여래는 늘 출현하고 있는데도 우리는 이 여래라는 진실을 안 보고, 내 생각으로 덧칠하고 해석하여 취사간택한 것에 사로잡힙니다.

『법성게(法性偈)』에 무명무상절일체(無名無相絶一切)라는 말이 있습니다. 이 실상은 이름도 없고, 상(相, 모양)도 없고 일체가 끊어졌다는 것입니다. 즉 '불면증'이라는 이름도 없애고, '좋다, 나쁘다'라고 분별한 뒤, 좋은 것은 취하고 싫은 것은 버리려는 마음인 분별상을 딱 끊으면 어떤 일이 벌어질까요?

그 상황을 해석하지 않고 지관(止觀)하게 됩니다. 좋은 것은 취하고 싫은 것은 버리려는 마음을 멈추고, 있는 그대로 보게 됩니다. 잠이 안 오는 상황, 이 자체를 있는 그대로 보면서 있는 그대로 그 상황과 하나가 될 수 있습니다. 그 상황을 받아들이고 허용해 주는 것입니다. 그냥 그 상황이 일어나도록 내버려 두는 거예요.

받아들인다고 하니까 '받아들일 내가 있고, 받아들일 것이 있어서 내가 저걸 받아들여야지.'라고 생각하는 분들이 있는데, 그렇게 둘로 나누어 놓고 받아들이는 것이 아닙니다. 방편으로 어쩔 수 없이 받아들인다는 표현을 썼을 뿐입니다.

본래 수용되고 있잖아요. 지금 잠이 안 오고 있잖아요. 불면이 수용되고 있죠. 잠이 안 올 때 그 현실을 있는 그대로 수용하면 되는데, 생각으로 온갖 덧칠을 하여 불면이라고 이름 붙이고, 나쁜 것이라고 해석하여 그것을 받아들이지 못하고 있는 것입니다. 그저 수용되고 있는 이 경험 자체, 이 삶 자체를 있는 그대로 허용하는 것입니다. 내가 불면을 어떻게 해 보려고, 유위조작하려는 마음을 내려놓고, 그저 일어나는 일에 내맡깁니다.

그때 놀라운 전환이 일어납니다. 완전한 삶의 대반전이 일어납니다. 본래 놀라운 대전환은 이토록 아무것도 하지 않는 무위(無爲)에서 옵니다. 이것은 애써서 행하는 수행이 아닙니다. 존재의 자연스러운 본래 상태일 뿐입니다.

한 문제를 해결하면 전체가 해결된다

삶을 그대로 누리고, 만끽하고, 경험해 주고, 허락해 주고, 허용해 주십시오. '이건 좋고 저건 나쁘다고 둘로 나눠서, 이건 더체험하고 저건 덜 체험할 거야.'라고 하는 그 분별만 없다면, 그저있는 이대로가 진리입니다. 삶에서 다가오는 것을 그대로 받아들일 수 있는 지혜와 용기가 필요합니다. 이렇게 되었을 때 지금까지 한 번도 일어나지 않았던 놀라운 대전환이 시작됩니다. 직접체험해 보지 않으면 모릅니다. 말로만 듣고는 "설마 그거 했다고놀라운 전환이 일어나겠어."라고 말하지는 마시고, 직접 이 아무것도 아닌 것을 체득해 보십시오.

제가 만났던 무수한 사람들이 이 중도의 수행 아닌 수행의 결과를 전해오곤 합니다. 층간소음 때문에 극도의 스트레스를 받았던분께서는 '요즘 정말 편해졌다. 자유로워졌다.'라는 장문의 이메일을 보내오셨는데요, 신기하게도 그 문제 하나 해결하고 났더니 나머지 무수히 많은 문제가 저절로 해결되었다는 말씀을 하십니다.

예전과 다르게 요즘에는 법문이 체험적으로 확연해지기 시작했다고도 하시더군요. 그럴 수밖에 없는 것이 깨달음과 현실이 둘이아니기 때문입니다. 자신이 가지고 있던 큰 삶의 문제가 하나 해결될 때, 삶의 전반에서 깨달음이 옵니다. 모든 괴로움의 문제는사실 같은 문제이기 때문입니다. 한 문제를 중도적으로 해결해 본사람은 다른 문제 또한 해결할 수 있는 지혜를 얻게 됩니다.

이처럼 크고 작은 삶의 다양한 문제를 통해서 하는 것이 곧 마음공부이고 선(禪)이며, 중도입니다. 삶이 곧 수행의 현장이고 선방이고 절입니다. 그래서 불교에서는 몸 자체를 불당(佛堂)이라고 표현합니다.

옛날에 신찬 스님은 은사스님을 모시고 살다가, 은사스님의 각별한 보살핌에도 공허함을 채울 수 없어 스승을 찾아 행각을 나서게 됩니다. 마침내 백장회해(百丈懷海, 749~814) 선사로부터 본래면목을 확인하고는 다시 본래 있던 절로 돌아왔습니다. 어느 날 은사 스님과 목욕을 하며 은사의 등을 밀어주던 신찬이 혼잣말하듯 "불당은 참 멋진데 그 안의 부처가 성스럽지 못하군요."라고 하자, 은사가 놀라 고개를 돌립니다. 그러자 신찬은 "부처는 성스럽지 못한데 그래도 방광은 하시네요."라고 농담을 던집니다.

우리의 이 불당은 늘 성스러운 부처가 빛을 발하고 있습니다. 그러나 부처가 있으면 뭐합니까? 그 성스러움을 스스로 모른다면 아무 의미가 없습니다.

욕먹는 것이 그대로 진실

이 몸이 바로 부처이고 앞에서 말씀드린 지정각세간, 기세간이 그대로 부처입니다. 내가 사는 이 세상이 그대로 부처고 내가 경험하는 모든 것이 부처 경험입니다.

남들이 욕을 한다면 욕을 하는 그것이 부처입니다. 그것이 진리인데 우리는 진리라고 생각하지 않습니다. 왜 그렇겠습니까?

불교에서는 가장 중요한 것이 분별 이전, 생각 이전 자리라고 합니다. 항상 생각 이전 자리는 아무 일 없다고 말하지요. 만일 남들이 나에게 욕을 했을 때 그 욕의 내용을 따라가면 생각·분별을 따라간 것입니다. 그러면 스트레스를 받겠죠. 어떤 사람이 나에게 욕을 했어도 욕을 한 분별 이전으로 돌아가면 단순히 소리의 파장일 뿐입니다. 소리가 일어났다 사라지는 것에서 끝나면 아무것도 아닙니다. 그런데 '그건 좋은 거야, 나쁜 거야.'라고 생각을 따라가고 분별을 따라갔기 때문에 스트레스를 받는 것입니다. 하지만 그 소리 자체는 나를 괴롭힐 힘이 없습니다. 남들이 나를 욕했다고 해도 그게 나를 괴롭힐 힘은 없어요. 그건 그냥 그대로 진실이 드러난 것입니다.

번뇌즉보리(煩惱卽菩提)라고 합니다. 번뇌가 일어날 때 그 번뇌가 바로 보리 즉 깨달음입니다. 번뇌에 끌려가서 번뇌에 스스로 얽매여 취사간택하지 않고 첫 번째 자리에서 이것을 볼 수 있다면, 이것을 확인할 수 있다면, 이것을 허용해 줄 수 있고 받아들일 수 있다면 거기에서 부처를 확인합니다.

큰스님들이 죽비를 치시며 "탁!(죽비 소리) 이게 바로 부처다. 여기에서 법문은 다 설해 마쳤다."라고 말씀하곤 하십니다. "탁! 이 소리를 듣고 소리를 따라가지 마라. 탁! 죽비 소리니 어쩌니 해석하지 마라. 해석하지 않고 해석하기 이전, 분별로 움직이기 이전의 탁!(죽비) 이게 바로 부처다."라고 말씀하신 뜻을 아시겠습니까. 모든 것이 부처 아닌 것이 없습니다. 탁!(죽비) 이것만 부처겠습니까?

남들이 나를 욕하는 소리도 부처입니다. 그래서 옛날 선사(禪師)스님 중에 장에 가서 장 구경하다가 두 사람이 싸우는 소리를 듣다가 깨달았다는 분도 있고, 심지어 개가 짖고 닭이 우는 소리, 흐르는 물소리를 듣고 깨달은 분들도 있습니다. 이렇듯 온갖 상황 속에서 다양한 소리를 듣다가 깨달은 분들이 많습니다.

그렇다면 어떻게 소리를 듣고 깨닫는 것이 가능할까요? 그 소리의 내용을 따라가면 죽었다 깨어나도 깨닫지 못합니다. 소리의 내용을 분별하기 이전의 자리, 그 모든 소리의 출처(出處)를 확인하는 것입니다. 이 분별 이전의 자리를 확인하는 것을 견성(見性)이라고도 하고, 무분별지(無分別智)라고도 합니다.

화두(話頭)가 바로 분별 이전, 생각 이전을 가리켜 보이는 방편입니다. 말머리, 말이 일어나기 이전의 자리에 관심을 둔다면, 세상에서 등장하는 수없이 많은 그 어떤 경계도 여러분을 휘두를 수 없습니다.

괴로움을 해결하는 방법

이 세상은 나를 휘두를 힘이 없습니다. 상대방이 나를 휘두른 것이 아닙니다. 내 생각이 나를 휘두른 것일 뿐이지요. 언제나 나를 괴롭히는 것은 나 자신입니다. 우리는 100% 스스로 책임져야 합니다. 모든 것의 책임은 자기 자신에게 있습니다.

'정부의 무능한 정책 때문이야. 부모 때문이야. 남편 때문이야. 아내 때문이야. 저 녀석 때문이야.'라고 하면서 괴로움의 원인을 바깥 탓으로 돌리는데, 사실은 전부 다 자기 생각, 분별 때문인 줄 알아야 합니다.

사실, 내 바깥에 나를 괴롭힐 것은 없습니다. 단지 내가 그것을 가지고 생각하고 해석하고 분별한 그 생각을 쥐고 있어서 그 문제가 일어난 것일 뿐이지요. 그 생각이 나오기 이전으로 돌아가면 실제 아무 일이 없습니다.

제가 군에 있을 때, 여자 친구를 사귀다가 헤어져서 괴로워하는 장병들을 많이 만났습니다. 괴로워 죽을 것 같은 그 괴로움이 진짜일까요? 여자 친구와 사귀기 이전에는 아무 일이 없었을 것입니다. 여자 친구와 사귀면서 상대방에 대한 집착이 이미 커질 대로 커졌고, 그 집착하는 마음을 실체라고 생각하며 쥐고 있으니까 괴로운 것입니다. 그걸 버리기 쉽지 않지만 버리려면 어떻게 하면 될까요? 사실은 저절로 버려져요. 왜 그럴까요? 헤어지고 나서 훗날 더 좋은 사람을 만나면 옛날 사람은 잊힙니다. 놓으려고 애쓰지 않아도 옛날에 스트레스를 받았던 일들이 지금은 잊힌 것들이 많잖아요. 저절로 방하착(放下著)이 되는데, 이것은 따로 방법이라고 할 것도 없고, 수행이라고 할 것도 없어요.

괴로움을 해결하는 방법은 무엇일까요? 아무것도 하지 않으면, 즉 분별하지 않으면 저절로 해결됩니다. "땅에서 넘어진 자 땅을 딛고 일어나라."라는 말도 바로 그런 이치입니다. 옛 스님들께서 말씀하시길, "문제가 있으면 그 문제가 바로 답이다. 무언가 문제가 생기면 그 문제 속으로 들어가라."라고 하셨습니다. 문제 속으로 들어가서 하나가 되면 그때부터 문제가 안 됩니다.

문제라고 여기던 그 마음을 끊임없이 쏘아 올리다가, 바로 그 쏘아 올리기를 멈출 때 해결할 답도 필요 없어지는 것입니다. 끊임없이 생각 분별 따라가며 괴로움을 만들어 내다가, 그것을 멈추니 일이 없게 됩니다.

원하는 것을 얻고 나야만 행복해지는 것이 아니라, 원하는 것 자체가 사라지는 것이 더 근원적인 길입니다. 다만 원하는 것이 사라진다고 해서 아무것도 원하지 말고 살라는 것은 아닙니다. 원하되 집착 없이 원하고, 하되 함이 없이 하는 것입니다.

부부관계가 회복되려면

어느 보살님도 그러시더군요. 20년 동안 남편에게 스트레스를 받으며 살다 보니 어느 순간 '남편의 단점을 죽어도 못 바꾸겠구나.'라는 확신이 들었다고 합니다. 그리곤 20년 동안 스트레스를 받고 살았는데 앞으로 남은 인생 또 스트레스 받고 살 일이 너무 어이가 없더라는 거죠.

그래서 '안 되겠구나. 인정해야 하겠구나.' 하면서 '남편이 나와 함께 놀아주고, 관심도 가져주고, 사랑해 주고, 뭔가 좀 해 주었으면 좋겠다.'라는 마음을 내려놓고 나니 새로운 세상이 열렸다고 합니다.

'인생이 이렇게 즐겁구나. 남편 말고도 재미난 게 많네. 친구도 만나고, 절에도 가고, 봉사도 하면서 이렇게 재미있는데, 지난 20년간, 다른 남편은 저렇게 자상한데 내 남편은 이것밖에 안 되느냐고 탓하면서 왜 스트레스를 받았는지 모르겠다.'라는 생각이 들면서 문제가 해결되었다고 합니다.

이 보살님의 남편이 바뀌었기 때문에 해결된 것이 아닙니다. 상대방을 있는 그대로를 인정해 주고 받아들여 주었기 때문에 해결된 것입니다. 이 보살님처럼 자신에게 찾아온 그것이 진실입니다.

그렇다고 그것을 허용한다는 것은 이것을 바꾸지 않겠다는 것은 아니에요. 상대방의 잘못된 점이 많은데 그대로 살아야 하느냐? 그건 아닙니다. 바꾸려고 몇 번이고 애쓰고 애썼는데도 결국 안 되었다면, 그때는 받아들이라는 것입니다. 받아들이는 것 외에 할 수 있는 것이 더 이상 없잖아요. 그것이 현실이니 받아들이라는 것입니다. 그것을 허용했을 때 거기서 더 창조적인 답이 나오고 그 문제가 더 빨리 해결되기 시작합니다. 문제와 싸우는 사람보다는 온전히 받아들인 사람이 문제를 곧장 해결합니다. 한 번 전체적으로 받아들이게 되면, 순간 돈오(頓悟)라는 표현을 쓰게 되는 이유에 수긍이 가실 것입니다.

진정한 치유, 진정한 명상

우리의 괴로운 문제를 해결하는 것은 어려운 것이 아닙니다. '자신에게 처한 바로 이 삶이 그대로 진실이구나. 내가 바로 부처구나. 부처가 어렵게 만들어지는 게 아니고 이미 드러나 있구나. 이 드러나 있는 부처를 내가 죽이지만 않으면 되는구나. 이렇게 생생하게 살아 있는 삶을 내가 살아주면 되는구나.' 하는 것을 알면 됩니다. 삶을 생각으로 죽이지 말고 아침 햇살이 아름다우면 그 햇살을 만끽해 주고, 경험해 주고, 느껴 주세요. 그것이 명상입니다.

몸이 아프면 아픈 걸 당장 밀쳐내서 해결하려고 하지 말고 그 아픔을 같이 경험해 주고, 다독여주고, 사랑해 주세요. 그 아픔과 함께 잠시 있어 주는 시간도 가져 보고, 그럴 때 이 아픔과 화해하게 됩니다. 둘이 아닌 것이 진정한 화해입니다. 하나됨, 이것이 진정한 치유입니다. 진정한 명상이고 진정한 마음공부입니다.

모든 문제를 해결할 수 있는 길은 이 아무것도 아닌, 있는 그대로를 받아들이는 데서 시작됩니다. 이것은 남에게서 온 것이 아닙니다. 본래 내게 있던 것이 그냥 드러나는 것일 뿐입니다. 나에게 이미 있는 것을 생각으로 막다가 생각으로 막지 않으니까 저절로 진실이 드러나는 것입니다. '아~ 언제나 있었구나. 언제나 괴롭지 않은 삶이 내 앞에 딱 있었구나. 단지 내가 생각으로 이걸 막고 있었구나.'라는 사실에 눈뜨면 그걸 깨달음이라고 하는 것입니다.

수행 중 만나는 놀라운 체험 대처법

깨달음이 환상적이고 놀랍고 대단한 신비체험을 하는 것이 아닙니다. 어떤 사람을 딱 보고 바로 전생을 알아맞힌다면 그건 병이지 도가 아닙니다.

제가 아는 어떤 분은 부모님께서 매우 유명한 도인이어서 신통력이 자재했고, 심지어 아픈 사람들 손만 잡아 줘도 병이 다 나을 정도였다고 합니다. 그러면 뭐합니까? 그 도인의 자녀들이 전부 힘들고 어렵고 괴로우며, 심지어 정상적으로 사회생활도 못 하고 있어서 안타깝더군요.

우리가 알고 있는 도인의 상이 있는데요, 어쩌면 그런 도인은 병든 자일지도 모르겠다는 생각을 하곤 합니다. 진정한 도인은 남들에게 없는 그런 영적인 능력을 보유하거나, 전생을 봐주거나, 병을 낫게 하거나, 하늘을 날아다니는 그런 것이 아닙니다. 물 위를 걷는 자가 도인이 아니라 땅 위를 걷는 자가 도인이라는 말이 있듯, 진정한 도인이란 그 누구보다 평범해서 범인들이 알아보지 못할 정도로 평이하지만 그 내면은 지혜와 자비로 가득할 것입니다. 요즘 도판이나 종교판을 보면, 그런 말도 안 되는 정신적인 병자나 환자들이 오히려 정상적인 사람들을 착취하고 가스라이팅하면서 도저히 상상할 수 없는 범죄를 저지르는 경우도 종종 보곤 합니다. 우리가 바른 안목을 갖추고 있다면 절대 그런 미치광이 도인에게 끌려다니지 않을 것입니다.

물론 마음공부며 영성 공부를 하다가 미래가 보이거나, 때로는 환상이 보일 수도 있습니다. 그때 중요한 점은 거기에 집착하지 않아야 한다는 점입니다. 그런 환상이나 신비체험에 집착하면 병이 되는데 사람들은 대부분 집착을 해요.

그런데 스님들 세계에선 거기에 대한 처방전이 확실합니다. 불교에서는 삼매 체험이든, 그 어떤 신비체험이든 그건 왔다가는 체험이기 때문에 신경 쓸 것이 없다고 설합니다. 인연생 인연멸, 인연 따라 생겨난 것은 아무 의미가 없습니다. 그저 인연이 다하면 사라질 뿐입니다. 그래서 인연가합(因緣假合)이라 하여, 인과 연이 가짜로 화합했을 뿐이라고 하고, 그것을 무아(無我)라 하고 공(空)이라고도 합니다. 거기에 무언가 뜻을 찾고, 진실을 찾을 이유는 없습니다. 심지어 선에서는 견성(見性)을 체험하는 순간의 그 느낌조차 왔다가 간 것일 뿐이니 내려놓으라고 말합니다.

그런데 명상단체 중에는 그런 체험 현상을 오히려 이용하는 곳도 있습니다. 어떤 분이 놀라운 신비한 체험을 하고 나서 명상단체에 가서 얘기했더니 '차크라가 열리는 것 같다. 무슨 단계로 올라섰다.'라고 했다고 하던데요, 이 법에서 본다면 다 확실한 망상입니다. 그저 오고 가는 것으로 흘려보낼 뿐, 거기에 의미를 부여하고, 사로잡혀 거기 머물러서는 안 됩니다.

무명무상절일체(無名無相絶一切), 어떤 체험의 상태라는 모양에 어떤 이름을 정해서 그런 상태를 유지하려고 애쓸 필요가 없습니다. 지금 이대로 언제나 평상심이라고 하는 완전한 삶의 진실이 늘 드러나 있고 쓰고 있는데 왜 나에게 없는 독특하고 특별한 상황을 찾으려고 애써야 하겠습니까?

남들의 마음을 읽고 미래를 본다는 것이 무슨 의미가 있습니까? 하루에 5만 개씩 올라오는 내 마음만 보기에도 버거운데 남들의 번뇌 망상심을 다 보고 있다고 생각해 보세요. 정신이 나갈 것입니다. 타심통(他心通)이 좋다고 타심통을 쫓을 필요가 있겠습니까? 지금 이대로의 가장 평범하고 단순한, 아무것도 아닌 나의 이대로의 삶, 이것이 진실입니다.

만나는 모든 사람이 선지식

『화엄경』「보현행원품」은 『화엄경』의 가르침을 현실적이고도 실천적으로 구현한 품이라고 할 수 있습니다. 『화엄경』맨 마지막 부분에 있기도 하고, 『화엄경』에서 가장 많은 분량인 「입법계품」의 결론 부분, 다시 말해 『화엄경』의 총 결론에 해당하는 내용이 「보현행원품」입니다.

선재 동자는 문수보살(文殊菩薩)을 만나서 보리심(菩提心)을 냅니다. 보리는 보디(bodhi)로 깨달음을 뜻합니다. 선재 동자가 '깨달음을 얻어서 괴로움의 문제를 해결하겠다.' 하는 강한 발심(發心)을 하고, 문수보살을 의지해서 53명의 선지식(善知識)을 차례로 방문하여, '부처님의 참된 진리가 무엇인지, 어떻게 하면 괴로움의 문제를 해결할 수 있는지.'에 대해서 계속 질문을 합니다. 그때마다 53명의 선지식이 각각의 답을 해 주고 그다음 찾아갈 스승에 대해서도 알려줍니다. 그런 도움 덕분에 53명의 선지식을 차례로 참방(參訪)합니다. 선재 동자가 가장 마지막에 최종적으로 보현보살을 찾아가 진리에 대해 여쭙고, 보현보살이 그 답으로 이 「보현행원품」을 법문해 주는 것입니다.

선재동자가 처음 찾아간 문수보살에게 "해탈(解脫)의 문을 열어주시고 또 전도몽상(顚倒夢想)을 멀리 여의게 해 주십시오." 하고 간청을 했을 때, 문수보살은 "첫째 보리심을 내야 한다. 보리를 얻겠다는 마음, 깨달음을 얻겠다 하는 마음을 낸다. 두 번째 보리심을 발하고 나서는 선지식을 구해야 한다. 그다음에 보현행원을 갖추어야 한다."라고 세 가지를 말해 주고 나서 다음과 같은 법문을 합니다.

"모든 선지식을 가까이 모시고 공양하는 것이 완전한 지혜를 갖추게 되는 최초의 인연이다. 선지식을 가까이 모시는 데 싫증을 내지 말라. 완전한 지혜를 얻고자 한다면 선지식을 구함에 게으름이 없어야 하고 선지식을 뵙고 싫증을 내지 않아야 하며, 선지식의 가르침을 따르며, 선지식의 교묘한 방편에 허물을 보지 말아야 한다."

이렇게 선재 동자는 문수보살의 가르침에 의지해 수많은 선지식을 참방해 가르침을 구합니다. 『화엄경』에 나오는 53명의 선지식은 각계각층의 인물이 등장합니다. 바라문, 즉 타종교인도 있고, 불법이 아닌 다른 가르침을 따르는 외도(外道)도 있고, 일반 신도를 대변하는 장자, 왕, 의사, 뱃사공, 그리고 신들의 세계에 속하는 야차 등도 있습니다. 비구와 비구니스님이 있는 것은 당연하고, 심지어는 몸을 파는 창녀에 이르기까지 아주 다양한 이들이 선지식으로 등장합니다. 53명의 선지식 중에 20명이 여성이라는 것도 놀랍습니다. 인도는 오늘날에도 여성 인권이 세계에서 가장 열악한 곳이기 때문입니다.

이토록 다양한 53명의 선지식에서 보듯, 이 세상 모든 사람이 선지식이 될 수 있다는 것을 상징한 이 지점이 아주 중요합니다. 그렇다면 무엇이 선지식일까요? 누가 나의 선지식일까요?

내 인생에서, 내 삶에서 마주치는 바로 그 사람이 선지식입니다. 내 삶에 등장하는 삶 이대로가 전부 선지식이어서 나를 깨닫게 합니다. 사실 가장 훌륭한 선지식은 내가 가장 자주 만나는 사람입니다. 남편, 아내, 자식, 부모님, 친구 등등 자주 만나고 내 삶에서 오래 함께하는 그 사람이 나의 가장 큰 선지식입니다. 그러니 삶이 바로 수행처이지 따로 수행처를 찾을 것은 없습니다.

쉬워도 너무 쉬운 가르침, 보현행원품

『화엄경』「보현행원품」을 읽다 보면 조금 의아한 느낌이 들 수도 있습니다. 『화엄경』의 총 결론이며, 선지식 가운데 마지막으로 가서 듣는 최종적인 법문이 「보현행원품」이라면 『반야심경』이나 『금강경(金剛經)』 못지않은 깊이 있는 설법을 기대할 것인데, 「보현행원품」은 보면 아시겠지만 매우 간단하고, 평범하며, 쉬워도 너무 쉽습니다. 그야말로 "이게 무슨 수행(修行)이야."라는 소리가 나올 정도입니다. 『화엄경』「보현행원품」은 유치원생이나 초등학생도 바로 알 수 있고, 당장 실천할 수 있는 너무도 쉬운 언어로 설하고 있습니다.

부처님께서 깨달음을 얻자마자 바로 설했다는 경전이 『화엄경』입니다. 『화엄경』은 어려운 경전으로 정평이 나 있습니다. 처음 『화엄경』을 설했는데, 너무 어려워서 사람들이 못 알아들으니 수준을 낮춰서 다시 법문한 것이 초기 경전인 『아함경(阿含經)』, 『니까야』이고, 그다음에 차차 근기(根機)를 높여가며 대승의 법문을 설하셨다고 합니다. 그만큼 『화엄경』은 설법을 해도 사람들이 못 알아들을 정도로 심오한 경전입니다. 그런데 그런 명성에 비하면 「보현행원품」은 너무 쉬워서 오히려 당황할 정도입니다.

그러나 앞으로 공부해 보면 알겠지만 아무것도 아닌 이 쉬운 가르침, 너무나 단순한 가르침의 이면에 법을 딱 드러내고 있습니다. 가장 위대한 가르침을 가장 쉬운 언어와 방편으로 설하고 있다는 점이 바로 「보현행원품」의 놀라운 점입니다.

온통 꽃으로 장엄한 세상

『화엄경』의 총체적인 사상이 경전의 제목에 나타나 있다고 할 수 있는데, 화엄(華嚴)이라는 말 자체가 꽃으로 장엄(莊嚴)한 경전이라는 뜻입니다. 꽃으로 장엄했다는 것은 무슨 의미일까요?

'이 세상 삼라만상(森羅萬象) 모든 것들, 여러분과 여러분 주변에 있는 모든 사람, 여러분 마음에 드는 사람, 마음에 안 드는 사람, 사람들뿐만 아니라 모든 생명, 존재, 심지어 기세간(器世間)이라 불리는 이 세상 일체 모든 것들이 그대로 부처다, 그대로 진실이다, 완전한 법을 100% 드러내고 있다.'라는 것이 『화엄경』의 바탕에 깔고 있는 사상입니다.

모두가 부처인데, 다만 우리가 스스로 분별 망상 때문에 그것을 보지 못하고 있을 뿐이라는 것입니다. 제법(諸法)이 그대로 실상(實相)이고, 삶이 그대로 부처이고, 현실이 그대로 진실입니다. 내 눈에 나타나는 모든 것들이 그대로 부처를 드러내고 있습니다. 모두가 다 선지식이요, 부처입니다.

이 우주법계(宇宙法界)는 법의 진실한 세계라서, 겉보기에는 나를 괴롭히기 위해서 온 것처럼 보이는 역경계 또한 사실은 나를 깨닫게 하기 위해, 업장을 소멸시켜주기 위해, 쌓인 문제를 직면함으로써 해소되기 위해 나타난 진리 그 자체입니다. 내 인생에 등장하는 무수히 많은 괴로움, 근심 걱정, 내가 만나는 수많은 사람이 모두 크게 보면 나를 돕기 위한 것입니다. 삼라만상 어느 하나 진실하지 않은 것은 없고, 발아래 풀 한 송이조차 완전한 부처로서 조화롭게 피어 있습니다.

불교에서는 악지식, 역행보살(逆行菩薩)도 선지식이라고 말합니다. 언뜻 보기에는 가장 원수 같은 사람이 최고의 역행보살로서 나를 깨닫게 하고 도와주는 분입니다. 『화엄경』의 밑바탕에 깔고 있는 사상이 바로 모든 존재가 다 한 송이 연꽃이고, 아름다운 자성(自性)의 꽃이라는 것입니다. 우리 각자 각자가 다 장엄한 화엄의 연꽃 위에 올라앉은 부처님이라는 것입니다. 절의 불상이 연꽃 좌대 위에 앉아 있는 것도 이를 상징합니다.

선재 동자 구법 여행기를 보고 "그래, 이것이야말로 내 인생을 한번 걸어 볼 만한 일 같다. 선재 동자처럼 선지식을 참방하러 떠나리라."라고 발심하는 사람은 예나 지금이나 여전히 있습니다. 『화엄경』의 겉모습만 보고 인도로, 히말라야로, 온 세계로 선지식을 찾아 나섭니다. 이 기도(祈禱)도 해 보고, 저 수행(修行)도 해 봅니다. 염불(念佛)도 해 보고, 독경(讀經)도 해 보고, 간화선(看話禪)도 해 보고, 요즘엔 위빠사나 하러 미얀마까지 가는 분들도 많습니다.

이처럼 온갖 선지식을 찾아서 다니기는 하는데 정작 내 눈앞에 있는 가장 중요한 선지식들은 외면하고 있습니다. 올바른 선지식을 만나도 이분이 선지식인 줄 모른 채, 바깥에 있고, 다른 곳에 있는 특별한 스승만 선지식이라 여기며 찾아 헤맸단 말입니다.

사실 53명의 선지식이 있는 이유도 바로 내가 만나는 사람, 내 앞에 있는 사람이 바로 선지식이라는 것을 일깨워주기 위함입니다. 제가 평소 "눈앞에 있는 그 사람, 그 선지식에게 법을 청하세요."라고 말씀드리곤 하는데, 남편에게 자식에게 가서 법을 청하라는 얘기가 아닙니다. 법은 이미 매 순간 드러나 있습니다. 남들이 나한테 욕을 할 때도 사실은 법이 드러나고 있습니다. 칭찬할 때만 법이 드러나는 것이 아닙니다.

말의 내용을 따라가서 분별하면 그건 곧장 죽은 말이 되고, 중생의 분별 망상이 되지만, 그 말이 드러날 때 바로 그 당처(當處), 좋은 말이든 나쁜 말이든 말이 나오는 그 자리, 말이 드러나고 있는 그 자리가 바로 한결같이 법이 드러난 자리인 줄을 깨달아야 합니다. 이것을 확인하고 나면, 매 순간이 진실 아님이 없고, 만나는 모든 사람이 부처 아님이 없으며, 눈앞에서 곧장 진리 실상이 드러납니다. 바로 그때, 온 세상이 그대로 대 화엄의 꽃으로 장엄하여 있으며, 만나는 모든 것에서 부처를 봅니다.

보현행원품 마음공부

「보현행원품」은 어떻게 하면 이 법을 우리가 일상생활 속에서 온전히 흡수하고 받을 수 있는지를 가르쳐 주는 내용으로 이루어져 있습니다. 겉으로 드러난 「보현행원품」의 내용은 부처님께 예경하고, 칭찬하고, 찬탄하고, 법문 좀 해 주십사 청하는 정도의 말인 것 같습니다만, 그것이 전부가 아닙니다.

『화엄경』「보현행원품」은 삶에서 늘 만나고 있는 이 무수한 화엄의 꽃인 수많은 부처님께 어떻게 하면 법을 전해 받을 수 있는지, 어떻게 하면 절에 와서만 마음공부 한다고 생각하지 않고 일상생활에서도 항상 부처님을 모시고 공경할 수 있는지, 그래서 그 선지식의 법문을 매 순간 어떻게 하면 받아 들일 수 있는지를 설하고 있는 경전입니다.

우리 인생을 보면 좋은 일도 있고 나쁜 일도 있습니다. 좋은 일이 경험되기도 하고 나쁜 일이 경험되기도 합니다. 남들이 나에게 욕하는 소리를 듣자마자 기분 나쁜 경험이 일어나고, 또 나를 칭찬하는 사람의 말을 듣자마자 기분 좋은 경험이 일어납니다. 그런데 사실 그것은 내가 해석하고 분별한 것일 뿐입니다. 욕을 얻어먹어서 기분 나쁜 경험이 일어나는 것이 아니에요. 그건 내 분별입니다. '그 사람이 나에게 나쁜 욕을 했어.' 하고 욕을 경험했다고 느끼는데 사실은 욕을 경험하지 않습니다. 맨 느낌으로 경험하면, 첫 번째 자리에서는 욕이라고 해석하기 이전에 그냥 어떤 소리를 듣고 있는 것뿐이에요.

"너 요즘 건강해 보인다."

좋은 말인가요? 나쁜 말인가요? 어떤 사람은 건강해 보인다는 말을 들으면 '나보고 살쪘다는 얘기구나.' 하고 엄청 기분 나빠하는 사람도 있더군요. 사실 첫 번째 자리에서는 그냥 건강해 보인다는 말 자체로 끝인데 그걸 내 식대로 해석하고 잘못 받아들이는 데서 고통이 생겨납니다.

날씨가 더워서 땀이 날 때는 짜증이 경험됩니다. 추울 때는 추운 것이 경험되어 짜증이 납니다. 사실 이 짜증이라는 것은 첫 번째 자리에서의 경험이 아닙니다. 덥고 땀나는 것이 무조건 짜증나는 나쁜 경험인가요? 그것이 나쁜 경험이면 땀나고 더우면 항상 괴로워해야 할 것입니다. 그런데 우리는 사우나에선 땀을 내면서 시원하다고 하고, 또 운동할 때는 땀을 내면서도 기쁘게 뛰어다닙니다. 특히 운동선수가 시합할 때 열심히 뛰어서 땀이 뻘뻘 나는데도 우승하면 얼마나 기쁘겠습니까. 덥고 땀이 나도 기쁘죠. 즉 덥고 땀나서 짜증 난다는 것 또한 내 생각입니다. 생각으로 그걸 거르고 해석해서 경험하니까 그렇게 경험이 되는 것이지요.

무명무상절일체(無名無相絕一切), 이름과 모양을 빼고 경험하면 그저 있는 그대로를 볼 뿐입니다. 내 식대로 해석하면 좋거나 나쁜 뭔가가 되지만, 모든 말을 첫 번째 자리에서 경험하면 그저 그럴 뿐입니다. 좋거나 나쁜 뭔가가 아니고, 있는 그대로 허용하고, 있는 그대로 받아들일 뿐입니다. 그러면 그냥 그러할 뿐이기 때문에 우리 삶에 번거로움과 괴로움이 없어집니다. 머릿속으로 해석하고 판단하고 분별하지 않고 있는 그대로 경험하게 될 때 우리 앞에 등장하는 모든 삶은 그대로 진리를 드러내고 있습니다. 그걸 통해 우리는 삶을 배우고, 깨닫고, 내 안에서 올라오는 무수한 문제들, 업장들이 매 순간 해결되고, 해소되고, 그걸 통해 괴로움을 여의고 공부의 길로 나아가는 것이지요.

있는 그대로를 허용하고, 있는 그대로를 온전히 받아들이라는 그 말이 바로 위빠사나(Vipassana)입니다. 위빠사나를 하라고 얘기하지만 사실 우리는 다 관(觀)하고 있습니다. 다만 자기 생각으로 해석해서 걸러서 보니까 그게 문제가 될 뿐입니다.

눈으로 보고, 귀로 소리를 듣고, 냄새를 맡고, 맛보고, 감촉을 느껴 보고, 생각해 보는 것도 다 저절로 보입니다. 시각(視覺), 청각(聽覺), 후각(嗅覺), 미각(味覺), 촉각(觸覺) 등에 전부 '깨달을 각(覺)' 자를 쓰듯, 들어 '보고', 냄새 맡아 '보고', 맛 '보고', 감촉 느껴 '보고', 생각해 '보고', 전부 '본다.' '깨달아 안다.'라는 의미를 내포하고 있습니다. 내가 보는 것이 아니라 저절로 보입니다. 보려고 애쓰지 않아도 보입니다. 저절로 깨달아지고, 알아집니다.

눈으로만 보는 것이 아니라 들어보고, 맛보고, 냄새 맡아 보고, 감촉해 보고, 생각해 보며, 느껴 보고, 판단해 봅니다. 즉 하나의 '봄', 하나의 '앎', 하나의 '각(覺)'이라는 이 '마음'이 작용합니다. 이 저절로 깨닫고, 저절로 보고, 저절로 알아차리는 이것을 선에서는 '마음'이라고 합니다. 혹은 '이것'이라고도 합니다. 이처럼 볼 때 '이것'이 확인되고, 들을 때 '이것'이 확인되며, 느끼고 생각하고 감촉하고 냄새 맡을 때도 늘 한결같은 '이것'이 확인됩니다. 이것이 모든 것을 합니다. 여기에서 모든 것이 드러납니다. 이것이 모든 것을 비춥니다. 나도 세상도 전부 여기에서 비친 대상일 뿐입니다. 이 알 수 없고, 볼 수 없지만 늘 있는 '이것'이 참된 우리의 본래면목이며, 나머지는 전부 대상일 뿐입니다. 오온이라는 우리의 몸과 마음도 전부 대상일 뿐입니다.

내가 애써서 자아(自我), 주관(主觀), 아상(我相)이라는 착각을 일으켜서 '내가 세상을 본다.'라는 주객의 분별을 만들어 내지 않으면 첫 번째 자리에서 늘 이렇게 비추고 있는 한결같은 각(覺)이 있을 뿐입니다. 첫 번째 자리에서 저절로 보이는, 저절로 알아 차려지는 '이것', 탁!(죽비 소리) 이렇게 저절로 비추는 이게 있잖아요. 이것이 본래면목이고, 마음이고, 법이고, 도입니다.

그런데 이 첫 번째 자리의 '이것'은 너무 당연하고 평범한, 그냥 있는 그대로의 순수한, 아무 맛도 없고, 아무것도 하지 않는 것 같은 상태다 보니 관심조차 기울이지 않습니다. 우리는 항상 감정적으로 좋은 것, 나쁜 것으로 나누어 놓고 분별(分別)해서 좋은 것은 취(取)하고 싫은 것은 버려야(捨) 살아있다고 느낍니다. 우리에게는 분별이 살아있는 것이죠. 무언가 취할 때 에너지가 살아 있는 것 같고, 버리려고 애쓸 때 뭔가를 하는 것 같은 박진감 넘치는 삶이라고 느낍니다.

있는 그대로를 있는 그대로, 보이는 그대로 보고, 알아차려지는 그대로 알아차리는 것, 이것은 애쓰지 않아도 저절로 되는 거니까 공부하는 것처럼 느껴지지 않는 것입니다. 하지만 이 당연한 자리를 알아차리는 것, 이 공부가 마음공부입니다. 분별 이전에 이렇게 "탁!(죽비 소리)" 저절로 아는 이것이 이렇게 생생하게 살아있잖아요. 탁! 이것이 진짜 살아있는 생명입니다. 진짜 자기입니다.

『화엄경』「보현행원품(普賢行願品)」도 그것을 전제(前提)로 '우리가 만나는 모두가 바로 선지식이다. 분별(分別)하지 않고 있는 그대로 허용하고, 있는 그대로 받아들이고, 있는 그대로 알아지는 상태 그대로 그 전체와 마주하면 거기서 진리를 보고 거기서 선지식을 만난다. 내가 만나는 모든 사람이 전부 다 선지식 아닌 것이 없다.'라는 것을 일깨워주고 있습니다. 사람뿐만 아니라 모든 경계(境界)가 전부 다 선지식입니다.

『화엄경』「보현행원품」의 전체 제목은 「입부사의 해탈경계 보현행원품(入不思議 解脫境界 普賢行願品)」, 다시 말하면 『대방광불화엄경(大方廣佛華嚴經)』「입부사의 해탈경계 보현행원품(入不思議 解脫境界 普賢行願品)」입니다.

즉 입부사의 해탈경계라는 것은 입(入) 부사의(不思議), 즉 생각[思議]하고 뜻[議]을 일으킬 수 없는, 생각으로 닿을 수 없는 자리에 들어간다. 즉 생각으로 헤아릴 수 없는 해탈경계로 들어간다는 말입니다. 해탈의 경계는 생각으로 취할 수 없고 생각으로 들어갈 수 없는 경계입니다. 이 마음공부는 생각으로는 도저히 들어갈 수 없습니다. 그래서 '부사의(不思議)하다, 불가사의(不可思議)하다.'라는 표현을 씁니다.

그래서 제가 첫 번째 자리라고 얘기한 것입니다. 분별 이전, 생각으로 해석하기 이전의 첫 번째 자리, 누구나 처해 있는 이 자리를 생각으로 보려니까 해탈경계를 맛보지 못하는 것입니다. 그런데 입부사의(入不思議), 생각으로는 결코 들어갈 수 없으니까 생각만 하지 않으면 늘 그 자리에 들어가 있는 것이지요.

1장

서
분

말로 다 할 수 없는 여래의 공덕

그때 보현보살마하살(普賢菩薩摩訶薩)은 부처님의 거룩한 공덕을 찬탄하고 나서, 여러 보살과 선재 동자에게 말하였다.

"선남자(善男子)여, 여래의 공덕은 시방세계 모든 부처님께서 이루 다 말할 수 없고 말할 수 없는(불가설 불가설) 많은 부처님 세계(불찰: 불국토)의 극미진수[1]의 겁 동안 계속하여 말할지라도 다 말하지는 못할 것이다. 만일 이러한 공덕을 다 성취하려면 마땅히 열 가지 넓고 큰 행원(行願)을 닦아야 하느니라.

———

爾時에 普賢菩薩摩訶薩이 稱歎如來勝功德已하시고 告諸菩薩과 及善財言하사대 善男子야 如來功德은 假使十方一切諸佛이 經不可說不可說佛刹極微塵數劫토록 相續演說하야도 不可窮盡이니라 若欲成就此功德門인댄 應修十種廣大行願이니라

✿

선재 동자가 53선지식을 참방하고 구법여행(求法旅行)을 마치면서 마지막에 드디어 보현보살을 뵙고 법문을 청합니다. 그때 보현보살이 부처님의 거룩한 공덕을 찬탄하고 나서 설합니다. 바로 설법하지 않고 먼저 부처님의 거룩한 공덕을 찬탄합니다.

'선남자여,'는 '이 법을 듣는 모든 이들이여,'라는 말입니다.

---

1 극미진수 : 아주 작은 티끌만큼 많은 수, 더 이상 나눌 수 없는, 작은 티끌

여래(如來)의 공덕(功德), 즉 부처님의 공덕에 대해 찬탄하는데, 여래가 도대체 어떤 분인지, 여래의 공덕이 어느 정도인지 설합니다. 여래의 공덕이 끝이 없다는 것을 설하는데 그 표현이 웅장하죠. 시방세계(十方世界), 시방은 10방(十方)으로, 동서남북(東西南北) 4개의 방위에, 4개의 간방(間方)인 사유(四維) 즉 서북·서남·동북·동남의 네 방위를 더해, 총 8개가 되고, 여기에 상하(上下)까지 합쳐서 10방입니다. 동서남북 사유상하(四維上下)를 합쳐 10방이라고 합니다. 즉 시방은 일체 세상, 온 우주법계(宇宙法界) 전체를 뜻합니다. 이 모든 시방세계의 모든 부처님께서 이루 다 말할 수 없고 말할 수 없는 불가설(不可說) 불가설, 도저히 말로써 표현할 수 없는 법을 설하신다는 것입니다.

동서남북 사유상하인 시방(十方), 이 모든 허공 우주 전체에 부처님께서 아니 계신 곳 없이 가득 차 계시고, 그 모든 부처님께서 불가설 불가설의 무수한 법을 설하고 계십니다.

경전에는 "시방세계의 모든 부처님께서 말할 수 없고 말할 수 없이(不可說不可說) 많은 부처님세계(佛刹微塵數)"라는 표현이 상용어구(常用語句)처럼 등장합니다. 부처님이 계신 세계는 도저히 불가설, 말로는 할 수 없고, 이 말로는 할 수 없는 부처님의 세계가 극미진수(極微塵數)만큼 펼쳐져 있습니다. 그래서 불찰극미진수(佛刹極微塵數)라고 하는데, 아주 먼지 티끌만한 무한히 작은 티끌처럼 많은 수(數)를 뜻합니다. 이토록 온 우주 전체에 불국토가 많다는 것은 곧, 어디를 가든 불국토 아닌 곳이 없다는 뜻입니다. 오직 하나의 불국토뿐이며, 오직 하나의 부처뿐임을 뜻합니다. 불이법을 설하는 것이죠.

겁(劫)은 시간의 단위입니다. 『잡아함경(雜阿含經)』에 보면 가로세로와 높이가 1유순(由旬)인 큰 바위를 일 년에 한 번씩 비단옷자락으로 살짝 스치고 지나가서 그 바위가 전부 닳아 없어지는 시간을 1겁이라고 합니다. 1유순은 왕이 하루에 행군하는 거리, 혹은 소달구지로 하루에 갈 수 있는 거리라고 하는데, 보통 12km, 혹은 15km(사방 40리라고도 함)를 뜻합니다.

그러니까 가로세로가 12km, 15km 되는 거대한 바위를 얇은 비단옷으로 일 년에 한 번씩 살짝 스치고 지나가고, 일 년 뒤에 또다시 살짝 스치고 지나가서 그 바위가 전부 닳아 없어지는 시간을 뜻합니다.

혹은 가로세로와 높이가 1유순이나 되는 철로 된 거대한 성(城) 안에 티끌만한 겨자씨를 가득 담아 놓고 일 년에 한 번씩 겨자씨를 꺼내서 다 없어지는 시간을 1겁(一劫)이라고 하기도 합니다.

이렇게 1겁만 해도 어마어마한 시간인데 극미진수의 겁 동안 그 상상할 수 없을 정도로 오랜 세월 동안 계속해서 부처님 공덕을 말하더라도 다 말하지 못할 것이라고 합니다. 말 그대로 불가설불가설, 생각으로 부처님의 공덕이 얼마나 큰지를 도저히 우리는 가늠해 볼 수 없다는 것이지요. 부처님의 공덕은 깨달음의 공덕을 뜻합니다. 이것은 바로 우리의 공덕입니다. 각자 자기 자신의 공덕입니다.

여래의 공덕이 곧 나의 공덕

여러분이 이미 갖추고 있는 진정한 공덕, 굳이 말한다면 이 몸 뚱이에 갇힌 제한된 나, 거짓 나가 아니라 진정한 자기, 본래면목을 말합니다. 그런데 우리는 이 거짓 나를 진짜 나라고 생각하니까 작은 육신에 갇혀 있는 작은 내가 비좁은 마음으로 '다른 사람과의 경쟁에서 이겨야 한다.'라는 생각을 하고, '어떻게 하면 몇 년 더 오래 살까?' '어떻게 하면 좀 더 많은 돈을 가질 수 있을까?' '어떻게 하면 남들에게 좀 더 칭찬받을 수 있을까?' '어떻게 하면 좀 더 넓은 아파트로 갈 수 있을까?' 하는 생각에 몰두하고 있습니다.

제한된 이 몸을 나라고 여기는 동안에는, 고작 해 봐야 이 몸이라는 작은 나를 확장하고, 내 것을 늘리려는 생각밖에는 할 수 없는 것입니다.

그런데 그렇게 육신에 갇혀 있는 나가 진정한 참나가 아니라는 것입니다. 참나는 언제나 지금 여기 있습니다. 물론 불교에서는 무아(無我)를 설하지, 참나라는 표현을 별로 좋아하지 않습니다만, 여기에서는 그저 임시방편으로 이해를 위해 써 보겠습니다.

보통 사람들, 중생들은 이렇게 생각하곤 합니다.

'아, 나는 비좁은 나에 갇히고 싶지 않아. 어리석은 육신에 갇힌 나를 버리고 불성을 깨달은 내가 되고 싶어. 그런데 그것은 쉽지 않아. 드넓은 고해 바다를 건너야 저 피안(彼岸)의 언덕에 이를 수 있는데 어떻게 나 같은 사람이 할 수 있겠어. 부처님도 힘들게 도달했고, 10년 20년 장좌불와(長坐不臥)한 큰스님들, 몇 안거(安居)를 했다는 스님들도 힘들다 하고, 몇 겁을 나고 죽고 반복하면서도 가기 힘든데 나 같은 사람이 어떻게 부처가 될 수 있겠어. 보현보살이 말한 이 무량한 공덕은 부처님의 공덕일 뿐이야. 나는 이렇게 어리석은데 부처님은 참으로 대단하시구나. 나는 부처님 발톱 밑의 때만큼도 안 되겠지만 그걸 믿는 것만으로도 대단한 거야.'

이렇게 생각하면서 위안으로 삼는 분들이 많습니다. 이것이 대부분 중생이 경전을 읽으며 이해하는 방식입니다.

그런데 보현보살의 말씀은 전혀 그렇지 않습니다. 보현보살이 국어 문법에도 맞지 않는 것 같을 정도의 어마어마한 이야기를 한 이유는 '여러분이라는 부처님이 본래 그렇게 무한한 공덕을 가진 존재인데 왜 이렇게 어리석은 거짓 나에 갇혀서 언제까지 그러고만 살 것인가? 언제까지 몸이 나인 줄 알고, 생각이 나인 줄 알고, 내 재산이 내 것인 줄 알고, 내 자식, 내 남편, 내 것, 내 것 하면서 나와 내 것에만 갇혀서 살 것인가?'라는 것을 일깨워주기 위함입니다.

길어야 백 년 인생입니다. 이제 30년이 남았을지, 40년이 남았을지, 당장 내일 갈지 알 수 없는 게 우리 인생입니다. 얼마 남지 않은 인생에 보배를 이미 갖추고 있는데도 그걸 모르고 괴로움

속에 파묻혀 어리석게 살다가 가시겠습니까? 그런데 한번도 본 적이 없고, 만져본 적도 없고, 부처로 살아본 적이 없어서 도저히 자신이 부처라는 것이 상상이 안 될 것입니다. 한번도 부처를 경험해 보지 않았기 때문에 "2500년 전 석가모니 부처님의 깨달음 이후에는 깨달은 사람도 없는 것 같고, 나 자신도 깨달음은 상상도 못 하겠는데 어찌 내가 깨달을 수 있겠느냐?"라고 얘기하는 게 이해가 갑니다.

지금 부처를 쓰고 있다!

그런데 실상은 그렇지 않습니다. 지금, 여기에서 매 순간 부처를 쓰고 있기 때문입니다. 부처를 쓰지 않으면 숨을 쉴 수 없어요. 지금 숨쉬려고 애써 보셨습니까? 숨쉬려고 노력하지 않아도 숨은 저절로 쉬고 있지요? 숨을 내가 쉰 건가요? 저절로 일어나지 않았나요? 숨쉬려 하지 않아도 숨이 저절로 쉬어지고, 음식을 소화하려고 애쓰지 않아도 저절로 소화되고 있습니다. 지금, 이 순간도 매 순간 세포 분열을 일으키면서 성장하고 있고, 내가 늙으려고 애쓰지 않았는데 저절로 늙어가고 있어요. 내가 하지 않았는데 그냥 되고 있어요. '아, 이상하네. 내가 한 게 아닌데 여기 뭔가 이것을 가능하게 하는 뭔가가 있는 거 아닌가?'라고 궁금해지지 않나요?

이렇게 숨쉬게 하고, 몸을 움직이게 하고, 말을 듣게 하는 게 있는 것 같지 않나요? 이 모든 것을 내가 하는 것이라고 하겠지만, 그러려면 모든 것을 내 마음대로 할 수 있어야 합니다.

탁! 탁! 탁! 이 소리를 맘대로 듣지 않을 수 있나요? 그냥 들립니다. 내가 하는 게 아니라서 그렇습니다. 아침에 먹은 밥을 내 맘대로 소화하지 않을 수 있나요? 안 됩니다. 내가 하는 게 아니고 법계(法界), 법신(法身) 부처님, 자성(自性), 마음, 여래, '이것'의 작용이기 때문입니다. 대기대용(大機大用)이라고 해서, 이 우주법계 전체를 운용하고 굴리는 '이것'이 있고 없고를 넘어서서 있는 것입니다.

내가 생각한다면 내 뜻대로 생각을 멈추라고 하면 멈춰져야 할 것입니다. 그러나 실상은 내가 생각하거나 멈출 수 있는 것이 아니라, 생각은 하루에 5만 개도 넘는 온갖 종류 생각들이 저절로 일어나는 듯 보입니다. 몸이 움직이는 것이라면 내가 명령을 해야만 움직일 텐데, 갑자기 공이 날아오면 저절로 피하고, 음식을 먹으면 저절로 소화되고, 나이를 먹으면 저절로 늙어갑니다. 이 모든 것을 내가 한 적이 있나요? 저절로 되고 있지 않습니까?

내 몸이라고 여겨왔던 이것이 정말 내 몸이 맞습니까? 내 몸이 아니에요. 말로 하자면, 한마음, 주인공, 불성, 일진법계(一眞法界)라고 하는 하나의 부처가 우리의 삶 전체를 통으로 굴리고 있습니다. 지금 제가 하는 말, 이 소리를 듣는다는 것이 지금 일어나고 있는 생생한 경험입니다. 이 생생한 경험을 통해 부처를 확인하고 있습니다. 탁!(죽비 소리) 이렇게.

자꾸 사람들은 특별한 순간에 특별하게 체험되는 놀라운 견성 체험(見性體驗)을 해야 한다고 생각하지만 사실 그런 견성 체험은 왔다가 사라집니다. 그렇게 인생의 어느 한순간 이벤트처럼 왔다가 가는 체험은 진정한 체험이 아닙니다. 사실은 매 순간 일어나는 것이 체험입니다. 숨쉬면서 확인하고, 말하면서 확인하고, 생각하면서 '이것(부처, 진리, 법, 마음)'이 확인됩니다. 매 순간 확인되지 않는 때가 없습니다. 모든 것이 전부 '이것'입니다.

'이것'이 없으면 말도 할 수 없고, 생각도 할 수 없고, 행동도 할 수 없고, 손가락 하나 까딱하며 움직일 수도 없고, 소화시킬 수도 없고, 숨쉴 수도 없습니다. 그런데 이 모든 것이 공짜로 무한정 주어지고 있습니다. 이걸 찾기 위해, 이걸 더 잘하기 위해 애써서 박사 학위를 따야 할까요? 배워야 할까요? 탁!(죽비 소리) 이 소리를 듣기 위해서 노력해야 하나요? 노력할 필요가 없습니다. 이미 주어져 있어서 여러분들 모두 지금 마음껏 쓰고 있는 것입니다.

눈이 나쁜 사람이 안경을 쓰면 선명해 보이고, 안 쓰면 흐릿하게 보이긴 해도, 본다는 그 성품(性品)은 바뀐 적이 없습니다. 시각장애인 또한 안 보이는 게 아니라 안 보이는 걸 보고 있는 것입니다. 안 보인다는 사실을 알고 있죠. 눈을 감으면 안 보이는데 사실은 안 보이는 것이 아니라 안 보인다는 것을 보고 있습니다. 검은 것을 보고 있죠. 소리도 마찬가지입니다. 아무 소리도 안 들릴 때는 소리가 안 들린다는 그 사실을 자각하고 있지 않습니까?

그처럼 우리는 언제나 부처와 함께하고 있습니다. 그런데 우리는 곧장 본 것을 해석하고, 해석한 게 진짜라고 착각합니다. 보이는 것은 그냥 있는 그대로가 보일 뿐입니다. 있는 그대로 보는 자리에는 아무 문제가 없습니다.

이 손을 예로 들면, 손은 좋은 것도 아니고 나쁜 것도 아니어서 이 손을 볼 때까지는 아무 문제가 없습니다. 첫 번째 자리에서 볼 때는 아무 일이 없습니다. 그런데 제가 이렇게 손가락으로 하트 모양을 만들면 여러분들은 미소를 짓습니다. 만일 중간 손가락만 놔두고 나머지 4개를 접으면 곧장 '아니, 스님이 성스러운 절에서 저런 저급한 손가락 욕(Fuck you)을 하다니!'라는 해석이 들어가서 얼굴을 붉힙니다.

손 자체는 어떤 의미도 없습니다. 그러나 손 모양에 따라 분별을 하면 하트를 그릴 때는 좋고, 손가락 욕을 하면 기분이 나쁩니다. 즉 실상은 있는 그대로일 뿐인데, 우리가 손 모양(相)에 따라 분별을 따라감으로써 좋거나 싫은 분별이 생길 뿐이라는 것이지요.

법도 이와 같습니다. 진리는 늘 있는 그대로입니다. 지금 이대로 삶은 아무 일이 없습니다. 늘 지금 있는 이대로일 뿐입니다. 다만 여기에 중생들은 분별로 의미를 부여하고, 좋거나 나쁘다는 분별을 개입시킴으로써, 있는 그대로의 실상을 분별의 허상으로 바꾸어 놓았을 뿐입니다.

당신의 삶은 그저 그러할 뿐, 잘 살았거나 못 살았을 수 없습니다. 삶은 언제나 있는 이대로입니다. 그런 삶에 의미를 부여하여 잘 살았다거나 못 살았다고 분별하는 순간, 나 자신이 그런 사람으로 규정되고, 우울해지거나 우월감을 느끼기도 합니다. 사실 그런 분별은 전부 자기 생각일 뿐입니다. 여기 이 텅 빈 바탕에는 아무 일이 없고, 의미도 없고, 분별도 없습니다. 이 텅 빈 여기에서 '좋다.'는 분별도 나오고, '나쁘다.'라는 분별도 나왔을 뿐이지요.

이 마음공부는 바로 우리가 분별하여 좋거나 나쁘다고 취사간택하기 이전, 있는 그대로인 '현실 그대로'로 돌아가는 것입니다. 있는 그대로를 그저 있는 그대로 보는 것이 곧 정견(正見)이고 중도입니다. 그래서 스승은 늘 진리가 무엇이냐는 제자의 질문에 손가락을 하나 들어 보이거나, 뜰 앞의 잣나무를 가리키거나, 차나 한잔 하라고 합니다. 그저 있는 그대로를 있는 그대로 가리켜 보여 줄 뿐입니다. 그러나 제자는 분별 이전을 보지 못하고, 분별된 대상만을 따라가기에, 진실을 보지 못합니다.

정해진 격식이 없다

분별에 관해 이야기가 나왔으니, 절에서 우리가 일으키는 분별심에 대해 조금 살펴보죠.

아이들이 절에 와서 뛰어놀면서 웃고 떠들 때 언짢아하는 분들도 계시더군요. 절에서는 정숙해야 하고, 뛰면 안 된다고 여깁니다. 그러나 한편으로는 아이들은 천진한 그 자연 성품 자체이기에 본래 뛰고 노는 것이 자연스럽고 아름답습니다.

물론 절에서는 어느 정도 지킬 것은 지키는 것도 좋습니다만, 불교에서는 지켜야 한다고 정한 계율조차 개차법(開遮法)이라 하여, 지킬 줄도 알아야 하지만 범할 줄도 알아야 한다고 설합니다. 계율 그 자체에도 절대적으로 집착해서는 안 된다는 것이고, 그 어떤 절대적인 옳고 그른 것은 본래 없음을 의미하기도 합니다.

'절에서는 이렇게 해야 해.'라고 하면서 꼭 지켜야 한다고 고집하는 것 또한 때로는 자기 아집일 수도 있습니다. '불교는 이런 거야.'라고 할 만한 정해진 무엇이 불교에는 없습니다. 그래서 『금강경』에서는 무유정법(無有定法)이라 했습니다.

단하천연(丹霞天然, 736~824) 스님의 일화에서 유래된 단하소불(丹霞燒佛)이라는 화두가 있습니다. 단하천연 스님이 혜림사라는 절에서 하루 머물게 되었는데, 추운 겨울날 냉방에서 추위에 벌벌 떨다가 법당에서 목불(木佛)을 내려다가 도끼로 쪼개 불을 때서 뜨끈뜨끈한 방에서 푹 잤습니다.

다음날 그 상황을 보고 주지스님이 기가 막혀 야단을 치며 화를 내자 단하천연 스님이 화로(火爐)로 가서 뭘 찾는 것입니다. 주지스님이 "무엇하느냐?"라고 물으니 "사리(舍利)를 찾는다."라고 대답하면서 "나무부처가 진짜 부처라면 여기에 사리가 있어야 할 게 아니냐?"라고 질타합니다.

그래서 불교를 파격(破格)이라고 합니다. 격식(格式)을 파(破)하는 가르침이 불교예요. 그런데 오히려 오래 절에 다닌 불자들을 보면 고정관념에 휩싸인 분들이 많습니다.

과일은 몇 종류를 반드시 올려야 되고, 어떤 과일은 절대 올리면 안 된다는 등, 이건 이래야 하고 저건 저래야 하는 게 아주 많습니다.

이 모든 것이 다 우리끼리의 약속입니다. 약속을 잘 지키는 게 좋긴 합니다. 하지만 몰라서 범하는 사람에게 화를 낼 필요는 없겠지요. 절에서 예법을 지키지 않는 사람에게 화를 내는 것 또한 예법에 대한 집착입니다. 이것을 계금취견(戒禁取見)이라고 하는데요, 형식적인 계율이나 의례의식 등에 과도하게 집착하는 삿된 견해를 말합니다.

진실로 탁!(죽비 소리) 이것이 부처지 저 앞에 있는 형상이 부처가 아닙니다. 내가 이미 갖추고 있는 게 부처입니다. 침묵하는 것만 공부가 아니라, 아이가 떠들고 장난치며 뛰어다니는 그것이 그대로 부처입니다. 전부 다 이 진실에서 나오지 않은 것이 없습니다. 그러니 그 무엇인들 수용하지 못할 것이 있겠어요.

그렇다고 법당의 부처님을 무시하라는 말은 아닙니다. 『화엄경』「보현행원품」처럼 지극하게 부처님을 공경해야 합니다. 그러나 법의 자리에서는 이 파격(破格)이 가능합니다. 진짜 부처가 뭔지를 알면 이 모든 방편은 해도 그만, 안 해도 그만입니다. 때로는 격식을 깨뜨리는 자유로움을 드러낼 수도 있고, 또 때로는 모든 격식과 예법을 잘 지키며 조화로울 수도 있습니다. 격외(格外)라는 말처럼 격식 바깥에서 자유로울 수 있다면 다시금 그 모든 격식을 다 지키면서도 자유로울 수 있습니다.

서울에 가면 젊은 스님들을 중심으로 불교문화가 상당히 많이 바뀌고 있습니다. 예를 들면, 천도재(薦度齋)도 어떤 절에서는 음식을 정말 간단하게 올리고, 2~3시간 염불(念佛)하는 대신 간단한 예식과 다 함께 절 하는 것으로 끝내는 때도 있습니다.

제가 군승(軍僧) 시절, 먼저 열반에 든 선배스님들의 천도재를 지낼 때, 초기에는 2~3시간 염불하며 천도재를 했었는데요, 어느 순간부터 그저 차를 올리고 다 함께 삼배를 드리는 것으로 천도재를 끝내곤 했습니다.

'어떤 것이 옳다, 그르다.'가 아니라, 옳고 그르다고 정해진 것을 따로 두지 않는 것입니다. 이렇게 해도 좋고, 저렇게 해도 좋습니다. 어느 한쪽에 치우칠 것은 없다는 것이죠. 형식적인 것을 챙기는 걸 나무랄 필요도 없고, 안 하는 것을 무조건 좋다고 할 수도 없습니다.

여래의 공덕을 성취하려면

여래의 공덕은 이루 다 말할 수 없을 정도로 많아서 시방세계 모든 부처님께서 극미진수라는 오랜 세월 동안 계속 말할지라도 다 말하지 못할 것이라고 했습니다. 이토록 말로 다 할 수 없는 불가사의한 여래의 공덕이 바로 우리 자신의 공덕인데, 우리는 이 놀랍고도 본래 완전한 공덕을 다 받고 있으면서도 받는 줄 모르고, 스스로 공덕이 있는지조차 모르며 살고 있습니다.

이 모든 것이 중생의 허망한 망상분별 때문인데, 이 오래고 질긴 분별 망상을 어떻게 하면 깨뜨릴 수 있을까요? 「보현행원품」은 바로 그것이 가능한 길을 보여주고 있습니다. 그것은 바로 다음 본문에 나오게 될 열 가지 행원을 닦는 것입니다.

2장

정종분

열 가지 서원(誓願)의 이름

"그 열 가지 원이란 첫째는 모든 부처님께 예배하고 공경함이 요, 둘째는 부처님을 우러러 찬탄함이며, 셋째는 널리 공양함 이요, 넷째는 업장을 참회함이며, 다섯째는 남이 지은 공덕을 따라 기뻐함이요, 여섯째는 설법하여 주시기를 청함이며, 일곱 째는 부처님께서 이 세상에 오래 머무르시기를 청함이며, 여덟 째는 항상 부처님을 따라 배움이며, 아홉째는 항상 중생을 따 름이요, 열째는 지은 바 모든 공덕을 널리 회향하는 것이니라."

—

何等이 爲十고 一者는 禮敬諸佛이요 二者는 稱讚如來요 三者는 廣修供 養이요 四者는 懺除業障이요 五者는 隨喜功德이요 六者는 請轉法輪이요 七者는 請佛住世요 八者는 常隨佛學이요 九者는 恒順衆生이요 十者는 普皆廻向이니라

🪷

보현보살이 서두에 간단하게나마 열 가지 서원(誓願)을 언급하 고 있습니다. 그런데 얼핏 보면 너무 간단해서 전혀 대단한 서원 처럼 느껴지지는 않아 보입니다. 사실 가장 위대한 진리는 가장 단순하며, 가장 쉽고, 가장 가까운 것이어야 합니다. 이 단순하고 평범한 서원 속에 도대체 어떤 지혜와 원력이 담겨 있기에 그토 록 보현행원을 옛 스님들이 좋아하셨는지 살펴보도록 하겠습니 다. 보현보살 10종행원은 다음과 같습니다.

첫째 모든 부처님께 예배하고 공경하며,

둘째는 부처님을 우러러 찬탄하는 것이고,

셋째는 널리 공양하는 것이고,

넷째는 업장(業障)을 참회(懺悔)하는 것이고

다섯째는 남이 짓는 공덕을 따라서 함께 기뻐해 주는 것이고,

여섯째는 설법해 주기를 청하는 것이고

일곱째는 부처님께서 이 세상에 오래 머무르시길 청하는 것이고

여덟째는 항상 부처님을 따라 배우는 것이고

아홉째는 항상 중생을 따르는 것이고

열째는 지은 바 모든 공덕을 널리 회향하는 것입니다.

선재 동자가 아뢰었다.

"거룩하신 이여, 어떻게 예배하고 공경하며, 내지 어떻게 회향
하면 될까요?"

———

善財가 白言호대 大聖이시여 云何禮敬으로 乃至廻向이니잇고

❀

내지(乃至)라는 말은 첫 번째부터 열 번째까지 중간을 다 생략
했음을 뜻합니다. '첫 번째부터 열 번째까지 이 보현행원을 구체
적으로 어떻게 실천하면 될까요?' 하는 질문까지가 정종분(正宗
分)의 시작입니다. 다음은 부처님께서 어떻게 열 가지 보현행원을
구현하는지에 대해서 법문하고 있는 본문이 나옵니다. 이제 보현
행원의 각각 하나하나의 원을 살펴보도록 하겠습니다.

제1 예경제불원(禮敬諸佛願)
부처님 예경하기를 서원합니다

보현보살이 선재 동자에게 말하였다.

"선남자여, 부처님께 예배하고 공경한다는 것은 온 법계 허공계 시방 삼세 모든 부처님 세계의 극미진수의 모든 부처님을 내가 보현행원의 원력으로 깊이 믿고 이해하여 눈앞에서 대하며, 청정한 몸과 말과 뜻으로 항상 예배하고 공경하는 것이니라.

———

普賢菩薩이 告善財言하사대 善男子야 言禮敬諸佛者는 所有盡法界虛空界十方三世一切佛刹極微塵數諸佛世尊을 我以普賢行願力故로 深心信解하야 如對目前하야 悉以淸淨身語意業으로 常修禮敬호대

🪷

예경할 부처님은 누구인가?

「보현행원품」의 열 가지 보현보살의 행원 가운데 첫 번째 행원은 '모든 부처님께 예경하다.'라고 하는 예경제불원(禮敬諸佛願)입니다.

예경제불원이 보현보살의 첫 번째 원력(願力)인데, 이것을 살펴

보기에 앞서 꼭 짚고 넘어가야 할 점이 있습니다. '누가 부처님이냐?' 하는 것입니다. 절에 가서 부처님 전에 절하고 예배하는 것이 보현보살의 첫 번째 원력일까요? 여기서 부처님은 절에 모신 불상만을 말하는 것이 아니고 온 법계, 허공계, 이 온 세계 전체의 모든 부처님을 뜻합니다. 시방 삼세(三世: 과거, 현재, 미래), 즉 시간과 공간적으로 모든 곳에 부처님의 세계는 두루 편만(遍滿)해 있으니, 그 극미진수(極微塵數, 가장 작은 단위)의 모든 부처님께 다 예경한다는 것입니다. 다시 말하면 이 우주법계 전체, 모든 시간과 공간에 부처님 세계가 두루하고, 그 부처님 세계에 있는 작은 티끌 같은 모든 것들, 두두물물(頭頭物物) 삼라만상(森羅萬象) 모든 것들이 전부 다 부처님 아님이 없음을 설하고 있습니다.

부처님께 예불하고 예경하라고 하는 것은 깨달음을 얻으신 특정한 부처님과 큰스님들께만 예경(禮敬)하라는 원이 아니고, 이 시방 삼세에 있는 일체 모든 부처님께, 즉 삼라만상 일체 모든 존재의 본성은 모두 부처 아님이 없기에, 그 부처님들 모두에게 예배하고 예경하겠다는 것입니다.

보현보살의 첫 번째 서원이 바로 이처럼, 일체 만나는 모든 이들에게 부처님 대하듯 예배, 예경하는 것입니다. 이것이 수행자의 첫 번째 원력입니다.

도반님들은 어떠신가요? 매일 만나는 가족, 친구, 동료들을 나아가 처음 보는 모든 이들과 하늘과 바람과 구름과 풀 한 포기와 길고양이와 꽃 한 송이를 예배하고 예경하고 계시는가요?

만나는 일체 모든 것들이 전부 부처님 아님이 없습니다. 그들을 예경하는 것이 곧 부처님을 예경하는 것입니다. 이 예경이 깊어지면 예경하는 나와 예경 받는 대상이 둘이 아니게 되어 참된 불이법(不二法)의 진실에 들어가게 됩니다.

온 세상이 부처로 가득하다

불교 경전에는 온 법계(法界), 허공계(虛空界,) 시방삼세, 불찰미진수(佛刹微塵數), 일체제불(一切諸佛)을 상용어처럼 자주 씁니다. 시방삼세(十方世界) 부처님이라 한 것은 모든 공간과 모든 시간이 완전히 부처님으로 꽉 들어차 있다는 뜻이라고 했죠. 즉 불이법(不二法)으로서 하나의 진리, 하나의 진실, 하나의 부처밖에 없다는 뜻입니다.

우리는 이 세상 어느 곳 어느 때에도 부처님밖에 만날 수가 없습니다. 하나의 바다 위에 무수히 많은 수의 다양한 모양의 파도가 치듯, 하나의 부처[一佛乘, 一眞法界, 一心]가 낱낱의 일체 모든 삼라만상의 모양으로 현현(顯現)한 것입니다. 그래서 『화엄경』에서는 일체유심조(一切唯心造)라고 하여, 이 하나의 마음, 즉 일심이 일체 모든 것을 만들었다고 설하고 있습니다.

경전에서도 일체 모든 곳에 똑같은 하나의 부처님이 완전히 100% 드러나 있기에 불찰미진수의 무수히 많은 부처님이라고 했습니다.

불이법(不二法), 둘이 아닌 것이 법의 진실입니다. 세상 어느 곳도 더 좋고 더 나쁜 곳이 없고, 중생과 부처가 따로 없습니다. 동일한 하나의 진실, 하나의 부처가 모든 시간과 모든 공간에 완전하게 편만(遍滿)해 있다는 뜻입니다.

아미타불(阿彌陀佛)의 다른 명호(名號)가 무량수불(無量壽佛) 혹은 무량광불(無量光佛)입니다. 즉 극락세계, 서방정토(西方淨土)에 있는 아미타 부처님만 아미타 부처님인 것이 아니라는 뜻입니다. 무량(無量)한 수명(壽命)의 부처님이라는 것은 모든 때에 아미타 부처님이 항상 계신다는 것이고, 무량한 광명(光明)의 부처님이라는 것은 모든 곳에 부처님이 항상 계신다는 말입니다.

이삿날, 개업날 택일해야 할까?

경전에서 이렇게 시방삼세에 계시는 무량한 불찰 미진수의 부처님을 설하고 있음에도 불구하고 사람들은 실천하지 않죠. 예를 들어볼까요?

"이사 갈 때 어느 곳으로 가야 할까요?"라고 이사 방위를 묻는 분들이 있습니다. 혹은 "어느 쪽으로 이사를 해야 사업이 좀 더 잘 될까요?"라고 묻는 분들도 있습니다. 이사하는 날짜, 개업하는 날짜를 좀 택일(擇日)해 달라는 분들도 있고, 산소 즉 묫자리를 어디로 쓰느냐에 따라 운명이 달라진다고 생각하는 분들도 많습니다. 심지어 "회사 책상에서 앉는 자리만 옮겨도 승진한다던데 책상을 어느 쪽으로 놓아야 할까요?"라고 묻는 사람도 있습니다.

그런데 시방삼세 온 우주 전체가 무량수 무량광 부처님의 현현이라고 보는 이 불이법의 진리를 공부하는 불자들이 할 소리는 아니겠지요. 공부인에게는 좋은 곳이나 좋은 때가 따로 있지 않습니다. 여기와 저기, 그때와 지금이 둘이 아닙니다. 절에 가면 자주 볼 수 있는 글귀 중에 '날마다 좋은 날(日日是好日)'이라는 것이 있죠. 매일이 날마다 좋은 날이고 매 순간이 날마다 좋은 때이며, 바로 지금 있는 이곳이 언제나 가장 좋은 곳입니다. 그리고 삶은 언제나 '지금 이 순간', 즉 목전(目前), 눈앞일 뿐입니다.

그러니 공부인이라면 특별히 좋은 날을 분별해서 택일할 필요가 있을까요? 눈앞의 바로 지금 여기, 지금 이 순간이 전부입니다. 일체시(一切時) 일체처(一切處)가 온전히 평등하여 둘이 아닙니다. 더 좋은 날이나, 더 좋은 때가 따로 있지 않습니다. 눈앞이 항상 여여부동할 뿐이지요.

물론 현실에서 사람들이 오래전부터 습관적으로 써오던 전통이자 문화 일부가 되어버린 그런 것들까지 다 쓸데없으니 필요 없다고 하는 말은 아닙니다. 공부인이고 수행자라면 모든 사람이 전통이고 문화라고 하며 당연시하고 있는 부분들에 대해서도 문득 질문을 던져볼 수 있어야 하지 않을까요? 아무리 많은 사람이 믿고, 오래전부터 믿어왔다고 하더라도 무조건 믿을 이유는 없습니다. 『앙굿따라 니까야』 「깔라마경」에서도 다음과 같이 설하고 있습니다.

"소문으로 들었다고 해서, 대대로 전승돼 내려온다고 해서, '그렇다고 하더라.'라고 해서, 성전이나 경전에 쓰여 있다고 해서, 논리적이라고 해서, 추론에 의해서, 이유가 적절하다고 해서, 우리가 사색하여 얻은 견해와 일치한다고 해서, 유력한 사람이 한 말이라고 해서, 혹은 이분은 우리 스승이기 때문에 그대로 따르지는 말라.

그대들은 참으로 스스로가 '이러한 법은 해로운 것이고, 이러한 법은 비난받아 마땅하고, 이런 법들은 현자들의 비난을 받을 것이고, 이러한 법들을 전적으로 받들어 행하게 되면 손해와 괴로움이 있게 된다.'라고 깨닫게 되면 그때 그것들을 버리도록 하라.

그대들은 참으로 스스로가 '이러한 법은 유익한 것이고, 비난받지 않으며, 현자들의 비난을 받지 않고, 전적으로 받들어 행하면 이익과 행복이 있게 된다.'라고 깨닫게 되면 그것들을 구족하여 거기에 머물러라."

오래전 어떤 사람이 자기 머릿속에서 분별심(分別心)을 하나 일으켜 '묫자리는 아무 데나 쓰면 안 된다. 날짜는 아무 때나 택(擇)하면 안 된다.'라는 한 생각을 일으켰을 것입니다. 어떤 하나의 논리(論理), 하나의 이치(理致)를 만들어 낸 거예요. 그 뒤부터 사람들은 이사도 제 마음대로 못 가고, 어디로 갈지도 잘 아는 누군가가 정해 주어야 한다는 종교를 믿기 시작한 것입니다.

이는 마치 오래전 누군가가 어머니 대지인 땅에 금을 긋고 땅을 사고팔도록 하는 시스템을 만들어 사람들에게 믿게 하자고 마음먹었고, 놀랍게도 지금은 그 말도 안 되는 시스템에 다 속아서 그것이 오히려 당연하게 되어 버린 것과도 흡사합니다.

사기로 시작된 은행 시스템

처음 이 세상에 은행이 탄생했을 때, 금 세공업자들은 사람들이 보관료를 주고 맡겨둔 금을 가지고 돈이 필요한 사람에게 대출해주기 시작했고, 나아가 그들은 맡아둔 금보다 더 많은 보관증을 남발하며 돈을 벌게 됩니다. 자기에게 10만큼의 금이 있음에도 100 정도의 돈을 대출해 준 것입니다. 완전히 사기죠. 경험상 사람들이 금을 맡긴 후 찾아 쓰는 비율은 통상 맡긴 금액의 10% 정도에 불과하다는 사실을 알게 되었기 때문이지요.

이것이 현재 국가에서 인정한 지급준비율의 토대가 됩니다. 100만 원을 은행에 넣어두면, 은행은 10만 원만 남기면, 나머지 90만 원은 다른 사람에게 대출해 줄 수 있습니다. 은행에서 대출받은 고객이 그 돈을 다른 은행에 또 맡기고, 다시 예금을 받은 은행이 또 10%만 남기고 대출을 해주기를 반복하면, 최초의 100만 원 정도의 예금이 900만 원의 대출을 가능하게 해줍니다.

당연히 사기 같죠? 아닙니다. 합법입니다. 시장에 존재하는 돈 대부분은 실제 돈이 아니라, 그저 컴퓨터 화면에 숫자로만 존재할 뿐입니다. 이 말도 안 되는 사기가 현재는 당연한 것이 되었고, 이 시장경제를 움직이고 있습니다.

이런 일들은 끝도 없이 많을 뿐 아니라, 이 세상 전부가 이런 말도 안 되는 분별망상의 구조 위에 세워져 있습니다. 그렇게 누군가가 말도 안 되는 논리를 세워 옳다고 기준을 정해놓으면, 이제부터 세상의 모든 사람은 그 기준을 따라가게 됩니다. 그 기준이 진실인 줄 알고 얽매이죠.

그 기준을 깨려는 사람은 사회에 혼란을 가져오는 위험한 사람이 될 뿐입니다. 그래서 사실 옛날 선사들은 평범한 일반인들이 보기에는 너무나도 파격(破格)이었습니다. 기준이 없으니, 일체의 허망하게 세워 놓은 격식들에서 자유로웠던 것이죠. 사실은 불교가 파격이 아니라 중생이 삿된 격식에 사로잡힐 뿐입니다. 불교는 바로 이렇게 허망한 분별망상으로 세워 놓은 모든 가치 기준들을 깨뜨립니다. 파사현정(破邪顯正), 삿된 것을 깨뜨려 참으로 바른 것을 드러냅니다.

『금강경』에 '무유정법(無有定法)'이라는 말이 있습니다. 이 세상에는 정해진 바가 아무것도 없다는 말입니다. 정해진 것이 있다고 생각하는 것은 완전히 부처님 법과 거꾸로 가는 것입니다.

그것이 있는 곳이 그것이 있어야 할 곳

심지어 요즘에는 아이가 태어날 좋은 날을 받아서 아이를 수술해서 출산(出産)한다는 사람도 있습니다. 아기가 나오려고 하는데, "지금 나오면 안 된다. 하루만 더 지나서 나와야 한다."라고 하면서 지연시키는 사람도 있고, 며칠 더 빠르게 나오게 하려고 약을 쓰는 사람도 있다고 합니다.

옛날 어떤 사람이, '아기가 태어날 때 태어나는 일월시에 따라 운명이 달라진다.'라는 말을 생각해냈을 것이고, 처음에는 말도 안 된다고 여겼을지 몰라도 몇몇 사람이, 또 후대에 많은 사람이 점점 그것을 믿기 시작하면, 이제는 그것이 정말인 것처럼 굳어지는 것입니다. 그것이 진실인지 아닌지는 상관없어요. 이 세상은 진실에는 관심이 없습니다. 그저 많은 사람이 어떻게 믿느냐에 더 관심이 많죠.

그저 있는 그대로 내버려 두면 세상 모든 것은 정확히 있어야 할 자리에 있어야 할 바로 그때 정확하게 있을 수밖에 없습니다. 시방 삼세 온 법계 허공계가 전부 진리 아닌 것이 없고, 부처 아님이 없으니, 매 순간이 모든 공간이 전부 진리의 현현이기 때문입니다.

아기가 지금 나오고 있다면 바로 지금이 그때입니다. 모든 것은 자연스럽게 내맡겨 두면 저절로 저절로 되게 되어 있습니다. 인연 따라, 법계의 진리에 따라 일어나야 할 일이 알아서 일어나고 사라질 뿐입니다. 그런 것을 모르고, 사람들은 자기 생각을 믿고, 분별 망상을 믿으며, 특정한 논리와 견해, 주의 주장을 믿기 때문에, 있는 그대로의 자연스러운 실상의 진실 대신 생각과 망상을 믿으면서 진리를 거스르게 되었습니다.

좋은 때가 따로 있고 좋은 곳이 따로 있다는 생각 자체가 허망(虛妄)한 분별망상(分別妄想)입니다. 그런데 그런 자기 생각이 옳다고 믿게 되면 그날이 아니고 다른 날 이사를 하게 되었을 때 '나쁜 일이 생기지 않을까?' 하고 불안한 마음이 들고, 혹시 조금 안 좋은 일이 생기면 '그때 날짜를 잘못 받아서 이사하였기 때문에 이렇게 안 좋은 일이 생기는 거야.'라고 해석하고, 그럼으로써 스스로가 그 생각에 갇히기 시작합니다. 스스로 '이럴 거다, 저럴 거다.' 하고 규정 지어 놓은 그 생각이 괴롭히는 것이지 본래 그런 것은 없습니다.

진실은 지금 여기에, 이 순간에 완전히 드러나 있습니다. 지금, 이 순간은 아무 일도 없고 문제가 없습니다. 사실은 모든 시간, 모든 공간, 모든 사건 등등 모든 것들은 중도(中道)의 실상(實相)입니다. 참된 진실이 드러나고 있는 것을 부처님이라고 표현한 것입니다. 모든 게 부처 아닌 것이 없습니다. 진리 아닌 게 없고, 진실 아닌 게 없습니다. 그저 인연 따라 인연생 인연멸할 뿐입니다.

왔다가 가는 것을 붙잡지 말라

가만히 보세요. 제가 '아' 하거나 '야' 하거나 '어' 하거나 '여' 하거나, '아 야 어 여' 무슨 말을 하든 가만히 들어보세요. '아' 하는 말, '야' 하는 말은 그냥 인연 따라 제 목청이 떨리면서 이 소리가 하나 딱 만들어졌어요. 야! 할 때 '야' 하는 소리가 만들어졌다가 곧장 인연이 다해서 사라졌죠. 여기에 좋은 게 있거나 나쁜 게 있습니까? '아' '야' '어' '여'라는 말에는 좋거나 나쁜 느낌도 옳거나 틀린 것도 없습니다. 있는 그대로 일어났다가 있는 그대로 사라지고 끝나는 것 때문에 스트레스를 받을 아무런 이유가 없습니다.

인연생(因緣生) 인연멸(因緣滅), 인연 따라 생기고 인연 따라 사라질 뿐입니다. 여기에는 그 어떤 의미도 이유도 분별할 것도 없습니다. 의미나 분별은 오직 사람의 머릿속에서만 있을 뿐입니다.

부처님의 명호 가운데 여래가 있는데요, 이는 여래여거(如來如去)의 준말입니다. 부처님, 즉 진리는 여여(如如)하게 왔다가 여여하게 갈 뿐입니다. '여여하다.'라는 말은 아무 흔적도 남기지 않고 한결같이 고요히 왔다 갈 뿐이라는 것입니다. 와도 온 바가 없고, 가도 간 바가 없습니다. 그런데 우리는 이렇게 여여하게 오고 여여하게 간 것에 대해 의미를 붙이고 해석하고, 취사간택 하면서 붙잡아서 집착(執着)합니다.

누군가 "야!"라고 하면 사람들은 '나이도 어린 녀석이 반말로 야!라고?' 하면서 무시당했다고 여기거나, 기분 나쁘게 생각합니다. '야' 하는 말은 생겨났다 사라지고 끝나 버리는데, 그걸 내가 멋대로 해석해서 생각을 개입시킨 다음에 그걸 믿어버리는 거죠. '야!'라는 소리 하나로 며칠이고 괴로워하며 상처받기도 합니다. 과연 그럴 필요가 있을까요?

인연 따라 생겨나고 사라지는 모든 것들을 불교에서는 생사법(生死法) 생멸법(生滅法)이라고 합니다. '생겨나고 사라지는 것들'이라는 뜻입니다. 생겨나고 사라지는 것은 그대로 여여한 것이며, 자연스러운 것입니다. 아무 의미도 없고, 공(空)합니다.

이처럼 그냥 자연스럽게 왔다가 가버린 무언가를 가지고 중생들은 '옳다, 그르다.' '좋다, 나쁘다.' '더 듣고 싶다, 듣기 싫다.' 등 시비분별을 일으키고 취사간택(取捨揀擇)을 합니다.

노자 『도덕경』에도 "공손하게 '예' 하는 것과 무례하게 '응' 하는 것은 차이가 얼마이겠는가. 선과 악의 차이는 얼마이겠는가. 사람들이 두려워하는 것을 나도 두려워해야 하는가? 얼마나 황당한 일인가."라는 대목이 나옵니다. 사람들은 '응'과 '예'를 선과 악을 나누어 분별하며 두려워하고 괴로워하는데, 그것이 다 생각에서 나온 것임을 깨닫는다면 이 얼마나 황당한 일이겠습니까?

　사람들이 소중하게 여기는 돈도 '야!' 하는 말과 똑같습니다. 돈도 내 뜻대로 왔다가 가는 것이 아니라 인연 따라 왔다가 갑니다. 우리 삶도 시절인연(時節因緣) 따라서 왔다가 갑니다. 돈과 명예, 권력, 지위, 생각, 소유물, 사람, 사랑 등 전부 다 '야'라는 말처럼, 왔다가 갈 뿐이니 집착할 것은 없습니다.

　'나는 몇 살까지 살아야 해. 몇 살까진 건강을 유지해야 해. 외모가 마음에 안 들어. 더 예뻐지고 싶어.' 등의 생각을 붙잡고 괴로워하죠? 그것은 곧 '야'라는 말을 듣고는 '야'라는 말이 들리면 안 되고, '어'라는 말이 들려야 된다고 고집하는 것과 비슷합니다. 고집하면 스트레스를 받겠죠. 그런데 인연 따라 생겨나고 인연 따라 사라지는 줄 안다면 '야' 이게 전부입니다. '야'든 '어'든 상관이 없어요. 분별하지 않으면, 생겨나고 사라지는 그것 자체가 실상입니다.

　'야'라고 하든 '어'라고 하든 '할(喝)'이라고 하든 죽비로 한 대 때리든 마른 똥 막대기라고 하든 마삼근(麻三斤)이라고 하든 그것 자체가 진실입니다. 그대로 100% 온전한 진리가 드러난 것입니다. 문제는 우리가 그것을 자기식대로 해석하는 데 있습니다.

보는 나와 보이는 것은 둘이 아니다

　우리는 어떤 소리를 들을 때, '내 귀가 저 소리를 듣는다.'거나, 듣고 나서 '좋다, 나쁘다'라는 식으로 판단 분별을 합니다. '내 귀가 저 소리를 듣는다.' 이렇게 주객(主客)을 둘로 나눈 것이 최초의 분별입니다. 어떤 소리가 들릴 때, 사실은 그 소리와 소리를 듣는 내가 둘이 아닙니다. 내가 있으니까 소리를 듣고 소리가 있으니까 내가 그걸 듣는 것이거든요. '이것이 있으면 저것이 있고, 이것이 없으면 저것도 없는' 연기 관계입니다.

생각도 마찬가지입니다. 우리는 '일어난 생각이 따로 있고, 그 생각을 일으키는 내가 따로 있다.'라고 생각해서 '내가 생각을 일으켰다.'라고 생각합니다. 그런데 가만히 관찰하면 생각하는 자가 따로 있고 생각하는 것이 따로 있는 것이 아닙니다. 주객이 둘이 아닙니다. 둘이 아님을 깨닫는 것이 진정한 자비, 동체대비(同體大悲)입니다. 주객의 분별 없이, 판단분별 없이 있는 그대로 보는 것이 곧 진정한 사랑이고 자비입니다.

볼 때도 마찬가지입니다. 여기에 내 눈이 있고 바깥에 대상이 있어서 본다고 생각합니다. 그러나 진실은 이 하나의 '봄'이라는 '앎'만이 있습니다. 여기에는 주객이 둘로 나뉘지 않습니다. 눈을 감으면 대상은 없습니다. 그러나 이 '봄'은 그대로죠. 바깥 대상을 보다가 눈을 감으면 검은 것을 봅니다. 안 보인다는 사실을 알아차립니다. 그러니 못 보는 것이 아니죠. 이 본다는 알아차림은 늘 그대로 있습니다.

우리는 갖가지 색깔을 다 보고 있는데, 사실은 빛이 있으므로 모든 것이 이 색깔 저 색깔로 드러날 뿐이지 이 색깔 저 색깔이 따로 없습니다. 빛이 없으면 전부 다 검게 보이잖아요. 사실은 색깔이 실제 있는 것이 아닙니다. 빨간색이 진짜 빨간색이 아니고 파란색이 진짜 파란색이 아니에요. 내가 그렇게 분별해서 봤을 뿐입니다.

우리는 가시광선(可視光線)의 영역만 볼 수 있는 눈을 가지고 있습니다. 그러나 색맹(色盲)이나 색약(色弱)이 있는 사람들은 보통 사람과 다른 색깔로 봅니다. 또 나비나 벌, 새 등은 자외선(紫外線)으로 세상을 보고, 모기나 뱀 등은 적외선(赤外線)으로 세상을 본다고 합니다. 그들이 보는 세계는 다르겠지요.

일수사견(一水四見)이라는 말이 있는데요, 같은 물이지만 보는 견해에 따라 네 가지로 달리 보인다는 것입니다. 천상신들은 투명한 보배로 보고, 사람은 마시는 물로 보며, 물고기는 집으로 보고, 아귀에게는 피고름으로 보인다는 것입니다. 사람에게도 똑같은 물이 목마를 때는 시원한 물이지만, 물고문을 당한다면 엄청난 두려움이겠지요. 이처럼 고정된 실상이 없는데 우리가 분별해서 보는 것일 뿐입니다.

그러니 보는 '것', 보이는 '대상'을 따라가면 세상은 온갖 차별되고 분별된 세상으로 펼쳐집니다. 그러나 그 모든 것을 보는 '이것', '봄' 그 자체로 돌아오면 여기에는 차별되는 무엇이 따로 없습니다.

사실 봄이라는 그 자체는 보는 나와 보이는 대상으로 둘로 나누어져 있지 않습니다. 첫 번째 자리에서는 분별 이전에 '봄'이 먼저 있고, 그다음에 '내가', '저것을', '본다'라는 '분별'이 두 번째로 일어납니다. 첫 번째 자리, 분별 이전에는 그냥 하나의 '봄', 하나의 '들음'만이 있습니다. 경전에서 볼 때는 볼 뿐, 들을 때는 들을 뿐'이라는 표현을 쓰는 이유가 곧 '있는 그대로 보라', 위빠사나, 정견하라는 말인데, 이것이 곧 보는 나와 보는 자로 둘로 나누어 보지 말라는 의미입니다. 진실을 보라는 것입니다.

본다는 이 사실에서 진실은 무엇일까요? '내가', '저것을', '본다'라는 것은 전부 분별, 생각이고, 진실은 '봄'이라는 이 사실입니다. 이것은 분명한 것이고, 여기에는 노력이 없으며, 저절로 일어납니다. '봄', 이것은 갓난아기에게도 있는 것이죠. 아기는 분별할 줄 모르지만 보고 듣고 느끼고 다 합니다. 늘 첫 번째 자리에서 알아차리고 있죠. 이것이 우리에게 본래부터 갖추어져 있던 자기 살림살이 아닐까요? 나머지는 전부 두 번째 자리이고, 분별일 뿐입니다. 둘로 나뉘기 이전의 진실, 이 봄, 앎에 대한 앎, 알아차림에 대한 알아차림, 이것만이 진실입니다.

'모를 뿐'의 벽 앞에 서기

여전히 모르겠지요? 우리에게는 여전히 둘로 나뉘어서 보일 뿐입니다. 왜 그럴까요? 아무리 보더라도 분별로 보이지 분별 이전의 '첫 번째 자리'에서 보는 것이 무엇인지는 전혀 감이 안 잡힐 것입니다. 바로 이때 머리를 굴려서 둘이 아님을 이해하려고 애쓸 것은 없습니다. 어떻게든 둘로 보지 않고 하나로 보려고 애쓸 필요는 없습니다. 이것은 도저히 머리로는 알 수 없는 것입니다. 머리로 알 수 없으면 어떻게 해야 할까요? 이것이 어찌 보면 참된 명상인데요, 위빠사나가 바로 그것입니다. 즉, 머리로 이해하여 보거나, 생각과 알음알이로 알려고 애쓰며 보는 것이 아니라, 그저 마음을 텅 비운 채 그저 볼 뿐이라는 것입니다. '모를 뿐' 하는 마음으로 보는 것이지, '알려고 애쓰고 머리 굴리는 마음'으로 보는 것이 아닙니다.

떨어지는 빗소리를 들으면서 생각을 가지고 '빗소리와 그 소리를 듣는 귀가 둘이 아니라는데 왜 둘이 아닐까?' 이렇게 자꾸 해석하면서 듣는 것이 아닙니다. '들리는 소리와 듣는 내가 둘이 아니라는데 나는 둘인 것 같으니, 정말 모르겠구나.'하는 마음, '오직 모를 뿐' 하는 마음으로, 텅 비운 채 들어보는 것입니다. 머리를 작동시키지 않고, 볼 때 보는 것과 하나 되어서, 완전히 푹 젖어서 보는 것을 온전히 경험하는 것입니다.

들리는 것을 둘로 나눠 놓고 듣는 내가 듣는 것을 '이렇게 듣는다. 저렇게 듣는다. 좋게 듣는다. 나쁘게 듣는다.' 이렇게 해석하지 않고 그냥 들을 뿐입니다. 듣는 그것과 하나가 되어서 그걸 온전히 들리는 소리로 온전히 들어 주는 것입니다.

받아들인 내가 있고 받아들이는 소리가 있다는 말이 아니에요. 그저 그 소리와 함께 있으세요. 생각으로 해석하지 말고, 그저 있는 그대로를 허용하세요. 경험하세요.

괴로움이 있을 때 괴로움을 있는 그대로 받아들이라는 말이 괴로움에만 해당하는 것이 아니라, 볼 때는 보는 것과 하나가 되고, 들을 때는 듣는 것과 하나가 되라는 말이기도 합니다.

말로 표현하려니 이렇게밖에 표현할 수 없어 안타깝네요. 왜냐하면, 언어 자체가 분별이고, 말이라는 것은 전부 둘로 나뉘는 것을 전제로 하기 때문입니다. 최대한 나뉘지 않는 단어를 쓰기 위해 애쓰는 중입니다. 이 말이 이해가 다 안 되더라도 상관이 없습니다. 계속 이 보현행원품 공부를 통해 조금씩 한 발씩 더 나아가 봅시다.

모르겠으니까 나도 깨닫고 싶고, 깨닫고 싶지만 그런데도 모르겠으니 저절로 궁금해지고, 알고 싶고, 답답하고, 그러나 답은 없고, 방법도 없고, 그렇더라도 그 갑갑한 상황 속에서 그대로 있으세요. 그 정신적인 벽 앞에 버티는 것입니다. 그것이 곧 화두(話頭)가 들려 있는 것을 뜻합니다.

'야! 인마!'가 법이라고?

우리가 살면서 경험하는 이 세상 모든 것이 이와 같습니다. 그 모든 것은 인연 따라 왔다가 인연 따라 갑니다. 해석하고 판단할 것도 아니고, 자기 바깥에 있는 그 뭔가도 아닙니다.

앞에서도 말씀드렸듯이 남들이 나에게 욕을 했을 때 화가 나잖아요. 그런데 이 첫 번째 자리에선 저 사람이 나에게 욕을 한 게 아니에요. 욕이라는 경계와 그 소리를 듣는 내가 둘이 아닙니다. 그 소리 자체가 하나의 진실입니다. 그래서 번뇌즉보리(煩惱卽菩提)라고 했습니다. 일어나는 번뇌 그 자체가 그대로 진실입니다. 보리입니다. 물론 '분별하지 않으면'이라는 전제가 있어야 합니다.

'야! 인마!'라는 말을 들었을 때, 그 뜻을 분별하니까 화가 날 뿐이지, 분별하기 이전에는 그저 '야! 인! 마!'라는 자체가 그냥 하나로 경험된단 말입니다. 의미도 뜻도 없는 이 순수한 알아차림만 있습니다. '야' 이것뿐이고, '인' 이뿐이며, '마' 이것뿐입니다.

이처럼 왔다가 가는 모든 것을 판단 분별하지 않고, 있는 그대로 허용해 주고, 그냥 볼 때, 분별 이전의 첫 번째 자리에서 온전히 경험하게 됩니다. 그럼 우리 삶은 뭐밖에 없어요? 삶은 그냥 경험하는 것뿐입니다. 작용뿐입니다. 여기는 둘이 없어요. 하나가 되어서 사는 것이 삶입니다. 그런데 그동안은 내 식대로 해석하고, 판단하고, 분별하면서 주객을 둘로 나누고 취사간택하기 때문에 괴로운 일이 생겨났던 것입니다.

앞에서 제가 말했듯이 '아'라는 말이 왔다가 가는 것이듯이 이 세상 모든 것들은 좋은 상황도 나쁜 상황도 돈도 명예도 권력도 지위도 칭찬도 비난도 그냥 인연 따라 왔다가 인연 따라 가는 것입니다. 거기에 우리가 시비(是非)할 걸 아무런 이유가 없습니다.

일어난 그것 자체는 진실이기 때문에 분별하지 않고 경험하면 우리는 언제나 거기에서 부처를 보고 진실을 봅니다. 거기서 온 법계, 허공계, 시방삼세, 불찰미진수의 모든 부처님을 만나게 됩니다. 칭찬만 부처님이 아니라 비난도 부처님입니다. 내가 원하는 대로 될 때만 행복한 부처세계에 사는 것이 아니라 원하는 대로 안 될 때도 사실은 부처세계에 우리는 있습니다.

산은 산이요, 물은 물이다

성철 스님께서는 '산은 산이요, 물은 물이다.'라고 하셨는데, 그저 분별 이전에 있는 그대로 산은 산이고 물은 물이라는 것입니다. 그러나 우리 눈에는 분별된 산과 분별된 물만이 보일 뿐입니다. 좋은 세상이거나 나쁜 세상으로 보이고, 좋은 것과 나쁜 것이 다 분별되어 보인단 말입니다. 그런데 딱 깨달아서 자기 성품을 확인하고 보니 '아, 분별할 게 없구나. 서로 나누어진 게 없구나. 온통 하나뿐이구나. 하나의 진실밖에 없구나.'라는 것을 깨닫게 됩니다. 즉 '산은 산이 아니고 물은 물이 아니며, 온통 이 하나의 진실뿐'임을 깨닫게 됩니다.

이럴 때, 처음 자기의 본성을 확인하고 나면 이 진실의 자리에 있는 것이 너무 좋고, 분별로 오면 너무 시끄러워요. 그러다 보니 처음에는 세간을 등지고 고요히 조용한 곳에 머물고 싶어지는 때가 있습니다. 일도 자꾸 줄이게 되고, 은둔하고 싶기도 하고, 분별없는 이 자리에서 푹 쉬고 싶은 것이죠. 스승도 처음 견성한 행자에게 '묵언'을 시키기도 하고, 스스로 선택하기도 합니다. 돈오(頓悟) 후 점수(漸修)의 시기이고, 보임(保任)의 시기이죠.

그런 은둔의 시기, 보임의 시기, 침묵과 묵언의 시기, 공부의 시기를 보내다가 어느 날 문득 법에 대한 자신감, 확신이 들면서 '법에 대한 중심이 섰구나. 이젠 세상에 나서도 되겠구나.' 할 때 본격적으로 법을 펴는 경우들을 봅니다.

처음에는 세간을 떠나 출세간으로 가고 싶고, 분별을 떠나 무분별의 지혜로 가고 싶었지만, 공부가 익어가면 세간과 출세간이, 분별과 무분별이 둘이 아님에 딱 맞게 계합을 하게 됩니다. 진리와 진리 아님이 따로 없고, 조용한 곳과 시끄러운 곳이 따로 없어서 말 그대로 번뇌즉보리가 되죠. 시끄럽고 번잡한 도심 한가운데 있더라도 내면은 늘 고요해서 거기에 끌려다니지 않을 힘이 생깁니다. 이때가 되면 『숫타니파타』의 "소리에 놀라지 않는 사자와 같이, 그물에 걸리지 않는 바람과 같이, 진흙에 물들지 않는 연꽃과 같이, 무소의 뿔처럼 혼자서 간다."가 저절로 됩니다.

다시 세간으로 돌아옵니다. 다시 살아난다는 표현도 씁니다. 처음에 산은 산이고 물은 물이었지만, 깨닫고 보니 산은 산이 아니고 물은 물이 아니라 다 '이것', '이 하나의 진실'임을 깨닫게 되었습니다. 그러나 다시 불이법에 계합이 되고 보니, 다시금 '산은 산이고 물은 물'이 되어 다시 세상으로 와서 법을 펼치는 것입니다.

나마스떼와 예경제불

다 그렇지는 않겠지만 어설프게 깨어나게 되면 절에서 기도하고 절하는 사람들을 보고, '기복(祈福) 수준이군. 나도 부처고 저 불상도 부처인데 내가 불상에 절할 필요가 뭐가 있어. 눈 한번 마주치면 부처와 부처가 만나는 건데.'라고 하면서 여전히 법상(法相)에 갇혀 시비 분별하게 됩니다. '이것이 법이다.'라고 여기면서 법을 모양으로 취하는 것을 법상에 빠졌다고 말합니다. 그러나 나중에 다시 살아나면, 너도 부처 나도 부처 이 세상 모두가 다 부처이지만, 절에 와서는 부처님께 온 정성을 바쳐서 절하고, 부처님께만 절하는 것이 아니라 그 마음으로 시방삼세 모든 이들에게 공경하는 마음으로 예경하게 됩니다.

진정으로 일체 삼라만상, 너와 나, 중생과 부처 모두가 다 이 한마음의 진실임을 깨닫기에 그 모든 존재를 향해 내면에서 존귀한 예배와 축복과 절을 올리는 심정으로 살아가게 됩니다. 사실

이 예경은 겉으로 절하는 등의 모양에 빠진 예경이 아니라, 내면에서 일체중생을 부처님처럼 둘이 아니게 지혜와 자비로 바라보는 진정한 예경입니다. 너와 내가 둘이 아님을 깨닫는 것, 그것이 진정한 예경입니다.

『화엄경』「보현행원품」의 예경제불, '모든 부처님께 예배한다.'라는 것은 첫 번째 '산은 산이요, 물은 물'에서, 두 번째 '산은 산이 아니고 물은 물이 아니다.'로 한 발 더 나아가 세 번째, '다시 산은 산이요, 물은 물'인 화엄의 가르침을 설하는 것입니다. 부처와 중생을 둘로 나눈 뒤에 중생이 부처에게 절하고 예경하라는 말이 아닙니다.

인도에 가면 '나마스떼'라는 인사말이 있는데, 그 뜻은 '내 안의 신이 당신 안의 신에게 예배합니다.'라는 뜻이라고 합니다. 예배하는 나와 예배를 받는 네가 둘이 아닌 예배가 참된 예배입니다. 이렇게 되면 예배라는 말조차 필요가 없죠. 둘로 나뉘지 않기 때문입니다. 이 통으로 하나인 진실에서는 존재 자체가 그대로 예경이고 예배일 뿐, 겉으로 드러난 모양의 예경에 천착하지 않습니다. 이처럼 '예배하되 예배함이 없는 예배', 이것이 진정한 예경제불입니다.

부처가 부처에게 예경한다

『화엄경』이 언뜻 보면 정말 쉽고 단순한 얘기를 하고 있습니다. 「보현행원품」의 가르침이 '부처님께 절하고 예배하라.'라는 기초적인 얘기를 하는 것 같은데, 사실 『화엄경』의 예배, 예경은 이렇게 나와 둘이 아닌 온 법계 허공계 시방삼세 극미진수의 모든 부처님께 하되 함이 없이 하는 예경입니다.

예경하되 보현행원의 원력으로 즉 보살의 발보리심(發菩提心), 발아뇩다라삼먁삼보리(發阿耨多羅三藐三菩提), 일체중생이 모두 최상의 깨달음을 얻어, 모든 괴로움의 문제를 해결하고자 하는 간절한 발심의 행원력으로 예배하고 공경하라는 것입니다.

발심한 사람은 그 원력이 나를 법으로 이끌고 갑니다. 내 안에 불법승(佛法僧) 삼보(三寶)가 이미 본래로 갖추어져 있으므로 불법승 삼보가 선지식이 되어 나를 저절로 이끌고 가는 것입니다. 선재 동자가 친견한 53 선지식이 바깥에 있는 게 아니라 자기 안에 고스란히 있다는 말입니다. 그러니 우리가 할 일은 오직 발심, 서원, 행원력을 세우는 데 있습니다.

발심만 하면 선지식을 만나게 됩니다. 어느 곳에 가든 무수한 부처님을 친견하게 됩니다. 다시 말해 여러분 스스로가 발심한 보현보살의 원력을 가진 수행자가 되어야 한다는 것입니다.

머리에서 가슴으로

경전에서는 '내가 보현행원의 원력으로 깊이 믿고 이해하여'라고 했습니다. 보현보살의 발심 원력 수행자가 되면 신해(信解: 깊이 믿고 이해함), 즉 확실히 믿고 가슴으로 이해해서 깨닫게 됩니다. 지눌(知訥, 1158~1210) 스님도 『수심결』에서 해오(解悟)의 중요성을 강조했습니다. 해오란 요해각오(了解覺悟), 해탈오득(解脫悟得)의 준

말로 곧 진리를 깨달아 아는 것입니다. 자칫 해오라고 하니 '이해하는 깨달음'이라고 여겨 머리로 이해하는 것이라고 오해하는 사람이 있는데, '해(解)'라는 말 자체에 깨닫는다는 뜻이 있습니다. 올바르게 이해하게 되면 깨닫게 됩니다. 처음에는 법문을 언뜻 알 거 같다며 머리로 이해하다가 나중에 가슴으로, 온 존재로 온전히 깨닫게 되면서 해오처(解悟處)를 확보하게 됩니다.

그런데 이해조차 하지 못하는 사람들도 많죠. 여전히 자기 생각, 분별을 집착하기 때문입니다. 분별만 집착하니 이 무분별지를 받아들일 수 있겠습니까? '인생은 이런 거야', '진리는 이런 거야'라고 하며 자기 생각에 집착하는 사람은 부처님 말씀을 아무리 해 줘도 이 말이 다 튕겨 나가고 반발심이 생깁니다.

요즘 유튜브에 설법 동영상을 올리는데요, 인원이 갑자기 확 늘어나니까, 불교에는 관심도 없고 진지한 믿음도 없고 그저 자기 머리로만 이해하는 사람이 너무 많아지는 단점도 있더군요. 물론 그렇게 시작하면서 선근을 쌓아 점차 깊어지는 것이겠지요.

불법은 무분별지라는 출세간의 이야기이기 때문에 분별, 생각, 머리로는 가 닿을 수 없습니다. 도저히 이해로는 소화가 안 되지요. 그런데 마음을 열고 법문을 6개월이나 1년, 최소한 3개월 이상 꾸준히 듣다 보면 저절로 받아들여지고, 가슴으로부터 저절로 깊은 이해가 찾아오게 됩니다. 이해가 머리에서 가슴으로 내려갑니다.

사실 법문이 받아들여지기만 하더라도 자기의 아상, 아집, 고집, 고정관념들이 깨져나가고 있다는 것을 의미합니다. 마음이 열리지 않으면 법문이 들리지 않거든요. 처음에는 법문이 들린다는 것만으로도 아주 좋은 소식입니다. 드디어 들을 귀가 열리게 되었다는 것이니까요. 머리로 '그렇지, 그렇지.' 하고 머리로 이해하다가 나중에는 그 이해가 가슴으로 내려오기 시작하면서 완전히 가슴으로 받아들여지고, 삶이 변하기 시작합니다.

선의 깨달음

보현보살의 원력, 발심한 사람이 법문을 듣게 되면 깊이 믿게 되고 점차 이해가 밝아지면서 문득 스스로 이 자리를 확인하게 됩니다. '아~ 톡톡톡(책상 치는 소리) 이게 진실이구나.' '아'라는 말, '어'라는 말에 어떤 뜻이 있는 줄 알았는데 별다른 뜻이 없다는 것을 알게 됩니다. 죽비 소리와 바람 소리와 자동차 경적이 둘이 아님을 깨닫게 됩니다. 뜻과 의미가 알아지는 것이 아니라, 그 모든 것에서 드러나는 이 하나의 진실이 드러나는 것입니다. 그러니까 겉에 드러난 이 세상은 다 다른 것 같지만, 이 자리에서 보면 전부가 완전히 평등할 뿐입니다. 각자 다 다른 의미나 가치는 없습니다. 평등한 이 하나의 진실이 있을 뿐입니다.

저도 예전에 선지식들께서 "세상은 별다른 의미가 없다. 가치가 없다."라는 말씀을 하실 때 매우 충격적이었습니다. 저는 그 말씀이 소화가 안 되더라고요. 세상에서는 삶의 더 좋은 의미, 더 좋은 가치를 찾아야 한다고 배웠는데, "본래는 의미가 없다."라는 말이 이해가 안 되고, 뭔가 꽉 막히더군요.

이렇게 모르겠고 꽉 막히는 설법을 들었을 때, 믿음이 있는 공부인이라면, 이런 모르는 지점에서 꽉 막힌 채 머리로 해결하려 하지 않고 그 의문, 궁금함 앞에서 딱 맞서서 좀 버텨야 합니다. 맞서 있는 답답한 시간을 보내야 합니다. 이해가 안 되지만 열린 마음으로 맞서 있으면 이것이 화두가 됩니다. 모르고 모를 뿐이 되어서, 머리로는 어찌할 수 없고, 가슴은 답답한 채 버티고 서 있다 보면, 그 답답함과 궁금함, 그 절실함이 임계점에 도달하게 되는 순간, 문득 저절로 답이 나오면서 소화가 되고, 깨닫게 됩니다. 이것이 선(禪)의 깨달음입니다.

처음에는 머리에서만 '모두가 부처님이야.'라고 생각했다가 이제는 '아~ 전부가 부처님이구나. 부처님이라는 말을 붙일 필요도 없구나. 전부 다 그냥 이것일 뿐이구나.'라는 이 사실이 확인됩니다.

확인하게 되니 '눈앞에서 대하듯이' 하는 것이지요. 경전에서도 '눈앞에서 대하며'라고 하여 여대목전(如對目前)이라 했습니다. 진리는 언제나 눈앞에 드러나 있습니다. 목전에 현현되어 있습니다. 눈앞에서 늘 매 순간 이것이 확인됩니다. 이것이 부처이고 열반이고 해탈입니다. 그러니 눈앞에서 늘 대하고 있는 이 부처, 진실을 예배하고 공경하는 것입니다.

모든 곳에서 다 부처님을 눈앞에서 만나고 대하면서 청정한 몸과 말과 뜻으로 항상 예배하고 공경하는 것입니다. 만나는 모든 사람에게서 부처 성품을 보며, 그러니 당연히 말 또한 공손하고 따뜻하고 찬탄하는 말이 나오게 되면서 저절로 예배하는 심정이 됩니다. 절하는 것만 예배가 아닙니다. 일체를 예배하는 심정에서는 당연스럽게 자비로운 행동, 따뜻한 말, 사랑의 마음이 나옵니다. 이것이 바로 『화엄경』 「보현행원품」에서 말하는 첫 번째 예경제불원입니다. 그런데 다음 문장을 보세요.

예경할 나도, 예경 받을 대상도 없는 예경

낱낱의 모든 부처님께, 말할 수 없고 말할 수 없는 많은 부처님 세계에 극 미진수의 몸을 나타내어 그 한 몸 한 몸이, 이루 다 말할 수 없고 말할 수 없는 아주 작은 티끌만큼 많은 부처님께 두루 절하는 것이다. 허공계가 다하여야 나의 이 예배하고 공경함도 다하려니와, 허공계가 다할 수 없으므로 나의 이 예배하고 공경함도 다함이 없느니라.

이와 같이 중생의 세계가 다하고 중생의 업이 다하고 중생의 번뇌가 다하여야 나의 예배와 공경도 다하려니와, 중생계와 내지 중생의 번뇌가 다함이 없으므로 나의 이 예배와 공경도 다함이 없느니라.

순간순간 계속하여 쉬지 않건만 몸과 말과 뜻으로 하는 일은 지치거나 싫어함이 없느니라.

—

一一佛所에 皆現不可說不可說佛刹極微塵數身하야 一一身으로 徧禮不可說不可說佛刹極微塵數佛이니 虛空界盡이면 我禮乃盡이어니와 以虛空界가 不可盡故로 我此禮敬도 無有窮盡이며 如是乃至衆生界盡하고 衆生業盡하고 衆生煩惱盡이면 我禮乃盡이어니와 而衆生界와 乃至煩惱가 無有盡故로 我此禮敬도 無有窮盡이니 念念相續하야 無有間

❀

　"낱낱의 모든 부처님께 말할 수 없고 말할 수 없는 많은 부처님 세계에 극미진수의 몸을 나타내어 온 우주 법계 전체 무량수 무량광 부처님, 그 모든 부처님에게 예배한다."라고 했는데 그게 가능한 얘기일까요?

　분신술(分身術) 아시죠? 손오공이 머리카락을 뜯어서 확 불면 손오공 수십 명이 분신하는 것처럼 여러분이 부처님께 예배하는데, 이 삼라만상 온 우주에 무수히 많은 부처님께 불가설 불가설, 말로 할 수 없고 말로 할 수 없는 극미진수의 부처님 세계에 극미진수의 몸을 나타내서 극미진수의 무수히 많은 무량광 무량수 부처님들께 두루 절하는 것입니다. 이게 화엄의 세계를 얘기하는 것입니다. 일즉일체다즉일(一卽一切多卽一), 하나가 전체고 전체가 바로 하나이며, 그 하나이며 전체인 내가 바로 부처님입니다.

　온 우주 전체가 이 하나의 마음뿐이고 불이법이기에 이런 표현이 가능합니다. 말할 수 없이 많은 부처님이 '이것'이고, 극미진수가 전부 '이것' 하나이며, 나와 세계가 곧 마음인 '이것'뿐이니, 이것뿐임을 깨닫는 것이 곧 절하고 예배하는 것입니다. 절하는 자도 '이것'이고, 절을 받는 자도 '이것'이기에, 예배하고도 예배한다는 상이 없는 것, 이 불이법의 예배가 진정한 예배이며 다함 없는 예배입니다. 이 진실을 매 순간 눈앞에서 대하면서 예배하고 공경한다는 것이 그것입니다.

화엄법계연기의 세계

연기법(緣起法)은 불교의 핵심입니다. 『화엄경』에는 화엄법계연기(華嚴法界緣起)라고 해서 연기법 가운데 가장 뛰어나다고 할 만한 법계 연기 사상이 등장합니다.

법계연기는 이 세상을 일대연기(一大緣起)로 보는데요, 이것은 곧 현상세계를 떠나 따로 실체의 세계가 있지 않으며, 이 세계 그대로가 궁극적인 진리의 세계라는 것입니다. 법계에 있는 모든 것이 서로 인다라망(因陀羅網) 그물코처럼 중중무진(重重無盡)으로 연결되어 있다고 해서, 법계무진연기(法界無盡緣起), 중중무진연기(重重無盡緣起)라고도 합니다. 일체가 상즉상입(相卽相入)하여 두루 걸림이 없으며, 사사무애(事事無礙)하여 현실이 그대로 진실임을 설합니다.

일즉일체(一卽一切)요 일체즉일(一切卽一)이어서 우주 만물이 서로 원융자재하여 무한하고 끝없는 조화와 연결로 이루어져 있습니다. 하나 속에 온 우주가 있고, 온 우주가 그대로 하나이며, 상즉상입하고 사사무애하니, 이것이 바로 '낱낱의 모든 부처님께, 불가설 불가설 많은 부처님 세계에 극미진수의 몸을 나타내어 그 한 몸 한 몸이, 불가설 불가설 아주 작은 티끌만큼 많은 부처님께 절합니다.'라는 말로 표현되는 것입니다.

우리가 결국 깨달아야 하는 것이 바로 나를 포함한 일체 모든 존재, 삼라만상이 본래부터 이미 다 걸림 없는 부처님임을 깨닫는 것입니다. 「보현행원품」에는 이런 사실을 깨달아서 나와 둘이 아닌 그분들께 늘 예배하고 공경해야 한다는 우리가 도저히 상상할 수도 없고 이해할 수도 없는 이야기가 나옵니다.

사실 이 말도 하나의 방편일 뿐인데요, 나와 일체가 둘이 아니게 본래 부처임을 깨닫는다면, 온통 하나뿐인 이 진실에는 공경할 나도 없고, 공경받을 대상도 따로 없습니다. 따로 없으면서도 삶이 곧 공경함이 없는 공경이 되고, 예경하되 예경이라는 말도 붙지 않는 예경 그 자체가 됩니다.

불교에서는 석가모니 부처님만 부처님이 아니라 이 세계, 온 우주 전체가 그대로 부처님의 몸, 법신불(法身佛)이라고 말합니다. 여러분의 몸도 바로 부처님의 몸이고, 내가 만나는 모든 존재며 삼라만상 온 우주 전체가 다 부처님 아닌 것이 없습니다.

그 낱낱의 모든 부처님께 불가설 불가설, 도저히 말로 할 수 없고 말로 할 수 없는 그 무수히 많은 부처님께 극미진수의 몸을 나타내어 두루 절하며 예경한다는 것은 무엇일까요?

마치 바다 위에 인연 따라 온갖 모양의 파도가 치듯, 하나의 부처인 법신불이 극미진수의 일체 삼라만상의 모든 존재와 비존재를 두루 나타내고 드러냅니다. 부처 하나가 일체 삼라만상으로 드러나니, 이것이 바로 『화엄경』의 일체유심조(一切唯心造)입니다.

그러니 일체 티끌 같은 삼라만상 모든 것들이 낱낱이 다 부처님들이며, 삼라만상 일체 모든 것들은 전부 근원에서 둘이 아니어서 오직 마음뿐이니, 이것이야말로 예경의 대상도 예경의 주체도 없고, 나아가 예경이라는 말도 붙일 필요 없는 진정한 예경이 되는 것입니다.

무수히 많은 부처님이 곧 하나의 부처님이며 나 자신의 근본 성품이고, '내 몸을 무수히 나타낸다.'라고 할 때도, '내 몸'도 자기 성품, '무수히 나타낸 것'도 자기 성품입니다. 나아가 그 모든 부처님께 절한다고 할 때 절하는 것도 자기 성품, 절 받는 것도 자기 성품이니, 오직 한 법, 한마음, 하나의 진실한 부처가 있을 뿐, 둘로 나뉜 것은 없습니다. 그러니 이렇게 번잡한 말로 표현했지만, 그 모두가 방편일 뿐이지, 결국에는 이 하나의 진실뿐이기에 그런 방편의 말들도 가능한 것입니다.

　하나가 곧 전체가 되고 전체가 곧 하나가 되는 즉 일즉일체다즉일(一卽一切多卽一), 시방세계 온 우주 전체가 한 티끌 속에 담겨 있다는 일미진중함시방(一微塵中含十方)이라는 『법성게』 구절도 이를 표현하는 방편의 가르침들입니다.

　나와 온 우주 전체가 둘이 아닙니다. 일심(一心), 즉 한마음이고 일불승(一佛乘), 하나의 부처뿐이며, 일진법계(一眞法界), 오직 하나의 진실한 법계가 있을 뿐입니다.

　이 몸이 내가 아닙니다. 내 생각, 느낌, 감정, 육체가 내가 아니라, 온 우주 전체가 바로 진정한 나입니다. 그래서 불교에서는 불이법(不二法)이 참된 진실이라고 합니다. 둘로 나뉘는 것은 그 어디에도 없습니다. 오로지 전체로서의 하나, 법신으로서의 하나, 하나의 진실밖에 없습니다.

　'나는 여기 있고 내 바깥에는 수많은 타인이 살고 있으며, 나는 그들을 이기려고 하고, 그들보다 더 잘살아 보려고 무수히 경쟁하며 살아왔는데, 저 사람들이 나와 둘이 아니고, 게다가 온 우주 전체와 내가 둘이 아니다.'라는 것이 우리 생각으로 도저히 이해할 수 없고, 헤아릴 수 없고, 말로 할 수 없게 느껴질 것입니다.

중중무진연기, 무수히 연결되어 일어난다

앞에서 설명한 중중무진법계연기(重重無盡法界緣起)를 조금 더 살펴보죠.

예를 들어 우리가 물 한 모금을 마시기 위해서는 이 물 한 모금이 이 자리에 오기까지 얼마나 많은 인연이 있었겠어요? (컵을 들며) 지금 이 물이 약간 따뜻하군요. 이 물을 정수기에서 온수를 받아서 가져다주신 분, 컵을 만드신 분, 정수기를 만든 회사와 관련된 수없이 많은 분, 정수기까지 물이 오도록 하기 위해 애써준 상하수도 관련 종사자분들, 또 그 물은 어디서 왔겠습니까? 하늘에서 비가 되어 내려서 그것이 어딘가를 통해서 여기까지 오기까지 수많은 인연이 모여야 우리가 물 한잔을 마실 수 있습니다.

예를 들어 차를 타고 운전하고 가는 도중에도 우리는 무수히 많은 죽을 고비를 매 순간 넘기고 있습니다. 사실 쌩쌩 달리는 차를 운전하고 가다가 까딱 잘못하면 나도 죽고 남도 죽일 가능성 속에 우리는 매 순간 살고 있습니다. 저도 운전하다가 아찔하는 순간들이 있었어요. 어떤 때는 졸다가 깨어 보니 반대편 차선에 있더군요. 반대차선에 차가 없었으니 망정이지 죽을 수도 있었던 거죠.

어떤 분들은 '교통사고가 난 것을 보고는 운전하다가 죽을지 모르니까 나는 죽어도 운전 안 할 거야.'라고 하는 분도 계시더군요. TV에서 외국 여행 하다가 죽은 사람의 얘기가 나오면 '외국 여행을 하면 안 되겠구나.' 하고, 일하다가 누가 죽었다고 하는 얘기를 들으면 '그런 직장은 절대 보내면 안 되겠구나.'라고 여깁니다. 그런데 이 세상 모든 직업군 가운데 거기서 죽지 않는 직업군이 있을까요? 없습니다. 그런 걱정을 할 필요가 없습니다.

왜냐하면, 내 의도대로 어떻게 되는 것이 아니라 인연 따라 생겨난 것은 인연이 다하면 사라지는 법칙에 따라 움직이기 때문입니다. 즉 손가락 하나만 까딱해서 운전 핸들을 잘못 돌리면 죽을 수도 있는 상황이지만 우리는 죽지 않고 이렇게 살아있습니다. 또 내가 조심한다고 해서 사고 안 난다는 보장도 없습니다. '내가 살 인연이면 살고 죽을 인연이면 죽겠지.'라고 생각하겠지만 그 인연이 나 혼자에게 달려 있을까요? 우주 전체와 연관되어 있습니다.

일이 신기하게 잘 풀릴 때는 온 우주가 나를 도와주려고 하는 것처럼 일이 착착 진행됩니다. 아니 어떨 때는 내 생각보다 더 큰 결과를 이루고는 스스로 놀라기도 하죠. 그 무수히 많은 톱니가 착착 들어맞아 전체 공장이 돌아가듯, 주변에서 무수히 많은 분이 도와주고 인연이 도와줘서 일이 잘 풀리게 됩니다. 또 반대로 안 될 때는 아무리 노력해도 안 될 때도 있습니다.

결국, 이 모든 삶은 내가 하는 것이 아니라 인연이 행하는 것입니다. 인연은 알 수 없는 무수히 많은 조건, 무수히 많은 존재의 연기 관계에서 나옵니다. 그러니 내가 알려고 하지 말고, 인연에 내맡기는 것, 그것이 가장 지혜로운 삶의 실천입니다.

내가 하겠다는 것이 아니라 나를 내려놓고 연기법에 내맡기는 삶, 그것이 곧 연기 무아의 삶입니다.

진급은 '이것' 때문에 된다?

옛날에 어느 회사에 다니던 분에게 들은 내용이 좋은 비유가 될 것 같군요. 그분이 조금 높은 지위에 있었는데, 결정적으로 진급을 못 할 상황이 되었습니다. 그때는 누가 봐도 안 되는 상황이었는데 어찌 된 일인지 결국에는 진급이 되었죠. 나중에 그 뒷얘기를 들어보니, 진급에 결정적인 권한을 가지고 있던 한 분이 아주 강력하게 추천을 한 덕분이었다고 합니다. 이분이 본사에서 지사로 순회하며 감사를 할 때였는데, 다른 곳들에 비해서 똑 부러지게 잘한 것이 보이고, 더욱이 인성까지 좋은 것을 매우 인상 깊게 보았던 인연으로 결국 진급까지 시키게 되었다는 것이지요. 그 많은 사람 중에 하필 그렇게 나를 좋게 보았던 분이 진급 심사위원으로 발탁이 될지 본인도 몰랐었고, 또한 그분이 본인을 좋게 평가했던 그것조차 몰랐었지만, 인연이 되려고 하니 그런 결과도 있게 된 것입니다.

물론 이 사건에 대해서 '운(運) 때문'이라거나, '비리'라거나 하는 등의 온갖 분별 섞인 뒷말을 할 수도 있겠지만, 그 또한 일이 되려고 하면, 이렇게도 되도록 하는 인연의 작용이 있는 것입니다. 왜 그렇게 되었을까요? 모릅니다. 알 수 없어요. 하필 왜 그 많은 사람 중에 그분이 나를 좋게 보았는지도 모르고, 또 왜 그분이 진급 심사를 했는지도 모르고, 다 모르지만 이처럼 모르는 가운데 인연 따라 일어나야 할 일들은 일어나고 있습니다.

이처럼 모든 것들은 중중무진의 알 수 없는 인연들이 서로 화합하고 뒤섞이고 스며들어 상즉상입(相卽相入)으로 새로운 또 하나의 인연을 만들어 냅니다. 중중무진이라는 말에서 보듯, 인연은 무수히 많은 무궁무진한 인연들이 얽히고설켜 우리의 분별로는, 머리로는 도저히 알 수조차 없는 인연의 결과를 만들어 냅니다. 그러니 인연 따라 일어난 모든 일에 대해 우리는 왜 그런 일이 일어났는지를 도저히 머리로 밝혀낼 수 없습니다. '모를 뿐'인 것입니다.

사람들은 단편적이고 직선적인 인과만을 보고 자신이 그 원인을 알았다고 할 수도 있겠지만, 사실은 정말로 안 것이 아니라 안다고 자신이 그저 분별 해석한 것일 뿐입니다. 그러니 삶을 자기식대로 해석해서 알았다고 할 것이 아니라, '모를 뿐'인 법계의 중중무진 연기를 우리는 그저 있는 그대로 허용할 수밖에 없습니다.

그저 직선적인 인과만을 생각한다면, 이분이 진급될 것이 아니라, 모두가 진급될 거라고 여겼던 그분이 돼야 했겠지요. 그러나 세상에는 그런 직선적인 인과만 있는 것도 아니고, 우리가 헤아릴 수 있는 이해 가능한 범주의 일들만 일어나는 것도 아닙니다.

그렇다고 그것을 옳다거나 그르다는 틀로 끼워 맞출 수 있을까요? 그럴 수도 없습니다. 어떤 사람을 진급시켜야 했는지를 옳고 그른 측면에서 확실히 할 수도 없습니다. 그 기준이 사람마다 다르기 때문입니다. 결국에는 모든 일의 결과가 '사람'에게 달린 것이라기보다는 그 사람을 포함한 더 큰 차원의 '연기법'에 달린 것입니다.

그래서 '있는 그대로 삶을 받아들인다.'라는 말도 하는 것입니다. 심지어 조금은 정의롭지 못해 보이는 일들조차 나에게 찾아온 인연이라면 그걸 받아들일 수 있어야 한다고 말한 이유가 그것 때문입니다.

우리 눈으로 나의 관점에서 바라보고 해석하면 정의롭지 못한 일들이 이 세상에는 무수히 넘쳐납니다. 조금 전 그 진급한 사람으로서는 '아, 역시 정의는 살아있다.'라고 생각하겠죠. 자신이 진급됐으니까요. 그런데 진급에서 떨어진 사람으로서는 '정의가 무너졌다.'라고 생각할 수도 있습니다. 정의에 대한 기준이 사람마다 다 다르기 때문입니다.

이 세상은 이렇게 언뜻 보기에는 말도 안 되는 일들이 세상을 움직이는 것 같지만, '사람'의 견해에서 보기에는 틀리거나 맞겠지만, 그 옳고 그르다는 분별과 생각 너머에 더 큰 중중무진의 연기가 삶을 운행하고 있는 것입니다.

이해되지 않는, 어이없는 세상

역사 이래로 수많은 위인이나 놀라운 것을 발명하고 발견하는 사람들의 얘기를 들어보면 아주 작고 하찮은 것 하나에서 인류의 변화가 시작되는 것을 볼 수 있습니다.

아이폰을 만들었던 스티브 잡스도 회사에서 실적 부진으로 퇴

출당하였기 때문에 아이폰을 만들 수 있는 토대가 되었다고 합니다. 퇴직의 아픔이 없었다면 이 세상에 아이폰은 나오지 못했을 수도 있습니다. 작은 하나의 사건, 하나의 인연이 이 세상을 바꾸는 일이 많습니다.

아주 작고 사소한, 예를 들면 두 사람 간의 단순한 갈등이 커져서 어마어마한 전쟁을 일으키는 일도 있고, 서로가 오해한 생각 하나가 전쟁을 일으키기도 합니다.

종교적 신념 하나 때문에 인류 역사는 끊임없는 전쟁을 치러야 했습니다. 마을의 지혜로운 치유사들이 누군가가 마녀로 몰자 화형을 당하며 죽어가기도 했습니다.

1969년 엘살바도르와 온두라스는 월드컵 축구 경기 결과에 분노하여 전쟁하기도 했고, 1926년 그리스와 불가리아 전쟁은 길 잃은 강아지를 쫓아가다가 국경을 넘어버린 한 병사로부터 촉발되기도 했습니다.

영국의 왕 헨리 8세는 왕비와 이혼하고 왕비의 시녀와 결혼하고 싶었지만, 교황이 반대하는 바람에 로마가톨릭과 단절하고 성공회라는 영국 국교회를 세우게 됩니다. 바람난 이유로 종교가 만들어져 버렸지요.

언뜻 보면 이 세상은 너무 어이없게 돌아갑니다. 이런 세상에서 우리가 내 생각대로 정의를 세우고는, '무조건 내가 생각하는 바대로 세상이 돌아가야 해.'라고 주장할 수 있을까요? 그럴 수도 없거니와, 세상은 내 생각으로 보면 말도 안 되는 것 같은 일투성이입니다.

'인과응보(因果應報)가 어떻게 이렇게 정교하지 못할까?'라고 느껴질 수도 있습니다. 하지만 우리가 판단하고 눈으로 볼 수 있는 인과응보의 세계는 아주 제한되어 있으나, 인과응보 연기법의 세계는 중중무진(重重無盡)이라고 해서 중층적으로 다할 수 없이 무수히 많은 것들과 서로 빠짐없이 연결되어 돌아가고 있습니다. 그 연기법의 연결성을 결코 우리의 생각으로는 다 헤아릴 수가 없습니다. 연기적인 세계는 온전하게 연결되어 돌아가지만, 일부분만 보는 우리의 분별된 눈으로 보면, 세상은 말도 안 되는 것처럼 느껴집니다.

당신은 온 우주가 피어난 꽃

우리가 이렇게 살아올 수 있었던 것, 오늘 밥 한 끼를 먹을 수 있는 것, (물을 마시며) 지금 이렇게 물 한 모금을 먹는 속에서도, 도대체 사람으로 따지면 몇 명 정도가 여기에 도움을 줘야 물 한 모금을 먹을 수 있을까요? 이것과 연결된 크고 작은 모든 인연을 따진다면 하늘의 태양, 구름, 하늘, 바다 등 일체 모든 것들을 비롯해 75억이 넘는 일체 모든 인류가 이 물 한 모금 속에 다 담겨 있습니다. 모든 사람이 톱니바퀴처럼 자기가 처해 있는 자기 일과 역할을 하는 것을 통해서 온 우주 전체에 무한한 기여를 하고 있습니다.

밥 한 톨 안에 온 우주 전체가 담겨 있습니다. 무수히 많은 사람의 인연이 담겨 있습니다. 온 우주 전체는 아주 작고 사소한 사건 하나조차 그 사건 하나하나가 중중무진의 무수히 많은 연기로써 온 우주 전체와 서로 긴밀하게 인연 맺어진 그 결과로 그 사건이 일어난 것입니다.

그러므로 '재수가 없어서 다리를 다쳤다.'라거나, '정말 나는 능력이 없는데, 운이 좋아서 그 자리까지 올라갔다.'라고 하는 말들은 모두 그저 우리의 분별된 생각일 뿐입니다. 어이없게 잘못되었든, 뜬금없이 잘 되었든 그 모든 것이 내 눈으로 도저히 판단할 수 없는 중중무진의 무수히 많은 인연이 그 모든 것을 가능하게 만들어 낸 것입니다.

이처럼 우리의 인생에서 일어나는 무수히 많은 일이 다 인연으로 일어납니다. 내가 싫어하는 사람이 자꾸 나를 괴롭히거나, 이사를 하였는데 윗집에서 자꾸 쿵쿵거리는 사람을 만났거나, 회사에 취직했는데 그 회사에서 나를 괴롭히는 사람을 만났거나, 내 자식이 하필 나쁜 일을 당했거나 등등의 어떤 사고를 당했거나 그 어떤 나쁜 일이 벌어졌다 할지라도, 하다못해 커피를 한 잔 마시다가 놓쳐서 커피잔이 깨져서 내 발에 피가 난 것 같은 아주 사소한 것처럼 보이는 그 하나의 사건조차 그냥 벌어진 사건이 아닙니다.

이처럼 온 우주 전체가 서로 중층적으로 연결되어 돌아가고 있는 세상을 중중무진 화엄의 연화장세계(蓮華藏世界)라고 표현합니다. 이 세계 우주 전체가 마치 한 송이 연꽃과도 같으며, 바로 그 꽃으로 이루어진 연화좌(蓮華座) 위에 비로자나불 법신부처님께서 앉아 계시고, 그 연꽃은 무수히 많은 잎으로 이루어져 있는데, 그 잎은 낱낱이 무수한 세계를 상징하고, 그 낱낱의 연꽃 세계마다 100억의 국토와 사물과 인연을 간직하였기 때문에 연화장세계라 이름한 것입니다.

낱낱 세계의 하나의 국토, 하나의 사물, 하나의 존재, 하나의 인연이 곧 저 큰 연화장세계의 비로자나불로서 하나의 연꽃이기도 합니다. 하나가 곧 전체를 포섭하고, 전체는 곧 하나이며, 하나와 전체가 서로 중중무진으로 연기되어 이루어졌기에 '이것이 있으므로 저것이 있고, 이것이 소멸하면 저것도 소멸하는' 연기법에서 보듯 나와 세계, 사물과 사물이 모두 둘이 아닌 불이법으로서 하나의 장엄한 꽃입니다.

당신이 바로 한 송이 꽃이며, 이 우주 전체를 머금은 꽃입니다. 우리가 벌이고 있는 사소해 보이는 사건 하나 속에 그 장대한 연화장세계가 펼쳐지고 있습니다. 큰스님들께서 손가락을 하나 들때 온 우주가 들어 올려진다고 표현하시던 것이 바로 이것입니다.

그대는 결코 작고 나약하며 기죽어 있고 자존감이 떨어진 채 찌그러져 있어야 하는 존재가 아닙니다. 진정한 나는 이 몸이나 성격이나 개성이 아니고, 온 우주 전체가 그저 인연 따라 이 연극을 하는 것이니, 내가 바로 우주 법계 전체라는 것이 진리의 실상입니다.

우리가 '참나'라고 부르는 그것이 진정한 '나'이지, 고작 차가 한번 와서 툭 치기만 해도 금방 부서지는 이 몸뚱이가 '나'이겠습니까? 그렇게 작은 나일 수가 없습니다.

후회할 필요가 없는 이유

사람들은 이렇게 말하곤 합니다.

"그때 내 인생은 고통이었어. 그때 그 회사에 다니지 말았어야 했어. 이 남편을 만나지 말아야 했어. 그때 콩깍지 낀 게 철천지 한이야. 그때 투자를 했으면 대박이 났을 텐데…"

정말 그런지 알 수 있을까요? 알 수 없습니다. 그저 분별 망상을 가지고 현실을 자기식대로 해석한 것일 뿐입니다. 내 식대로 해석한 것이 얼마나 단편적이고 어리석은 생각이겠습니까? 너무나도 얕은 생각이지요. 그것은 온 우주 전체가 연결되어 있다는 것을 전혀 보지 못한 생각일 뿐입니다. 이런 걸 이해하기 쉽게 설명하기 위해서 윤회(輪廻)라는 방편을 쓰기도 합니다.

예를 들어보죠. A라는 사람이 B라는 사람을 엄청나게 괴롭힙니다. 그러면 우리는 A를 천하에 나쁜 놈이라고 몰아붙이겠죠. 그런데 어쩌면 전생에 B라는 사람이 A라는 사람을 너무 괴롭혔기 때문에 그 둘 사이에 에너지의 균형, 업의 균형을 위해 반대로 이생에서는 A가 B를 괴롭혔을 수 있습니다. 그러면 둘 중 누가 나쁜 놈일까요? 그동안 내가 나쁘다고 판단했던 것은 결국 이번 생만을 보고 생각으로 나쁘다고 했던 것일 뿐입니다.

결국, 아무리 나쁜 놈이라고 해도 그건 내 생각이 나쁜 놈이라고 판단한 것일 뿐이지, 이 세상에 결정적으로 정해진 진짜 나쁜 놈은 없습니다. 이 세상 모든 사람은 나쁘거나 좋은 사람이 아닙니다. 이 세상에서 일어나는 모든 사건은 나쁜 사건이거나 좋은 사건은 없습니다. 그저 인연 따라 생겨나고 인연 따라 사라질 뿐이며, 인연생 인연멸의 중중무진 연기법이 펼쳐지고 있을 뿐입니다.

그런 '나'는 없다

이러한 연기의 세계에는 특정한 '나'가 따로 없습니다. 내가 연기법의 세계 속을 사는 것이 아니라, 연기법에는 '나'라는 고정된 자아가 없습니다. 그저 인연생 인연멸 그뿐입니다. 생겨나고 사라질 뿐이지, 생겨난 '나', 사라진 '나'가 아닙니다. 그러나 사람들이 허망하게 인연 따라 생겨난 것에 '나'라고 자아의 개념을 붙인 것일 뿐입니다. 연기(緣起) 즉 무아(無我)입니다.

'나'는 없습니다. 그저 인과 연이 화합하여 통으로 돌아가고 있을 뿐입니다. 연기 현상이 일어나고 있을 뿐, 거기에 '나'는 없습니다. 인과 연, 업과 보가 반복되면서 업보의 경향성이 나타나고, 비슷한 사건에 비슷하게 반응하는 나, 나의 성격, 개성 같은 것이 있다고 여겨질 뿐입니다. 그런 내가 있는 것이 아니라, 업보가 그렇게 드러날 뿐입니다. 그렇기에 제행무상, 제법무아란 법인(法印)에서 말하듯, 무상하게 변해갈 뿐 거기에는 내가 없습니다. 성격도 바뀌고, 업식도 바뀌고, 개성도 바뀌고, 몸도 바뀌고, 생각, 감정, 의지, 의식 전부 다 끊임없이 변해갈 뿐, 거기에 고정된 '나'는 없습니다.

삶은 알 수 없다 오직 모를 뿐

'이 사건은 나에게 도움이 되었어. 저 사건은 나에게 도움이 안 되었어.'라고 이 작고 비좁은 생각으로 판단하고 있지만, 우주 전체를 돌리는 중중무진 법계에서 만들어 낸 그 사건이 좋은 일인지 나쁜 일인지를 내가 어떻게 판단할 수 있겠습니까? 그것은 결코 알 수 없습니다. '안다.'라고 여기는 것은 정말 아는 것이 아니라 '안다.'라는 착각일 뿐입니다. 결코 알 수가 없습니다. '오직 모를 뿐'입니다. '나'가 없는데, '나'가 있다고 착각하니까, '나의 앎'이 있다는 망상도 생겨날 뿐입니다.

그러면서도 우리는 판단할 수 있다고 여기고, 내가 안다고 여기면서 자기 생각에 집착합니다. 나는 옳다고 생각해서 남들과 부딪칩니다. 서로 자기 생각이 맞다고 집착하는 사람들이 모여서 사니까 서로 싸우고 다툴 수밖에 없지요.

여러분 자녀가 A와 B 대학 중 어디를 가야 할지 고민할 때 확실하게 답해줄 수 있을까요? 내가 A라는 회사에 취직하는 것이 옳은지 B 회사에 취직하는 것이 옳은지를 알 수 있을까요?

자녀가 며느리나 사윗감을 데리고 왔을 때, 부모님의 눈에는 영 마음에 안 들더라도 '저 사람은 절대 안 돼.'라고 말하는 것이 과연 옳을까요? 그것이 진실인지 확신할 수 있습니까?

모를 뿐입니다. 모를 뿐! 그런데도 우리는 안다는 생각, 즉 분별 때문에 자신에게 혹은 자녀에게 '좋은 길', '옳은 길'이 정해져 있다고 생각합니다. 또는 그 '옳은 길'을 나는 모르지만, 점을 보는 것 등을 통해 알아낼 수 있다고 여깁니다. 이렇게 정해져 있을 것이라고 여기니까, 삶의 어떤 중요한 결정을 내릴 때 잘못 내릴까 봐, 올바른 길이 아닐까 봐 두려워하죠. 그러나 정해진 것이 따로 없음을 깨닫는다면, '오직 모를 뿐'이 진실임을 깨닫는다면, 그저 가볍게 마음 가는 대로 스스로 결정을 내릴 수도 있을 것입니다. 내가 가는 길이 곧 나의 길이기 때문입니다. 그저 그 순간, 두려움 없이, 내가 할 수 있는 최선의 결정을 그저 내리면 됩니다. 결과는 내맡긴 채. 사실은 이렇게 펼쳐지고 있는 이대로가 좋습니다. 실패는 없습니다. 실패했다는 생각이 있을 뿐. 이대로 완전한 연기의 법계로 진실이 펼쳐지고 있는 연화장세계인데도 불구하고 그걸 내 식대로 판단하면 그때부터 문제가 생겨납니다.

'그저 모를 뿐!' 하고 탁 놓아버리면 집착하고 고집하는 바가 없으니까, '반드시 이렇게 되어야 한다.'라는 생각이 없어요. '저렇게 되면 안 된다.'라는 생각도 없습니다. 과도한 집착 없이 판단할 것은 다 합니다. 어떤 분별도 다 하지만, 거기에 절대성을 부여하지 않고, 그 생각에도 집착하지 않게 됩니다. 이처럼 분별이 없어야 한다, '모를 뿐'이라는 말은 아무것도 하지 말라는 말이 아니라, 무엇이든 선택하고 판단하되 '집착 없이', '머무는 바 없이' 행하라는 것입니다. 그럴 때 괴로움이 없습니다.

지금 이대로가 좋습니다. 지금 이대로 그저 아름답게 살 뿐이에요. 하루하루를 누리고 만끽하고 감동하며 살 뿐입니다. 판단하되 판단이 없고, 분별하되 집착 없이 삶을 가볍게 받아들이며 살아가게 됩니다.

그런데 '내가 옳다, 내가 안다.'라는 알음알이 분별심을 내기 시작하는 순간 삶과 싸워야 합니다. 진리가 내 인생에 펼쳐지고 있는데, 내 생각으로 '이건 맞고 저건 틀려. 내 인생은 이렇게 돼야 해! 저렇게 돼야 해!' 하고 고집하면서 뜻대로 안 된다고 스트레스 받고, 더 갖고 싶은데 못 가졌다고 괴로워합니다.

하지만 우리는 지금 자신에게 있어야 할 만큼만 정확하게 가지고 있습니다. 인연 따라 중중무진연기로써 지금 이만큼의 돈이 나에게 필요하므로 정확히 그만큼의 돈이 있는 것입니다. 그런데 생각은 그렇지 않죠. '내 통장에 몇 억이 더 있었으면 좋겠다.'라고 생각합니다.

물론 그런 생각은 할 수 있습니다. 그런 생각도 하고, 더 열심히 일해 더 많이 벌기 위해 행동에 옮길 수도 있죠. 다만, 그 생각은 생각일 뿐, 그 생각에 집착하면서 그렇게 되지 않으면 안 된다는 착각만 하지 않으면 됩니다. 즉 무엇이든 열심히 하고 마음을 내되, 그 마음에 머물러 집착하지만 않는다면, '분별하되 분별함이 없는 지혜', 즉 '머물지 않는 지혜'를 쓰게 되는 것입니다.

그렇지 않고 '어떻게 해서든 더 많이 가질 거야', '현재가 마음에 안 들어', '저 사람처럼 더 높은 자리에 오르고 싶어.'라는 생각에 사로잡혀 욕심부리고 집착하게 된다면 어떻게 될까요? 복이 없는데도 과한 욕심으로 더 많은 복을 무리하게 움켜쥔 사람에겐 그 복을 빼앗으려고 어떻게든 우주법계가 작동하겠지요.

내가 너에게 네가 나에게

내가 아무리 잘났어도 우주법계 연기법의 이치를 뒤바꿀 수는 없습니다. 우리 삶은 중중무진으로 상호(相互) 연결되어 있습니다. 그래서 상즉상입(相卽相入), 서로가 서로와 즉하며, 서로에게 들어가 있다는 표현을 씁니다. 주변함용(周徧含用)이라고도 하죠. 존재가 존재에게 서로가 완전히 개방되어 있어 들고 나며, 또 함용은 서로가 서로를 완전히 포함하고 머금고 있다는 말입니다.

나라는 존재가 하나의 연꽃이고 나의 말 한마디, 행동 하나, 생각 하나, 움직임 하나조차 전부 다 주변의 일체 삼라만상 모든 존재와 연결되고 들고 나며 포함되어 있습니다. 일체가 곧 나이고, 내가 곧 전체이며, 그대가 곧 나이고, 내가 바로 그대인 것이 진리의 실상입니다.

여러분 한 분 한 분이 그대로 완전한 부처님이며 연꽃입니다. 그래서 부처님이 이렇게 연화좌(蓮花座), 연꽃 좌대 위에 앉으신 거예요. 그게 바로 여러분 자신입니다. 또 그 연꽃의 잎들 하나하나가 낱낱이 서로 연결되어 있고, 낱낱이 부처이며, 낱낱이 전체 부처와 다르지 않은 이 신비가 드러나 있으니 이것을 장엄(莊嚴)하다거나 신묘(神妙)하다는 말로밖에 표현이 안 되는 것입니다.

이처럼 나라는 존재가 부처님으로서 온 우주 전체와 둘이 아닌 하나이며, 나의 몸짓 하나, 말 한마디, 생각 하나가 그대로 부처님의 행이며 말이고 생각입니다. 그래서 밀교에서는 중생의 신구의(身口意) 삼업(三業)이 그대로 부처의 신구의 삼밀(三密)로 가지

(加持)된다고 표현합니다. 삼밀가지(三密加持)란 곧 나의 행동, 말, 생각이 그대로 부처님의 행동, 말, 생각과 하나로 연결되고 이어지며 상즉상입하여 가피로 하나됨을 의미합니다. 수행을 통해 언젠가 그렇게 된다는 것이 아니라, 본래 이미 그렇게 구족되어 있다는 것입니다.

온 우주가 나를 위해

온 우주 전체가 나를 위해 움직이고 있습니다. 내가 곧 온 우주입니다. 온 우주 전체가 나에게 물 한 모금 주기 위해 하늘의 구름과 태양과 수많은 인연을 작동시키고 있습니다. 우리에게 한 끼의 밥을 주기 위해서 밥상 하나에 전 세계에서 온 조미료와 음식이 다 함용되어 있습니다. 조미료 하나에도 몇 개 나라에서 온 재료며 성분들이 다 포함되어 있습니다.

돼지, 소, 닭, 고등어가 여러분에게 식사 한 끼를 주기 위해서 한평생을 살다가 잡혀 주었습니다. 이처럼 나 하나를 위해, 내 한 끼 식사를 위해 온 우주가 무수히 많은 도움을 주고 있습니다. 완전한 연결성, 이 살아있는 연결성이 없으면 우리는 단 한 순간도 살아있을 수 없습니다.

이 연결성, 연기법이야말로 무한한 자비이며 사랑입니다. 누가 누구를 위해 희생된 것도 아닙니다. 고등어가 내 한 끼 식사를 위해 희생한 것이 아닙니다. 고등어 또한 평생을 무수히 많은 연결된 것들의 도움 속에서 보살핌을 받고 자랐고, 떠나갈 때가 되면 또한 누군가에게 한 끼의 밥을 제공하고 떠난 것입니다. 상즉상입, 공생(共生)입니다.

우리는 산소를 받아들이고 이산화탄소를 내보내며, 숲과 나무는 광합성을 통해 낮에는 이산화탄소를 받아들이고 산소를 내보냅니다. 우리는 호흡을 통해 숲을 살리고 있고, 숲은 광합성을 통해 우리를 살립니다. 완벽한 공생을 통해 존재 자체로 서로서로 살리고, 서로에게 완벽한 자비와 사랑을 나누고 있습니다.

이것이야말로 완벽한 자비의 표현이며, 존재 자체가 곧 무한한 감사와 사랑의 장입니다. 그러니 그 모든 부처님, 일체 삼라만상 만물이라는 모든 부처님, 나를 위해 희생한, 나를 돕고 있는 일체 모든 우주법계의 부처님들께 감사하고, 예배하고, 찬탄하고, 절하는 것입니다.

매 순간 돕는다는 생각도 없이 돕고, 나눈다는 생각도 없이 나누며, 완벽한 평등성과 동체적인 자비로써 서로서로 살려주는 이 장엄한 연화장세계를 깨닫고자 한다면, 우리는 먼저 나를 돕는 이 모든 것들에 감사와 경외와 존경을 담아 일체 존재를 예배하고 예경해야 합니다.

그렇기에 예경제불원, 모든 부처님께 예경한다는 것은 당연한 삶의 이치입니다. 나 역시 한 분의 부처님으로서 무수히 많은 평등한 부처님들께 예경하는 것입니다. 여기에는 높고 낮음이 없습니다. 평등하게 예경하는 것이며, 서로서로 살려주고 있는 이 연기의 진리에 경배를 표하는 것입니다. 진리에 대한 존중과 예경입니다.

너는 나를 위해, 나는 너를 위해

이렇게 원융무애(圓融無碍)하게 서로 걸림 없이 온 우주 전체가 나를 살리기 위해서 내 삶의 하나하나 모든 일을 펼쳐내고 있는데, 더 놀라운 점이 있습니다. 내 인생을 위해서만 온 우주 전체가 그렇게 돕는 것이 아니고 여기 계신 모든 분을, 전부 다 똑같이 한 명의 부처님으로서 이 세상을 살아가도록 해주기 위해서 무한히 돕고 있습니다. 내가 도움을 받고 있기만한 것이 아니라, 여러분은 각자가 자기 일을 함으로써, 또한 이 세상을 돕고 있고 기여하고 있습니다. 존재 자체로 자비를 행하고 있습니다. 이것이 본래 자비이고, 본래 지혜이며, 본래불의 모습입니다.

2,500년 전 석가모니 부처님도 바로 지금의 나에게 법을 설하기 위해서 그때 태어나신 것입니다. 즉 나라는 존재가 온 우주의 중심입니다. 알파이자 오메가가 바로 '나'입니다. 이 육체의 '나' 말고 '진정한 나', '본래의 나', '이것'이 우주의 중심입니다. 이 나를 중심으로 우주 전체가 돌아가고 있습니다. 아니, 나 하나뿐입니다. 불이법이죠.

이처럼 내가 만나는 모든 사람, 한 사람 한 사람에게 이 중중무진의 무한한 연기법이 원융무애하게 작용을 하고 있는데 그게 서로 부딪히지 않아요. 아주 절묘합니다.

'내가 왜 이 남편을 만났을까, 나를 위해 이 남편이 있을 텐데…' 그런데 똑같이 이 남편을 위해 내가 있습니다. 이 남편을 돕기 위해 내가 한 생, 이 남편을 위해 사는 것이고, 또 이 남편은 나를 위해 또 한 생 이렇게 인연을 맺고 사는 것이지요.

여러분은 자녀들에게 도움을 주고 자녀들은 여러분에게 도움을 주고받으면서 상호 긴밀한 관계 속에 만났습니다. 자식들은 '나는 부모 잘 만나서', 아니면 '나는 부모 잘못 만나서'라고 생각하고, 또 부모님들은 '좀 더 괜찮은 자식들이 나왔으면' 합니다. 그런데 그건 완전히 잘못된 생각입니다.

이것이 있으므로 저것이 있고 저것이 있으므로 이것이 있습니다. 저것이 없으면 이것도 없습니다. 나와 자식은 완전히 둘이 아닌 하나의 관계예요. 온 우주 전체 무수히 많은 인연 가운데 나에게는 딱 이 자식만 오게 되어 있습니다. 그게 나이기 때문에 그 아이가 온 것입니다. 또 다른 나예요. 또 다른 나의 업이 그 아이와 공명을 하므로 그 아이를 끌어당긴 것입니다.

언제나 내 안에 있는 것만 나올 수 있습니다. 세상 모든 것은 곧 나의 현현(顯現)이며, 이 세상을 이런 세상이게 만든 것도 바로 나 자신입니다. 나에게 없는 것은 세상에도 없습니다. 이런 말도 다 방편이고, 오직 나 하나뿐입니다. '이것' 하나가 나와 세계를 다 펼쳐내고 있습니다. 이것뿐입니다.

그러니 삶에 책임을 져야 합니다. 나의 우주에 책임을 져야 합니다. 이 삶 전체를 통째로 허용하고 받아들일 수 있어야 합니다.

진짜 남편을 못 만나는 이유

나에게 분별되어 보이는 세상은 딱 하나밖에 없는 자기 창조의 세상일 뿐입니다. 나에게 보이는 세상은 나 스스로가 만든 세상입니다. 그러니 사실 우리는 진실한 실재 세계를 한 번도 만나 본 적이 없습니다. 허상만 보았을 뿐, 실상을 만난 적이 없습니다.

매일 만나는 자식과 남편도 사실은 진짜 자식과 남편을 보고 있는 것이 아니라, 내 의식으로 만들어 놓은 남편과 자식을 만나고 있을 뿐입니다. 의식이 펼쳐낸 모양, 상(相)을 통해서만 그를 봅니다. 그래서 유식 불교에서는 이를 '견분(見分)이 상분(相分)을 본다.'라고 합니다. 견분도 내 의식이고, 상분도 내 의식일 뿐입니다. 진짜 남편을 보는 것이 아니라, 내 마음에 비친 그림자인 상을 보고 남편이라고 착각하는 꼴이죠.

내가 보기에는 꼴 보기 싫고 마음에 안 드는데, 이상하게 모임에 가보면 다른 친구가 '네 남편 참 매력 있다.'라고 합니다. 내 눈에는 마음에 안 드는데 다른 사람 눈에는 매력 있게 보일 수도 있어요. 왜냐하면, 내가 창조한 세계만 보이니까 내가 창조한 남편만을 죽도록 만나기 때문입니다. 다른 사람이 만든 세계에서 이 남편은 전혀 다른 멋있는 남자일 수도 있습니다.

그렇게 자기 의식으로 세상을 그려놓고는, 스스로 만든 세계 속에 갇힌 채, 그런 세상이 진짜로 있다고 착각을 합니다. 사실은 그런 세상이 진짜로 있는 것이 아니라, 내가 그렇게 본 세상이었을 뿐입니다. 그래서 이를 불교에서는 만법유식(萬法唯識)이라고 합니다. 모든 것은 전부 다 오로지 자기의식일 뿐이라는 것이지요.

꿈의 세계와 꿈 깬 세계

이 세상의 모든 중생을 어떻게 하면 해탈시킬 수 있을까요? 그 모든 것이 다 내 생각이 만들어 낸 것이기 때문에, 내 마음이 해탈하면 내가 만든 그 세상이 해탈합니다. 내가 부처가 되면 온 우주 전체가 일시에 부처가 되어버립니다. 몰록 돈오(頓悟)합니다.

예를 들어보죠. 여러분이 꿈을 꿨을 때, 여러분의 의식이 그 꿈의 세계를 창조했습니다. 꿈의 세계에 해도 있고, 달도 있고, 바람도 있고, 구름도 있고, 지구도 있고, 빌딩도 있고, 서울도 부산도 있고, 나와 남도 있는 등 수많은 장소와 무수히 많은 존재가 동시에 만들어집니다. 그런데 이것이 진짜가 아니라 내 의식 하나가 만들어 낸 것입니다. 그런데 꿈속에 있을 때는 그 모든 것이 진짜 같습니다.

그런데 꿈속에서 어떤 스님이 나타나, '이 모든 것이 꿈이다.' '이 세상은 네 의식이 만든 하나의 꿈이다.' '이 모든 것이 네 마음이다.' '너도나도 세상도 빌딩도 전부 마음 하나다.'라고 얘기를 해줘도, 도저히 믿지를 못합니다.

그런데 아주 간단하게, 꿈을 딱 깨고 나면 어떻습니까? 어젯밤 꿈속에 등장한 모든 등장인물, 모든 사건·사고, 모든 우주가 실제 있는 것이 아니라는 것을 저절로 확실하게 알게 됩니다. 그 모든 것이 전부 꿈이었음을 깨닫게 됩니다. 꿈 깨기 전에는 죽었다 깨어나도 모를 텐데, 꿈 깬다는 이 단순한 사건이 그 모든 것이 진실임을 분명히 증명시켜 줍니다.

이 현실 세계도 마찬가지입니다. 이 모든 것이 '본래면목', '법', '마음' 하나가 꾸는 꿈입니다. 나와 세계는 둘이 아니며, 삼천대천 세계가 전부 마음 하나일 뿐입니다. 마음이 펼쳐낸 것이며, 마음 하나가 너의 역할도 하고 나의 역할도 하며 달도 뜨게 하고 온갖 일들을 만들어 낸 것입니다.

죽어도 걱정할 필요가 없어

만약 내가 죽는다면 어떨까요? 내가 꾼 꿈, 내가 펼쳐낸 분별의 세계가 전부 사라집니다. 내가 죽으면 남은 자식이 불쌍해서 어쩌냐고 하지만, 내가 죽으면 내가 만들어 낸 그 자식도 함께 사라집니다. 그 자식은 실체적 존재로서의 자식이 아니라, 내가 있으므로 그가 있고, 그가 있으므로 내가 있었던, 연기적인 존재였으며, '내가 있으므로 인해 그가 있는' 임시로 만들어진 인연가합의 허상이었기 때문입니다.

내 바깥에 실재 인물이 있는 것이 아니고, 실체적인 우주가 따로 존재하는 것이 아닙니다. 내가 한 생각으로 만들어 낸 타자이고, 우주입니다. 꿈에서 아무리 그걸 꿈이라고 얘기해도 절대로 꿈이라고 생각하지 못하는 것과 같이 '온 세상이 마음 하나뿐이다.' '일체유심조(一切唯心造), 즉 마음이 지은 것일 뿐이다.' '만법유식(萬法唯識), 오직 자기 분별로 만법을 만들어 냈다.' '세상이 곧 하나의 마음이다.' '마음이 곧 부처요, 중생이 곧 부처이며, 마음과 부처와 중생은 다르지 않다.' '지금 이대로가 연화장세계다, 이

대로가 부처님 세계다, 이것이 바로 불국토다, 네가 바로 부처다.'
라고 아무리 얘길 해도 모릅니다. 분별망상의 꿈을 깨기 전에는
아무리 얘기해도 이해되지 않습니다.

모름이 즐거운 이유

이 중중무진의 연기의 법계는 결코 이해할 수 없습니다. 이 마
음, 법, 부처, 본래면목, 법계의 실상은 결코 이해로 가 닿을 수
없습니다. 그래서 '모를 뿐!' 해야 이 자리를 깨달을 수 있는 실마
리가 생깁니다. 분별이 만들어 놓은 꿈이기 때문에 '모를 뿐!' 하
는 것은 분별이 작동하지 못하도록 차단해 버리는 것이거든요.

'모를 뿐!' 하면 어떻게 될까요? 삶에 대해서 그전에는 '이렇게
돼야 해. 이건 더 많이 생겨야 해, 저건 없어져야 해.'라고 판단해
서 더 많이 가지려고 집착해서 괴롭고, 없애려고 하다가 없어지지
않으니까 괴로운데, '모를 뿐!' 하면, '내가 원하는 것을 더 많이
가진다고 진정으로 나에게 도움이 될지 아닌지는 난 알 수 없어
모를 뿐이야.'라고 하니까 다시는 취하지도 버리지도 않게 됩니다.

'삶은 이렇게 되어야 해.' '저렇게 되면 안 돼.' 하고 분별하다가,
'모를 뿐!' 하면, 순간 분별이 끊어지고, '이러할 뿐'으로 분별없이
허용하고 받아들이게 됩니다. 삶을 분별 없이 통째로 수용하고
허용하게 됩니다. 모르니까 아는 척하지 않게 되는 것이지요. 안
다고 여기면, 내가 아는 방식대로 살아야 한다는 집착이 생깁니
다. 모르니까, 내가 아는 방식대로 사는 대신, 모를 뿐 하면서 삶

에, 진리에 일체를 내맡기며 살게 됩니다.

이것을 다른 말로 하면, '내 뜻대로 사는 대신 부처님 뜻에 맡긴다.'가 되고, 내 분별이 주인 되어 사는 대신 나를 내려놓고 삶이라는 법신부처님이 사시도록 허용하는 것입니다. 삶이 곧 진실이고, 현실이 곧 진리임을 받아들입니다. 거기에 '나'와 '나의 앎'을 개입시키지 않습니다. 본래 그런 '나'는 없기 때문이지요.

절에 가면 자비로운 부처님, 미소를 짓는 보살님만 계시는 것이 아니라 무서운 얼굴의 사천왕도 있고, 야차도 있고, 건달바도 있는 이유 또한 마찬가지 이치입니다. 내 인생에는 나를 잡아먹을 것같이 괴롭히는 것처럼 보이는 부처님도 등장합니다. 그런데 그분이 그런 겉모습을 띠고 나타난 나를 돕기 위한 한 분의 부처님이라는 사실을 우리는 죽었다 깨어나도 모릅니다. 분별을 따라가기 때문입니다. 분별로 보면 나쁜 놈이겠지만 분별 너머에는 진정 나를 돕기 위한 한 분의 부처님입니다.

취할 것도 버릴 것도 없이, 통째로 허용한다

'오직 모를 뿐!' 하고 허용하면 사람마다 일마다 판단하지 않고 있는 그대로 받아들이게 됩니다. 내가 사는 것이 아니라 진리가 살도록 허락합니다. 그저 삶에 '나'를 빼버리는 것입니다. '나'를 빼버리면 거기에 본래 있던 진실, 법, 참나가 드러나기 때문입니다. 이 진실은 본래 언제나 100% 드러나 있고, 늘 작용하고 있었기 때문입니다.

내가 안다고 생각하면 이건 취하고 저건 버려야 하는데, 모르니까 취할 것도 없고 버릴 것도 없습니다. 취부득 사부득(取不得捨不得), 본래 취할 것도 없고 버릴 것도 없습니다. '지금 이대로가 부처님 세계라고 하는데 그럼 이대로를 내가 살아주는 것밖에 없겠구나.' '지금 벌어지고 있는 이대로가 나를 위한 최적의 법계이고 법신 부처님의 세계로구나.'라고 받아들이는 것입니다. 이제 부처님의 세계에서 부처님처럼 살려면, 바르게 수행하려면 어떻게 해야겠습니까? 어떻게 하는 것이 중도일까요?

좋은 걸 취하려고 집착하지도 않고, 나쁜 걸 버리려고 하지도 않고 '모를 뿐!' 하고 그냥 이대로를 온전히 허용하고, 지금 이대로를 살아주는 것입니다. 애쓰고 노력할 필요가 없습니다. 그냥 이대로 살아주게 되면 힘을 뺐을 뿐인데 오히려 더 큰 열정과 에너지와 더 큰 삶의 활동이 일어납니다.

그래서 불교에서 '침묵하라. 멈추어라.'라고 합니다. '멈추면 멈출수록 더욱더 자유로워진다. 더욱더 자재해진다. 그치면 그칠수록 큰 움직임이 일어난다.'라는 표현도 합니다. 비웠는데, 다 내려놨는데 삶은 더 열정적으로 살게 됩니다. 내가 사라지니, 본래 있던 더 큰 우주법계의 본연의 힘이 스스로 알아서 자재하게 되어 갑니다. 내가 나서서 잘하려고 애쓰고 노력하면 오히려 일이 잘 안 됩니다.

'아이고! 내가 하는 게 아니구나. 내가 어떻게 이런 일을 할 수 있겠어, 아! 이건 부처님이 한 것이구나!'라고 할 만큼 놀라운 일들이 삶에 계속해서 벌어집니다. 그런데도 거기에 끌려가지 않고

보현행원품과 마음공부

집착하지 않습니다. 잘하고도 잘했다는 생각이 없고, 못 해도 좌절할 것도 없습니다.

예경할 것이 없는 예경

이렇게 이 화엄의 중중무진 법계연기 속에서 한 분의 화엄의 부처님들께서 이 무수히 많은 부처님과 어우러져 살아가고 있는 대화엄의 꽃밭 연화장세계에 살고 있다는 것이 바로 『화엄경』이 가르치고 있는 삶의 실상입니다.

그러니 이 보현보살이 앞에서 말했던 것처럼 낱낱이 모든 부처님께 말할 수 없고 말할 수 없이 많은 부처님 세계에 극미진수의 몸을 나타내어 그 한 몸 한 몸이 이루 다 말할 수 없고 말할 수 없는 아주 작은 티끌만큼 많은 부처님께 두루 절하지 않을 수가 없습니다.

경전에서는 허공계가 다하여야 나의 예경도 다하려니와 허공계가 다할 수 없으므로 나의 예경도 다함이 없음을 강조하고 있습니다. 진실의 마음이 하나로 계합하게 되면 저절로 우러나는 이 예배와 공경의 마음을 끝끝내 온 허공계 우주법계의 모든 존재들에게 피워 올리겠다는 발심입니다.

다함 없는 실천행

이와 같이 중생의 세계가 다하고 중생의 업이 다하고 중생의 번뇌가 다하여야 나의 예배와 공경도 다하려니와, 중생계와 내지 중생의 번뇌가 다함이 없으므로 나의 이 예배와 공경도 다함이 없느니라.

—

如是乃至衆生界盡하고 衆生業盡하고 衆生煩惱盡이면 我禮乃盡이어니와 而衆生界와 乃至煩惱가 無有盡故로 我此禮敬도 無有窮盡이니

🪷

중생이 만든 중생의 세계, 중생마다 저마다 자기 분별심으로 자기 중생 세계를 만들고 있는데, 그게 다하면 부처님의 찬탄 예배 공경도 다할 수 있을 텐데, 중생들의 번뇌 망상이 다하지 않으니 이 부처님의 찬탄 공경도 다하지 않는다는 말씀입니다.

부처님은 번뇌로 고통받는 중생들이 있는 곳에는 어디든 가서 예배하고 찬탄하고 또 이 가르침을 전해 구제해 주십니다. 지장보살이 지옥 세계 끝까지라도 가서 지옥의 중생을 구제하겠다는 것도 중생들의 번뇌가 다해야 부처님의 세계도 다하고 부처님의 설법도 다하고 부처님의 가르침도 다하기 때문입니다. 즉 중생이 있는 그 자리에 부처가 동시에 같이 있습니다. 사실 중생이 있으니 부처가 있는 것이지, 중생이 없으면 부처도 없습니다. 그러니 중생이 다해야 중생을 위한 부처의 법문도 다할 수 있는 것입니다.

순간순간 계속하여 쉬지 않건만 몸과 말과 뜻으로 하는 일은 지치거나 싫어함이 없느니라.”

—

念念相續하야 **無有間斷**하야 **身語意業**이 **無有疲厭**이니라

🪷

이렇게 매 순간순간 늘 계속해서 일체 모든 존재를 예배하고 공경하고 찬탄하고 예경하고 절하는 것을 쉬지 않고, 몸과 말과 뜻으로 일체 존재를 돕는 일을 하고, 일체중생을 부처님으로 찬탄하고 공경하고, 사랑하는 말로써 이 우주법계를 장엄하고, 생각으로도 모든 존재가 부처라는 마음으로 모든 부처님을 찬탄하는 마음을 내고, 그것이 지치거나 싫어함이 없다는 것입니다. 우리가 그런 발심을 해서 부처님과 보현보살님의 원력을 따라 하게 됐을 때 우리도 한 발 한 발 부처님의 세계에, 본래 내가 부처님이라는 사실에 다가서기 시작할 것입니다.

제2 칭찬여래원(稱讚如來願)

여래 찬탄하기를 서원합니다

"선남자여, 부처님을 찬탄한다는 것은 온 법계 허공계 시방삼
세 모든 세계의 극미진의 낱낱 티끌 가운데 모든 세계의 극미
진수의 부처님이 계시고, 낱낱 부처님 계신 곳마다 다 한량없
는 보살들이 둘러싸 모심에, 내가 마땅히 깊고 수승한 지혜와
눈앞에서 확인하는 지견으로, 각각 변재천녀의 미묘한 혀보다
더 훌륭한 혀를 내고, 그 낱낱 혀로 다함 없는 음성을 내며, 낱
낱 음성마다 온갖 말을 수놓아 일체 부처님의 모든 공덕을 찬
탄하는 것이다. 찬탄하되 미래의 세월이 다하도록 계속하여
그치지 않아 끝없는 법계에 두루 미치지 않음이 없음이라.

이와 같이 하여 허공계가 다하고, 중생계가 다하고, 중생의 업
이 다하고, 중생의 번뇌가 다하면, 나의 찬탄도 다하겠지만,
허공계 내지 중생의 번뇌가 다함이 없으므로, 나의 이 찬탄도
다함이 없으니, 순간순간 계속하여 잠시도 쉬지 않건만 몸과
말과 뜻으로 짓는 일에 지치거나 싫어하는 생각이 없느니라."

―

復次善男子야 言稱讚如來者는 所有盡法界虛空界十方三世一切刹

土所有極微——塵中에 皆有一切世界極微塵數佛하며 ——佛所에 皆有菩薩海會圍遶어든 我當悉以甚深勝解現前知見으로 各以出過辯才天女微妙舌根하야 ——舌根에 出無盡音聲海하며 ——音聲에 出一切言詞海하야 稱揚讚歎一切如來諸功德海호대 窮未來際토록 相續不斷하야 盡於法界하야 無不周徧이니 如是虛空界盡하며 衆生界盡하며 衆生業盡하며 衆生煩惱盡이면 我讚乃盡이어니와 而虛空界와 乃至煩惱가 無有盡故로 我此讚歎도 無有窮盡이니 念念相續하야 無有間斷하야 身語意業이 無有疲厭이니라

🪷

온 우주 전체를 칭찬한다

보현행원의 두 번째 칭찬여래원은 모든 여래를 칭찬한다는 원력입니다. 경전을 읽을 때는 늘, 보현보살이 나오면 '저 멀리 다른 세상에 보현보살이 계시는구나.'라고 이해해서는 안 되고, '내가 바로 보현보살'이라는 마음으로 경전을 보아야 합니다. 불교의 모든 가르침은 곧 자기 자신에게 해당하는 말씀이기 때문입니다.

우리가 해야 할 두 번째 실천, 괴로움의 문제를 해결하기 위해서, 부처가 되기 위해서 실천해야 할 두 번째 원력이 바로 칭찬여래원(稱讚如來願)입니다.

'모든 여래를 칭찬한다. 찬탄한다.'라고 하니까, '석가모니 부처님을 칭찬·찬탄하라는 말씀이구나.'라고 생각하기 쉽겠지만, 이 부처님을 찬탄한다는 것은 그야말로 허공 가득한 이 우주 법계 전체, 시방삼세 시간과 공간적인 일체 모든 세계에 있는 극미진

(極微塵), 낱낱의 티끌 가운데 있는 모든 세계에 극미진수의 일체 부처님을 찬탄하는 것입니다.

이 말은 곧 여러분이 바로 부처님이고, 한 티끌이 부처님이고, 하늘, 바람, 구름, 풀 한 포기, 나무 한 그루, 일체 모든 낱낱이 극미진수의 티끌 전부가 부처님 아닌 것이 없다는 말입니다. 우리는 부처님 하면 2,500년 전에 태어나셨던 화신불(化身佛)인 석가모니 부처님을 생각하기 쉽습니다. 아니면 불단에 계신 부처님을 떠올리고, 좀 더 나아간다면 깨달음을 얻으신 큰스님들을 부처님으로 생각하기 쉬운데 그것이 아닙니다. 진정한 부처님은 법신불(法身佛)입니다. 법신불은 이 우주법계 전체가 낱낱이 법의 몸이라는 뜻입니다. 이 세상 전체가 부처님의 몸이라는 것이지요. 즉 지금 이대로 내 눈에 보이고 들리고 경험되어지는 일체 모든 것들이 전부 다 부처님의 현현(顯顯) 아닌 것이 없습니다.

우리 모두 완전한 부처님입니다. 삶은 이대로 완전합니다. 괴로울 것이 본래 없는 존재입니다. 이렇게 이대로 완전한 것들이 언제나 100% 완전하게 펼쳐져 있습니다. 그런데 우리가 자기 생각으로 판단 분별한 눈으로 보기 때문에 왜곡되어 보이는 것일 뿐입니다.

나를 둘러싸 돕고 있는 보살

또 여기서 주목해 볼 만한 것이 낱낱 티끌마다 낱낱 부처님이 계시는데 낱낱 부처님이 계신 곳마다 다 한량없는 보살들이 둘러싸 모시고 있다, 에워싸고 있다는 표현입니다.

탱화(幀畫)를 보면 부처님을 중심으로 좌우에 협시보살을 모십니다. 보살님들뿐만 아니라 팔부신중(八部神衆), 사천왕, 부처님의 십대제자 등 다양한 존재들이 부처님을 에워싸고 있습니다.

우리가 부처님 경전을 볼 때는 경전이라는 방편을 이해할 수 있어야 합니다. 경전을 글자 그대로 이해해서는 큰일 납니다. 서양 종교에서는 문자주의(文字主義, literalism)라고 하여, 문자 그대로 완벽한 신의 말씀이라고 여겨, 결코 경전에는 오류가 있을 수 없다고 말하기도 하는데요, 불교의 가르침은 전혀 그렇지 않습니다. 경전의 가르침은 '달을 가리키는 손가락'이고 '강을 건너는 뗏목'일 뿐이라고 설합니다. 방편일 뿐이라는 것이죠.

왜냐하면, 경전의 말씀은 하나도 빠짐없이 전부 다 괴로움에 빠진 중생들을 괴로움에서 건져내 주는 방편이기 때문입니다. 왼쪽 길로 잘못 가는 이에게는 오른쪽으로 가라고 설하고, 오른쪽으로 잘못 가는 이에게는 왼쪽으로 가라고 설합니다. 공에 빠진 이에게는 묘유(妙有)를 설하고, 유에 빠진 이에게는 진공(眞空)을 설합니다. 전부 자기 분별에 사로잡힌 이에게 그 분별을 깨주기 위해 임시로 주는 약일 뿐입니다. 병이 낫고 나면 약을 버려야 하듯, 깨닫고 나면 가르침도 버려야 합니다. 필요가 없죠.

부처님께서 『화엄경』에서 모든 중생 낱낱이 한 분 한 분이 전부 다 그대로 화엄의 장엄한 부처님이라고 설했더니 중생들이 너무 받아들이기 어려워합니다. '나는 지금 이렇게 괴로운데 내가 어찌 부처일 수 있느냐?'라고 하면서 부처님의 말씀을 이해하지 못합니다. 그래서 쉽게 방편을 활용하는 것입니다.

불이법으로 '온 중생이 부처다.'라고 하는데 믿을 수 없다고 하니, 따로 부처님이 있는 것처럼 꾸며서, '부처님이 계신다. 부처님을 믿고 공경하고 찬탄하라.'라고 말하는 것입니다. 처음에는 그렇게 중생 근기에 맞춰서 둘로 나누어 놓고 설명한 뒤 차근차근 하나로 계합하도록 이끄는 것입니다.

그리고 '부처님께서 우리에게 가피(加被)를 내려주신다.' '굳게 부처님을 믿으라.'라는 방편을 쓰면 누구나 쉽게 접할 수 있게 됩니다. 중생과 부처를 둘로 나누어 놓고, 중생이 부처를 믿고 의지하고 가피 받도록 하는 방편을 썼던 것입니다. 이런 방편은 이해하기도 쉽고, 믿기만 하면 되니까 다가가기도 쉽습니다.

그런데 지금은 옛날 시대가 아니라서 방편만 얘기하지 않고 참된 경전에 담긴 진정한 의미를 이야기해도 다 알아들을 수 있는 시대입니다.

'온 법계 허공계 시방삼세 모든 세계의 극미진의 낱낱 티끌 가운데 모든 세계의 극미진수의 부처님이 계시고, 낱낱 부처님 계신 곳마다 다 한량없는 보살들이 둘러싸 모심에' 하는 이 부분도 자세히 살펴보면 불교의 핵심인 불이법을 드러내고 있습니다.

낱낱 부처님 계신 곳마다 다 한량없는 보살님들이 둘러싸 모시고 있다고 했습니다. 보살은 상구보리 하화중생(上求菩提 下化衆生), 위로는 깨달음을 구하고 아래로는 일체중생을 구제하겠다는 발원을 세우신 분들입니다.

보통 우리는 보살님들의 중생 구제 원력을 들으면, '지구상에

이렇게 많은 사람이 있는데 빠짐없이 다 구제하실 수 있을까?'
'과연 나에게도 가피를 내려주실까?' 하는 우려를 할 것입니다.

　사실은 그런 것이 보살이 아닙니다. 진짜 보살은 내가 사는 이 삶의 실상입니다. 낱낱 부처님 옆에 한량없는 보살님들이 언제나 둘러싸 모시고 있다는 것은 보살이 언제나 나와 함께하고 있다는 말입니다. 보살은 일체중생을 언제나 부처가 될 수 있도록 이끌고 또 일체중생이 힘들고 괴롭고 외로울 때 언제나 나타나서 무한한 자비와 보살핌으로 끊임없이 도와주는 분입니다.

　그런데 부처님이나 보살님을 내 바깥 저 다른 곳에 있다고 생각하면 외도(外道)입니다. 내가 바로 부처이고 보살입니다. 온 우주법계, 이 세상 전체가 나를 에워싸고 둘러싸서 모시고 있습니다. 다시 말해 우리는 무한한 부처님의 가피를 늘 매 순간 받고 있고, 매 순간 그 속에 있으며, 이 우주 전체가 나를 돕는 무한하고 다양한 손길들을 매 순간 펼쳐내 주고 있습니다.

　무엇이 부처인 나를 에워싸는 보살일까요? 나를 이렇게 살 수 있도록 도움을 주고 있는 일체 삼라만상 전부가 연기적으로 연결되어 매 순간 나를 살게 해주고 있습니다. 공기가 없으면 내가 없고, 숲이 없으면 내가 없으며, 밥 한 공기와 연결된 무한한 연기적 우주가 없다면 내가 있을 수 없고, 입고 있는 옷을 만드는 데 이바지한 일체의 모든 존재와 비존재의 도움이 없었다면 옷도 하나 입지 못했을 것입니다.

　하루 세 번의 끼니를 해결하는데 도대체 얼마나 많은 존재와 비존재가 무한한 도움을 주고 있을까요? 숨 한 번 쉬고, 길 한

번 걷고, 밥 한 끼 먹는 매 순간순간 속에 온 우주 전체의 무한
히 에워싼 도움과 가피와 기적을 경험하고 있습니다. 그것이 전부
나를 에워싸고 있는 보살입니다.

역경, 고통도 사랑이다

탱화를 보면 보살님들처럼 아주 자비로운 모습으로 우리 옆에
지켜주는 분도 계시지만, 사천왕이나 팔부신중과 같이 약간 우락
부락하고 무서운 모습으로 우리를 에워싸는 분들도 계십니다.

십일면관음(十一面觀音) 보살님도 보면 그 얼굴이 열한 가지로
그 표정이 다양합니다. 분노하는 표정[瞋相]도 있고, 환하게 웃는
표정[白牙上出相]도 있고, 모든 것을 포섭해 주는 표정[暴大笑相]도
있습니다.

즉 우리를 돕고 있는 보살님들이 우리 주변에 가득 차 있는데
도 불구하고 우리는 '나에겐 보살님이 없다. 나를 둘러싸고 있는
자비가 하나도 없다. 나는 하는 일마다 안 되고 힘들고 괴롭다.
잘 풀리는가 하면 안 풀리는 일도 있고, 힘들고 괴로운 일이 넘쳐
난다. 심지어 내 주변에는 나를 욕하고 괴롭히고 시비 거는 사람
이 이렇게 많은데 어떻게 내가 부처이고, 내 주변을 모든 부처님
과 보살님들이 감싸고 있다는 게 말이 되느냐?'라고 생각하며 따
지고 싶은 분도 있을 텐데, 그것이 바로 자비 방편입니다.

이 진정한 자비 방편은 항상 돕는 모습을 취하지는 않을 수도
있습니다. 탱화에서 부처님을 둘러싸고 있는 분들이 전부 자비롭

게 웃기만 하는 것이 아니듯, 우리 삶에도 나를 괴롭히는 사람, 화내는 사람, 안 풀리는 일 등이 끊임없이 등장합니다. 우리는 자기 식대로 해석하고 분별하기 때문에 그런 일들이 오면, 나를 괴롭히는 고통이라고만 인식합니다. 그것이 바로 중생의 분별심입니다. 사실은 그런 나를 괴롭히는 것 같은 모습, 포악한 모습, 무서운 모습 또한 진정으로 나를 돕기 위한 다양한 방편입니다. 십일면 관음보살의 표정이 다양하듯, 나를 돕기 위해서는 자비로운 모습뿐만 아니라 무섭거나 화를 내는 모습도 필요하기 때문입니다.

되돌아보면, '예전의 그때는 힘들고 괴롭다고 생각했는데 그것을 통해 많이 배우고, 깨닫고, 그래서 지금의 내가 될 수 있었다.'라는 경우가 아주 많습니다. 즉 이 우주법계는 무조건 사랑과 자비로만 돌봐주는 것이 아니라 우리를 진정으로 돕기 위해서 때로는 무서운 모습, 화내는 모습, 때로는 역경과 고난과 괴로움의 모습으로 주변에서 우리를 돕고 있는 것입니다. 관세음보살님은 열한 가지의 다양한 모습이 있지만 그런데도 그 본질은 보살님이듯, 이 우주법계는 무한한 자비와 사랑이 그 바탕에 깔려 있습니다.

삼라만상은 하나의 바다 위에 드러난 파도라고 말합니다. 파도의 본질은 바다입니다. 여기에서 바다는 우리의 참 성품, 부처 성품을 뜻하고, 파도는 우리의 온갖 존재와 존재가 벌이는 일들을 말합니다. 파도가 곧 바다이듯, 우리가 울고 있을 때든, 웃고 있을 때든, 괴로울 때든, 힘들 때든, 삶의 풍랑을 만났을 때든 우리는 그대로 부처님이고, 그대로 완전하고, 일체 우주 전체가 우리를 매 순간 돕고 있습니다.

사실 우리는 부처님이나 하느님에게 찾아가서 '저에게 가피를 내려 주십시오. 저에게 은총을 주십시오.' 하고 요청할 필요가 없습니다. 그 무한한 가피와 무한한 은총이 어디에서 나오는가요? 바로 나에게서 나옵니다. 여기서 나라고 하는 것은 진정한 나의 본성입니다. 우주법계 전체의 본성과 나의 본성은 둘이 아닌 하나로서 무한한 자비와 지혜가 우리의 본래 성품입니다. 이 하나에서 일체 모든 것이 나왔습니다.

하나는 하나를 괴롭힐 수 없습니다. 하나는 하나를 두려워하지 않습니다. 진정한 하나에는 완전한 동체대비심과 지혜와 사랑뿐입니다. 그러니 이를 다르게 표현하면, 삶은 언제나 나를 에워싸고 돕고 있다고 말할 수 있습니다. 자기가 자기를 돕지 않을 수 없기 때문입니다.

두려워할 필요가 없는 이유

우리는 삶에서 전혀 두려워하거나 근심 걱정할 필요가 없습니다. 유일하게 우리를 괴롭히는 것은 내 머릿속의 생각, 분별망상입니다. 가만히 생각해 보세요. 내가 지금 괴롭다고 생각하는 그 순간 진짜 괴로운지 냉정하게 따져보면, 진짜 괴로운 게 아니라 머릿속에서 남들과 비교함으로써 '저 사람보다 내가 못해. 어느 정도 수준에는 올라야 해. 이 정도는 돈이 있어야 해.'라는 기준을 정해놓고 거기에 미치지 못하니까 괴로워하는 것입니다. 제가 인도에서 만난 수없이 많은 아이는 부모도 없고 친척도 없더군요.

굶주림을 면하기 위해 매일 쓰레기통에서 음식 찌꺼기를 찾는 인도 아이들에 비한다면 우리는 너무나도 큰 부자입니다. 그런데도 '괴롭다. 가난하다.'라고 여기는 이유는 비교에서 오는 마음입니다. 그 비교 분별만 없다면 우리의 실상, 나의 본래 모습은 진실로 완전한 불보살님이 우리를 매 순간 에워싸고 있는 것입니다.

내 주변에 괴로운 일이 일어나는 그 순간조차 사실은 완전한 지혜가 표현되고 있는 것이니 늘 언제나 완전히 안심해도 좋습니다. 그래서 이러한 법문을 안심(安心)법문이라 하고 이런 부처님의 가르침을 무외시(無畏施)라고 합니다. 관세음보살님을 시무외자(施無畏者), 즉 두려움 없음을 보시하는 자라고도 합니다. 왜냐하면, 본래 우리의 본성은 두려워할 필요가 없기 때문입니다.

분별이 없다면, 바로 지금 곧장 본성뿐입니다. 이 하나의 진실뿐입니다. 여기에는 아무 일도 없습니다. 모든 일이 다 있으면서 아무 일이 없습니다. 오직 이것뿐입니다. 여기에는 어떤 티끌도 붙을 수가 없고, 어떤 문제도 생겨날 수가 없습니다. 이것은 생겨나지도 사라지지도 않고, 무엇으로도 오염되지 않습니다. 이 하나의 텅 빈 본성이 우리의 참된 진실이기에 두려워할 필요가 없는 것입니다.

그런데 중생들은 생존의 바탕에 두려움이 있습니다. 원시시대 때부터 짐승들이 나를 해칠지 모른다는 두려움 때문에 도구를 개발하고 문명이 발전되어 왔죠. 지금 우리도 끊임없이 다가올 미래를 두려워합니다. 노후가 두렵고, 죽음 이후가 두렵고, 그 두려운 마음 때문에 두렵지 않기 위해서 더 열심히 발버둥치는 삶을 살아갑니다. 그런데 불교에서는 과거나 미래로 왔다 갔다 하는 허망한 망상을 내려놓고 지금 여기에 있는 참된 진실을 보라고 합니다. 그 이유는 본래 두려워할 필요가 없는 존재이기 때문입니다.

불이법, 온 우주 전체가 하나의 성품이라고 했습니다. 이걸 불성이라고 하든 신성이라고 하든 이 하나의 성품만이 나의 본성입니다. 여러분의 본성이나 저의 본성이 전혀 다를 수가 없어요. 외계인의 본성과 미국인의 본성과 아프리카 사람의 본성과 강아지와 돼지의 본성과 석존의 본성과 나의 본성이 결코 다를 수가 없습니다.

온 우주는 전체가 하나밖에 없는데 그 하나가 다른 하나를 괴롭힐 수 있겠습니까? 내가 나를 괴롭힐 수 있어요? 내가 나를 공격하거나 괴롭힐 수 없으므로 우리는 완전히 안심하고 살아도 됩니다. 그런데 우리는 분별 망상을 믿는 어리석은 무명에 가려서, 있는 그대로의 현실을 보지 않고 내 머릿속의 생각이 진짜라 믿고, 내 머릿속에서 한번 걸러서 바라본 세상만을 보고 삽니다. 그동안 우리가 봐 왔던 습관대로 중생의 눈으로 볼 때는 나와 남의 다툼이 끊이지 않고, 세상은 약육강식으로 이루어져서 내가 강하지 않으면 살아남지 못할 것 같고, 세상이 나를 공격하는 것 같은 이런 비교 분별의 시선으로만 세상을 볼 수밖에 없습니다. 그런 삶은 얼마나 비참하고 괴롭고 참담합니까? 언제까지 내 분별이 만든 이런 침통한 괴로운 삶 속에 빠져 살 것입니까?

그렇다면 어떻게 해야 이 세상의 진실을 볼 수 있을까요? 생각을 통해서가 아니라 그냥 보면 됩니다. 마치 갓난아기가 그저 보듯이 있는 그대로 보면 됩니다. 분별하지 않고 해석하지 않고 본 적이 없으므로 진실을 보지 못하는 것일 뿐입니다. 다행인 것은 우리는 판단분별, 해석하지 않고 볼 수 있는 눈을 본래 갖추고 있다는 사실입니다. 바른 법을 깨달아서 바른 지혜를 갖추어 생각 이면의 깊고도 수승한 지혜, 바른 지견으로 보게 되면 매 순간 눈앞에서 이 진실을 확인할 수 있습니다.

온 우주 전체가 연결되어 돕는다

아직 깨닫지 못했다면, 사실 가만히 연기법을 사유만 해 보더라도 알 수 있습니다. 여러분께서 지금 입고 있는 그 옷 하나가 어떻게 나에게 왔을까요? 그 옷 하나가 있으려면 옷을 만든 사람, 도매상, 소매상, 실을 만드는 사람, 또 옷을 디자인하고 연구하는 사람 등등을 비롯해 회사, 공장, 건물, 옷 재료와 연결된 모든 것들, 태양, 땅, 나무, 물, 전기 등등 무한히 많은 것들과 연결되어 있습니다. 그 연결성을 깊이 사유해 보면 사실 그 옷 하나에 온 우주 전체가 연결되어 있습니다.

밥과 물 한 모금도 마찬가지입니다. 온 우주 전체가 돕지 않으면 내가 밥도 먹을 수 없고, 숨을 쉴 수도 없고, 옷을 입을 수도 없습니다. 아버지 어머니가 도와줘서, 아니면 내가 잘나서 이렇게 내 인생을 잘사는 것으로 생각한다면 오판이고, 오만한 생각입니다. 인연 따라 연결된 내 주변의 일체 모든 만법이 나를 도운 덕분에 살아갈 수 있습니다.

여러분이 지금 어떤 지식이 있어서 그 지식을 가지고 돈을 벌어서 잘살고 있다고 한다면 그 지식은 어디서 나온 것입니까? 여러분이 머릿속에서 활용할 수 있는 그 지식을 만들어 준 게 누구죠?

학교 다닐 때 수많은 교과서에서 배운 것들도 있겠죠. 그럼 그 교과서는 누가 만들었나요? 어떻게 만들어졌나요? 그 안에는 인류 역사 전체가 고스란히 담겨 있고, 역사 속의 무수한 인물들의 경험에서 쌓아 올린 온갖 지혜가 다 담겨 있으며, 또 무수히 많은 사람이 그것을 연구하고 종합하고 집필하는 등, 이 우주 전체의 지식이 총화(總和)되어 내 머릿속에 들어와서 그것을 쓰며 살고 있을 뿐입니다. 온 우주 전체가 매 순간 나를 도와주지 않으면, 무한한 자비와 광명으로 관세음보살이 되고 한량없는 보살이 되어서 내 주변을 에워싸고 도와주지 않았다면 단 한 순간도 우리는 살아 있을 수 없을 것입니다.

지금 숨을 쉬지 못해 죽어가는 사람에게는 숨쉬고 있는 우리가 이 세상에서 가장 부러울 것입니다. 그런데 우리는 공기의 도움을 받아 마음껏 공짜로 숨을 쉬고 있습니다. 공기가 사라지면 우리는 곧장 죽어 갑니다. 햇빛이 없어도 죽습니다. 물도 마찬가지입니다. 무한한 햇살과 공기, 물, 이 모든 것들이 우리 주변에 완전히 꽉 들어차고 에워싸서 공짜로 우리를 매 순간 살아 있게 하고 살려주고 있습니다.

정신적·물질적인 유형무형의 일체 모든 존재·비존재가 무한한 중중무진의 법계연기로써 우리를 이렇게 에워싸며 매 순간 돕고 있다는 이 사실이 너무나도 놀랍지 않나요? 우리는 모두 나머지 모두를 마치 내 몸처럼 돕고 있습니다. 나를 뺀 우주도 없고, 우주를 뺀 나도 없습니다. 일체가 일체를 완전하게 연결성으로 돕고 있습니다.

그러니 이 삼라만상이 어떻게 둘로 나뉠 수 있겠습니까? 우리는 모두 둘이 아닌 하나로서, 오직 한 법의 현현일 뿐입니다. 일체 모든 삼라만상이 전부 다 부처님 아닌 것이 없습니다. 그러한 부처님들에게 우리가 어떤 마음을 가져야 할까요?

가슴으로부터 흘러나오는 수희찬탄

칭찬여래원이 그것입니다. 그 모든 부처님, 내 주변에서 에워싸고 나를 도와주는 모든 불보살님, 모든 불보살님의 화신인 하늘과 바람과 구름과 자연, 너와 나와 인연 맺고 사는 일체 모든 존재, 그들에게 '진심으로 감사하다. 놀랍다.'라는 칭찬을 보내고, 그들의 공덕을 찬탄하는 것입니다.

'이렇게 무한한 공덕 덕분에 내가 이렇게 매 순간 살아가고 있구나.' 하는 것에 대해서 진심 어린 무한한 찬탄을 하게 될수록 결국 그 모든 것들과 내가 둘이 아니라는 진실과 가까워지게 됩니다. 단순히 연기법을 사유해서 머리로 아는 것이 아니라, 그렇게 사유된 것이 가슴으로 내려와 감정적으로 진심 어린 찬탄이 되고, 감동되어 진실로 그렇다는 것이 소화되고 깨달아지기 때문입니다.

그래서 칭찬여래원은 부처님만을 찬탄하라는 말이 아니라 내 주변에 있는 모든 것들을 칭찬하고 찬탄하라는 말입니다. 이것을 다른 말로 수희찬탄(隨喜讚歎)이라고 합니다. 수희(隨喜)는 함께 따라서 기뻐한다는 뜻이니 진정으로 기뻐하면서 찬탄한다는 것이지요.

부처님의 무한한 공덕, 연기법이라는 삶의 진실을 함께 찬탄한다는 것이 얼마나 놀랍고 감사한 일이고 얼마나 기뻐할 일입니까?

나는 내가 죽고 나면 지옥 갈 줄 알았는데, 나는 원래 내가 능력 없는 놈인지 알았는데, 나는 내가 원래 성품이 못난 놈이라 미래가 두려웠는데, 나는 남들보다 못난 사람이라 더 잘난 사람이 되기 위해서 기를 쓰면서 살았는데, 이제는 미래를 두려워할 필요도 없고, 죽음 이후에 지옥 갈까 봐 두려워할 필요가 없어진 것입니다. 불보살님이 무한한 자비 광명으로 에워싸고 있고, 지금만 그런 것이 아니라 언제나 그렇다니, 이것이 바로 삶의 진실이라니 얼마나 기쁜 일입니까. 이것이 바로 복음(福音), 참으로 기쁜 소식입니다.

내가 머릿속에서 시비분별로 망상으로 지옥을 만드는 것이지 지옥이라는 것이 따로 없습니다. 이렇게 무한한 불보살님밖에 없는, 불이법의 우주법계에서 도대체 누가 지옥을 창조하겠습니까. 내가 만들어서 스스로 자승자박(自繩自縛)하는 것입니다. 무승자박(無繩自縛), 포승줄이 없는데 스스로 포승줄을 만들어서 스스로 얽어매고 묶여 있다고 착각할 뿐입니다.

저절로 훈습되는 공부

저는 어릴 적 이 공부를 하면서, 삶의 실상을 아주 조금씩 알게 되면서 얼마나 감동이었는지 모릅니다. 대학 3학년 때 '화엄학 개론'을 공부하면서 학문으로 머리로 배운 것임에도 정말 큰 감동을 하고 비로소 안심할 수 있겠다고 하는 감동이 있었습니다. '아, 내가 이렇게 안심하고 살아도 되는 존재였구나. 무한한 자비 광명이 나의 본성이었구나. 나는 이것도 모르고 죽으면 지옥 가고 천벌 받는 줄 알고, 죽으면 염라대왕 앞에서 심판받는 줄 알고 심판 잘 받기 위해 살았는데, 나는 이대로 완전한 존재였구나.'라는 가르침 속에서 이 공부라면 참된 안심을 깨달을 수 있겠구나 싶었습니다.

부처님 법문은 두려워할 필요가 없는 안심 법문입니다. 그러니 늘 수희찬탄하지 않을 수 없고, 기뻐하지 않을 수 없는 것입니다.

『대지도론』에서는 "수희찬탄한다는 것은 어떤 사람이 공덕을 지을 때 그것을 보는 이가 마음으로 더불어 기뻐하면서 '아, 참으로 장하구나.' 하고 칭찬하는 마음을 내는 것이다."라고 했습니다. 비유하면, 마치 갖가지 묘한 향을 파는 향 장수가 있는데 향을 피워놓고 팝니다. 그때 향을 사지 않아도 향 주변에 있는 사람들은 전부 다 그 향을 공짜로 맡습니다. 그런데 그 향냄새는 전혀 손상이 없고 사고파는 두 사람 모두 잃는 것이 없는 것과 같습니다. 즉 향 내음이 나는 주변에 있으면 우리는 공짜로 향 내음을 맡게 되는 공덕을 받게 됩니다. 저절로 훈습(薰習)이 되는 것이지요. 그처럼 보살은 수희찬탄하는 마음으로 복덕과 과보를 내어 회향하며, 수희찬탄은 시방삼세 모든 부처님께 공양하는 것이 된다, 성문(聲聞)이나 벽지불(辟支佛)을 구하는 이의 보시보다 훨씬 뛰어나다고 했습니다.

소리를 낼 때 기운을 작게 불어도 피리 소리에서는 크게 소리가 나가는 것과 같습니다. 작게 수희찬탄을 해도, 함께 기뻐해 주기만 하더라도 그 받는 공덕이 놀랍도록 크다는 것입니다.

찬탄할 때 생기는 놀라운 점

놀라운 점이 또 하나 있습니다. 우리는 보시를 많이 하는 사람을 보면 부러워하곤 합니다. '나도 저렇게 살고 싶다. 나도 저런 인생을 살고 싶다. 복 많이 짓는 사람을 보면 참 대단하다.'라고 부러워합니다. 사실 저런 공덕을 지으면 나중에 복덕의 과보를 많이 받을 수 있으니까 부러워하는 거잖아요.

그런데 이 세상은 마음이 짓는 것입니다. 유식무경(唯識無境), 바깥 경계가 실체적으로 따로 존재하는 것이 아니라 오로지 마음뿐입니다. 이 세상은 물질세계라고 느껴지지만, 사실은 정신세계, 마음이 이루는 세계입니다. 그래서 이 공부도 마음공부라고 하잖아요. 즉 마음에서 이루어지면 현실은 그냥 이루어지는 것과 비슷합니다. 우리 뇌도 그렇게 느낀다고 합니다. 내가 그렇게 느끼면 뇌는 그냥 그렇게 받아들인다고 합니다. 착각으로라도 그렇다고 완전히 느끼면 그런 사람이 되어버린다는 것입니다.

수희찬탄의 공덕이 이와 같습니다. 남들 자식이 좋은 대학을 갔다면 질투도 나고 배가 아프겠죠. 그런데 남들이 잘되는 것을

보현행원품과 마음공부

배 아파하면 배 아파하는 현실이 나에게 일어날 확률이 높아집니다. 그런데 내 일처럼 함께 따라 기뻐하면서 진정으로 축하해 주면 상대가 가지고 있는 그 공덕이 내 것이 되어버립니다.

또한, 내가 찬탄했던 바로 그 일이 내게도 일어나기가 더욱더 쉬워집니다. 내 일처럼 찬탄했기 때문에, 내게도 그런 마음이 공명하게 되고, 그런 일이 일어나는 파장과 동조를 했기 때문입니다.

남들이 부자인 것을 보고, '그래 너 잘났다. 너는 돈 많으니까 그렇게 보시도 하는구나.'라는 생각을 하는 것이 아니라, '와~ 저렇게 복을 짓는다는 게 얼마나 기쁜 일인가. 누군가를 돕고 나누며 베푸는 저 복이 참으로 장하구나. 있어도 못 베푸는 사람도 많은데 저 사람은 참으로 찬탄할 만하구나.'라고 찬탄의 마음을 보내는 그것만으로도 그들이 베푼 공덕이 나에게도 그대로 복으로 쌓인다는 것입니다. 다시 말해 그 찬탄한 공덕으로 인해 나 또한 머지않아 베풀 수 있을 만큼의 부자가 되고, 베풀 수 있을 만큼의 넉넉한 마음을 지니게 되는 현실을 창조하고 있는 것입니다. 그게 바로 선인선과 악인악과의 인과응보(因果應報)입니다.

의업(意業)은 마음으로 짓는 업, 생각으로 짓는 업입니다. 생각으로 남들이 잘된 것을 정말 기뻐하고 찬탄해 준다는 것 자체가 나의 선한 의업을 짓는 일이 되기에 찬탄하는 업을 지으면 찬탄받을 결과가 찾아오는 것입니다. 마음의 세계는 그렇게 작동합니다. 이 우주 전체는 물질의 세계가 아니라 마음의 세계입니다. 마음으로 진실로 기뻐해 주면 나에게도 그런 공덕이 생겨난다는 것은 참으로 놀라운 법계의 법칙이 아닐 수 없습니다. 또한, 이 찬탄의 공덕을 깨닫는 사람이라면 현실에서 찬탄의 실천 수행만 하더라도 놀랍게 변화되는 삶을 누릴 수 있게 되겠지요.

찬탄할 때, 남의 공덕이 내 공덕인 이유

이것이 가능한 이유는, 진실에서는 나와 남이 둘로 나뉘어 있지 않기 때문입니다. 불이법이기 때문입니다. 너는 너고 나는 나라면 우리가 서로 다른 존재이고, 따로 떨어진 독자적인 존재라면 너의 공덕은 너의 공덕이고, 나의 공덕만 나의 공덕일 것입니다. 어떻게 상대방의 것이 나의 것이 될 수 있겠어요?

그러나 진실은 너와 내가 둘이 아닌 하나입니다. 본바탕의 진실은 불이법입니다. 우리가 너와 나를 둘이라고 여기는 것은 우리의 분별망상일 뿐입니다. 이처럼 너와 내가 진실로 본바탕에서 둘이 아닌 하나이기 때문에 너의 공덕이 진실로 나의 공덕입니다. 그러니 모든 타인의 공덕은 곧 나의 공덕입니다. 다만 그동안 중생들은 상대방의 공덕이 진실로 나의 공덕임에도 불구하고 생각으로 너는 너고 나는 나라고 분리된 분별심을 가지고 나눠 놓았기 때문에 우리 스스로 그 공덕을 걷어찬 것일 뿐입니다.

중생의 분별 망상만 없다면 온 천지 나 아닌 것이 없고, 내 공덕 아닌 것이 없으며, 모든 것이 원만 구족한 공덕 법신 그 자체입니다. 삶은 이대로 완전한 공덕 자체입니다. 부처님께서 깨달으셨을 때 사실은 일체중생이 함께 깨달았다는 말이 바로 그것입니다. 부처님의 깨달음은 곧 나의 깨달음과 다르지 않습니다.

그래서 우리가 부처님과 부처님의 법을 진실로 찬탄하면 내가 그 법을 구현하게 될 확률도 높아집니다. 내가 부처가 될 확률이 높아집니다. 부자를 찬탄하면 부자가 되는데 부처님의 공덕을 찬탄하면 부처가 되지 않겠습니까?

그러니까 이 공부는 남들을 부러워할 필요가 전혀 없는 공부입니다. 남들을 진심으로 찬탄만 해주면 되기 때문입니다. 질투하면 내가 그걸 못 가지지만, 진실로 찬탄해 주기만 해도 그 모든 공덕이 내 것이 될 수가 있다는 말씀은 그야말로 묘법(妙法)입니다.

미묘한 말솜씨로 찬탄한다

그래서 이 경전에서는 변재천녀(辯才天女)의 미묘한 혀보다 더 훌륭한 혀를 내었다고 표현합니다.

변재천녀는 인도 펀자브 지방에 있는 하신(河神) 즉, 강의 여신입니다. 불교에서는 『금광명최승왕경(金光明最勝王經)』「대변재천녀품(大辯才天女品)」에 등장하는데, 호숫가 해변 같은 사당에 있으며, 범천(梵天)의 왕비라고 설명하면서 키워드로 '음악', '변재'라는 표현을 함께 쓰고 있습니다. 변재가 뛰어나다는 것은 말하는 재주가 뛰어나 사람을 잘 교화한다는 의미입니다. 더불어 음악을 관장하는 천상의 여신이기도 하고, 우리나라에 와서는 산신령과 같은 성격으로 자리 잡은 천신이기도 합니다. 또 한편으로는 재물 복과 지혜의 복을 가져다주고, 장수의 복을 가져다주며, 또 적을 퇴치하거나 원한 맺은 사람을 퇴치해 주는 공덕도 있다고 해서 인도 사람들이 많이 믿었습니다.

이렇게 인도 지역에서 변재가 뛰어난 사람의 대명사처럼 쓰이는 것을 가져와서 불교에서도 쓰는 것입니다. 쉽게 말해서 변재천녀는 말을 정말 잘하는 사람인데 변재천녀보다 더 미묘한 혀를 내어서 그 낱낱의 혀로 아주 다함 없는 음성을 내어서 그 낱낱의 음성마다 온갖 말을 수놓아서 일체 부처님의 모든 공덕을 찬탄하고 부처님의 법을 찬탄하는 것입니다. 뛰어난 변재로써 부처님의 공덕을 찬탄하는 것이지요.

칭찬이 다 좋은 것은 아니다

그러면 우리는 현실에서 어떻게 칭찬해야 할까요? 그 사람에게 다가가서 "당신이 부처님이니, 당신을 찬탄합니다."라고 해도 좋긴 한데 그렇게 얘기하면 그들이 좋아하겠습니까? 대부분 "내가 무슨 부처냐? 불교에 빠지더니만 헛소리한다."라고 할지도 모릅니다. 그래서 방편을 내어서 칭찬하는 것입니다. 칭찬, 찬탄하는 것에도 방법이 있다는 것이지요. 칭찬하는데도 지혜가 필요합니다.

칭찬하면 무조건 좋은 것인 줄 아는데 사실은 칭찬이 역효과를 가져오는 일도 있습니다. 칭찬하고, 자비와 사랑을 베풀더라도 필요할 때는 화를 내기도 하고, 혼내기도 하는 모습을 통해 진정한 자비를 실천할 수도 있습니다.

그래서 자비를 상징하는 대자대비 관세음보살도 십일면관음 상에 보면 11면의 두상 중에 좌측 3면은 매우 화내는 모습을 보이기도 합니다. 또한, 큰스님들의 일화를 보면, 화를 버럭 내시기도 하고, 한없이 자비로운 모습을 보이실 때도 있습니다. 우리는 큰스님이라 하면 무한한 자비를 베푸는 분이라고 생각하는데 그저 무조건 자비롭기만한 것이 참된 자비가 아닐 수도 있습니다. 제 은사스님께서도 제자들이 큰 잘못을 했을 때는 크게 혼을 내는 것을 통해 가르침을 주곤 하셨습니다.

TV의 어떤 다큐멘터리에서 보니까, 네 가지 경우의 수를 갖다 놓고 실험을 했다고 합니다. 친구들끼리 대화하는 것을 엿듣게 하는 실험이었는데 결과가 흥미롭더군요.

첫 번째는 지적, "걔는 이게 안 좋고 저게 안 좋고…"라고 지적하면서 욕을 하게 시키다가 끝까지 계속 욕을 하게 시켰습니다. 두 번째는 처음부터 칭찬만 하다가 계속 칭찬만 하고 끝나게 시켰고요, 세 번째는 처음엔 칭찬하다가 욕으로 끝나게 시키고, 네 번째는 처음엔 막 지적하고 욕하다가 나중에 칭찬하고 끝내게 했습니다.

듣는 사람이 어떤 사람을 제일 신뢰하고 어떤 사람을 제일 좋아했을까요? 처음부터 끝까지 칭찬하는 사람을 좋아할 것 같은데 그렇지 않았습니다. 처음에는 지적하다가 나중에 칭찬으로 끝나는 사람을 제일 좋아하고 신뢰한답니다. 제일 싫어하는 사람은 욕하다가 욕하는 것은 일관성이라도 있는데, 처음에는 칭찬하는 척하면서 나중에 욕으로 끝내는 사람을 제일 싫어한다는 것입니다. 사람의 심리가 그렇다는 거죠. 실제로 무조건 칭찬만 하는 게 좋은 건 아니에요.

칭찬이 좋다고 해서 처음부터 끝까지 자식들에게 무조건 입바른 칭찬만 하라는 얘기가 아니라는 것입니다. 어떤 칭찬을 해주는 것이 가장 좋은 칭찬인가를 알아야 합니다.

행위를 칭찬하기 vs 존재를 칭찬하기

우리는 항상 두잉(doing)입니다. 두잉은 행위의 상태입니다. 우리는 끊임없이 뭔가를 하고, 노력해야 하고, 열심히 살지 않으면 안 된다는 두잉, 유위법(有爲法)의 상태에 있습니다. 그런데 부처님 법은 무위법(無爲法)이라고 했습니다. 무위법은 빔(空)의 상태입니다. 그냥 이렇게 비어 있음, 존재의 상태입니다.

좋은 칭찬은 무엇을 잘한 것을 칭찬하는 것이 아니라 그 존재 자체를 칭찬해 주는 것입니다. 그게 진정한 칭찬입니다. 대부분은 상대방이 잘할 때 그 잘한 대가와 보상으로 칭찬을 하는데, 그것은 좋은 칭찬이 아닙니다.

우리는 미처 그렇게 생각을 하지 못하겠지만, 사실은 부모님들이 자녀가 잘한 것에 대해 칭찬하는 것을 보면, 그 이면에 자녀를 내 뜻대로 조종, 통제하려는 마음이 깔려 있습니다.

잘한 것을 칭찬하면서 속마음은 '잘했으니까 앞으로도 계속 그렇게 해야 해.' 하는 마음이지요. 성적이 잘 나오면 칭찬을 하는데, 그 이면에는 계속 그렇게 좋은 성적을 유지하라는 마음이 깔린 것입니다. 아이들에게 "성적 잘 나왔네. 정말 잘했어."라고 칭찬하면서 칭찬 스티커도 남발하곤 하죠? 이런 칭찬을 하면 어떻게 될까요?

"책 많이 읽었으니까 정말 잘했어."라고 칭찬을 해주면 아이가 진짜 책 속에 파묻혀 좋아서 책을 읽는 것이 아니라 '칭찬받기 위해서' 책을 읽게 된다고 합니다. 책을 읽는 목적이 책을 읽고 싶어서가 아니라, 책 속의 내용에 진정 관심이 있어서가 아니라, 칭찬을 받고 싶어서 읽게 된다는 것이지요.

그러면 당연히 책을 대충 읽게 됩니다. 그냥 성과 위주로 뭔가 저분에게 잘 보여서 칭찬받아야 하기 때문에 책을 읽게 됩니다. 그렇게 되면 주도적인 사람이 되질 못 하고, 주체적인 사람이 되질 못 합니다. 어떤 권위자, 자신을 지지해주는 자, 그 사람에게 인정받기 위해서 눈치 보는 사람이 될 수도 있습니다. 부모님의 인정·보상·칭찬에 쩔쩔매면서 자꾸 눈치 보는 사람으로 성장할 수도 있습니다. 그래서 칭찬을 통해 아이를 조종 통제하려고 하면서 내 식대로 아이를 바꾸기 위한 도구로 사용하려는 것은 잘못된 칭찬, 좋지 않은 칭찬입니다.

그런 방식의 칭찬 이면에는 '이 아이는 아직 불완전하고 부족해. 나는 완전해. 그러니까 완전한 내가, 엄마인 내가, 어른인 내가 저 불완전하고 아직 뭘 모르는 아이를 가르쳐서 내 뜻대로 키워야 해.'라고 하는 사고방식이 그런 칭찬을 만들어 냅니다. 즉 대평등심이 아니라는 말입니다.

불자라면 자식을 대할 때도 '너도 부처, 나도 부처야. 한 분의 거룩한 부처님이 인연 따라 나에게 와서 나를 이렇게 기쁘게 해주는구나.'라는 마음으로 대해야 합니다. 역할은 부모와 자식으로 서로 다르지만, 본질은 누구나 거룩한 한 분의 부처와 같은 존귀한 존재임을 알아야 합니다.

인연 따라 임시로 나에게 왔기 때문에 잠시 나의 자식 역할을 하는 것일 뿐이지, '내 자식'이라고 여기며 소유물인 양 대해서는 안 되겠지요. 자식은 인연이 자식일 뿐이지, 실체적으로 영원불멸한 나의 자식으로 고정된 존재가 아닙니다.

한 분의 거룩한 부처님이라고 생각해서 '칭찬여래원'을 행하는 것은, 정말 한 분의 여래로서 찬탄해 주고 칭찬해 준다는 것은 그 아이를 내 방식대로 바꾸려는 마음을 갖지 않는 것을 의미합니다. 내 방식대로 바꾸려는 마음을 갖지 않으면 그 아이를 내 뜻대로 조종 통제하려고 칭찬하는 대신 어떤 칭찬을 하게 될까요? 그 아이라는 존재 자체를 그저 있는 그대로 칭찬해 주게 됩니다. 무엇을 잘해서 칭찬하는 것이 아니라, 그저 존재 자체를 칭찬해 주는 것입니다. 이것은 언뜻 보기에 칭찬 같지 않아 보이겠지만, 이것이야말로 아이의 진정한 자존감을 높이는 칭찬이 됩니다.

과하게 칭찬할 때 생기는 일

TV에서 또 다른 칭찬 관련 다큐멘터리가 나왔었는데요, 아이들이 문제를 풀었을 때 아주 약간만 잘했는데도 막 과한 칭찬을 해주었습니다. 선생님이 자신이 한 것에 비해서 과도한 칭찬을 해주니까 그 아이들의 표정이 하나같이 너무 찜찜한 모습이더군요. 저는 그 아이들의 표정을 보면서 너무 가슴이 아팠어요. 과한 칭찬을 받은 아이들은 '나는 그런 사람이 아닌데…' 하는 마음, '이분에게 이런 모습을 앞으로 더 자주 보여야 하나?' 하는 불안감, 압박감 등

찜찜한 표정이 얼굴에 확 비치는데 그게 굉장히 가슴 아프더군요.

실제로 그렇게 아이들에게 실험했어요. 아이들이 조금 잘했는데도 선생님이 아이들에게 "똑똑하다. 정말 잘한다."라고 과한 칭찬을 해주고 나서, 30개의 단어 카드를 잠깐 외우게 한 뒤에, 그 단어 카드를 탁자 위에 올려놓고 나갑니다. 그러면서 "이건 잘해도 못 해도 전혀 상관이 없는 거야. 외운 단어를 칠판에 적으면 돼. 선생님이 잠깐 나갔다 한 5분 있다 들어올게."라고 하고 나갑니다.

과하게 칭찬해 주지 않았던 친구들은 그냥 적으라고 하면 단어 카드를 커닝할 생각하지 않고 그냥 자기가 아는 만큼만 적습니다. 그리고는 자유롭게 뛰어놀아요. 그런데 과하게 칭찬해 줬던 아이들은 80% 정도가 걱정하고 불안해하며, 단어 카드를 볼까 말까 망설이다가 결국 커닝하더군요. 어떻게든 칭찬받은 데 대해 부응해야 한다는 압박감, 칭찬해 준 선생님을 실망하게 하고 싶지 않은 마음 때문에 더 불안해하다가 결국 커닝하게 되는 것이지요.

있는 그대로 비춰주는 칭찬

그래서 칭찬을 할 때는, 무조건 잘했다고 할 것이 아니라, 그 사람의 있는 그대로를 칭찬해 주는 것이 중요합니다. 예를 들면 이런 식입니다.

어린아이가 그림을 그렸을 때 "와, 너 화가 기질이 있나 봐. '피카소'가 재림을 했나. 와~ 대단한데."라고 칭찬하면 오히려 아이가 '이건 뭐지?' 싶은 불안감이 생기고 그다음부터는 그림을 못 그리게 됩니다. 그림을 그렸다가 괜히 욕을 얻어먹거나, 전에 받았던 그런 칭찬을 다시 못 받을까 봐 도전을 안 하게 된다는 것이지요. 그림을 그리고 싶어도 자유롭게 못 그리며, 오히려 위축되는 아이로 크게 됩니다.

그래서 실제로 과거에 매우 천재적인 기질이 있었던 아이들을 추적 조사를 해 보니까 50% 이상이 아주 평범한 사람이 되었거나, 오히려 그보다 더 못한 사람처럼 사는 경우도 상당히 많았다고 합니다. 왜냐하면, 그렇듯 천재적인 기질을 부모님이 보고는 어릴 때부터 너무 과도하게 칭찬을 하니까 그게 오히려 더 큰 부담으로 아이에게 작용하게 되는 것이지요.

아이가 그림을 그리면 '그림 정말 잘 그렸다.'라고 행위의 결과를 칭찬하는 것이 아니라 그냥 존재 자체를 있는 그대로 칭찬해 주는 것입니다. 아이에게 순수한 관심을 두는 것, 그 분별없는 따뜻한 관심 자체가 중요합니다.

두잉(Doing, 행위)을 칭찬해 주는 것은 잘하고 못 하는 것을 분별하고 비교해서 칭찬해 주는 것입니다. 아주 안 좋은 칭찬이죠. 그런데 존재 자체, 빙(Being)을 칭찬해 주는 것은 있는 그대로를 있는 그대로 바라봐 주는 것입니다. 위빠사나, 있는 그대로를 봐 주는 것이 진짜 칭찬입니다. 이건 유위(有爲)가 아니라 무위입니다. 그 아이를 그대로 거울처럼 비춰주는 것, 자기 본성을 거울로 비유하기도 하는데 거울처럼 그대로 비춰주는 것입니다.

아이가 그림을 그리면 단순하게 "그림 그리고 있구나." 파란색으로 그리면 "파란색으로 그렸네." 하고 순수하게 지켜봐 주는 것입니다. 여기에는 판단이 들어가 있지 않아요. "아! 이렇게 그렸네." 하고 그냥 순수한 관심과 사랑을 표현해 주는 것입니다. 그리고 있는 그대로의 아이를 있는 그대로 비춰주는 거죠.

사실은 이처럼 그저 거울처럼 있는 그대로 판단 없이 비추는 것이야말로 인간의 본성입니다. 여기에는 판단 분별이 없고, 좋고 나쁨도 없으며, 잘하고 못하는 것도 없습니다. 그저 있는 그대로의 진실만이 있습니다. 이렇게 있는 그대로 비춰주는 것이 바로 진정한 사랑이고 자비입니다.

둘로 나누어서 잘한 것과 못한 것을 비교해서 잘한 것만 칭찬하는 것이 아니라, 둘로 나누지 않은 채 그저 있는 그대로를 그대로 비춰주는 것이기 때문입니다. 여기에는 실패가 없습니다. 상대방은 이런 비춰주는 단순한 관심 안에서 자유를 느낍니다. 무엇이 되어도 좋고, 무엇을 해도 좋은 사람이 됩니다. 이렇게 판단 없이 비춰주는 따뜻하고 열린 사람 앞에서는 누구나 천진한 자기의 본래 성품을 그대로 피워내게 됩니다.

있는 그대로 비춰주고 반영해 주는 것은 아이가 어떻게 그리든 그 아이의 자기다움을 인정해주는 것입니다.

'네가 어떻게 그려도 좋아. 너 마음껏 그려. 너답게 그리면 돼. 너의 존재 자체를 그냥 표현해. 그게 가장 아름다운 거야. 너는 본래 부처이기 때문에 본래 부처를 마음껏 발산해도 좋아. 그걸 나는 옆에서 지켜봐 줄게.' 하는 마음으로 칭찬해 주는 것이지요. 그러니까 그냥 그 부처님이 하는 행동을 거울처럼 그대로 인정해 주고 바라봐 주고 수용해 주고 그대로 반영해 주는 것입니다.

그럼 그 아이는 나에게 관심을 두는 엄마가 판단하지 않으니까 자신의 능력을 마음껏 발현합니다. 아이 마음속에 본래의 자유가 있습니다. 자신이 있는 그대로 받아들여지고 있음을 깨닫게 됩니다.

판단하면 판단하는 대로, '엄마가 원하는 방향으로 그려야겠구나.' 하는 부담감과, '엄마가 잘했다고 하는 대로 해야 칭찬받는다.'라는 압박감이 들기 때문에 자기가 하고 싶은 대로 못 하고 자꾸만 시키는 대로 억지로 노력해서 자신을 바꾸려 하게 됩니다. 자꾸 눈치를 보게 되고, 자기다움의 천진함이 사라지게 되지요.

요즘 오디션 프로그램에서나 대기업 입사 면접에서도 획일화된 노래 잘하는 사람, 혹은 일 잘하는 사람을 뽑는 것이 아니라, 자기답고 창의적인 사람, 자기의 고유한 개성이 드러나 있는 사람을 뽑는다는 것은 이미 잘 알려져 있습니다. 그런 사람이 요즘 시대가 원하는 천재이지, 획일화되게 남들처럼 잘 베끼는 사람을 시대는 원하지 않습니다.

아이의 있는 그대로를 반영해 주면 그 아이는 마음껏 자기다움을 발산합니다. 더 창조적이고 더 자기다운 개성이 발현되는 아이로 성장하는 것이죠.

답 없는 질문이 중요한 이유

그러면서 조금 더 해 줄 수 있는 게 있다면 아이에게 질문을 던져 주는 것입니다. 어떻게 질문을 던져 주느냐 하면, "와! 파란색으로 그렸구나. 파란색으로 칠한 이유가 있니?"라고 물어보는 것입니다. '왜 파란색으로 칠했어? 그건 하늘색으로 칠해야지.'라고 지적하거나 가르치는 것이 아니라, 나와는 다른 그 아이의 자기다움에 대해 나 또한 천진한 마음으로 궁금해하는 것입니다.

이렇게 하려면, 당연히 그 아이를 '내 자식'이라고 여기거나, '내 뜻대로 키우는' 존재로 여기는 것이 아니라, '있는 그대로의 존재'로, '한 분의 부처님이며 신성이 깃든 놀라운 존재'로, 나와 평등한 존재로 인정해 주는 바탕 위에서 가능한 것입니다.

즉, 답을 알려주는 것이 아니라 질문을 던져 주는 것입니다. 내가 그 아이보다 더 높다, 더 어른이다, 더 많이 안다, 너는 나를 따라야 한다는 생각이 있으면 자꾸만 아이를 가르치려 들고, 알려주고 싶어질 것입니다. '나는 알고 너는 모른다.' '나는 옳고 너는 그르다.'라는 편견이 자리하고 있기 때문입니다.

답을 주려고 하는 이유는 나는 답을 알고 너는 모른다는 생각 때문인데요, 이것은 강압이고 일종의 폭력입니다. 그런데 질문을 던지는 것은 답이 정해지지 않았다는 것을 의미합니다. 내 답을 너에게 주입하려는 것이 아니라, 너와 나는 동등하다는 태도에서, 네가 펼쳐낸 그 답에 대해 들어주고 궁금해하는 것입니다. 질문을 통해 그 아이의 답을 들어주고 존중해 주는 것이지요. 여기에는 옳다, 그르다는 판단이 없습니다. 한없는 허용과 존중, 열림과 사랑이 있습니다. 또한, 그 답변을 통해 나도 그 아이에게 배울 수 있습니다.

그래서 답 없는 질문을 하는 것이 좋습니다. 답을 정해놓고, 내가 원하는 답을 얻으려는 의도 없이 그저 순수하게 궁금해서 질문하는 것입니다. 그때 질문 자체가 아이의 천진한 본성을 드러내고, 아이의 창의력을 펼쳐내도록 이끌어 주는 모티브가 됩니다.

칭찬을 해줄 때도 관심을 두며, 아이에게 따지듯이 "왜?"라고 물어보는 것이 아니라 "아, 그렇겠구나. 아, 그런 이유가 있구나? 난 그걸 생각지도 못했는데 그런 생각을 했구나." 하고 놀라워하면서 그냥 바라봐 주는 것입니다. 그 아무것도 모를 것 같은 어린아이에게서 자기다운 방식의 삶이 펼쳐나오는 것이 신기하지 않은가요? 그것은 놀라움이고 신비입니다.

'아, 저 부처님은 나라는 부처님과 다른 방식으로 생각하는구나. 아, 저렇게 생각할 수도 있겠구나.' 하고 그 아름다움을 있는 그대로 인정해 주고 찬탄해 주며 나 또한 배우는 것입니다.

이처럼 억지스럽게 과도하게 그 행위나 행위의 특정 결과를 칭찬해 주는 것이 아니라, 모든 존재에게 '그'라는 존재 자체를 허용해 주고 존재 자체를 바라봐 주고 칭찬해 주는 것이 칭찬여래원입니다. 그 사람을 여래로서 칭찬해 주는 것이지요. 나와 동등한 한 분의 여래라는 생각 속에서 그런 본질적인 칭찬이 가능해집니다.

재능이 아닌 과정을 칭찬하기

세속의 일반 심리학에서는 어떤 사람의 재능을 칭찬해 주기보다는 그 사람의 노력 과정을 칭찬해 주는 게 좋다고 합니다. '똑똑하다.'라는 말보다는 열심히 하는 그 순간순간의 모습을 칭찬해 주는 것이 좋다는 것이지요.

재능이 있다고 칭찬하면 더 재능이 있는 사람이 되기 위해서 못하면 욕 먹을까 봐 도전을 안 한다고 합니다. 재능이 있다는 평가를 듣기 위해서 "어려운 문제 풀래? 쉬운 문제 풀래?"라고 물으면 재능을 칭찬받은 사람은 자꾸 쉬운 문제만 선택합니다. 그래야 다 풀 수 있고 그래야 칭찬받을 수 있기 때문입니다.

그런데 결과는 상관없이 노력 자체를 칭찬하면 그 아이는 그다음에 더 새로운 것에 도전하게 됩니다. 더 어려운 문제, 더 어려운 것도 도전하기 위한 마음이 열립니다. 왜냐하면, 결과를 판단하는 것이 아니라, 있는 그대로의 존재 자체로서 지금 하는 것을 칭찬해 주니까, '결과 때문에 이분에게 내가 판단 받지 않겠구나.'라고 생각하면서 하고 싶은 도전을 마음껏 할 수 있게 됩니다. 재능을 칭찬받다가 어려운 문제를 풀면 푸는 능력이 20%가 감소하는데, 거꾸로 노력을 칭찬받은 아이는 어려운 문제를 풀면 30%가 문제 푸는 능력이 향상한다고 합니다.

바로 지금 실천하라

다시 이제 경전으로 돌아가서, 찬탄하되, "미래의 세월이 다하도록 계속하여 그치지 않아 끝없는 법계에 두루 미치지 않음이 없다. 이와 같이 하여 허공계가 다하고 중생계가 다하고 중생의 업이 다하고 중생의 번뇌가 다하면 나의 찬탄도 다하겠지만 허공계 내지 중생의 번뇌가 다함이 없으므로 나의 이 칭찬도 다함이 없으니 순간순간 계속하여 잠시도 쉬지 않건만 몸과 말과 생각으로 짓는 일에 지치거나 싫어하는 생각이 없느니라."라고 했습니다.

그야말로 허공계가 다하고 중생계가 다하고 중생의 번뇌가 다할 때까지 나의 칭찬도 쉬지 않고 계속하겠다, 끝끝내 나는 싫어하거나 지치지 않겠다는 것입니다.

이걸 시간적 개념으로 생각하면 안 되겠죠. 시간이라는 것은 본래 없습니다. 본래 없으므로 이렇게 방편으로 표현한 것입니다.

모든 허공계와 중생계가 다하고 중생의 업이 다하고 번뇌가 다하는 때가 언제겠습니까? 바로 지금, 이 순간입니다. 지금 이 자리에서, 마음공부를 통해 부처님으로서 사는 보현행원을 실천하는 바로 이 순간에, 내가 진실의 삶을 사는 것이기 때문에, '미래에 언젠가는 부처 되겠지.' 하고 미래를 추구할 필요가 없습니다. 그냥 바로 언제나 당장에 지금, 이 순간을 말하는 것입니다. 매 순간 매 순간 그냥 순간순간 내 눈앞에서 지금 바로 실천하겠다는 말입니다. 언젠가 실천하고 미래가 다할 때까지 실천하는 게 아니고 그냥 지금 해야 합니다. 언제나 실천할 수 있는 가장 좋은 때가 바로 지금, 이 순간입니다.

제3 광수공양원(廣修供養願)
널리 공양하기를 서원합니다

"선남자여, 널리 공양한다는 것은 온 법계 허공계 시방삼세 모든 부처님 세계인 극미진의 낱낱 티끌마다 각각 일체 세계 극미진수의 모든 부처님이 다시 계시고, 낱낱 부처님이 계신 곳마다 한량없는 보살들이 둘러싸 모심에, 내가 보현행원의 원력[普賢行願力]으로 깊은 믿음과 눈앞에서 확인하는 지견[現前知見]을 일으켜 여러 가지 훌륭한 공양구(供養具)로 공양하는 것이다.

공양을 하되, 무수히 많은 꽃(화운華雲)과 꽃다발(만운鬘雲)과 하늘음악과 하늘일산(日傘)과 하늘옷으로 공양하고, 여러 가지 하늘향인 바르는 향[도향塗香], 사르는 향[소향燒香], 가루향[말향抹香]으로 공양하며, 이와 같은 많은 공양구가 각각 수미산만하다. 또한, 여러 가지 등을 켜서 공양하되 소등(酥燈)과 유등(油燈: 기름등)과 여러 가지 향유등(香油燈: 향기 나는 기름등)이며, 이와 같은 등의 낱낱 심지는 수미산 같고 기름은 큰 바다와 같으니, 이러한 여러 가지 공양구로 항상 공양하는 것이니라.

선남자여, 모든 공양 가운데는 법공양이 가장 으뜸이 되나니, 이른바 부처님 말씀대로 수행하는 공양(여설수행), 중생들을 이롭게 하는 공양(이익중생), 중생들을 섭수(攝受)하는 공양(섭수중생), 중생의 고통을 대신 받는 공양(대중생고), 선근(善根)을 부지런히 닦는 공양(근수선근), 보살의 할 일을 버리지 않는 공양(불사보살업), 보리심을 여의지 않는 공양(불리보리심)이 그것이다.

—

復次善男子야 言廣修供養者는 所有盡法界虛空界十方三世一切佛剎極微塵中에 一一各有一切世界極微塵數佛하며 一一佛所에 種種菩薩海會가 圍遶어든 我以普賢行願力故로 起深信解現前知見하야 悉以上妙諸供養具로 而爲供養이니 所謂華雲과 鬘雲과 天音樂雲과 天傘蓋雲과 天衣服雲과 天種種香과 塗香과 燒香과 末香이라 如是等雲이 一一量如須彌山王하며 然種種燈호대 酥燈油燈과 諸香油燈이니 一一燈炷가 如須彌山하며 一一燈油가 如大海水하야 以如是等諸供養具로 常爲供養이니라 善男子야 諸供養中에 法供養이 最니 所謂如說修行供養과 利益衆生供養과 攝受衆生供養과 代衆生苦供養과 勤修善根供養과 不捨菩薩業供養과 不離菩提心供養이니라

참된 공양의 의미

「보현행원품」 광수공양원은 보현보살의 세 번째 원입니다.

광수공양원에서 광수(廣修)는 널리 닦는다는 뜻입니다. 공양은 보통 '공양을 올린다.' '공양을 드린다.'는 표현으로 부처님께 음식을 공양 올리는 의미로 많이 쓰이는데, 여기에서는 '공양을 널리 닦는다.'는 표현을 썼습니다.

공양하는 것, 공양 올리는 것이 바로 수행이기 때문에 광수공양이라고 한 것입니다. 공양을 올린다는 것은 무언가를 부처님께 올리고 바쳐서, 바치는 것을 통해 잘 되게 한다는 의미를 지니고 있습니다.

우리가 남들에게 주는 것을 보시한다고 합니다. 중생의 보시는 재물이든 마음이든 '많이 가진 사람'이 '없는 사람'에게 주는 것입니다. 내가 너에게 준다는, 즉 차별심을 가지고 주는 것이지요.

그런데 참된 공양은 이 게송(偈頌)에서처럼 모든 세상, 극미진의 모든 부처님 세계의 일체 부처님에게 드리는 것을 공양이라고 합니다. 일체 모든 티끌 티끌마다 부처님 세계이고, 온 우주 전체가 다 부처님이고, 모든 부처님이 티끌 티끌 속에 아니 계신 곳이 없다고 했습니다. 즉 '나도 부처님이고, 상대방도 부처님이고, 일체 만유(萬有)가 참된 진실, 참된 부처 아닌 것이 없다.'라는 이런 불이법의 전제하에 모두가 다 부처님이기 때문에, 부처님이 부처님에게 드리는 것을 공양이라고 합니다. 그러니 하되 한 바가 없는 것이지요.

우리가 부처님 전에 올리는 것을 공양이라고 하는데, 더 나아가서 일체중생, 모든 사람에게 하는 것이 다 공양이 되는 것입니다. 나아가, 나와 남이 서로를 살리며 공생(共生)하는 존재이기 때문에 나의 일거수일투족 모든 활동과 작용이 전부 공양 아님이 없습니다.

하다못해 숨 쉬는 것 하나도 공양이고, 밥 먹고 일하고 삶을 사는 것 전체가 전부 공양입니다. 삶이 통째로 하나의 공양입니다. 나는 이 삶을 사는 것을 통해 일체중생에게 도움을 주고 영

향을 주며, 서로서로 살려주고 있기 때문입니다.

티끌 속에 우주가 있다

공양에 대한 경전의 내용을 보죠.

온 법계 허공계 시방 삼세는 시간·공간적인 일체 모든 우주 전체를 뜻합니다. 일체 세계가 그대로 부처님 세계인데, 온 우주 전체에 있는 모든 부처님이 낱낱 티끌마다 다 들어가 있다는 말이라고 했죠.

양자물리학자 어반 라즐로(Urban Laszlo)는 영점장 1㎤ 속에 담겨 있는 파동의 힘이 1094 erg라고 했는데요, 이것은 우리에게 알려진 우주의 모든 물질 에너지의 총합보다 억만(億萬)의 억만의 억만의 억만의 억만 배보다 더 크다고 말합니다.

기관 안에 세포가 있고, 세포 안에 분자, 그 안에 원자, 전자와 양성자, 양자, 보손, 중간자, 광자, 렙톤 등이 있다고 하는데, 이 단위는 작아지면 작아질수록 그 안에 들어 있는 힘의 양은 더욱 커진다고 합니다. 그러니 원자폭탄이 그 작은 원자에서 전부를 쓸어버리는 힘이 나온 것이겠지요.

불교에서는 아주 작은 티끌 속에 사실은 온 우주 전체가 담겨 있다고 설합니다. 양자물리학에서는 이 티끌을 입자와 파동으로 설명하는데요, 파동의 작은 일부분 속에 우주 전체의 모든 정보가 다 담겨 있다고 말하기도 합니다.

『서유기』를 보면, 손오공이 머리카락을 뜯어서 후 불면 손오공이 여럿으로 분신이 만들어지죠. 그것이 요즘으로 말하면 DNA 복제와 같은 이치겠죠. 머리카락 하나를 복제하면 그 사람이랑 똑같은 사람을 여러 명 만들 수 있다는 말은 무슨 뜻이겠습니까? 입자와 파동으로 이루어진 머리카락 하나 속에 이 사람의 전체 정보가 다 담겨 있다는 말입니다. 머리카락 하나만 있으면 그 사람 전체를 다시 만들어 낼 수 있다는 것입니다.

그런데 이것이 전 방위적으로 전 우주법계 전체로 완전히 퍼져 있다는 점이 놀랍습니다. 이 세상에 생겨난 모든 것들 가운데 파동으로 이루어지지 않는 것이 없고, 파동으로 이루어진 모든 것은 그 속에 온 우주 전체의 일체 모든 정보를 다 포함하고 있다는 말입니다. 이게 도저히 불가능할 것 같은데 양자물리학에서는 그것을 당연하다고 합니다. 그래서 티끌 하나에서만 그 정보를 읽어 낼 수 있어도 된다는 것입니다. 홀로그램(hologram)이라는 게 그런 것입니다.

홀로그램을 만들어 내는 판이라는 것이 그냥 단순한 간섭무늬들일 수밖에 없는데, 그 간섭무늬 파동의 정보를 재생시켜서 만들어 내면 본래 있던 3차원 입체영상이 다시 만들어집니다.

허공 중에는 눈에 보이지 않지만, 무수히 많은 파동이 떠다니고 있습니다. 라디오 주파수 파동이 있으니, 라디오를 켜서 주파수만 맞추면 바로 이 주파수를 소리로 재생시킬 수 있습니다. 다양한 방송사에서 쏘아 보내고 있는 라디오, TV가 다 지금 눈앞에서 지나가고 있는 거잖아요. 그런데 스마트폰 버튼만 몇 개 누르면 온갖 내용을 다 잡아낼 수 있습니다. 스마트폰이 일종의 파동을 읽고 변환시킬 수 있는 기계거든요. 지금 실시간으로 나오는 생방송도 지금 여기에 있는 것이지요. 지금 여기 이미 그것을 가능하게 하는 모든 파동이 다 있지만, 그 파동과 공명하지 못하는 수준에 있어서 못 보고 못 들을 뿐이지 그것을 들을 수 있는 장치만 있으면 바로 들을 수 있다는 말입니다.

그런데 이러한 것이 라디오 전파만 있겠습니까? 음파, 지진파, 전자파, 초음파, 전자기파, 중력파, 라디오파, TV파, 마이크로파, 엑스선, 레이더파 등 이 세상 온 천지가 무수히 많은 다양한 파동들로 이루어져 있습니다. 그뿐만 아니라 우리의 몸 또한 파동으로 이루어져 있고, 물질 우주 전부가 입자와 파동으로 이루어져 있습니다. 그런데 그 모든 파동은 전부 일즉일체다즉일(一卽一切多卽一)로 연결되어 있고, 둘이 아닙니다. 하나 속에 전부를 포함하고 있습니다. 그러니 나와 세계 전부가 연결된 하나입니다.

하나 속에 전체가 들어 있고, 하나의 힘이 곧 전체의 힘이며, 한 부처가 곧 전체 부처이고 전체 우주입니다. 내가 곧 그것입니다.

믿는 대로 펼쳐질 뿐

이러한 진실을 보현행원의 원력으로써 깊은 믿음을 가지고 봐야 합니다. 물론 믿음만으로 되는 것은 아닙니다. 눈앞에서 확인하는 지견이라 하여 현전지견이라는 말을 쓰는데, 이 법은 언제나 눈앞에서 바로바로 100% 확인되는 진실이라는 뜻입니다.

과거나 미래는 전부 다 생각에서 나온 것입니다. 모든 것은 우리가 생각할 때, 생각이 일어날 때 같이 일어납니다. 생각이 없으면 일체가 없어요. 내가 아무 생각도 하지 않는데 이 세계가 있을까요?

사람마다 각자가 생각하는 세상은 다르게 드러납니다. 예를 들어 어떤 사람들은 '지구공동설(地球空洞說)'을 믿는데요, 이들은 지구 내부에 지상과 유사한, 생물이 살 수 있는 세계가 똑같이 존재한다고 믿습니다. 티베트 관련 책에서도 티베트 큰 사원의 지하 벙커를 내려가면 지구 내부로 통하는 문이 있다는 식의 글을 본 적이 있습니다. 이처럼 세상에는 음모론이나 유사 과학 같은 온갖 다양하고 생소한 그런 이야기를 믿는 사람들도 얼마든지 있습니다. 온갖 종교와 사상들도 혼재하죠.

일반 사람들은 믿을 수 없고 말도 안 되는 생각이라고 하겠지만, 그것을 믿는 사람은 적어도 본인에게는 그런 세상이 실제 있다고 여깁니다. 이 세상에 온갖 미신들을 생각하고 믿으면서 살아가는 사람들이 많은 것도 다 그런 데서 연유합니다. 그런 사람들은 미신적인 것들이 너무 중요하고 중대한 일이 됩니다.

그런데 또 '그런 것은 다 사람이 만들어 낸 거야.'라고 믿는 사람에게는 아무렇지도 않기 때문에 그런 미신이 전혀 문제가 되지 않습니다. 재미있는 점은 본인이 그렇게 믿는 사람에게는 믿는 대로 이루어집니다. 미신이 진짜 딱딱 들어맞는 것 같은 일이 많이 생겨요. 믿지 않는 사람에게는 그런 일이 안 생깁니다.

왜냐하면, 자신의 의식이 만들어 내는 삶이고 세계이기 때문입니다. 만법유식(萬法唯識), 모든 것은 자기 분별 의식이 만든 것입니다. 그러니 그렇게 믿는 사람에게는 자신이 믿는 것이 펼쳐지는 것에 몰입하고, 비슷하기만 해도 그렇다고 믿게 되면서 믿음이 더욱더 견고해지며, 또한 그 믿음이 현실화하는 삶을 끌어당깁니다.

미신만 그런 것이 아니라, 사실은 삶 전체가 그처럼 자신이 그렇게 믿은 것이고, 그렇게 해석한 것이고 분별한 것일 뿐입니다. 이처럼 결국 자기가 바라보는 세계가 있을 뿐이지 세계라는 것이 바깥에 독자적으로 견고한 실체성을 지니고 존재하는 것은 아닙니다.

인연 따라 생기고 사라지고 끝!

모든 생각, 견해, 개념, 사고, 철학, 신념들이 다 이와 같다면 도대체 어떤 생각이 옳은 것이고, 어떤 것이 틀린 것일까요? 과연 진실은 무엇일까요?

현전지견, 바로 눈앞에 있는 진실을 보십시오. (죽비 소리) 탁! 이 소리가 들리시나요? 제가 소리 하나를 창조해 내겠습니다. 탁!(죽비 소리) 이 소리 하나가 순식간에 제 손과 죽비라는 인연이 화합하면서 창조가 되었습니다. 인연생기(因緣生起), 인연 따라 생겨났습니다. 생사법(生死法)이죠.

생겨나고 사라지는 모든 것들을 보세요. 이 소리는 인연이 화합하면 생겨났다가 '똑!(목탁소리)' 인연이 끝나면 사라져요. 조금 전의 그 소리를 찾을 수 있습니까? 없습니다. 왜? 인연 따라 생기고 인연 따라 끝났기 때문입니다. 생겨나고 사라지는 모든 것들이 다 이렇게 생겨나고 사라집니다. 이건 굉장히 중요한 이야기입니다.

그럼 이 소리 '탁!(죽비 소리)' 이것의 전생(前生)은 뭔가요? 소리가 있기 전에는 뭐가 있었어요? 소리의 후생(後生)은 뭐죠? 소리가 죽고 나서 다음 생이 있으면 이 소리는 죽고 나서 어디로 갔어야 하잖아요. 이 소리는 어디로 갔습니까? 인연 따라 생겨나고 사라질 뿐입니다. 어디로 오고 가는 것이 아니죠. 오고 갈 '무엇'이 있는 것도 아닙니다. 그저 인연이 모이니 잠시 인연 따라 있는 것처럼 확인되었을 뿐이고, 인연이 다하니 그저 사라졌을 뿐입니다. 그렇기에 이런 것을 비실체성이라고 부릅니다. 그런 무슨 실체가 따로 없어요. 연기즉무아(緣起卽無我)입니다. 그래서 본질은 늘 여래여거(如來如去), 오지도 가지도 않을 뿐입니다. 모든 것이 다 오고 가지만, 오고 가는 것이 따로 없습니다. 그러니 중도(中道)죠. 유무중도(有無中道), 즉 있다고 할 수도 없고 그렇다고 없다고 할 수도 없습니다. 중도로밖에 표현이 안 됩니다.

'탁!' 이게 다예요. '탁!' 이것이 연기고, 중도고, 무아이며, 비실체성입니다. 이것이 진리이고, 이것이 법입니다. 이것이 직지인심(直指人心)이에요. 이것뿐이죠. 이 하나뿐이지, 다른 뭐가 있는 것이 아닙니다. '탁!' 이게 이렇게 살아있잖아요. 이것이 진정한 나의 본래면목입니다. '탁!' 이게 바로 진정한 나 자신이에요. 몸과 마음이 내가 아니라, 이것이 참된 나입니다. 이것만 내가 아니라 삼라만상, 보이고 들리고 느끼고 아는 견문각지(見聞覺知) 전부가 이것입니다. 세상은 곧 이 하나의 진실뿐입니다. 불이법이죠. 이렇게 보는 것이 불이중도, 중도로써 보는 것이고, 8정도의 정견(正見) 즉 있는 그대로를 있는 그대로 보는 것입니다.

여러분이 번 돈도 이렇습니다. '탁!' 인연 따라 생겨나고 인연 따라 사라지고 끝! 그런데 우리는 '옛날에 내가 돈을 많이 벌었는데…' 하고 마음속에 딱 쥐고 있으면서 '내가 원래 부자인데, 내가 옛날에 잘나가던 사람인데, 내가 이런 대접을 받을 사람이 아니야.'라고 하면서 속상해합니다. 이미 떠나간 과거의 부귀영화를 붙잡아 쥐면서, 옛날 잘나가던 때를 지금과 비교함으로써, 지금을 굉장히 비참하게 생각한단 말입니다. 인연 따라 생겨나고 사라지는 것들의 허망함을 알면 쥘 필요가 전혀 없습니다.

내 몸도 마찬가지예요. 여러분이 어떻게 태어나고 어떻게 죽을까요? 세상에는 '창조론이다, 진화론이다.'라고 하면서 서로 대립하고 있는데, 불교에서는 인연법이라 합니다. 이 세상의 모든 것은 인연 따라 생겨나고 인연 따라 사라집니다. 인연생 인연멸, 인연 따라 생겨나는 모든 것은 무생(無生), 즉 생겨나되 본래 생겨나는 바가 없습니다.

'탁!' 그저 이럴 뿐입니다. 이 죽비 소리처럼 생겨났다 바로 없어졌어요. 어디에도 없어 잡을 수 없습니다. 지금 찾아볼 수도 없습니다. '탁!' 이것이 분명히 있기는 있는데, 없습니다. 공(空)이죠. 분명 있기는 있는데, '이것'만 있지, 있다고 할 만한 부여잡을 뭔가가 없습니다. 그러니 붙잡으면 어긋납니다. 분별하면 어긋나죠. 붙잡을 것이 없는데 의식으로 붙잡으면 그것이 진짜 있는 것처럼 착각이 되는 것입니다. 거짓된 세계가 생겨납니다. 그러나 분별하지 않고 붙잡지 않으면 분명 있기는 있는데 붙잡을 것은 없어요.

그저 인연 따라 생겨난 모든 것들을 이렇게 비출 뿐입니다. 알아차릴 뿐입니다. '탁!' 이렇게 알 뿐이죠. 분별하지 않으면, 그저

'탁!' 이것뿐입니다. 이것이 진실입니다. 이것이 우리의 본래면목입니다. 이것이 바로 눈앞의 현전지견(現前知見)입니다.

나 자신도 똑같습니다. 내 몸뚱이도 내 마음도 느낌도 감정도 생각도 우리가 벌이는 모든 일도 이렇게 눈앞에 딱 드러나 있습니다. 분별하지만 않으면, 눈앞의 이것이 전부 진실을 드러내고 있습니다. 여기서 말하는 이 시방삼세 모든 부처님 세계 극미진의 낱낱 티끌의 일체 미진수마다 모든 부처님이 다 계신다는, 일체 두두만물(頭頭萬物)이 부처 아닌 것이 없다는 것이 바로 이것을 나타낸 것입니다. 눈앞에 드러나 있는 이대로가 그대로 진실입니다. 인연 따라 생겨나고 사라지는 이 모든 것들을 분별하지만 않으면, 곧 이대로가 부처입니다.

다음을 보죠. 보현의 원력으로 이 눈앞에서 확인하는 현전지견을 일으켜 훌륭한 공양구로 공양한다고 했습니다.

공양구(供養具)는 공양물의 의미, 공양하는 그릇, 다기(茶器) 등 차올리는 그릇을 말합니다. 훌륭한 공양구로 일체 모든 부처님께 공양한다는 것입니다.

향과 꽃으로 올리는 공양

공양을 하되, 무수히 많은 꽃(華雲)과 꽃다발(鬘雲)과 하늘음악과 하늘일산(日傘)과 하늘옷으로 공양하고, 여러 가지 하늘향인 바르는 향(塗香), 사르는 향(燒香), 가루향(抹香)으로 공양하며, 이와 같은 많은 공양구가 각각 수미산만하다. 또한 여러 가지 등을 켜서 공양하되 소등(酥燈)과 유등(油燈: 기름등)과 여러 가지 향유등(香油燈: 향기 나는 기름등)이며, 이와 같은 등의 낱낱 심지는 수미산 같고 기름은 큰 바다와 같으니, 이러한 여러 가지 공양구로 항상 공양하는 것이니라.

많은 꽃과 꽃다발, 화운(華雲)이니 만운(鬘雲)이니 해서 '구름 운(雲)'자를 썼습니다. 꽃을 공양하는데 하늘에 뭉게구름이 모여 있을 때처럼, 무수히 많은 것을 구름에 빗대어서 무수히 많은 꽃으로 공양을 올린다는 뜻으로 화운이라 한 것입니다.

그리고 만(鬘)은 '머리 장식할 만' 자인데, 꽃의 이름이기도 합니다. 꽃다발처럼 만들어서 부처님 전에 공양 올리는 것을 만운이라고 합니다. 또 아주 아름다운 하늘 음악으로 음성공양을 올리고 하늘 일산으로 공양을 올립니다. '하늘'이라는 말은 그야말로 천상 세계의 아주 수승한 공양물로 공양한다는 뜻입니다.

인도는 햇빛이 워낙 강하다 보니 일산, 양산을 늘 쓰고 있습니다. 경전에서도 부처님 옆에서 일산을 받쳐 드리는 표현이 자주 나옵니다. 법당의 불상 위를 보면 지붕처럼 생긴 닫집이 있습니다. 세간의 임금과 출세간의 임금에게만 닫집을 만들어 존경의 뜻을 표현합니다. 그래서 건축 양식에서도 임금님이 살던 궁궐에 가면 임금님 자리 위에 층층 닫집이 있고, 부처님이 계시는 대웅전에 닫집이 있습니다. 이 닫집이 일산(日傘), 양산(陽傘)의 역할을 한다고 보시면 됩니다.

하루는 부처님께서 길을 걸어가시는데, 누군가 꽃다발을 잔뜩 보시했다고 합니다. 그런데 그 꽃 보시가 너무나도 수승하고 청정한 공양물이었는지 그 꽃이 하늘에 둥둥 떠서 양산을 이루어서 부처님이 걸어가시는 곳마다 따라다니며 부처님 위의 햇빛을 막아 주었다고 합니다. 그것처럼 하늘 일산으로 뜨겁지 않도록 하는 공양을 하고, 또 하늘옷으로도 공양을 올립니다.

공양하는 데 어떻게 공양을 하느냐? 꽃으로 공양하고, 음악으로 공양하고, 일산으로 공양하고, 옷으로 공양하고 또 바르는 향(塗香), 사르는 향(燒香), 가루향, 만향 등등 여러 가지 값진 향으로 공양합니다. 이처럼 여러 공양구를 각각 수미산만큼, 무수히 많은 장엄물로 무한히 많은 부처님 전에 공양하고, 끊임없이 공양하겠다는 뜻입니다.

소등(酥燈)은 불교나 밀교(密敎)에서 호마(護摩) 의식 등 특별한 불교 의식에 쓰이는 특별한 기름등을 말합니다. 그런 소등과 같은 의식을 하는 기름등과 또는 유등(油燈; 기름으로 만드는 등), 그리고 향유등(香油燈)을 공양합니다. 향유등은 등을 켜면 향기가 나는 기름으로 만든 등입니다.

이런 갖가지 등으로 공양을 하는데 그 등불의 심지가 수미산만큼 크다고 합니다. 수미산은 온 우주 전체를 뒤덮는 우주 전체 중앙에 있는 가장 큰 산입니다. 그런데 작디작은 심지만 해도 수미산만큼 크고, 기름은 큰 바다와 같다는 것입니다. 수미산을 중심으로 칠산팔해(七山八海) 즉, 7개의 산과 8개의 바다가 있다고 하는데, 기름이 그 넓은 바다와 같으니 한도 끝도 없는 공양물을 가지고 무수히 공양하는 것을 말합니다.

　이런 비유를 든 이유도 다 불이법을 설하는 것입니다. 우주의 중심에 수미산이 있다고 했는데, 그 수미산을, 공양하는 등불의 심지로 쓴다는 것이 상상이나 되나요? 어떻게 그게 가능할까요? 나도 부처요, 우주도 부처고, 수미산도 부처고, 중생도 부처고, 등불도 부처고, 오직 이 하나의 진실뿐이기 때문입니다. 이런 불이법을 깨닫게 된다면 무슨 말을 해도 다 이 일일 뿐입니다.

　이런 불이법의 진실을 비유적으로 표현하자니, 서강의 물을 한 모금에 마신다고 할 수도 있고, 한 팔을 쭉 뻗어 안드로메다 별을 붙잡는다고 해도 좋고, 손바닥 위에 온 우주를 올려놓을 수도 있고, 수미산을 공양 올리는 등불의 심지로 삼는다고 해도 좋습니다.

분별을 공양 올릴 때 무분별이 드러난다

　이 장인 광수공양원에 앞서 우리는 예경제불원과 칭찬여래원을 먼저 보았는데요, 부처님께 예배하고 칭찬하면서 부처님처럼 되고자 하는 원력을 발하게 되면 부처님에 대한 존중, 공경, 찬탄이 뒤따르게 되고, 그 마음은 저절로 부처님께 가장 좋은 것으로써 공양을 올리고자 하는 신심으로 연결이 됩니다. 이것은 곧 내가 곧 부처라는, 즉 내 안에 발현되지 못한 불성이라는 본래불에게 최고의 공양물을 공양 올림으로써 지극한 마음으로 내 안의 불성이 발현되기를 발원하는 것이기도 합니다.

사실은 법신불이라고 하듯, 이 온 우주 삼천대천세계가 통으로 하나의 부처, 일불승인데, 그 부처 가운데에서 중생이 아무리 좋은 공양물을 공양 올린다고 한들 그 또한 결국은 부처님의 것이 겠지요. 그러니 사실은 중생이 부처에게 공양 올리는 것도 결국 부처님의 것입니다.

　그렇다면 중생이 부처에게 올릴 수 있는 공양물은 무엇이 있을까요? 부처에게는 없고 중생에게만 있는 것을 공양 올려야 하겠지요. 그것이 무엇일까요? 바로 중생의 분별심입니다.

　공양 올리는 것 중에 가장 좋은 것은 바로 중생의 분별심을 공양 올리는 것입니다. 중생에게는 분별심이 허망한 것이지만, 그것이 부처님께 공양 올려지면 '번뇌즉보리'라고 하듯, 부처님에게는 분별이 곧 깨달음이 되기 때문입니다. 나의 모든 분별 망상을 전부 부처님 전에 공양 올리고 바쳐서 분별심이 청정해지는 것이 곧 마음공부입니다.

　가장 좋은 것을 공양 올린다고 했는데요, 사실 부처님께는 일체가 대 평등으로 하나여서 좋고 나쁜 것이 따로 없습니다. 가장 좋은 것을 공양 올린다는 것은 곧 중생의 분별에서 하는 말입니다. 중생의 분별심 속에는 좋고 나쁜 것이 둘로 나누어져 있습니다. 방편으로는 분별 속에서 가장 좋은 것을 부처님께 공양 올리는 것이지만, 좋은 것 중에 정말 가장 좋은 것은 좋고 나쁨을 넘어서는 무분별입니다. 무분별은 곧 분별을 전부 공양 올리고 바쳤을 때 드러나는 본래의 마음입니다.

　이처럼 참된 공양이 되려면 불이법을 깨달아야 합니다. 그렇게 될 때 공양하는 자와 공양 받는 자와 공양하는 것이 전부 둘이 아니어서 공양하되 공양함이 없는 진정한 공양이 완성됩니다. 여기에는 공양이라는 말도 필요가 없습니다.

중생에게는 본래부터 가장 좋은 무분별심이라는 본심(本心), 자성청정심(自性淸淨心)이 누구에게나 갖추어져 있고, 바로 그것을 부처님 전에 바치는 것이 진정한 공양입니다. 그런데 번뇌가 곧 보리여서 분별심을 바치고 공양올릴 때, 무분별심, 자성이 드러납니다. 곧 분별을 공양올리는 것이 곧 무분별의 공양입니다. 이렇게 되면 내가 곧 부처이기에 부처가 부처에게 공양 올리는 수승한 둘이 없는 공양이 완성됩니다. 분별심을 전부 다 공양 올려야 분별심이 없어진 자리에 무분별심이라는 본래의 성품이 드러나는 것입니다.

무분별심인 우리의 본래 마음, 불성을 불교에서는 향과 꽃 등으로 비유하곤 했습니다. 우리의 이 본마음은 늘 진리의 향기가 피어나며, 깨달음의 꽃으로 장엄하여 있기 때문입니다. 그래서 광수공양원에서 그 상징인 무수한 향과 무수한 꽃으로 공양 올리는 것입니다. 우리의 본래 마음을 상징하는 향과 꽃을 공양 올림으로써 본성을 깨달아 부처가 되겠다는 발심입니다.

우리의 분별을 공양 올린다는 말은 다르게 말하면 곧 수행을 의미합니다. 참된 공양은 향과 꽃을 부처님 전에 드리는 것이 아니라, 마음을 공양 올려 참된 수행으로 승화될 때 참된 공양이 되는 것입니다. 그런 점에서 본격적인 공양의 참뜻이 나옵니다.

공양 중 최고인 일곱 가지 법공양

선남자여, 모든 공양 가운데는 법공양이 가장 으뜸이 되나니, 이른바 부처님 말씀대로 수행하는 공양(여설수행), 중생들을 이롭게 하는 공양(이익중생), 중생들을 섭수(攝受)하는 공양(섭수중생), 중생의 고통을 대신 받는 공양(대중생고), 선근(善根)을 부지런히 닦는 공양(근수선근), 보살의 할 일을 버리지 않는 공양(불사보살업), 보리심을 여의지 않는 공양(불리보리심)이 그것이다.

법으로 하는 공양이 최고라는 의미입니다. 법공양(法供養)이 일곱 가지가 있는데 부처님 말씀대로 수행하는 공양, 중생들을 이롭게 하는 공양, 중생들을 섭수하는 공양, 중생의 고통을 대신 받는 공양, 선근을 부지런히 닦는 공양, 보살이 할 일을 버리지 않는 공양, 보리심을 여의지 않는 공양입니다.

부처님께서 모든 공양 가운데 법공양이 으뜸이라고 하셨는데 왜 그럴까요? 이 온 우주 전체가 오로지 일법(一法), 하나의 부처, 하나의 진실, 하나의 법밖에 없으므로 법으로 하는 공양이 가장 수승하고 위대한 공양일 수밖에 없는 것입니다.

법공양, 가장 수승한 공양에 대해 자세히 살펴보겠습니다.

부처님 법대로 수행하는 공양

첫째 여설수행공양(如說修行供養), 부처님 말씀대로 수행하는 공양입니다. 즉 우리가 절에 와서 부처님 말씀대로 실천하고, 법문을 듣고, 공부하고, 기도하고 하는 이 모든 것들이 그대로 부처님께 공양 올리는 것이 된다는 뜻입니다. 절에 와서 쌀 올리고 향 피우고 보시하는 등 물질적인 공양보다 더 큰 공양이 부처님 법을 공부하고 법에 따라 실천하고 수행하는 공양입니다.

이 또한 놀랍죠? 절에서 우리는 불전에 과일 올리고, 떡 올리고, 육법공양(六法供養) 올리며, 보시하는 것만 공양이라고 배웠는데, 경전에서는 꽃과 향을 올리는 공양도 좋지만, 진정한 공양은 법공양이며 스스로 올바르게 수행하는 공양이라고 말씀하고 계시니까요. 너무나도 당연하고 지당한 말씀입니다.

아무리 절에 육법공양을 많이 올린다고 한들 스스로 부처님 가르침대로 수행하여 괴로움을 소멸하지 못한다면 삶이 변화되지는 않을 것입니다.

중생을 이익되게 하는 공양

두 번째 이익중생공양(利益衆生供養), 중생들을 이롭게 하는 공양입니다. 왜 그럴까요? 중생이 곧 부처이기 때문입니다. 그런데 어떻습니까? 여러분은 '나는 부처가 아니야. 나는 중생이야.'라고 생각하고 있지요? 물론 지금 우리는 분별 의식으로 살고 있으므로 '나는 중생이야.'라고 착각하고 있지만, 그런다고 해서 지금 이 소리를 '똑똑!(목탁소리)' 못 듣나요? '탁!(죽비 소리)' 이 소리를 듣는 놈은 부처이기 때문에 들을 수 있습니다. 귀는 이 소리를 들을 수 없어요. '탁!' 귀가 이 소리를 듣는 게 아니에요.

몸뚱이가 있다고 움직일 수 있어요? 몸뚱이가 손을 이렇게 움직일 수 있어요? 만약 몸이 하는 것이거나, 귀가 듣는 것이라면, 사람이 죽은 직후에도 몸이 있으니 움직일 수도 있고, 귀가 있으니 들을 수도 있어야 할 것입니다. 그러나 몸이 여전히 있어도 죽으면 움직이지도 못하고 듣지도 못하고 보지도 못합니다.

그래서 옛 스님들께서도 '이 송장 끌고 다니는 놈이 무엇인가?' 하는 화두를 주곤 하셨습니다. 이 몸이 내가 아니라, 이 몸을 끌고 다니는 이 살아있는 진짜 자기를 확인해야 한다는 것입니다. 그렇지 않고서는 이 몸은 그저 송장일 뿐입니다.

물론 이렇게 선사스님들께서 말을 하니, 이 몸을 움직이게 하고, 보게 하고 듣게 하는 '놈'이 따로 있다고 생각한다면 그 또한 망상입니다. 이 또한 방편으로 하는 말일 뿐입니다. 그래서 선(禪)의 6조 혜능(慧能, 638~713) 스님도 본래무일물(本來無一物)이라고 하셨습니다.

우리는 지금 이대로 부처를 쓰고 있습니다. 매 순간 완벽하게 부처를 쓰고 있습니다. 이게 굉장히 놀라운 이야기입니다. 우리는 매 순간 부처를 쓰지 않으면 살 수가 없어요. 부처를 써서 계속 숨 쉬고 있거든요.

지금 여러분은 제 얘기를 듣고 있는데도 불구하고, 여러분의 몸은 저 혼자 알아서 숨 쉬고, 알아서 아침에 먹은 밥을 소화시키고, 알아서 늙고 병들고 세포 분열도 일으키고 있고, 위장, 소장, 대장, 간, 쓸개, 심장 등등이 다 제 갈 길 가면서 제 할 일을 완벽하게 하는 중이에요. 지금 모든 것이 계속 100% 완벽하게 구현되고 있습니다. 원만 구족이죠.

무엇이 이것을 가능하게 할까요? 하나의 진실이 이 모든 것을 가능하게 만듭니다. 이 본래면목이라고 어쩔 수 없이 이름 붙인, 진정한 자기가 이것을 다 행하며 드러내고 있습니다. 이 본래면목을 『화엄경』에서는 마음이라고 했고, 이를 일체유심조(一切唯心造)라고 했습니다. 마음 하나가 일체 모든 것을 지어낸다는 의미입니다. '이것'이 다 하는 것입니다.

그러니 우리는 중생이라는 생각, 그리고 바깥으로 대단한 어떤 깨달음이라는 환상을 찾아가려는 마음만 내려놓으면 됩니다. 사실 이 심심하고 당연한, 아무것도 아닌, 그냥 보면 볼 뿐이고 들으면 들을 뿐인 이 아무것도 아닌 이 자리가 바로 부처의 자리예요. 자리라고 할 것도 없지만 말을 하자니, '이 자리'라고도 하고, '이것'이라고도 하는 것입니다. 그래서 일체중생이 사실은 그대로 부처입니다.

보통 사람들은 '깨달은 사람이 나오면 엄청난 성공을 이루겠지?' 내지는 '깨달으면 얼마나 대단할까?' 이런 생각을 하곤 합니다. 그런데 자기 성품을 확인한 수많은 사람은 막상 본인이 자기 본성을 깨달았는데도 불구하고 하나도 티를 낼 수가 없어요.

물론 잠깐 티를 낼 때가 있어요. 처음 체험의 순간이 왔을 때, 바로 그 허니문의 짧은 기간 동안 잠시 그 느낌에 빠져들곤 합니다. 예부터 큰스님들은 그런 후배스님들을 보고는 "잠시 내버려 두어라."라고 말하곤 합니다. 그러다 보면 제풀에 꺾입니다. 그 체험의 감동은 왔다가 가는 것이기에 그 체험이 왔다 가고 나면 스스로 혼란을 겪곤 합니다. 좋은 스승이 곁에 있다면, 바로 이럴 때 잘 지도를 해 주어서 원만하게 수행을 해 나갈 수 있도록 가르치고 격려함으로써 바른길로 갈 수 있도록 해 줍니다.

결국, 바르게 깨닫고 바른 안목을 갖추게 된다면, 결국 자신이 깨달은 이것이 전혀 대단한 것이 아니며, 티 내거나 자랑할 만한 것도 아니고, 누구나 다 매 순간 쓰고 있는 흔하디흔한 우리 모두의 본래면목이었음을 깨닫게 됩니다. 크고 대단한 깨달음을 추구한 사람이라면 이때 좀 충격을 받기도 하고, 허탈해지기도 합니다. 어떤 분들은 "역대 조사들에게 속았다."라고 말하기도 하고, "어떻게 이렇게 쉬울 수 있느냐?", "이것 말고 더 없느냐?", "이것이 전부냐?"라고 되묻기도 합니다.

이처럼 깨닫고 나면 스스로 '누구나 다 쓰고 있고 100% 다 갖추고 있는 이것이 부처구나.'라는 것을 저절로 압니다.

온 우주 전체가 부처를 쓰고 있다는 것을 알기 때문에 상(相)을 낼 수가 없습니다. 깨달았다는 상, 공부가 됐다는 상, 불교 공부를 많이 했다는 상(相)을 내는 사람은 정말 머리로만 공부해서 쌓은 지식이 많은 사람입니다. 쌓은 지식이 많으니까 공부가 많이 됐다고 생각하는 것이고, 남들에게는 없는 지식이 나에게는 많으니까 우월감 같은 상이 생기는 것입니다. 그런데 진짜로 공부가 되면 공부가 되고 안 되고 할 게 없는 거예요. 잘난 척을 하려야 할 수가 없어요. 저절로 그렇게 됩니다.

저도 매번 설법하고 유튜브에도 자주 설법을 올리고는 있지만 사실 한편으로는 '무슨 의미가 있나. 매일 똑같은 얘기를 듣는 사람도 지겨울 텐데, 이걸 굳이 이렇게까지 올려야 되나.' 하는 생각이 들 때도 있었어요. 맨날 같은 얘기밖에 할 게 없거든요. 그런데 맨날 똑같은 얘길 하면 여러분이 지루하실까 봐, 근본에서는 늘 같지만 다양한 경전이나 어록 등을 가지고 다양한 방편으로 같은 것을 가리키는 것일 뿐입니다.

사실 「보현행원품」의 법이 따로 있고, 『천수경』의 법이 따로 있고, 『금강경』의 가르침이 따로 있고, 『반야심경』의 핵심이 따로 있겠어요? 전부 다 같은 얘기입니다. 그런데 이렇게 약간 주제를 달리하면 다른 이야기를 하는 것처럼 보일 뿐입니다. 다른 이야기가 있을 게 없어요. 이 세상에는 하나의 진실만이 온전하게 있고 없음을 넘어서 있습니다.

이 한 법, 이 하나의 진실이 일체중생에게 다 있지만, 중생들은 이 법을 버리고 자기 생각, 분별을 믿기 때문에 괴로워진 것일 뿐입니다. 그러니 자기 분별에 빠져 사는 중생들을 그 분별에서 건져내 주고, 괴로움을 건너게 해주며, 자기의 본래면목을 깨닫게 해 주는 것이야말로 요익중생(饒益衆生)입니다. 이렇듯 중생을 이익되게 하는 것, 그것이야말로 최고의 법공양이고 보시입니다.

일체중생을 이익되게 하는 것이 나를 이익되게 하는 것과 같습니다. 주는 것이 곧 내가 받는 거예요. 내가 그에게 나누는 것이 내가 나중에 받게 될 것입니다. 그 사람이 힘들 때 도와주면 내가 힘들 때 누군가의 도움을 받을 수밖에 없어요. 이게 인과응보(因果應報)의 법칙입니다. 이러한 이치가 세계를 운행시키기 때문에 일체중생을 이익되게 하는 것은 곧 나 자신을 이익되게 하는 것과 똑같습니다.

근원에서 너와 내가 둘이 아니기 때문입니다. 둘이 아니니 너를 돕는 것이 곧 나를 돕는 것이지요. 이 불이법의 실천이야말로 참된 공양입니다. 둘이 아니기에 이익중생의 공양을 올리지만, 공양하되 공양한 바가 없는 무주상보시가 되는 것입니다.

중생을 받아들이는 공양

세 번째 섭수중생공양(攝受衆生供養), 중생들을 섭수하는 공양입니다. 일체중생을 섭수한다는 것은 포섭(包攝)해서 받아들인다, 존재를 있는 그대로 허용하고 포용해 준다는 것입니다.

가장 먼저 나라는 중생을 섭수해 줍니다. 나를 판단 분별하면서 나는 어떤 점은 좋고 어떤 점은 나쁘고, 이런 점은 마음에 안들고, 저런 점은 더 좋아졌으면 좋겠다는 등으로 자기를 분별하지 않고, 지금 이대로의 나를 있는 그대로 받아들여 주는 것입니다.

그 이후에 상대방이라는 나와 인연이 된 모든 중생을 섭수해 주는 것입니다. 내가 만나고 있는 것이 중생세간(衆生世間)입니다. 내 인생에 등장하는 모든 중생세간, 나라는 분별망상의 중생, 너라는 분별망상의 중생들이 하는 이 모든 것을 그대로 받아들여 준다는 것입니다. 왜 그럴까요? 해석하고 판단하지만 않으면 이대로가 진실이기 때문이며, 지금 이대로 100% 완전한 부처의 삶을 살고 있기 때문입니다.

다른 남편과 내 남편을 비교하면서 내 남편도 저렇게 해 주었으면 하는 그 생각만 없애면 100% 완전한 남편부처님입니다. 요즘 리얼리티 TV프로에 보면 너무나도 가정적이고 아내에게 헌신하는 남편 이야기가 나오는데요, 거사님들은 그 프로 때문에 힘들어서 살 수가 없다고 말하곤 하더군요. 그런 TV를 보면서, 아내는 남편에게 자꾸만 많은 것을 바라는 것이지요. 그 남편은 그 아내에게만 있는 남편일 뿐이고, 나에게는 지금의 이 남편이 나의 남편일 뿐입니다. 내 업대로, 내 복대로 가장 나에게 최적화된 인연인 남편을 만나 놓고는 남들과 비교를 하면 되겠습니까? 물론 아내 또한 마찬가지입니다.

"담배 좀 끊고 술 좀 줄여라."라고 20년을 계속 잔소리하면서 "너도 참 지긋지긋하다. 왜 그렇게 담배에 집착하냐? 참 대단하다."라고 비웃겠지만, 사실은 남편이 담배를 반드시 끊어야 한다는 생각을 20년 동안 붙잡고 있는 아내도 참 그 집착이 똑같이 대단한 것이지요.

사실 남의 남편, 남의 부인은 아름답고 멋있을 수밖에 없어요. 왜냐하면, 남의 남편, 남의 부인과 계속 옆에 있지 않고 어쩌다 한 번 만나잖아요. 남들과 있을 때는 좋은 모습만 보여주는 게 사람의 특징이에요. 잘난 모습, 괜찮은 모습, 남편이 아내 챙겨주는 것 같은 모습 즉 SNS, 유튜브(youtube)에서 보면 다 자기가 제일 좋을 때 모습, 최고의 순간의 사진만 올립니다. 그걸 보고 부러워하면 정말 어리석은 것이지요.

있는 이대로가 완벽한 부처입니다. 완벽한 부처가 내 자식으로 온 것이고, 완벽한 부처가 내 아내로 온 것입니다. 현실은 언제나 완전한 연기법의 현현(顯現)입니다. 지금 이대로를 완전히 섭수하기만 하면 그대로 이 자리가 극락이 됩니다. 아니, 이렇게 온전히 허용되고 있는 이대로 이 자리에 늘 이렇게 있을 뿐이 아닌가요? 단 한 번도 이대로 이렇지 않았던 적이 있나요? 삶은 완전한 허용입니다. 완전한 불이(不二)입니다. 내가 바로 그것입니다. 이것뿐이죠.

'내가 50억을 벌어야 해.' 하는 마음으로 막 달려가는 사람은 그걸 벌기 전까지는 지옥같이 힘들어요. 그 생각이 없다면, 삶은 이대로 날마다 좋은 날입니다.

제가 보니까 약간 적은 듯 적당한 것이 좋은 것 같습니다. 약간 많은 것보다 조금 적은 게 오히려 나아요. 약간 적어도 충분히 살아갈 수 있습니다. 그런데 많으면 많을수록 삿된 생각이 들어가고, 그 주변에 삿된 사람이 꼬입니다. 또 자꾸 재산 분쟁이 일어나고 가족끼리 다투는 일들도 벌어지기가 쉽습니다. 자식들도 부모님이 알아서 다 해 준다는 생각을 가지면 긴장감 없게 삽니다.

제가 오랫동안 군승법사로 활동하면서 장병들을 많이 만나 보았는데, '어차피 난 부모님이 알아서 다 해 줄 거야.'라는 생각을 하는 친구들은 삶에 치열함이 적습니다. 어릴 때부터 '부모님 재산은 부모님 거다. 내 것이 아니다.'라고 생각했던 친구들은 정말 열심히 공부하고 열심히 취직하려고 애씁니다. 그런데 어떤 친구들은 "저는 어차피 다 정해져 있어요. 저는 나가면 지금 바로 사장이에요."라고 얘기하는데, 뭔가 든든한 게 있어서 그런지 조금

빈둥거리는 경우가 많더군요.

섭수중생이라고 하니 어떤 분들은, 나쁜 놈들이 나쁜 짓을 하자고 부추기더라도 그 중생도 섭수해야 하니 그것도 인연이라 받아들여야 하느냐고 묻더군요. 섭수 중생하라는 것이 바보가 되라는 것은 아닙니다. 전혀 판단 분별을 하지 말라는 것도 아닙니다. 좋은 사람, 나쁜 사람을 분명하게 판단할 수 있어야 하고, 좋은 사람과는 일을 도모하고 나쁜 사람과는 거리를 둘 수도 있어야 합니다. 그것도 하지 말라는 것이 아니죠. 그래서 이 공부를 분별하지 않는 공부가 아니라, 분별하되 분별함에 집착하지 말고 분별하는 공부, 하되 함이 없이 하는 공부라고 하는 것입니다. 좋고 나쁨을 잘 쓰면서도, 거기에 과도하게 얽매이지 않고, 실체화하지 않으며, 자유롭게 좋고 나쁨을 쓸 수 있는 것입니다.

중생을 섭수한다고 했는데, 실제로는 중생이 없습니다. 단지 내가 분별할 때 중생이 만들어지는 것입니다. 그렇기에 분별하는 대신 삶을 있는 그대로 허용하라는 섭수를 말하는 것입니다. 이것이 곧 섭수중생입니다.

중생의 고통을 대신 받는 공양

네 번째는 대중생고공양(代衆生苦供養)입니다. 중생의 고통을 대신 받는 공양입니다. 보살은 중생의 고통을 대신 받는다고 합니다. 중생이 왜 고통스러운가 하면, 중생은 자기의 생각으로 거대한 망상을 만들어 놓으니까 생각 때문에 괴로운 것입니다.

그런데 이 생각을 부처님께 갖다 바치면 부처님에게는 그 분별이 무분별이 되어버립니다. 그러니까 나에게는 괴로움인데 부처님께 가면 괴로움이 아닌 게 됩니다. 나는 이미 부처님께 분별을 바쳤으니까 내게는 더는 분별이 남지 않는 것이고요. 이것이 바로 대중생고공양, 즉 부처님이 고통을 대신 받는 것입니다. 그래서 "나의 모든 괴로움·아픔·상처 이 모든 것을 부처님께 공양 올려라. 부처님께 다 바쳐라."라는 방편의 말을 씁니다.

언뜻 생각하기엔 '모든 중생이 힘든 것마다 부처님께 다 갖다 바치면 부처님은 얼마나 괴로울까?'라고 할 수 있습니다. 그러나 전혀 그런 걱정을 할 필요가 없습니다. 아무리 많은 물결도 결국 바다일 뿐이듯, 거센 물결이 있든 없든 바다는 늘 아무 일이 없습니다. 중생은 그 허상을 붙잡아 실체화하여 집착하니까 허공꽃이 핀다고 하듯 거짓된 괴로움이 생겨나는 것이겠지만, 부처는 그런 허상을 붙잡는 일이 없기에 언제나 실상이고 늘 고요한 적멸입니다. 중생이 부처님께 바친다는 방편을 썼지만, 이 또한 방편일 뿐, 부처에게는 준다 받는다고 할 것도 없고, 오고 갈 무엇도 없습니다. 불생불멸(不生不滅)이고 여래여거(如來如去)죠.

그러니 괴로운 일이 있을 때마다 '나는 모르겠다. 이 마음 부처님께 다 바치니 부처님 알아서 하십시오.'라고 완전히 내맡겨 보십시오. 내가 바치고 나면 '내 것'일까요? '부처님 것'일까요? 부처님 거예요. 공양 올리고 나서 부처님이 그것을 어떻게 하셨는지 따지면 안 됩니다. 완전히 내맡겼으니, 그걸로 끝입니다. 완전히 내려놓게 되는 것이지요. 내 뜻대로 그 공양물이 잘 쓰였나를 따질 것이 아니라, 부처님께 바쳤으니 어떻게 되든 부처님께서 가장 지혜롭게 잘 쓰셨을 것이라고 굳게 믿고는 더 확인할 필요가 없는 것입니다. 그럴 때 비로소 완전히 내려놓게 됩니다.

모든 일이 마찬가지입니다. 매 순간 일을 할 때, 삶을 살아갈 때, 모든 일을 전부 부처님께 공양하는 마음으로 하는 것입니다. 일할 때 이게 잘 될까 못 될까 근심 걱정하는 마음을 부처님께 공양을 올리고 '나는 그냥 할 뿐, 나머지는 부처님께서 알아서 하십시오.'라는 마음으로 내맡기고 해 보십시오. 그렇게 내맡긴 뒤에는 더는 문제 삼지 말고, 분별하지 말고, 부처님께 맡겼으니 부처님께서 알아서 할 일이라 여기고 턱 맡겨버리세요.

직장생활을 할 때도 '내가 하는 일'이 아니고, '내가 돈 벌어야지.'라고 할 것이 아니라, '이 일 자체가 부처님 일이다. 불국토를 가꾸는 일이요, 불사(佛事)다.'라는 마음으로 직장생활을 해 보세요. 직장생활 자체가 부처님께 올리는 공양이 됩니다. 이처럼 인생 전체가 '나'가 사는 것이 아니라, '붓다'가 사시는 불국토가 됩니다. 내 일이 아니라 부처님 일이 됩니다.

힘든 일, 도저히 못 할 것 같은 일들을 해야 할 때 '내가 할 수 있을까?' 하는 걱정이 들 때가 있습니다. 그럴 때도 결과는 완전히 내맡기고 그저 할 수 있는 최선을 다해 그저 할 뿐입니다. 거기까지입니다. 결과는 내게 달린 일이 아니라 연기법에, 부처님께 달린 일이니, 상관할 바가 아니죠.

제가 히말라야에 갔을 때 '길도 잘 모르는데 지도 하나만 가지고 이 낯선 곳을 갈 수 있을까.' 하는 걱정이 들더군요. 그럴 때도 그냥 부처님께 맡기는 거예요.

또 내가 도저히 못 할 것처럼 힘든 일도 마찬가지로 맡겨버리면 의외로 단순해집니다. 예전에 기술이 필요한 일을 하나 해야 할 일이 있었는데 도저히 못 할 것 같은 일인데 저밖에 할 사람이 없는 상황이었어요. 기술이 없어 못 하는데 안 할 수는 없으니까 그래 부처님께 맡기고 해보자. '부처님! 당신이 알아서 하십시오, 나는 할 수 있는 만큼만 하겠습니다. 부처님 당신 일이니까 알아서 하십시오.' 하고 그냥 했는데 신기하게 저절로 되더군요. 물론 안 돼도 상관이 없었을 것입니다. 맡겼으니까. 결국, 맡기고 나면 될 일은 되고 안 될 일은 안 되겠죠. 그 전부를 통으로 맡겨버리는 것입니다. 되든 안 되든 상관하지 않고 말이지요.

내가 한다고 여기면 못할 것 같은 일도 부처님께 맡겼으니 부처님께서 알아서 할 것이라고 턱 내맡기고 하면 은근히 배짱이 생깁니다. 부처님이 될 것은 되게 하고, 안 될 것은 안 되게 할 거라는 믿음이 생기죠. 그러니 돼도 좋고 안 돼도 좋아요. 얼마나 편하고 가볍습니까. 사실은 이게 진짜 지혜예요. 무분별지(無分別智), '모를 뿐'에서 나오는 진짜 지혜입니다.

참된 지혜는 내가 안다는 착각에서 오는 것이 아니라, '모른다.'라고 하는 무분별에서 오기 때문입니다. 사실이 그 일이 되는 것이 좋은지, 안 되는 것이 좋은지 우리는 알 수가 없잖아요. 새옹지마(塞翁之馬)라는 말처럼, 어차피 우리의 분별은 다 알 수 없습니다. 그러니 무분별지, 반야지혜인 부처님께 내맡기고 맘 편히 사는 것이지요.

진실은, 이 세상은 온전히 불국토이고, 온전히 눈에 보이는 것은 부처님 일이고 일어나는 모든 것들이 제법실상(諸法實相)이고, 부처님 진실밖에 없는데 내가 걱정할 게 뭐가 있겠습니까? 그러니 '내 분별심은 부처님께 다 바치겠다.' 하는 마음으로 그냥 하는 것입니다. '되든 안 되든 그건 부처님의 일이다.'라고 하는 것입니다.

실제로 그렇습니다. 되고 안 되고는 내 의지대로 되는 게 아니에요. 세상에 아무리 해도 안 되는 게 있고, 대충 하는데도 되는 게 있잖아요. 될 때가 되면 희한하게 주변에서 도와줘서 저절로 됩니다. 그런데 죽도록 해도 안 될 때가 있어요. 그게 인연 따라 되는 거라서 그렇습니다. 그러니 어차피 모를 거 탁 맡기고 하라는 거죠.

대중생고, 즉 고통을 대신 받아준다고 해서 대신 빚 갚아 주라는 얘기는 아닙니다. 그들을 괴로움에서 없애 주겠다는 마음으로 사는 것이 그게 대신 받아주는 것입니다. 사실 내가 대신 받으면 큰일이 나는 경우가 생깁니다.

상담하는 분 중에 괴로운 분들과 상담하다가 그 괴로움에 동화되어서 나중에는 상담가가 정신 질환에 시달리는 분들도 있고, 의사분들 중에도 그런 분이 계시더군요. 대중생고는 내담자의 괴로움에 나까지 빠져서 함께 허우적대라는 뜻이 아닙니다. 그의 괴로움을 없애줄 뿐, 그 괴로움을 내가 붙잡아서는 안 되겠지요. 그에겐 분별이 되지만 내게는 무분별이 되어야 합니다. 그런데 내가 그것 때문에 그 사람이 떠나고 나서도 계속 괴로워한다면 이건 상대를 도우려다 나를 괴롭히는 꼴입니다.

이 대중생고에 대해 『명추회요(冥樞會要)』라는 선서(禪書)에서는 이렇게 설명하고 있습니다.

"중생의 구업이 그렇게 많은데 보살이 어떻게 대신 받아요?" 하고 물으니까, "보살이 중생을 대신하여 고통을 받는다는 것은 대비 방편의 힘 때문인데, 단지 중생이 허망하게 집착하여 업의 본체가 분별 망상에서 생겨났음을 알지 못해 고통받고 있으니 보살이 가르쳐서 지혜를 닦게 한다. 이리하여 괴로움의 원인이 사라지고 결과도 사라져 고통이 생겨난 이유 자체를 없게 해 주는 것이니 이로써 그들이 삼악도(三惡道)에 들어가지 않게 해 주는 것을 대중생고라고 한다."라고 답해 줍니다.

즉 내가 어떻게든 빚도 다 갚아 주고 대신 아파서 죽어 주라는 것이 아니고 그들의 괴로움을 완전히 깨끗하게 없애 줌으로써 그들이 삼악도의 고통을 아예 받지 않도록 해 주는 것이 대중생고라는 것입니다.

그러니 진정으로 대중생고공양을 하려면, 나 스스로 지혜가 밝아져야 합니다. 내가 먼저 괴로움을 여의고 나야 타인의 괴로움에 도움을 줄 수 있겠지요.

선근을 부지런히 닦는 공양

다섯 번째, 근수선근공양(勤修善根供養)은 선근을 부지런히 닦는 공양입니다. 선근(善根)은 좋은 일들을 많이 베풀라는 것인데, 불교에서 말하는 많은 선근공덕을 짓는다는 것은 매우 다양합니다.

절하는 것도 선근을 쌓는 것이고, 절에 오는 것도 선근을 쌓는 것이고, 연등을 켜는 것도 선근을 쌓는 것이고, 법문을 듣는 것도 선근을 쌓는 것이고, 착한 일을 하는 모든 것들이 다 선근을 쌓는 것입니다.

그래서 『법화경』에서는 바닷가의 모래사장에서 아기들이 장난치면서 부처님의 얼굴을 그리기만 해도 그 선근공덕으로 나중에 부처가 된다는 말씀이 나옵니다. 또 사람들이 이런저런 일을 하다가도 '나무불(南無佛: 부처님께 귀의합니다.)' 이렇게 한마디만 해도 그 선근공덕(善根功德)으로 나중에 부처가 된다고 합니다. 이러한 선근을 쌓는 모든 것이 모여서 부처가 되는 인연을 이루기 때문입니다.

이 세상 전체가 하나의 진실, 일진법계(一眞法界) 아님이 없으므로 이 세상에서 분별없이 행하는 모든 일이 전부 선근을 쌓는 일입니다. 삶을 살아가는 것 자체가 선근을 쌓는 공덕입니다. 다만 한 가지, 분별망상이라는 중생의 마음이 있는 그대로의 진리의 세계를 자기 식대로 해석하고 판단하고 취사하고 실체화하면서 허망하게 그려내고 있으니, 그 자기 생각에 빠져 괴로운 것일 뿐입니다.

그러니 분별하지 않는 마음이 전부 선근입니다. 이 마음공부, 불교 공부가 바로 중생의 분별 망상을 일깨우고, 무분별심의 지혜로 나아가게 하는 공부이기에 불교 공부가 곧 선근공덕이라 하는 것입니다.

불교에서 '선(善)', 즉 좋은 것이라 할 때는 바로 이처럼 '무분별'

을 선이라고 합니다. 반대로 악(惡)은 곧 중생의 분별을 말하지요. 분별없는 길이야말로 온갖 좋은 공덕이 깃든 것입니다.

보살의 할 일을 버리지 않는 공양

여섯 번째는 불사보살업공양(不捨菩薩業供養), 보살의 할 일을 버리지 않는 공양입니다. 보살의 할 일이 무엇인가 하면 '상구보리(上求菩提) 하화중생(下化衆生)'입니다. 항상 위로는 깨달음을, 완전한 삶의 진실을 구하고, 아래로는 일체중생을 구제하겠다는 발심을 하는 것, 그래서 일체중생을 자비로써 포섭해 주겠다고 하는 것, 이것이 바로 불사보살업공양입니다.

누가 보살일까요? 우리가 바로 보살입니다. 보살은 보리살타라고 하여 깨달음과 중생이 한데 뒤섞여 있는 사람, 즉 바로 우리를 말합니다. 우리가 곧바로 부처이고 깨달음인데, 중생이라는 망상을 일으키고 거기에 사로잡히기에 중생이라는 착각이 일어난 것일 뿐입니다.

그러니 우리에게서 중생의 분별은 구제하고, 본래 있던 부처는 드러내는 것이 우리가 할 일입니다. 이것이 바로 상구보리 하화중생입니다. 중생교화가 바로 분별을 따라가지 않는 삶이고, 타인에게도 스스로 갇힌 그 분별망상에 속지 않도록 이끄는 것이 하화중생입니다. 상구보리는 바로 분별 이전에 본래 있던 무분별지, 본래 자기 부처를 확인하는 것입니다.

이 두 가지야말로 우리가 나아가야 할 길입니다. 이것이 바로 보살이 자신이 해야 할 일을 버리지 않는 공양입니다.

보리심을 여의지 않는 공양

일곱 번째는 불리보리심(不離菩提心) 공양, 보리심을 여의지 않는 공양입니다. 보리심(菩提心)은 깨달음을 얻겠다는 마음입니다. 깨달음을 이루겠다는 간절한 마음을 버리지 않는 공양을 말합니다. 우리가 늘 부처님 법대로 수행하는 바로 그것이 공양입니다.

절에 와서 향 한 개 더 올리는 것보다 더 큰 공양은 여러분들이 일상생활 속에서 마음공부를 실천하는 것, 집착을 버리고 번뇌 망상을 버려서 괴로움 없이 행복하게 사는 것입니다.

제일 원칙은 그 어떤 어려움이 있더라도 행복하게 살아야 합니다. 괴로움 없이 살아야 합니다. 그것이 우리의 본성이기 때문입니다.

부처님 법대로 수행하는 이유가 무엇일까요? 부처님 법의 핵심은 괴롭지 않게 사는 것, 즉 사성제(四聖諦)입니다. 이것이 모든 사람이 나아가야 할 삶의 방향성입니다.

괴로움 없이 진정으로 행복하게 사는 것, 그것이 바로 부처님께 올리는 최고의 공양입니다. 부처님은 절에 보시 많이 하고, 과일 많이 사다 올리고, 그런 것을 공양이라 여기는 분이 아니라, 각자 자신의 삶을 괴로움 없이 행복하게 사는 진정한 공양을 받고 싶어 하는 분입니다.

또한, 나만 행복하게 살지 말고 옆에 있는 이웃을 도우면서 그들도 행복하게 해 주면서 사는 것, 그게 공양입니다. 그게 바로 법공양입니다.

비교할 수 없는 법공양의 공덕

선남자여, 앞에 말한 많은 공양으로 얻은 공덕은 한순간 동안 닦은 법공양에 비한다면 백 분의 일도 되지 못하고, 천분의 일도 되지 못하며, 백천구지나유타분(百千俱胝那庾他分)과 가라분(迦羅分)과 산분(算分)과 수분(數分)과 유분(喩分)과 우파니사타분(優波尼沙陀分)의 일도 또한 되지 못하느니라.

—

善男子야 如前供養無量功德으로 比法供養一念功德컨대 百分에 不及一이며 千分에 不及一이며 百千俱胝那由他分과 迦羅分과 算分과 數分과 喩分과 優波尼沙陀分에도 亦不及一이니

🪷

이 말씀은, 그 어떤 좋은 공양이라 할지라도 이와 같은 법공양의 공덕에 비하면 아주 티끌만큼도 되지 못한다는 뜻입니다. 백천구지나유타, 우파니사타 등 여기 나오는 것들이 다 숫자의 단위인데요, 인도에는 매우 많은 숫자의 단위가 있습니다. 우리는 백, 천, 만, 십만, 백만, 천만, 억, 조, 경 정도 단위밖에 잘 모르잖아요. 그런데 이 『화엄경』에 나오는 숫자 개념을 보면 일, 십, 백, 천, 만, 십만, 백만, 천만, 이렇게 쭉 썼을 때 몇 페이지가 나

올 정도로 끊임없이 많은 숫자의 단위를 설하고 있습니다.

80 화엄에 보면 이런 숫자를 낙차, 구지, 나유다, 나유타, 빔발라, 군달라, 아가라, 최애성, 마바라, 아바라, 싱갈라마, 비섬마, 아승기, 무량 등으로 무수히 많은데, 너무 많아서 그냥 건너뛰겠습니다. 그 중에도 큰 숫자가 불가수, 불가칭, 불가량 등이고 앞에 나왔던 불가설 불가설이 그 숫자 범위 중에서 가장 큰 편에 속합니다.

결국, 이 분(分)의 핵심은 '진짜 중요한 공양은 법공양이다.'라는 것입니다. 그 어떤 숫자의 비유로도 다 비교할 수 없을 만큼 그 어떤 공양보다도 법공양이 중요하다는 것을 설하고 있습니다.

많은 부처님이 출생하신다

무슨 까닭인가? 모든 부처님께서는 법을 존중하기 때문이며, 부처님 말씀대로 행하면 많은 부처님이 출생하기 때문이다. 또한 보살들이 법공양을 행하면 이것이 곧 부처님께 공양함을 성취하는 것이니, 이러한 수행이 진실한 공양이기 때문이니라.

—

何以故오 以諸如來가 尊重法故며 以如說行에 出生諸佛故라 若諸菩薩이 行法供養하면 則得成就供養如來니 如是修行이 是眞供養故니라

🪷

부처님은 오로지 법을 존중하는 분이고, 이대로 공부하면 무수

히 많은 부처님이 출생한다는 것입니다. 본래 다 부처로 출생되어 있지만 비로소 내가 본래 부처라는 사실을 자각한다는 것이지요.

법, 진리야말로 가장 중요한 것입니다. 진리를 보시하고, 진리를 나누며, 진리를 공양 올리는 것이야말로 가장 중요합니다. 그래서 부처님 또한 법을 존중한다고 하셨습니다. 또한 부처님의 말씀인 법대로 행하면 많은 부처님이 출생한다고 했습니다.

이 또한 방편의 말인데요, 부처님은 불생불멸(不生不滅) 즉 태어나거나 죽는 존재가 아닙니다. 바로 불생불멸을 깨닫는 것이 곧 부처님의 출생입니다. 그러니 출생은 출생이 아니라 이름이 출생일 뿐입니다. 우리가 본래 오고 감이 없고, 태어나거나 사라질 수 없다는 깨달음, 그것이 바로 부처님의 출생입니다.

또한 보살들이 법공양을 행하면 이것이 곧 부처님께 공양함을 성취하는 것이니 이러한 수행이 진실한 공양이라고 하였습니다.

> 이는 넓고 크고 가장 훌륭한 공양이니, 허공계가 다하고 중생계가 다하고 중생의 업이 다하고, 중생의 번뇌가 다하면 나의 공양도 다하려니와, 허공계와 내지 중생의 번뇌가 끝날 수 없으므로 나의 이 공양도 끝나지 않느니라. 이와 같이 순간순간 계속하여 잠깐도 쉬지 않건만 몸과 말과 뜻으로 하는 일은 지치거나 싫어함이 없느니라."

—

此廣大最勝供養은 虛空界盡하며 衆生界盡하며 衆生業盡하며 衆生煩惱盡이면 我供乃盡이어니와 而虛空界와 乃至煩惱가 不可盡故로 我此

供養도 亦無有盡이니 念念相續하야 無有間斷하야 身語意業이 無有疲厭이니라

🪷

　지치거나 싫어함이 없이 이렇게 광수공양(廣修供養), 널리 법공양을 행하라는 것입니다. 법을 실천하고 또 이웃을 돕는 것을 통해서 우리가 법보시를 실천하는 것이야말로 참된 공양이라는 말씀입니다.

제4 참제업장원(懺除業障願)
업장 참회하기를 서원합니다

"선남자여, 업장을 참회한다는 것은 보살이 스스로 생각하기를 '내가 과거 한량없는 겁 동안에 탐내고 성내고 어리석은 마음으로, 몸과 말과 뜻으로 지은 악한 업이 한량없고 가없구나. 만약 이 악업이 형체가 있다면 끝없는 허공으로도 그것을 다 수용할 수가 없을 것이다. 내가 이제 청정한 삼업(三業)으로 법계에 극미진수세계의 일체 모든 불보살님 앞에 지성으로 참회하여, 다시는 악한 업을 짓지 않으며, 청정한 계율의 모든 공덕에 항상 머물겠나이다.' 하는 것이니라.

이와 같이 허공계가 다하고 중생의 업이 다하고 중생의 번뇌가 다하면 나의 참회도 다하려니와 허공계와 내지 중생의 번뇌가 다함이 없으므로 나의 참회도 다함이 없어 순간순간 상속하고 끊임이 없되 몸과 말과 뜻으로 짓는 일에 지치거나 싫어하는 생각이 없느니라."

—

復次善男子야 言懺除業障者는 菩薩이 自念호대 我於過去無始劫中에 由貪瞋癡하야 發身口意하야 作諸惡業이 無量無邊하니 若此惡業이 有

體相者인댄 盡虛空界에 不能容受리니 我今悉以清淨三業으로 徧於法界極微塵刹一切諸佛菩薩衆前하야 誠心懺悔하고 後不復造하야 恒住淨戒一切功德하니 如是虛空界盡하며 衆生界盡하며 衆生業盡하며 衆生煩惱盡이면 我懺乃盡이어니와 而虛空界와 乃至衆生煩惱가 不可盡故로 我此懺悔도 無有窮盡이니 念念相續하야 無有間斷하야 身語意業이 無有疲厭이니라

🪷

죄를 짓는 원인, 탐진치 삼독

업장을 참회하는 발원은 무엇일까요? 경전의 내용처럼 업장(業障)을 참회한다는 것은 아주 오랜 세월 동안 살아오면서 탐내고 성내고 어리석은 탐진치 삼독심으로 지은 모든 업을 참회하는 것입니다.

우리가 업장을 짓는, 죄를 짓는 원인이 바로 탐·진·치(貪瞋癡) 삼독(三毒)입니다. '나'라는 아상(我相)을 세워 놓고 이 몸과 마음을 나라고 생각하기 때문에 여기에 내가 있고 바깥에는 대상 세계가 있다고 생각합니다.

또한, 대상을 자기 기준에서 좋은 것과 나쁜 것으로 둘로 나누기 시작해서 좋은 것에는 더 집착하려고 욕망을 일으키니 이것이 탐심(貪心)입니다. 또한, 내가 싫어하는 것들은 사라지도록 밀쳐내고 없애려 하고 거부하려는 그것 또한 탐심입니다. 내가 싫어하는 것을 없애려는 생각에 집착하는 것이기 때문입니다.

사람들은 대부분 '좋은 일은 더 일어났으면 좋겠고, 싫은 일은 다 없어졌으면 좋겠다.' 하는 마음으로 살아갑니다. 그런 마음을 내는 것까지는 좋은데, 거기에서 한발 더 나아가 그 마음을 실체화시켜서 과하게 탐하고 집착하게 되면 업장이 되는 것입니다.

'이건 반드시 더 가져야만 해. 저건 내 인생에서 없애버려야 해.'라는 양극단으로 취사간택하는 그 생각을 믿고 집착하게 될 때, 바로 그 마음이 우리를 괴롭히고, 업장이 쌓이게 만드는 원인이 됩니다. 이것이 탐심이죠.

그다음으로 진심(嗔心)은 좋아하는 것은 더 갖고 싶은데 더 가져지지 않을 때 화가 나고, 싫어하는 것들은 자꾸 없애버리고 싶은데 없어지지 않을 때 화가 납니다. 이것이 곧 성내는 마음인 진심(嗔心)입니다.

그리고 이렇게 나다 너다, 좋다 싫다, 옳다 그르다 하고 둘로 나누어 분별하는 어리석은 마음 자체를 치심(癡心)이라고 합니다. 이러한 분별로 인해서 취사간택(取捨揀擇)이 일어나기 때문입니다. 취할 취(取), 버릴 사(捨)자에서 보듯, 취하고 싶은 마음과 버리고 싶은 마음, 이 둘 중에 가려서 택하려는 마음이 곧 취사간택이고, 바로 이 취사간택심이 곧 탐진치 삼독심입니다.

취하려는데 집착하고 버리려는데 집착하는 것이 탐심이고, 취하려는데 안 되고 버리려는데 안 될 때 화나는 마음이 진심이며, 바로 이 취하고 버리려는 생각으로 나누는 것 자체가 바로 치심입니다.

이 참회업장원에서는 '탐·진·치 삼독심을 가지고 몸과 말과 뜻

으로 지은 악한 업이 한량없고 가엾구나.'라는 것을 알고, 업장을
참회하는 원을 세우라는 것입니다.

업(業)은 우리가 신구의(身口意) 즉, 몸과 말과 뜻으로 지은 행위
를 말합니다. 좋은 말을 해서 상대방을 행복하게 만들어 주는 것
은 구업(口業)으로 선업을 짓는 것이고, 욕설하고 이간질하는 말
을 하고 나쁜 말을 해서 상대방을 괴롭게 만드는 것은 구업으로
악업을 짓는 것입니다.

또 행동을 통해서 남을 도와주는 것은 신업(身業) 즉, 몸으로
짓는 선업이고, 살생·도둑질·사음 등 나쁜 행동을 통해서 상대
방에게 몸으로 해를 끼치면 신업 즉, 몸으로 지은 악업이 되는 것
입니다. 또한 의업(意業)이라고 해서 뜻·생각으로 지은 선악의 업
이 있습니다.

부모를 거울처럼 닮아가는 아이

쉽게 예를 들어보겠습니다. 여기 어릴 적부터 부모님이 사람들
하고 늘 싸우고 화를 내고 욕하는 것을 보고 자란 아이가 있습니
다. 부모는 자식들에게 자신의 의지와는 상관없이 본보기가 되어
버립니다. 어릴 적 자식에게 부모는 세상 전체와도 같습니다. 엄
마 아빠가 없는 세상은 상상할 수가 없죠.

신경과학에서는 거울 뉴런(Mirror Neuron)이라고 하여 남의 행
동을 보거나 듣기만 해도 자신이 그 행동을 할 때와 똑같이 반응

보현행원품과 마음공부

하는 신경세포를 발견했습니다. 마치 내가 하는 것처럼 상대방의 행동에 똑같이 반응하며 활성화되는 뉴런이지요. 1996년 이탈리아 파르마 대학의 생리학자 자코모 리촐라티(Giacomo Rizzolatti) 교수 연구진이 명명한 것으로, 한 원숭이가 다른 원숭이나 사람들의 행동을 보기만 하는데도 자기가 움직일 때와 마찬가지로 뇌에서 반응하는 뉴런이 있음을 발견한 것입니다.

이처럼 아이들은 마치 거울처럼 부모의 행동과 성향, 성격 등을 똑같이 닮아갑니다. 자식에게 부모가 전부인데, 부모가 사람들과 늘 싸우고 다투고 욕하는 것을 보고 자란 아이는 자기도 모르게 그것을 그대로 베끼게 되고 결국 업습(業習)이 되어 쌓입니다. 그렇게 쌓인 업은 저장이 되었다가 비슷한 조건이 형성되면 그대로 튀어나옵니다.

그 아이가 학교에 가면 별일 아닌 것에도 친구들과 싸우고 욕하고 화를 습관적으로 내게 되겠지요. 또한, 그런 행동은 다시 업종자(業種子)가 되어 쌓이고 다음 순간에는 훨씬 더 화를 내기 쉬운 조건으로 바뀔 것입니다. 유식 불교에서는 이를 종자(種子)와 현행(現行)으로 설명합니다. 우리의 행위인 업은 종자가 되어 쌓이고, 그것이 현재의 삶을 형성한다는 것이지요. 종자는 현행을 일으키고, 현행은 또 종자를 낳고, 이 두 과정은 순환하며 끝나지 않습니다.

이처럼 나쁜 짓이나 악업도 처음이 힘들지 한 번 하고 나면, 그것이 종자로 쌓이기 때문에 그다음은 현행 되어 나쁜 짓 하기가 더욱더 쉬워집니다. 이렇게 쌓인 업의 종자는 습관적으로 굳어지기에 업습(業習)이라고 하고, 이것이 우리 삶에 장애를 가져온다고 하여 업장(業障)이라고 부릅니다. 악한 업장이 습관적으로 굳어지기를 반복하여 종자 현행이 반복되다 보면, 결국 나중에는 통제 불능 상태가 되고 말죠. 내 삶을 내가 더는 통제하지 못하게 됩니다.

일반적으로는 늘 욕을 달고 살던 학생이 직장생활을 시작하며 더는 어른으로 살기에 욕을 하는 것은 적절치 않다는 판단이 서, 스스로 욕을 하지 않는 것을 선택할 수 있습니다. 스스로 굳은 결심만 하면 되는 것이죠. 우리는 이처럼 자신의 의지로 과거의 업을 변화시킬 수 있습니다.

그러나 업장이 쌓여 통제 불능 상태가 되면, 내 의지로 변화시키려는 힘보다 업장의 힘이 더 커서 도저히 삶을 변화시킬 수 없게 됩니다. 그때는 업장의 패턴화된 자동반응이 내 인생을 주도해 가고 맙니다. 이렇게 되면 삶을 변화시키는 것이 너무나도 어려워지게 되죠. 내가 욕을 하고 싶지 않아도 나도 모르게 입에서는 자동반응으로 욕이 튀어나오는 것이죠.

또한, 나쁜 업장, 탁한 업장, 화내고 욕하는 업장이 많은 사람은 주변 사람들이 그것을 다 알기 때문에 가까이 다가가려 하지 않고, 늘 뒤에서 욕을 하며 피하겠죠. 삶이 외로워집니다. 세상이 나에게 등을 돌린 것 같죠. 그게 바로 업장의 무서움입니다.

이렇게 되면 '나는 원래 이런 사람이야.' 하고 자포자기를 하게 되죠. 어르신 중에는 '내가 평생을 이렇게 살아왔는데 이제 와서 어떻게 바꾸겠느냐. 난 못한다.'라고 말씀하시는 분들이 계시죠.

보현행원품과 마음공부

그만큼 업이 굳어지면 바꾸기가 어려워집니다.

반복되는 업장 시스템에 갇힌 좀비들

보통 대부분 사람은 평생 비슷한 상황에서 비슷한 것을 선택하며 업습, 업장에 굴림을 받으며 살아왔을 확률이 높습니다. 하다못해 영화를 한 편 보더라도 평소에 좋아하던 장르만을 보곤 하죠. 운동도 평소에 익숙하던 것만 반복합니다. 새로운 것을 만났을 때는 마음을 닫고 벽을 칩니다. 그러니 나이가 들수록 거의 인생은 비슷하고 지루한 삶의 반복일 수밖에 없습니다. 새로운 일은 일어나지 않죠. 그러면서 '아이고 내 팔자야!' 그럽니다. 남들은 신나고 재미있고 열정적이며 박진감 넘치는 삶이 계속되는 것 같은데, 내 인생은 늘 같은 일만 반복될 뿐입니다. 이 또한 반복적이고 습관적인 업장이 삶을 지배하도록 내버려 두었기 때문입니다.

업습, 업장에 이렇듯 휘둘리며 살게 되면 그 반복된 업장 시스템에 갇혀 굳어진 채 좀비처럼 살게 됩니다. 같은 것만을 항상 선택하게 되니, 새로운 삶의 가능성이 사실은 늘 열려 있지만, 자신은 늘 과거를 재반복하며 굳어진 틀 속에서만 살게 됩니다. 이것은 살아있는 삶이라고 볼 수 없습니다. 시체고 좀비죠. 삶을 사는 것이 아니라 그저 죽이고 있는 것입니다.

색안경의 감옥에 갇힌 사람들

사실 이 세상은 똑같은 것이 단 한 순간도 없습니다. 매 순간이 새롭습니다. 똑같은 강물에 두 번 손을 씻을 수 없다는 말처럼, 겉으로 보이기에는 똑같아 보이는 세상이지만 사실은 매 순간 전혀 새롭게 흘러갑니다. 그런데도 똑같아 보이는 이유는, 우리가 과거의 업습, 업장이라는 틀과 업식(業識)의 색안경에 갇힌 채, 눈앞의 새로운 세상을 자기의 굳어진 색안경으로 재해석해서 진부하게 보기 때문입니다.

업습과 업장이 반복되면, 그 반복되는 경험 속에서 얻은 지식과 분별들이 쌓여 의식에 쌓이니 이것을 업식(業識)이라고 부릅니다. 반복되는 업습과 업장이 알음알이와 의식으로 쌓여, 세상을 자기의 업식이라는 고정된 색안경으로 재해석하게 되는 것입니다.

업장과 업식으로 눈앞의 세상을 걸러 보기 때문에, 늘 새로운 세상이 자기의 업식에 갇힌 고정되고 진부한 것으로 전락합니다. 우리의 경험은 늘 과거의 재반복에 지나지 않습니다. 매일 보는 남편이고, 매일 나가는 직장이고, 늘 비슷비슷한 환경 속에 갇혀 사는 것입니다.

사실 우리는 진짜 있는 그대로의 남편을 단 한 번도 만난 적이 없습니다. 내 과거 경험 속에서 얻어진 업식으로 해석된 남편만을 만날 뿐입니다. 지금 이 남편은 나에게 해석된 남편일 뿐, 있는 그대로의 진짜 남편이 아닙니다. 남편만 그런 것이 아니죠. 세상도 있는 그대로의 세상이 아니라 나에게 해석된 세상일 뿐입니다.

매일 똑같은 일이 반복되는 것이 아니라, 늘 새로운 것임에도 내 업식이 그것을 과거의 어떤 것과 비교 분별한 뒤에 대충 비슷한 것을 가져와서 그것이라고 해석을 내려 버리는 것이지요.

남편이 어떤 말을 했을 때 의식은 '또 저 말 하네.' 하며, 과거에 했던 비슷한 패턴의 말을 할 것이 뻔하다고 넘겨짚어 버립니다. 자녀가 어떤 것을 하고 싶다고 했을 때, '또 저 소리!' 하며, "안 돼"라고 말합니다.

사실 모든 말은 바로 지금, 처음 일어나는 말들입니다. 그때 그 말을 할 때와 지금 그 말을 할 때는 모든 조건과 상황이 달라졌기 때문이지요.

아이가 공부 때문에 힘들어 죽고 싶다고 늘 말하다 보니 부모는 늘 하는 소리라고 넘겨짚겠지만, 어쩌면 오늘 한 말, "엄마, 나 너무 힘들어 죽고 싶어." 그 소리는 정말 마지막으로 하는 말일 수도 있습니다. 아이를 먼저 떠나보낸 부모는 '왜 그때 그 말을 늘 하는 말로 흘려들었을까.' 하는 죄의식으로 평생을 괴로워할 수도 있죠.

이 말이 중요한 말이어서, 조금 극단적인 비유를 들었지만, 그럴 만큼 이것은 중요합니다. 과거의 업식이라는 색안경을 통해 현재를 재해석하는 것은 이처럼 삶을 죽이는 일입니다. 그런데 누구나 이렇게 살아가고 있다는 사실입니다. 우리가 괴로운 이유는 바로 여기에 있습니다.

지금 있는 이대로의 현실을 있는 이대로 바라보는 것이 지혜인데, 우리는 있는 그대로의 현실을 과거의 업식으로 걸러서 자기식대로 해석하는 어리석음을 범합니다. 이것이 가장 큰 어리석음입니다. 이것이 모든 괴로움을 만들어 내는 원인입니다.

업식은 다른 말로 분별심, 취사간택심이기 때문입니다. 늘 세상을 자기 식대로 분별하고, 늘 취할 것과 버릴 것을 고정 지어 놓은 채 대상에 집착하며 살아갑니다. 그 집착하는 것을 못 가질 때 괴롭고, 싫어하는 집착을 못 버려 괴로워집니다.

안다는 생각, 모르는 생각

쉽게 말하면, 업식은 '안다는 생각'입니다. 업식의 식(識)이 '알식'자거든요. 분별해서 아는 것을 말합니다. 사실 안다는 생각은 정말 아는 것이 아니라, 특정한 경험 속에서 배워 익힌 생각일 뿐이지, 그 아는 생각을 모든 상황 속에 적용할 수는 없습니다. 그런데도 자신이 아는 것은 정말 옳은 것이라고 집착합니다. 다른 사람은 나와는 전혀 다른 '아는 것'을 가지고 있을 수 있습니다. 보수인 사람은 진보인 사람을 전혀 이해하지 못하고, 그 반대도 마찬가지입니다. 자기의 아는 생각이라는 필터로 세상을 바라볼 때는 이처럼 세상을 있는 그대로 볼 수 없습니다.

사실 우리가 '안다.'라고 여기는 생각, '옳다.'고 여기는 모든 생각은 '다 틀렸다.'라고 할 수 있습니다. 이 말은 천천히 고민해 보도록 하고, 여기에서는 하나의 화두처럼 이 말을 궁금해해 보시기 바랍니다. '내 생각은 다 틀렸다.'라는 것이 받아들여질 때, 옳다 그르다, 안다 모른다는 양극단에서 벗어나 자유로워질 수 있을 것입니다.

보현행원품과 마음공부

내가 종교를 가질 줄 절대 몰랐어

어떤 분들은 종교에 대한 강한 거부감이 있어서 절대로 종교 생활은 하지 않겠다는 분들이 계시는데요, 그런 분 중에 어떤 연유로 종교에 입문하시는 분도 있습니다.

인생에서 너무 힘든 일들이 닥치다 보니, 그때가 되어서야 지푸라기라도 잡는 심정으로 종교에 마음을 여는 것이지요. '종교는 절대 안 가질 거야.'라고 하는 종교에 대한 선입견, 업식이 있었지만, 그 업식보다 더 큰 괴로움이 등장하게 되면, 새로운 시도를 해 보게 되는 것입니다.

제 지인 중에도 매우 능력이 있는데 게으른 분이 계셨어요. 본인은 해도 안 될 거라며 늘 나태하게 살다가, 어느 날 너무 큰 괴로운 일이 찾아오니, 그때 가서 마음을 열고 도전을 하더군요.

내가 먼저 바뀌지 않으면 외부에서 이렇게 자신을 바꾸도록 현실을 만들어 낼 수도 있습니다. 삶은 늘 우리를 돕고 있기 때문이지요. 삶이 곧 진실이기 때문입니다.

그래서 저는 '좋은 말로 할 때 깨달으라.'라고 말하곤 합니다. 좋은 말로 할 때 안 깨달으면, 삶이 고통을 가져다줌으로써 당신을 깨어나게 할 것이기 때문입니다. 삶이 큰 문제 없이 순탄하고 순조롭더라도 거기에 안주할 것이 아니라, 끊임없이 업식을 깨고 깨어나는 삶을 살아야 한다는 것입니다. 현실이 좋을 때, 좋은 말로 할 때, 스스로 수행하여 깨어나는 것이 나중에 가서 큰 고통을 겪지 않게 하는 길입니다.

사실 큰 고통, 괴로운 경계가 찾아왔을 때 바꾸려고 하면 그때는 이미 늦습니다. 그러니 바로 지금 미리 마음공부를 해야 합니다. 물론 새로운 경험을 하고, 새로운 삶을 살아야 한다고 해서 뭔가 새로운 것에 자꾸 도전해야만 된다는 얘기는 아닙니다. 매 순간의 새로운 삶을 옛날처럼 똑같이 재해석하지 말라는 것입니다.

언제나 삶을 난생처음 만나는 것같이 업장에 끌려가지 않는 눈으로 맞이하라는 것입니다. 눈앞의 현실을 자기의 분별로 걸러서 보는 것이 아닌, 있는 그대로 바라볼 수 있어야 한다는 것입니다. 난생처음 만난 것 같은 무분별의 눈으로 바라볼 수 있어야 하죠.

불교 교리의 핵심인 사성제(四聖諦) 중 도성제, 수행을 설하는 팔정도(八正道)의 첫 번째가 정견(正見)입니다. 바르게 보는 것인데요, 이것은 있는 그대로를 분별없이 있는 그대로 보라는 것입니다. 자기 업습으로 재반복해서 보지 말라는 것입니다.

업장을 소멸시키는 방법

앞서 설한 업장, 업습, 업식을 소멸시키려면 어떻게 해야 할까요? 업장 소멸은 억지로 하는 것이 아닙니다. 유위 조작이 아니라, 무위로써 그저 보는 것입니다. 이것이 바로 불교의 수행, 중도(中道)이며, 중도의 첫 번째인 정견입니다.

욕하는 사람에게 "욕 좀 하지 마!"라고 아무리 해 봐야 그것이 업장으로 굳어져서 고쳐지지 않습니다. 스스로 욕하는 업습을 좀 없애려고 아무리 애를 써도 잘 안 됩니다.

업장이 올라올 때, 그렇게 업장이 올라오는 것을 그저 있는 그대로 보고, 경험하고, 알아차리고, 그것을 어떻게 해결하려고 하지 않은 채, 그것이 올라오는 거기에 있어 주는 것입니다. 화가 나고 욕설이 올라오려고 할 때, 그 올라오는 화를 경험해 주고, 그것과 함께 있어 주고, 있는 그대로 허용하되, 그 화에 끌려가지 않고 바라보는 것입니다. '화가 올라왔구나.' 하고 알아차리기만 해도 화는 사라집니다. 빛을 쐬면 곰팡이가 사라지듯이.

우리는 업장이라는 어떤 고정된 실체가 내 안에 딱 버티고 있다고 느껴집니다. 그러나 이것은 형체를 찾아보려 해도 찾을 수 없고, 다만 인연이 화합하면 곧장 올라올 뿐입니다. 그렇기에 바로 업장이 올라오는 순간, 화가 나는 순간, 인연이 화합하여 자동반응이 올라오는 순간에 깨어있는 것이 중요합니다.

어떻게 깨어있을까요? 바로 그 순간 그 마음이 올라오는 것을 알아차리고 통찰하고 그 마음을 경험해 주는 것입니다. 없애려고 애쓰면 애쓸수록 오히려 그것은 더욱 커집니다. 그러니 없애려고 할 것도 없고, 그저 그것이 거기에 있음을 알아차리고, 작동하기 시작했음을 인식할 뿐입니다. 있는 그대로 알아차리고 통찰하면 더는 업장이 나를 지배하면서 자동반응으로 나를 조종하지 않게 됩니다. 그 올라오는 업장을 있는 그대로 지켜보는 이 '알아차림'이 두 눈 똑바로 뜨고 주시하고 있기 때문입니다.

마치 도둑이 들었을 때 주인이 두 눈 똑바로 뜨고 지켜보면 도둑이 들어올 수 없듯이, 변방을 지키는 병사가 깨어있을 때 적이 함부로 침범하지 못하는 것과 같습니다.

업장이 올라왔다는 것은 곧 그 업장이 올라와서 해소되기 위함입니다. 업장은 그냥 내버려 두면 올라와서 해소됩니다. 그러나 업장에 끌려다니기 시작하면 그 업장은 더 많은 업의 종자를 쌓아가며 업장을 더욱 부풀리고 더 많은 종자-현행을 낳습니다.

업장이 올라오는 순간, 깨어있기

참된 수행, 중도, 정견은 너무나도 단순합니다. 그저 지켜보기만 하면 됩니다. 깨어있기만 하면 됩니다. 그 업장을 대상으로 싸워 이겨야 하는 것이 아닙니다. 업장을 없애야 하는 것도 아닙니다. 업장은 해소되기 위해 올라오는 것이니, 그것이 올라와서 해소되도록 허락해 주면 됩니다. 아무것도 할 것이 없습니다. 그 업장이 올라올 때, '나는 왜 이렇게 업장이 두터울까?'라며 자책할 것도 없고, 그 업장과 싸워 이기려 할 것도 없습니다.

그저 있는 그대로 올라오도록 허용해 주고, 있는 그대로 바라볼 뿐입니다. 이것이 바로 진정한 지혜이고, 진정한 자비이며, 참된 명상이자 근원적인 치유입니다. 업장을 미워하는 것이 아니라, 대 평등의 따뜻한 시선으로 그저 자비롭게 바라볼 뿐입니다.

이 알아차림, 관(觀)이야말로 존재의 근원이기 때문입니다. 이 일체를 밝게 드러내 주고, 거울처럼 비춰주는 이 참된 알아차림, 이 근원의 의식 이것이 일체 모든 존재의 바탕이요, 일체가 나온 근원입니다.

이 자리에서 일체 모든 것은 아무런 문제가 없습니다. 문제가 있는 그대로 문제가 없으며, 모든 것이 일어나지만 일어나는 바가 없습니다. 이 자리를 한 번 확인하고, 이 자리에 익숙해지는 시간을 보내는 것이 바로 참된 수행입니다.

이 자리에 있으면 모든 것은 저절로 고요해지고, 치유되며, 침묵의 배경 속에서 사라집니다. 『화엄경』의 일체유심조(一切唯心造)라는 말처럼, 이 자리를 경전과 선에서는 마음이라고도 부르는데, 이 마음 위에 일체 삼라만상이 드러난 것이기 때문입니다. 이것이야말로 적멸(寂滅)이며, 열반이고 해탈입니다.

밤만 되면 야식을 먹는 습관

또 하나의 비유를 들어보죠. 밤만 되면 자꾸만 야식을 먹으려고 하는 것도 하나의 업장입니다. 밤늦게 먹으면 안 된다고 머리로는 생각하지만, 이 몸은 자꾸만 자동반응으로 뭔가를 자꾸만 먹으려고 합니다. 때로는 이런 내가 너무 짐승스럽다고 느껴질 만큼 자기를 통제하기 어렵죠. 그런 반복된 업장이 나를 집어삼킨 것이지요.

낮에는 별로 안 먹고 싶다가도 밤만 되면 자꾸만 더 먹고 싶은 이유는, '밤에는 절대 먹으면 안 돼!' 하는 생각이 오히려 더 하고 싶은 조건을 만들어 내기 때문입니다. 그럴 때마다 그 생각을 따라가며 휘둘리지 말고, 이제부터는 '아! 업장이구나.' 하고 알아차려 보십시오. 야식이야 먹어도 좋고 안 먹어도 좋습니다. 야식을 먹고 싶은 마음과 싸워서 이기려 하지 마세요. 싸워 이기려 하는 그 마음이 오히려 그쪽에 힘을 실어주기 때문입니다.

야식을 먹고 싶을 때 과거에는 둘 중 하나를 택했습니다. 하나는 속으로 자신을 탓하면서 '절대 야식 먹으면 안 돼! 살쪄!' 하고 그 마음을 거부하려 하거나, 또 하나는 그 마음을 따라가서 야식을 주문합니다.

이제부터는 그 두 가지 반응 중 어느 하나를 선택하지 말고, 새로운 제3의 무선택의 선택이 있음을 살펴보세요. 절대 안 먹으려 하는 것은 고행주의와 비슷하고, 따라가 매일 먹는 것은 쾌락주의와 비슷합니다. 불교의 중도는 그 양극단에 끌려가지 않는 것입니다.

그러면 어떻게 하면 될까요? 자비롭고 지혜로운 방식의 새로운 대응이 있습니다. 길 없는 길이죠. 뭘 하는 것이 아닙니다. 야식이 먹고 싶고, 술 마시고 싶은 마음이 올라오면 이때 바로 먹거나 싸우지 말고, 잠시 5분도 좋고 10분도 좋고 20분도 좋고, 잠시 그 올라오는 마음을 지켜보고, 그 마음을 허용하고, 탓하지 않은 채, 그 먹고 싶은 마음이 어떻게 생겼는지, 어떻게 일어났는지, 어떻게 변화해 가는지, 어떻게 나를 지배하는지, 어떻게 더 커지며 내가 거기에 휘둘리고 있는지를 그저 단순하게 관찰자가 되어 한 발 떨어져서 바라보세요.

탓하지 않고 욕하지 않고 그 먹고 싶은 마음과 그저 잠시 같이 있어 주세요. 신기하게도 이런 우리의 업장을 파악한 회사들에서는 그 시간대가 되면 라면 광고, 통닭 광고, 맥주 광고, 온갖 먹거리 광고를 쏟아붓습니다.

그때 '잠시 멈춤'하고, '먹어도 괜찮다.'라고 하면서 자신을 탓하지 않고 잠시 그러고 싶은 마음과 같이 있어 주고 그것을 경험해 주는 시간을 충분히 주는 것입니다.

'난 너와 싸우고 싶은 마음이 없어. 난 너와 싸워 이길 필요가 없어.'라는 마음으로 말이죠. 싸워 이길 필요가 없습니다. '결론을 어떻게 내든 그건 30분 후에 내겠다.' 하고 한 2~30분 정도 그것과 같이 있어 주세요. 그 올라오는 업장을 허락해 주는 것입니다. 오늘은 그렇게만 해도 성공입니다. 성공했으니, 그다음에 너무 먹고 싶으면 그냥 먹어도 되고, 더는 안 먹고 싶으면 안 먹어도 됩니다. 먹고 안 먹고를 그냥 가볍게 여기세요. 내가 심각하게 여기면 그것에 힘을 실어주는 것일 뿐입니다.

대승불교에는 번뇌즉보리(煩惱卽菩提)라는 말이 있는데요, 번뇌가 있는 그곳에 깨달음이 있다는 뜻입니다. 문제가 있는 그곳에 답이 있습니다. 문제와 함께 있어 주면 거기에 답이 같이 있습니다. 즉 번뇌가 일어날 때 번뇌와 싸우려고 하면 번뇌는 나를 집어삼키는데 그 번뇌와 내가 하나가 되어서 같이 있어 주면 번뇌가 곧 보리가 되어버립니다. 우리의 문제는 올라오는 번뇌, 업장과 싸우는 게 문제지 그 업장 자체는 나쁜 놈이 아닙니다. 이 업장이 올라온다고 나쁜 놈이면 우리는 전부 다 나쁜 놈들입니다.

야식 먹는 게 뭐 그렇게 나쁜 것입니까? 술 먹는 게 뭐 그렇게 나쁜 것입니까? 우리의 삶은 그럴 수 있는 거예요. 당연히 나쁜 것이 아닙니다.

남편에게도 마찬가지입니다. 남편이 맨날 술 먹고 담배 피운다고 해서 나쁜 놈으로 몰아붙이면 싸워서 이기려고 해도 이길 수가 없어요. 있는 그대로 인정하고 있는 그대로 사랑해주는 게 오히려 더 근원적인 해결 방식이 될 수 있습니다. 나에게든 남에게든 마찬가지입니다. 그래서 그것과 잠시 같이 있어 주는 시간이 필요하다고 말씀드린 것입니다.

이것이 바로 생활 속 중도 수행이고 마음공부입니다. 절에 와서만 마음공부 하는 것이 아닙니다. 삶이 곧 수행이요, 마음공부입니다. 업장이 올라오는 순간, 어떤 특정한 생각이 나를 휘두르고 나를 지배하는 그 순간이야말로 마음공부의 기회입니다. 업장이 올라올 때 그 업장과 함께 깨어서 마음공부를 한다면 그것처럼 훌륭한 수행이 없습니다.

조용한 절에 와서 고요한 마음으로 한 시간 앉아있는 것보다 마음이 업장으로 휘둘릴 때 업장과 같이 있어 주는 그것이 진짜 수행, 진짜 마음공부입니다. 운전하다가 욕이 나올 때도 '아, 업장이구나.' 하고 알아차리고, 그 욕하고 싶은 마음과 잠시 같이 있어 줍니다.

문제가 있는 바로 그곳에 답이 있다

어떤 사람만 보면 너무 과도하게 좋고, 또 어떤 사람만 보면 너무 과도하게 싫은 대상이 있을 수 있습니다. 과도하게 좋은 사람은 그 사람을 더 보고 싶은데도 더 못 보니까 괴롭고, 또 너무 싫은 사람은 보기 싫은데 자꾸 내 앞에 나타나니까 더 화가 날 수 있습니다.

그 분별하는 마음, 취사간택하려는 그 마음은 나쁜 마음이 아닙니다. 그 마음을 가지고 욕할 필요가 없습니다. 그 마음이 올라오는 것까지는 아무 문제가 없는데, 그걸 실체라고 여겨서 거기에 끌려다니는 게 문제입니다. 취사간택심에 노예처럼 끌려다니면 그때는 벌써 취사간택이라는 업장에 끌려다니는 신세로 전락하는 것입니다.

취사간택심이 일어날 때 그 취사간택심과 같이 있어 주세요. '번뇌가 올라오고 있구나.' 하고 그 번뇌를 경험해 주고 그 번뇌와 같이 있어 주되, 판단하지 말고, 꼬리를 물 듯 그 생각과 번뇌를 따라가지 않고, 있는 그대로 바라봐 주는 것입니다. 이처럼 그것과 같이 잠시 있어 주고, 수용해 주고, 허용해 주는 것, 알아차리고 관하는 것, 그것이 업장 소멸하는 방법 아닌 방법입니다.

원래 진짜 참된 길은 '길 없는 길'입니다. 불교의 중도(中道)가 그것이죠. 세상에 있는 모든 길은 명확해요. 이 길로 가라, 저 길로 가라 하는 지침이 명확하죠. 그러나 마음공부의 길은 '길 없는 길'입니다. 그래서 어찌 보면 할 것이 아무것도 없고, 하라는 것이 아무것도 없습니다. 하던 걸 그냥 하지 말라고 합니다. 하던 것이 바로 분별이고 취사간택이기 때문에 그것만 멈추면 될 뿐입니다. 하지 않을 것이 있을 뿐이지, 따로 해야 할 것은 없는 것이 중도입니다. 이 하지 않는 무위법(無爲法) 속에 진짜 답이 있습니다. 문제의 답을 주는 것이 아니라, 어떤 문제가 있든 그냥 문제와 함께 있으라고 하는 것입니다.

"땅에서 넘어진 자 땅을 짚고 일어나라."라는 말도 그런 이치입니다. 지장보살이 왜 지옥으로 뛰어들까요? 고통이 있을 때 그 고통 속으로 뛰어들어야 하기 때문입니다. 지장보살에게는 내가 살곳이 따로 있고 지옥이 따로 있지 않기 때문에, 지옥이 바로 진실의 자리이며, 그렇기에 그 지옥에 마땅히 가는 것입니다. 그걸 버리고 '나는 더 좋은 곳으로 갈 거야. 현실과 싸워 이길 거야.'라고 하면 이것은 둘로 나누는 것을 강화합니다. 싸워 이긴다 한들 다시 재반복 됩니다.

마음공부 하면 병도 낫는 이유

실제로 위암 환자 등 중환자들에게 이 마음으로 치유하는 방법을 사용하는 실험을 했다고 합니다. 이미지 트레이닝을 하고, 좋은 세포를 하나 상상으로 만들어 암세포와 싸워 이기는 상상을 시켰습니다. 그런데 그런 방식으로는 근원적인 치료가 되지를 않는다는 것이지요. 오히려 자비 명상 같은 것이 더 효과가 있더라는 것입니다. 싸워 이기는 것은 둘로 나누어 싸우는 것이지만, 자비 명상은 그것을 나와 둘이 아니게 동체대비로 사랑해 주는 방식입니다. 그 암세포를 싸워 이길 대상으로 보는 것이 아니라, 나 자신으로 보고 사랑하며 품어 안고 있는 그대로 받아들여 주는 것입니다.

받아들이라고 하니, 받아들일 외부의 '적'이 따로 있고, 받아들이는 '나'가 따로 있어서, 내가 저것을 받아들이는 것은 아닙니다.

'내가 둘이 아니구나.' 하는 것을 깨닫고 완전히 허용하는 것, 둘로 나누어 놓고 받아들이는 것이 아니라 그냥 하나가 되어버리는 것입니다.

이렇듯 사실은 내 앞에 등장한 모든 것은 본래 문제가 없습니다. 문제가 없음에도, 나 스스로 의식으로 그것을 문제 삼고, 취하고 버리려는 분별의 습관이 업장(業障)으로 자리를 잡아, 시간이 갈수록 더욱 큰 문제를 스스로 만들어 내는 것일 뿐입니다. 스스로 만든 문제에 스스로 사로잡혀 말 그대로 무승자박(無繩自縛)의 꼴을 면치 못합니다.

이처럼 분별 의식과 업장으로 자신을 괴롭히니, 결국 몸까지 아파지기 시작합니다. 몸과 마음은 둘이 아니기에, 마음이 괴로우면 몸까지 망가지게 되어 있죠.

그렇게 몸에 이름 모를 병이 찾아와 괴로워하던 사람 중에는 법문을 듣고, 집착과 분별을 놓아버렸더니, 마음만 편해진 것이 아니라, 몸에 병도 사라졌다고 하는 분들이 계시는 것은 이런 이유 때문입니다.

자신 스스로가 자신을 묶은 것이기 때문에, 나 스스로 이 묶인 것에서 벗어나겠다고 마음만 먹으면, 스스로 풀려날 수 있고, 업장 소멸이 될 수 있습니다.

악업의 과보를 좋게 받는 방법, 소금물의 비유

이처럼 인생은 문득 바뀝니다. 내 마음 하나가 바뀌면 마음이 만들어 낸 부수적인 많은 업의 장애들이 일시에 소멸하기 때문입니다. 업장은 반드시 소멸이 됩니다. 엄밀히 말하면 소멸하는 효과를 볼 수 있습니다.

이와 관련하여, 경전에서는 '소금물의 비유'를 듭니다. 악업 짓는 것을 소금물에 비유하면, 악업을 많이 지을수록 먹어야 할 짠 소금물도 많아져서 언젠가는 다 먹어야 사라집니다. 그러나 마음 그릇을 키움으로써 매우 큰 냄비에 소금물을 넣고 물도 더 붓고, 김치며 야채도 넣고 끓여서 배고플 때마다 밥과 함께 먹으면 맛있게 먹을 수 있습니다. 소금물은 악업이어서 먹을 때마다 짜고 맛이 없는데, 업과 복의 그릇을 크게 키우고, 많은 인연 복을 짓게 되면 오히려 맛있게 먹을 수도 있는 것과 마찬가지입니다. 즉, 업은 다르게 익어갑니다. 나쁜 업도 훗날 복과 선업을 지으면 오히려 좋게 받을 수도 있습니다. 그러니 마음공부를 통해 마음의 그릇을 키우면 업장 소멸은 저절로 따라오게 됩니다.

업보(業報)라 할 때 보(報)는 '다르게 익어간다.'라는 뜻을 담고 있습니다. 경전에서는 다르게 익는 4가지 종류를 말하고 있습니다. 그중 하나는 시간에 따라 다르게 익어가고, 하나는 공간에 따라 다르게 익어가는데, 마음공부에 따라 보(報)를 받을 시간과 공간을 달라지게 할 수 있다는 것입니다.

예를 들어 여러분이 오랜 옛날에 살다가 누군가를 병이 걸려 죽게 만들었다고 해 보죠. 그러면 그 과보를 받아야 합니다. 나 또한 병에 걸려 죽어야 합니다. 그런데 과보를 받는 시간이, 요즘 같은 시대에 태어나서 그 과보를 받는다면 어떨까요? 좋은 약이 많아서 분명히 과보로 병은 걸렸지만, 과보를 받는 시간을 잘 받아 약 하나 먹고 바로 나을 수도 있습니다. 이것이 바로 다르게 익어가는 법칙입니다. 분명히 과보를 받기는 받았는데 다르게 받은 것이고, 업보가 있기는 있는데 없는 효과를 본 것이며, 업장 소멸의 효과를 본 것입니다.

공간적으로도 마찬가지예요. 갑자기 쓰러져 죽을 업이 있다고 했을 때, 홀로 산행을 하거나 주변에 아무도 도와줄 사람이 없을 때 쓰러지는 것과 다행히도 마침 병원 앞을 지나갈 때 혹은 주변에 도움 줄 사람이 많은 곳에서 쓰러질 때는 완전히 다른 결과가 올 것입니다.

만일 예전에 어떤 사람에게 심한 욕을 해서 그 사람이 마음에 상처를 받아 죽게 되었다고 하면, 그 과보로 나 또한 누군가에게 엄청난 욕을 먹고 죽어야 하겠죠. 그런데 지옥처럼 괴로운 곳, 엄청난 스트레스를 받는 공간에서 욕을 얻어먹으면 정말 당장 죽을 수도 있을 것입니다. 하지만 마침 그 과보를 받을 때, 그 공간에 나를 사랑해 주는 사람들이 함께하고, 나를 지지해 주는 사람이 많다면 어떨까요? 누군가가 내게 욕을 했지만, 나는 다행히 욕을 먹고도 잘 이겨낼 수 있게 될 것입니다.

이처럼 악업을 지었더라도 그 이후에 지혜를 닦고, 복을 짓고, 선업을 많이 쌓았다면 그 과보는 다르게 익어서 전혀 다른 결과를 가져올 것입니다.

그러니 과거에 얽매여 있을 필요가 없는 것입니다. 업장이 실체가 없어서 걸릴 필요가 없습니다. 과거에 얽매임 없이 그저 매 순간 눈앞의 현실을 어떻게 사는가가 중요할 뿐입니다.

근본 불성으로 업장 소멸하기

업장이 올라온다는 것은 곧, 그때가 업장이 해소될 최적의 때임을 의미합니다. 모든 업은 쌓여 있으면 괴로움이 되지만, 풀려나면 해결이 됩니다. 그러니 무슨 업이든 빨리 받는 것이 좋겠지요. 그러나 내 마음대로 빨리 받을 수도 없으니, 무슨 업장이든 올라오면 그때가 그 업을 소멸할 때이고, 업장에서 가벼워질 수 있는 좋은 때인 줄 알아야 합니다.

그러니 어떤 인연이든 내 인생에 나타난 모든 인연에 순응하고, 받아들이는 것입니다. 그것이 나쁜 일이라면 악업이 소멸하는 것이니 더욱더 좋은 일이 됩니다.

법력(法力) 즉 법의 힘이란 다른 것이 아닙니다. 무엇이든 괴로운 일이 올라올 때 올라오도록 허용하는 힘이 그것입니다. 업장이 올라오는 대로 허용해 주면 순간순간 해탈이 되기 때문입니다.

업장이 올라오고, 괴로운 일이 생겨날 때, 그것을 생각으로 해석하고 판단함으로써 그 일을 따라 질질 끌려다니며 괴로워할 것이 아닙니다. 그 업장이 올라오기 이전 자리, 이 눈앞의 법의 자리에 딱 서 있으면 생각과 업장에 끌려가지 않고 그저 흘려 보내 줄 수 있습니다. 무슨 업장이 올라오든 이 법의 자리에서 보면, 그 모든 업장이 그대로 '이것', '법'이기 때문입니다. 그렇다고 이 법의 자리가 따로 있는 것이 아닙니다. 생각과 분별로 해석하여 따라가지 않는 자리가 바로 법의 자리입니다.

분별 망상이 없으면 그것이 곧 참된 지혜입니다. 무분별지, 반야지혜는 분별을 따라가지 않을 때 늘 있는 것이지, 따로 계발하거나 갈고 닦는 것이 아닙니다. 이 진실의 자리는 늘 있습니다. 언제나 여여합니다. 이것이 바로 우리 모두의 본래면목이기 때문입니다. 한 생각도 일으키지 않으면 바로 여기가 불성(佛性)의 당처(當處)입니다.

6조(六祖)의 첫 제자 도명 상좌에게 6조 혜능은 '선도 생각하지 말고 악도 생각하지 말라. 바로 그때 너의 본래면목은 무엇인가?'라고 물었을 뿐입니다. 즉 선악, 시비, 분별, 생각이 없을 때 바로 이것이 그대의 본래면목임을 가리켜 보였을 뿐입니다. 도명은 바로 여기에서 깨달았습니다.

이 공부에서는 한 생각 올라올 때 따라가지 않는 것이 귀할 뿐입니다. 이것이 곧 눈앞이고 목전(目前)입니다. 이것이 지금 여기이고, '이것'이며, 그대의 본래면목이고 불성입니다. 이 자리에 있으면 업장이 일어나도 일어난 바가 없습니다. 업장이라고 해석할 것도 없습니다.

이것이 잘 안 되니 방편으로 업장이나 괴로운 생각이 올라올 때 '업장이구나!' '생각이구나!' 하고 알아차리고, 그저 그것과 잠시 같이 있어 주라고 말하기도 합니다. 잠시 같이 있어 주라는 말은, 그 올라오는 생각에 끌려가지도 말고, 없애려 애쓰지도 말고, 그런 모든 노력을 멈추고(止) 그저 볼 뿐(觀)임을 뜻합니다.

이것이 곧 지관(止觀)이며, 중도(中道)입니다. 이를 다르게 말하면, 불성 당처에 일체를 몰록 놓아버리라고도 할 수 있고, 본래 자리에 내맡기라고 말할 수도 있으며, 있는 그대로 볼 뿐이라고도 말할 수 있습니다.

공황장애가 올 때

요즘 공황장애 환자가 많습니다. 공황장애가 올 만한 상황이 생기자마자 갑자기 두렵고 초조해집니다. 그럴 때 '아, 지금쯤 공황장애가 올 것 같은데' 하고 생각하면 안 올 것도 와 버립니다. 업장이라는 게 그렇습니다. '이런 상황에는 이러이러한 문제가 생기는데'라고 하면 갑자기 그 문제가 생겨 버립니다. 이 생각이라는 에너지가 상당히 무섭습니다.

하지만 그런 생각이 일어나더라도 그 생각에 끌려가지 않고, 그 생각에 힘을 실어주지 않고 '이런 생각이 왔네.' 하고 피식 웃으면서 미소를 보내면서 '야, 너 또 왔구나. 이 손님이 또 찾아왔구나. 이제부터는 있는 그대로 봐줄게. 너는 너의 길을 가. 나는 그저 내 길을 갈게. 나는 그저 지켜보기만 할 테니 마음껏 해 봐. OK! 잘 왔어. 어차피 해결되기 위해 왔으니까 네 마음대로 휘저어. 충분히 경험해 줄게.'라고 호응해 주는 거예요. 물론 이렇게 생각하라는 것은 아닙니다. 어쩔 수 없이 이렇게 표현했지만, 이 말의 본질은 '아무것도 할 것이 없다.'라는 것이고, '생각을 멈추고 그저 본다.'라는 지관(止觀)을 말하는 것입니다.

사람도 하지 말라고 하면 더 하고 싶지만, 막상 하라고 판을 깔아주면 못 하는 것처럼, 이렇게 마음껏 허용해 주고 지켜보면 오히려 멈추게 됩니다.

참회에서 주의할 점

그래서 "몸과 말과 뜻으로 지은 악한 업이, 한량없고 가없는 이 악업이 만약 형체가 있다면 끝없는 허공으로도 그것을 다 수용할 수가 없을 것이다."라고 한 것입니다. 업은 형체가 없고 실체가 없으면서도 우리는 거기에 휘둘리고 지배당합니다.

그래서 "내가 이제 업장에 끌려가지 않는 청정한 삼업으로 법계에, 극미진수 세계의 일체 모든 불보살님 앞에 지성으로 참회한다."라고 한 것입니다.

이 우주 법계 그대로가 극미진수의 일체 불보살님이 계신 곳입니다. 현실이 그대로 불국토입니다. 그러니 어디에서 참회하더라도 그것이 바로 부처님 앞에서 참회하는 것입니다. 그러니 진심으로 참회하면 참회가 됩니다. 부처님께서 그것을 증명해 주기 때문입니다.

『천수경』에 보면 참제업장십이존불(懺除業障十二尊佛)이라는 부처님들이 나오죠. 이 부처님들이 바로 중생의 업장을 참회해 주고, 참회할 때 증명해 주는 증명법사입니다. 경전이란 이렇듯, 진실의 세계를 사람들이 이해하기 쉽게 상징적으로 드러내고 있습니다. 그러니 경전을 문자 그대로 이해하기보다는 그 경전이 가리키고 있는 낙처(落處)를 잘 봐야 합니다.

그러니 참회하고 난 뒤에는 의심하지 말고 참회가 다 되었다고 굳게 믿어야 합니다. 훗날 다시 또 올라오면 그때 가서 '과거에 한 참회가 잘 안 된 것 아닌가?' 하고 또 생각할 필요는 없습니다. 업장은 업습이란 말처럼 습관적으로 굳어진 것이기 때문에 그저 그 여운이 반복되는 것일 뿐입니다. 악업의 가속 페달을 밟고 있다가 참회하고 더는 가속 페달을 밟지 않더라도 한동안 달려 온 여습(餘習)이 있어서 한동안은 계속될 수 있습니다. 그러나 머지않아 멈출 것입니다.

핵심은, 자꾸만 생각으로 '참회가 되었나 안 되었나?' 하며 자꾸만 되뇌는 것도 분별이니, 그 모든 것을 몰록 놓아버리고, 그저 참회한 뒤에는 그것으로 끝내야 합니다. 다시 또 오면 그때 가서 또 해결하면 됩니다. 쿨하게.

그러나 중생의 습성은 참회가 되었을까 하고 의심하기 때문에 계속 괴롭습니다. '나는 업장이 두터워서 언젠가 천벌을 받을 거야. 아마 나는 지옥에 갈 거야.' 이런 생각들이 바로 분별망상입니다. 무승자박(無繩自縛)이죠. 두 번째, 세 번째 화살을 스스로 쏘고 스스로 맞는 것입니다. 전혀 그럴 필요가 없습니다.

완전 긍정이라고 할까요? 긍정과 부정이 없는 완전한 삶, 존재 자체의 무한한 긍정을 갖는 것이 중요합니다. 우리는 모두 본래 부처이고, 그것이 진실이기 때문입니다. 이렇게 삶을 살면 그런 삶이 현실화됩니다. 불보살님 앞에서 참회하고 참회가 되었다고 믿고 다시는 악업을 짓지 않고, 청정한 계율에, 모든 공덕에 항상 머물겠다고 서원하는 것입니다.

청정한 계율이 뭐예요? 계율은 신·구·의 삼업(三業)으로 지을 수 있는 가장 나쁜 것을 하지 말라는 것입니다. 몸으로 지을 수 있는 가장 나쁜 업은 살생(殺生)·투도(偸盜)·사음(邪淫)입니다. 말로 짓는 악업인 망어(妄語), 악구(惡口), 양설(兩舌), 기어(綺語)를 하지 말고, 또 뜻·생각으로 짓는 악업은 탐진치(貪瞋癡) 삼독(三毒)이죠. 이것을 하지 않는 것이 곧 10선업(善業)입니다.

얼마 전 불교신문에 났던데 수계법회에서 지금까지는 5계를 줬는데 내년부터는 종단 방침을 장병들 수계 때 5계 대신 10계를 주는 것으로 바뀌었다고 합니다. 신·구·의 삼업을 청정하게 하기 위한 것으로써 10계를 준다고 하더군요. 열 가지 악업만 짓지 않아도 무한한 계율을 지킨 공덕이 깃들고, 계율 공덕에 머물게 된다는 것입니다.

진정한 참회의 의미

"이와 같이 허공계가 다하고 중생의 업이 다하고 중생의 번뇌가 다하면 나의 참회하는 것도 다하리라. 허공계와 내지 중생의 번뇌가 다함이 없으므로 나의 업장 참회도 다함이 없어 순간순간 성숙하고 끊임없기를 몸과 말과 뜻으로 짓는 일에 지치거나 싫어하는 일이 없느니라."

중생이 곧 부처이고, 부처가 중생입니다. 오직 나 하나뿐입니다. 중생의 번뇌는 곧 부처의 번뇌입니다. 둘이 아닌 불이법이죠. 그러니 중생의 업이 다하고 중생의 번뇌가 다하기 전까지는 나의 참회도 끝나지 않습니다.

　참회는 무엇을 참회하는 것일까요? 오직 분별이라는 번뇌를 참회하는 것일 뿐입니다. 모든 문제, 모든 괴로움의 원인이 바로 분별망상이라는 번뇌이기 때문입니다. 참회라고 하니 번뇌와 업 지은 것을 잘못이라고 여기고, 다시는 번뇌를 일으키지도 않고 업도 짓지 않겠다고 참회하는 것이 아닙니다. 번뇌와 업의 근본 성품이 공함을 깨달아, 번뇌가 일어나도 일어난 바가 없이 되는 것이 곧 진정한 참회입니다. 이것이 바로 참제업장(懺除業障)입니다.

　"순간순간 상속하고 끊임이 없되 몸과 말과 뜻으로 짓는 일에 지치거나 싫어하는 생각이 없다."라고 하셨듯이, 매 순간순간 업장이 올라오고, 번뇌가 올라오더라도 그 성품을 깨달았기에 아무리 올라오더라도 전혀 지치거나 싫어하는 생각이 없습니다. 이것이 참회하고 업장을 소멸하겠다는 보현보살의 발원입니다.

제5 수희공덕원(隨喜功德願)
공덕을 함께 기뻐하기 서원합니다

"선남자여, 남의 공덕을 따라 기뻐한다는 것은 온 법계 허공계 시방삼세 모든 부처님 세계의 아주 작은 티끌만치 많은 수의 여러 부처님이 첫 발심한 때로부터 모든 지혜를 위하여 복덕을 부지런히 닦을 적에, 몸과 목숨을 돌보지 않기를 불가설불가설 불찰 극미진수 겁을 지내고 낱낱의 겁마다 불가설불가설 불찰 극미진수의 머리와 눈과 손발을 버렸으며, 이와 같이 난행(難行) 고행(苦行)을 하면서 갖가지 바라밀문을 원만히 갖추었고, 갖가지 보살의 지혜에 들어가 모든 부처님의 위 없는 보리를 성취하였으며, 열반에 드신 뒤에는 그 사리를 나누어 공양하셨으니 그 모든 선근을 나도 따라 함께 기뻐하며, 또 시방모든 세계의 육취(六趣) 사생(四生)의 일체중생들이 짓는 공덕을, 한 티끌만한 것이라도 모두 함께 따라 기뻐하며, 시방삼세 모든 성문과 벽지불인 유학(有學) 무학(無學)들이 지은 모든 공덕을 내가 함께 따라 기뻐하며, 모든 보살이 한량없는 난행(難行) 고행(苦行)을 닦아서 무상정등보리를 구하는 넓고 큰 공덕을 내가 모두 함께 기뻐하는 것이니라.

이와 같이 하여 허공계가 다하고 중생계가 다하고 중생의 업이 다하고 중생의 번뇌가 다하여도 나의 이 함께 기뻐함은 끝나지 않으리라. 순간순간 계속하여 쉬지 않건만 몸과 말과 뜻으로 하는 좋은 일은 지치거나 싫어함이 없느니라."

—

復次善男子야 言隨喜功德者는 所有盡法界虛空界十方三世一切佛刹極微塵數諸佛如來가 從初發心으로 爲一切智하사 勤修福聚하야 不惜身命하고 經不可說不可說佛刹極微塵數劫토록 一一劫中에 捨不可說不可說佛刹極微塵數頭目手足하야 如是一切難行苦行으로 圓滿種種波羅蜜門하고 證入種種菩薩智地하야 成就諸佛無上菩提와 及般涅槃에 分布舍利한 所有善根을 我皆隨喜하며 及彼十方一切世界六趣四生一切種類의 所有功德을 乃至一塵이라도 我皆隨喜하며 十方三世一切聲聞과 及辟支佛인 有學無學의 所有功德을 我皆隨喜하며 一切菩薩의 所修無量難行苦行으로 志求無上正等菩提하는 廣大功德을 我皆隨喜니 如是虛空界盡하며 衆生界盡하며 衆生業盡하며 衆生煩惱盡하야도 我此隨喜는 無有窮盡이니 念念相續하야 無有間斷하야 身語意業이 無有疲厭이니라

🪷

온갖 난행 고행의 수행길 돌고 돌아

"온 법계 허공계에 시방삼세 모든 부처님 세계에 아주 작은 티끌만큼 많은 수의 여러 부처님들이 처음 발심한 때로부터…"라는 내용부터 보죠. 이 세계는 법의 세계여서 법계이고, 이 법계는

곧 허공성이기에 허공계라고 합니다.

모든 부처님의 세계란 곧 이 삼라만상 일체 모든 생겨난 것들이 곧 부처님의 드러남이요, 불성의 현현이기에 이렇게 말했습니다. 아주 작은 티끌만큼 많은 수의 여러 부처님 또한 이 세계 삼라만상의 일체 모든 존재가 전부 부처 아님이 없으며, 중생과 중생의 번뇌가 티끌처럼 많은 그대로가 사실은 부처이기 때문에 이렇게 적었습니다. 번뇌즉보리라는 말이 있듯이 중생의 번뇌가 그대로 깨달음이기 때문입니다.

이런 모든 부처님께서 처음 완전한 괴로움의 소멸과 깨달음을 얻겠노라고 발심한 때로부터 몸도 목숨도 돌보지 않으면서 마음공부를 했다는 것을 뜻합니다. 이 법을 찾아가는 공부 길에서 몸과 목숨을 돌보지 않기를 불가설 불가설 셀 수 없이 많은 불찰 미진수 겁 무수히 많은 세월 동안 머리와 손발을 다 버려가면서 온갖 난행 고행을 통해 갖가지 바라밀 행을 원만히 갖추었다는 말이죠.

바라밀문(波羅蜜門)이란 저 깨달음의 언덕에 이르기 위한 무수히 많은 수행 공덕을 말합니다. 쉽게 말해서 육바라밀(六波羅蜜) 닦는 것을 뜻하는데, 더 광범위하게 말하면 온갖 어렵고 힘든 수행을 다 포함합니다. 깨닫기 위해 이렇게도 해 보고, 저렇게도 해 보고, 이 방법도 써 보고, 저 방법도 써 보고, 할 수 있는 모든 것을 다 해보면서 어렵게 지내 온 매우 어려운 공부의 여정을 전부 바라밀문이라고 합니다.

처음에는 모르니까 온갖 난행 고행을 다 할 수밖에 없습니다. 모를 때는 오직 분별이 이끄는 대로만 가니까, 분별의 수행, 방편

수행에 빠져 온갖 고생을 할 수밖에 없죠.

그러나 깨닫고 보면, 그런 난행 고행을 할 필요가 없었음을 깨닫게 됩니다. 그토록 난행 고행하며 돌고 돌아 자기의 본래면목을 깨닫고 보니, 한발도 내디딜 필요 없이, 늘 본래 이 자리일 뿐이었음을 깨닫게 됩니다. 그러나 그 피안에 도착하는 바라밀문이 완성되기까지는 난행 고행이 없을 수 없었을 것입니다.

2,500여 년이라는 불교 역사를 이어오며 아직도 부처님의 가르침을 매주 듣고자 법회에 오는 분이 계신다는 것은 참으로 놀라운 일입니다. 무수히 많은 공부인들의 구법(求法), 진리를 향한 간절함으로 했던 온갖 난행 고행의 바라밀행 덕분에 지금 우리는 이토록 쉽게 공부를 할 수 있게 된 것이 아닌가 싶습니다.

바른 스승이 없고 바른 법이 없을 때는, 그 바른 법을 구하고자 온갖 바라밀행을 하고, 난행 고행을 다 해도 될까 말까 하겠지만, 사실 바른 스승만 만난다면 이런 난행 고행이 필요가 없습니다. 그래서 스승 만나는 것이 깨달음의 전부와 같다고 한 것입니다. 그저 스승의 법문에 귀를 기울이고, 그 마음에 공명하며 지극한 신심으로 믿고 따르기만 했음에도 깨달음은 저절로 일어납니다. 유위가 아니라 무위서 애쓰지 않아도 저절로 깨닫게 됩니다.

일생일대의 가장 중차대한 일

이 법이야말로 내 인생에 가장 중요하다고 하는 강한 발심을 발보리심(發菩提心)이라고 합니다. 발보리심의 핵심은, 세상사 모든 부귀영화가 전부 인연 따라 왔다가 가는 허망한 것일 뿐임에 눈 뜨고, 그것에 집착하며 사는 삶은 괴로움을 가져올 뿐임을 깨달 아, 왔다 가지 않는 참된 진실, 괴로움에 속지 않는 삶에 대해 염 원하는 것입니다.

세상사 모든 것들이 전부 다 왔다가 갈 뿐, 영원한 내 것은 없 습니다. 목숨도 왔다가 가고, 돈도 왔다가 가고, 자식도 부모도 인연들도 전부 왔다가 가고, 명예·권력·지위도 전부 다 잠시 왔 다가 잠시 머물고는 이내 떠나가 버립니다.

생기면 반드시 사라지는데 사람들은 영원할 거라고 착각을 하 며 살아갑니다. 그러다 문득 지인의 죽음을 보거나, 죽음의 위기 를 겪고는 허망한 인생을 돌아보곤 합니다. 어느 날 문득 '내가 매달리며 추구해 왔던 그 모든 것들은 목숨을 걸 만한 가치가 없 는 것들이구나. 영원한 것이 아니구나. 왔다가 가는 허망한 것일 뿐이구나.'라는 사실에 눈뜨는 것이지요. 그러면서 '이런 것에 내 전 생애를 바친다는 것이 얼마나 허망한 일인가.' 하면서 자각하 고 마음공부에 들어서는 것입니다. 생멸하는 것이 아닌 불생불멸 하는 참된 진실에 관심을 기울이는 것입니다.

석가모니 부처님도 마찬가지였습니다. 부처님은 왕자로서 왕이 될 사람이었고 모든 풍요를 다 누리고 살았습니다. 부왕이 삼시 전(三時殿)이라고 해서 왕자만을 위한 봄가을 궁전, 여름 궁전, 겨 울 궁전까지 만들어 주면서 무수히 많은 궁녀와 즐겁고 재미있게 놀고 마음껏 공부도 할 수 있도록 배려했습니다. 완벽한 최상의 조건을 갖추어 주었습니다.

그런데도 싯다르타 왕자는 아버지인 정반왕에게 출가를 선언합니다. 아버지가 "나는 모든 걸 너에게 해 줄 수 있다. 너 같은 사람이 왜 출가를 하려고 하느냐? 출가는 돈 없고 가진 것 없는 사람들이 그냥 호구지책(糊口之策)으로 한다. 너같이 모든 것을 가진 사람이 왜 출가를 하려고 하느냐?"라고 말릴 때 싯다르타 왕자는 아버지에게 "늙고 병들고 죽지 않게 해 주신다면 출가하지 않겠습니다. 정말 제가 원하는 모든 것을 해 줄 수 있다면, 늙고 병들고 죽지 않게 해 주십시오."라고 말합니다.

전 세계의 돈을 다 가지고 있는 사람이더라도 늙고, 병들고, 죽는 것은 해결해 줄 수 없습니다. 이처럼 고타마 싯다르타는 20대의 그 어린 나이에 '이 세상에 내가 목숨 걸고 달려가고 있는 모든 것들은 왔다가 가는 허망한 것일 뿐이다. 왕으로서 엄청난 부와 권력을 소유한다고 할지라도 그것이 영원한 것이 아니다.'라는 사실을 깨달은 것입니다. 싯다르타가 출가하여 마음공부를 하고, 깨달음을 향해 구법을 한 이유는 생사 해탈에 있습니다.

언젠가 늙음과 병듦과 죽음과 대적할 날이 오거든요. 반드시. 언제 올지 모릅니다. 그러나 반드시 옵니다. "나는 아직 젊으니까 늦게 오겠지."라고 얘기할 수가 없습니다. 우리는 언제 갑자기 교통사고가 나서 죽을지, 언제 갑자기 불치병 판정을 받을지 알 수 없는 불확실한 세계에 살고 있습니다.

이 공부는 그야말로 생사(生死)를 대적하는 공부입니다. 결코, 영원히 죽지 않는 공부입니다. 본래 태어남도 없고 죽음도 없음을 깨닫는 공부입니다. 이것이야말로 누구나 해야만 하는 일생일대의 가장 중차대한 공부입니다. 자기의 괴로움을 해결하는 일, 이것보다 더 큰 일이 어디에 있겠습니까?

선불교나 깨달음은 스님들만의 일이라고 생각하는 사람이 있는데, 스님들만 늙고 병들고 죽나요? 우리 모두 늙고 병들고 죽습니다. 이것은 우리 인생에 가장 중요한 문제입니다. 불교라는 한 종교를 믿고 안 믿고 하는 문제가 아닙니다. 누구나 자신이 처한 근본적인 괴로움을 해결하고, 생사에서 해탈하는 길입니다.

깨닫기 이토록 좋은 시대

그렇다고 이 마음공부의 길이 석가모니 부처님처럼 다 포기해야만 하는 길은 아닙니다. 요즘은 옛날과 다른 시대이기 때문에 세상일을 다하고 직장생활을 다 하면서도 이 마음공부를 할 수 있습니다.

부처님 당시에는 부처님의 입을 통해서 법문을 들어야만 했습니다. 마이크 없이 육성이 들리는 곳에 앉아있어야만 법문을 들을 수 있었습니다. 인터넷도 없고 TV도 없으니까 출가하여 부처님을 따라다니지 않으면 법문을 들을 수 없는 아주 제한적인 상황이었습니다.

또한, 부처님께서는 한곳에 머물러 계시지 않고 우리나라보다 몇십 배 넓은 인도 땅 곳곳을 다니면서 법문을 하셨기에 법문을 자주 들을 수도 없었습니다. 그러나 지금의 시대는, 출가하지 않더라도, 언제 어디서든 인터넷과 스마트폰, 유튜브 등을 통해 언제든 발심만 하면 이 법문을 듣고 깨달을 수 있습니다.

다만 한 가지 요건이 있으니, 그것은 반드시 이 공부를 해 내겠다는 간절한 발심, 이 공부야말로 인생에서 가장 중요한 일이라는 마음을 내는 것입니다. 몸으로 출가하는 것이 아니라, 마음으로 출가하는 것입니다. 몸은 비록 세속에 있더라도, 진리를 향한 마음 하나만은 진지할 수 있어야 한다는 것입니다. 그저 이 공부가 내 인생에 1번으로 가장 중요한 것이라는 발심만 있으면 됩니다.

당연히 발심 이전에 신심(信心), 즉 이 공부에 대한 믿음, 이 공부에서 진리를 발견할 수 있겠구나 하는 믿음, 불법승 삼보에 대한 믿음이 있어야 할 것은 당연합니다.

선에서 가장 중요한 것은 마음가짐

그래서 옛사람들은 위법망구(爲法忘軀)의 자세로 공부하라고 했습니다. 진리를 위해서라면 몸과 마음을 돌보지 않을 정도로 간절해야 한다는 것입니다.

『임제록』에서는 "부위법자 불피상신실명(夫爲法者 不避喪身失命)", 즉 대저 법을 위하는 사람은 몸을 상하고 목숨을 잃는 것을 피하지 않아야 한다고 말합니다. 온몸과 온 마음을 바쳐 이 공부에 임하는 자세를 강조한 것입니다.

또 『열반경』에는 부처님 전생 이야기가 나오는데요, 부처님께서 설산동자(雪山童子)로 수행하실 때, 귓전에 게송이 스치는데 확 눈이 뜨이는 것입니다. 그 내용은 다음과 같습니다.

"세상에 모든 것들은 덧없구나.

늙고 병들고 죽어가는

이렇게 생겨난 모든 것들은 덧없이 사라져 가는구나.

태어나면 죽지 않는 이가

이 세상에 그 어디에도 있을 수 없구나."

설산동자의 내면도 그랬거든요. '이렇게 영원하지 않은 것, 언젠가 죽어가는 이 몸과 마음을 애지중지하며 살면 되겠는가? 정말 참된 것, 영원한 것을 깨달아야 하지 않겠는가.'라는 간절함이 있었는데 자기 마음과 똑같은 얘기를 읊는 누군가가 있었던 것입니다. 정신이 번쩍 들어서 그 게송을 읊은 이가 누구인지 찾았습니다.

그는 사람이 아니라 사람을 잡아먹는다고 알려진 나찰(羅刹)이었습니다. 설산동자가 나찰에게 "그다음 구절을 알려 달라. 법을 저에게 가르쳐 달라."고 합니다. 나찰은 "배가 고파서 기운이 하나도 없어서 얘기해 줄 힘이 없다."라고 합니다. "그럼 어떻게 하면 되겠냐?"고 묻자, "네 몸을 나에게 한 끼 음식으로 바치겠다고 약속하면 내가 나머지 이야기를 해 주겠다."라고 합니다. 목숨을 바치라는 것이지요. 설산동자는 법이 더 중요했기 때문에 이 몸뚱이가 죽는 것을 두려워하지 않았습니다.

옛날 스님들도 아침에 법을 들으면 저녁에 죽어도 좋다고 말하곤 했습니다. 진짜 죽겠다는 것보다 그 정도의 심정, 그럴 정도로 발심했다는 것입니다.

설산동자는 자신의 몸을 먹이로 주겠다고 나찰과 약속하고, 그 조건으로 나머지 게송을 듣습니다. 그게 우리가 잘 알고 있는 『열반경』 사구게(四句偈)입니다.

제행무상(諸行無常) 시생멸법(是生滅法)
제행은 무상하여, 일체 모든 것은 무상하게 변화하니, 일체 모든 것은 생멸법, 생겨나면 반드시 사라지는 것들밖에 없구나.

설산동자는 '그 어떤 것도 생멸법 아닌 것이 없구나. 생겨나면 사라지지 않는 것이 없구나. 모든 것이 생겨나면 사라지는데, 목숨 걸고 집착할 필요가 없었구나.' 하는 것을 깨닫고, 목숨을 내놓으면서까지 그다음 게송을 알려달라고 한 것입니다. 그다음 나찰이 읊은 게송이 이렇습니다.

생멸멸이(生滅滅已) 적멸위락(寂滅爲樂)
생멸법이 다 사라져 버리면 적멸의 즐거움이라.

생멸법, 즉 모든 것은 생겨나고 사라지는 것인데, 그게 영원한 것인 줄 알고 목숨 걸고 쫓아가고 집착했던 그 모든 것들은 진짜가 아니니, 내 안에서 그걸 쫓아가는 그 마음만 멸해버리면 적멸이라는 것입니다. 적멸이란 완전한 텅 빈 즐거움, 일체 모든 괴로움이 소멸하는 진정한 즐거움, 참된 열반락(涅槃樂)을 말합니다.
생멸법이란 곧 분별법입니다. 세상에 '있다고 여긴', 생겨난 모든 것들은 곧 우리의 분별로 만들어 낸 세상이었던 것입니다. 만법유식(萬法唯識)이 그것이지요. 곧 분별심만 멸해버리면 곧바로 적멸입니다. 따로 적멸을 얻는 것이 아니라, 본래 적멸은 우리의 본래 성품으로 늘 있던 것입니다. 있고 없고를 넘어서서 늘 있던 것입니다. 분별망상, 생사심에만 끌려가지 않는다면, 본래의 적멸이 드러납니다. 파사현정(破邪顯正)이라고 하여, 삿된 것 즉 분별 망상만 깨뜨리면 곧장 바른 것은 드러납니다.

우리의 모든 괴로움은 생멸법, 생겨나면 사라지는 것들에 집착하기 때문에 생겨나는 법입니다. 집착할 가치가 없는 것에 집착하면 그것이 사라질 때 괴로울 수밖에 없습니다. 어떤 것이 집착할 가치가 없는 것일까요? 생겨나면 반드시 사라질 것들에는 집착할 이유가 없습니다. 계속될 줄 착각하기 때문에 거기에 목을 매고 사는 것일 뿐이지요.

인류 역사상 가장 깨닫기 좋은 시대

설산동자처럼 법문 하나 듣기 위해서 '내 몸도 바치겠다.'라는 정도의 정신으로 마음공부를 한다면 깨닫지 못할 수가 없습니다. 설산동자는 이 게송(偈頌) 하나 듣겠다고 몸을 바쳤는데 오늘날 우리는 어떻습니까?

요즘은 그토록 귀한 법이 마음껏 만천하에 드러나 있습니다. 팔만대장경 그 이상의 대장경이 유튜브만 틀어도 늘 끊이지 않습니다. 법문 한마디 듣기 위해 몸을 바쳐야만 했던 그 옛날에 비한다면 이 얼마나 놀라운 시대입니까? 이처럼 법문 들을 수 있는 환경이 너무 많아지다 보니 오히려 법문을 귀하게 여기지 않는 역효과가 나기도 할 정도입니다.

너무 흔하면 그렇게 느끼게 되고, 그렇게 느끼는 마음이 구도심(求道心)을 방해합니다. 오늘 이 자리에도 울산에서 매주 오시는 분도 계시고 대구, 대전, 서울, 전라도에서 오신 분들도 있습니다. 법당 근처에 사시는 분들은 쉽게 오실 수 있지만, 그 먼 곳에서 오시는 분들의 마음은 어떨까요? 어느 분이 그런 말씀을 하시더군요. 유튜브에서 들을 때도 정신 똑바로 차리고 들으면 50%는 이해하는 것 같답니다. 그런데 유튜브 틀어 놓고 청소도 하고 이것도 저것도 하고 대충 들으면 한 1~20%가 들어올까 말까 한답니다. 하지만 멀어서 힘들더라도 직접 절에 가서 들으면 한 8~90% 이해하는 거 같다고 합니다. 유튜브로 들을 때와는 차원이 완전히 다르게 와 닿는다고 말합니다. 그럴 수밖에 없는 것이 바로 이 법을 구하는 간절함의 차이 때문입니다.

언제나 너무 흔하면 사실 간절함이 없어집니다. 구법의 정신이 사라진다는 말이지요. 너무 흔하면 위법망구의 정신, 자세, 내가 법을 위해서라면 뭐든 할 수 있다는 그 자세가 사라집니다.

그 옛날 스님들은 법을 구하려는 마음으로 중국으로, 인도로, 그 먼 나라에까지 목숨을 걸고 구법여행을 떠나곤 하였습니다. 지금은 직접 그렇게 목숨까지 걸고 떠날 것도 없고, 다만 그 마음만 그 정도의 심정으로 간절하면 되니, 얼마나 공부하기 쉬운 시대입니까? 지금이야말로 인류 역사상 처음 있는 놀라운 '공부하기 좋은 때'입니다.

양무제와 달마의 강렬한 만남

법을 구하기 위해 몸을 바친 것으로 유명한 분이 2조 혜가(慧可, 487~593)입니다. 보리달마(菩提達磨) 대사가 양나라 무제를 만난 이야기부터 해 드려야겠네요. 중국 전 지역에 절을 짓고 스님들을 무수히 배출한 양나라 무제가 달마 대사에게 자신의 공덕이 얼마나 크냐고 묻습니다. 그런데 달마 대사가 한마디로 "공덕이 없다."라고 답합니다. 전국 각지에 수천 개의 절을 짓고 수많은 스님을 배출해 냈는데도 공덕이 없다고 한 것입니다.

공덕은 생사법의 공덕입니다. 절이든 존재든 생겼다 사라지는 것입니다. 그게 진짜 공덕이 없다기보다는 왕을 일깨워주기 위해서 그렇게 얘기한 것입니다. 충격요법을 쓴 것이지요. 생사법의 공덕에 집착하고 있는 그 생각을 깨뜨려 주기 위해서 그렇게 말한 것입니다. 불사를 하고 스님들을 수도 없이 배출했는데 왜 공덕이 없겠습니까. 세간에서는 무한한 공덕이 있지요. 그런데 그걸 깨뜨리고 나가야만 참된 법에 대한 발심을 할 수 있으므로 그렇게 얘기했던 것입니다.

달마 대사의 말을 듣고 화가 난 양무제는 "진짜 법이 뭐냐? 당신이 말하는 법이 뭐냐?" 하고 되묻습니다. 달마 대사는 확연무성(廓然無聖) 즉, "지금 이대로 일체 모든 법이 다 확연하게 드러나 있는데 거기 성스러울 것이 뭐가 있느냐?"라고 답합니다. 성스러운 것이 따로 있는 것이 아닙니다. 지금 여러분의 눈앞이 진리요, 확연무성 그대로입니다.

법당은 성스럽고 우리 집은 성스럽지 않거나, 부처님 마음은 성스럽고 내 마음은 성스럽지 않거나 하는 것이 아닙니다. 내 눈앞에 드러난, 있는 이대로가 100% 확연무성, 완전한 성스러움, 지금 이대로가 성스러운 부처입니다.

양무제가 "도대체 당신은 누구냐?"라고 물었더니 "모른다. 아는 게 없다."라고 답합니다. 이 법은 알음알이로 머리로 이해할 수 있는 것이 아니라고 답해 줬는데, 양무제가 이해를 못 하니까 '여기는 법을 펼 곳이 못 되는구나.' 하고 양나라를 떠나 위나라로 가서 면벽(面壁) 수행을 9년 동안 합니다.

그때 신광(新光)이라는 수행자가 찾아와 간절히 법을 구합니다. 그래도 달마가 벽만 바라보고 있습니다. 신광을 한번 떠보는 것입니다. 얼마나 큰 발심을 했는가, 공부할 자세가 되어 있는지를 보고 싶은 거겠죠.

신광은 달마 앞에서 눈 오는 날 무릎 꿇고 앉아서 칼을 뽑아 들고 한쪽 팔을 확 자르는 것을 통해 자신의 굳은 결의를 보입니다. 전법을 위해서 이 몸이라도 버릴 정도가 돼 있다는 것을, 그만큼 간절하다는 것을 보여주고 싶은 거죠.

그렇다고 우리는 이렇게까지 할 필요는 없습니다. 다만, 여기에서 중요한 점은 그 정도의 심정, 굳건한 마음가짐, 강한 발심이 얼마나 중요한지를 설하고 있는 것입니다.

가장 좋은 노후 준비

마음공부는 힘든 건 아닌데, 그렇다고 동호회 활동하듯 시간이 나면 가고 안 나면 말고 하는 식으로 공부해서는 안 됩니다. 공부 자세, 발심의 자세에서 공부가 다 끝나는 것이기 때문에 이 한 생 법을 위해서 매진하겠다는 자세만 되어 있으면 됩니다. 그리고 현실은 직장생활도 하고 경제활동도 하고 자식 노릇, 부모와 아내 노릇도 다 해야지요. 그러나 이 간절함이 있으면 어떻게든 틈나는 시간에 공부하느라 심심할 새가 없어요.

자식이나 친구, 아니면 누군가가 나를 좀 불러내서 밥도 사 주고 어디 경치 좋은 데 가서 차도 사줬으면 좋겠고, 자식과 여행도 갔으면 좋겠다고 하던 사람도 발심하게 되면 "나 좀 귀찮게 하지 마라. 나 공부하느라 바쁘다." 하면서 공부에 오롯이 매진합니다.

공부하는 사람은 상대방에 기대는 마음이 없어집니다. 어찌 보면 마음공부가 제일 좋은 노후준비 아닐까요? 내가 죽을 때까지 할 수 있는 무언가가 있다는 것이 얼마나 기쁜 일이에요. 그것도 인생 일대에 가장 중대한 깨닫는 일이고, 괴로움을 소멸하는 길이며, 생사 해탈의 길이니, 대장부가 한번 해 볼 만한 공부가 아닙니까?

늙어서 아무것도 할 수 있는 게 없고, 심심하면, 누군가에게 자꾸 기대고만 싶어지고, 기댈 수 없을 때 자꾸만 섭섭하고 소외되는 것 같아 노후가 더욱더 괴롭습니다. 그러나 이 공부에 시절 인연이 닿게 되면, 노후가 괴로울 것도 심심할 것도 무료할 것도 없습니다. 노후야말로 이 마음공부 하기 가장 좋은 때이기 때문입니다.

수행법은 없다 발심이 있을 뿐

또한, 이 공부는 이 길로만 가면, 이렇게 하면 무조건 된다는 특정한 방법이 따로 없습니다. 길 없는 길이며, 하되 함이 없이 하는 무위법(無爲法)이고, 그것을 붓다는 중도(中道)라고 했습니다.

그저 깨닫고자 하는 간절한 발원은 있는데, 어떻게 해야 할지 그 방법은 모른다면, 마음이 답답하고 갑갑하며 알고 싶어 미치는 상태가 됩니다. 그러나 머리로는 알 수 없으니, 그저 꽉 막혀서 이러지도 저러지도 못하는 상태가 됩니다. 이 상태를 간화선(看話禪)에서는 화두가 들려 있는 상태라고 말합니다.

이것이 바로 길 없는 길이고, 방법 없는 방법입니다. 몸으로는 무엇을 할 것이 없습니다. 그저 정신적으로 꽉 막혀 있는 이 모름과 꽉 막힘 위에서 버틸 뿐입니다. 그래서 이 공부를 몸 공부가 아닌 마음공부라고 합니다. 굳게 믿는 마음인 신심(信心), 강하게 깨닫겠다는 서원인 발심(發心), 도저히 못 깨닫겠어서 답답한 분심(憤心) 등 이 선 공부에서 중요한 것은 오직 마음이기 때문입니다.

『금강경』에도 '수행해라, 기도해라, 염불해라, 독경해라.' 등에 대해서는 한마디도 언급하지 않고, 발아뇩다라삼먁삼보리(發阿耨多羅三藐三菩提)만 계속 나옵니다. 발아뇩다라삼먁삼보리는 곧 무상정등정각(無上正等正覺)으로 위 없이 바른 깨달음을 얻겠다고 마음을 발하는 것을 말합니다. 『화엄경』에서도 발보리심(發菩提心)을 끊임없이 강조합니다. 보리는 깨달음이고, 발보리심은 곧 깨달음을 얻겠다는 마음을 발하는 것입니다.

경전에서 수행하는 구체적인 방법을 말해야 할 것 같은데, 그런 방법은 없고, 오직 발아뇩다라삼먁삼보리, 발보리심만 말하는 이유가 있는 것입니다. 최상의 깨달음을 얻겠다는 발심, 괴로움을 해결하겠다는 그 발심만 간절하면 이 공부는 저절로 되기 때문입니다. 이 공부는 그렇게 마음으로 하는 공부입니다.

목숨 건 구법여행을 떠나는 이유

처음 중국이나 한국에 불교가 전래하던 초기 시절에는 인도에 경전들이 많다 보니 중국이나 우리나라에서 인도로 법을 구하고자 구법여행(求法旅行)을 많이 떠났습니다. 삼장법사(三藏法師)가 손오공과 저팔계, 사오정을 데리고 서역에 가서 경전을 전해오는 『서유기』는 매우 유명하죠.

고승전(高僧傳)에 보면, 담무갈(曇無竭)이 25명의 스님과 함께 인도에 가서 경전을 구해 와서 경전 공부를 해야겠다는 마음으로 구법여행을 떠났습니다. 고비 사막, 타클라마칸 사막을 횡단하고 파미르 고원을 지나 설산을 넘어가면서 앞을 가늠할 수 없는 짙은 안개에 끝없이 펼쳐진 만년설(萬年雪)이 있고, 또 아찔한 계곡 사이로 사나운 급류가 휩쓸고 있는데 그 양쪽 기슭 통로에 끈 하나가 연결되어 있었다고 합니다. 그 험난한 일을 겪으면서 왔는데 그 끈으로 저쪽 기슭으로 건너가야만 히말라야를 갈 수 있는데, 끈이 튼튼한지도 모르고, 그걸 타고 가면 저 끝에 닿는지 안 닿는지도 모르고, 안개는 자욱하고, 말도 통하지 않는 상황이었습니다. 거리가 멀기 때문에 25명의 스님이 같이 매달리면 줄이 끊어질 수도 있으니 한 명씩 가서 무사히 갔으면 끝에서 불을 피우자고 약속했습니다. 그 연기를 보고 '아, 살았구나. 우리가 가도 되는구나.'하고 두 번째, 세 번째 스님이 가는데, 결국 다 도착해보니 12명의 스님이 중간에 떨어져서 돌아가셨습니다.

그리고 나서도 겨우겨우 가파르게 깎아지른 듯 높은 절벽을 힘들게, 힘들게 한 명씩 남은 스님들이 겨우겨우 올라갔는데 나중에 절벽 끝까지 올라가서 아무리 기다려도 더는 오지 않아서 보니 또 8명이 돌아가셨어요. 스물다섯 명 중에서 다섯 스님만 살아남아서 결국 계빈국(罽賓國)에 가서 관음경을 얻고, 인도에 가서 경전을 얻어서 돌아오신 장면들이 아주 생생하게 기록되어 있습니다.

우리는 '옛날에 스님들이 법을 구하기 위해 그 먼 곳 인도까지 힘들게 다녀오셨구나!' 정도로만 알고 있었지만, 그 구법여행은 실로 목숨을 걸고 행해진 놀라운 신심, 발심이었습니다.

우리는 지금 스마트폰만 켜면 법문을 들을 수 있습니다. 팔만대장경 애플리케이션도 있습니다. 어플 몇 개만 깔아놓으면 경전도 다 볼 수 있고, 불교사전도 검색할 수 있고, 어려운 경전을 해설해 주시는 무수히 많은 유튜브 법문도 들을 수 있습니다.

목숨 걸고 인도까지 안 가도 유튜브며 어플 하나로 이렇게 쉽게 공부할 수 있는 시대라는 것이 얼마나 놀랍고 감격스러운 일입니까. 이것이 정말로 고마운 일인 줄 알아야 합니다. 이 공부가 얼마나 중요한지를 깨닫는 사람이라면 이것이 얼마나 귀한 일인지를 알 것입니다.

인도까지 간 구법여행을 떠나서, 사실 한 20년 전까지만 해도, 또 제가 공부할 때만 해도 이 깨달음 공부를 이토록 쉽게 할 수 있을 줄은 상상도 못 했습니다. 불과 10년 20년 전에도 바른 법을 만나기는 쉽지 않은 일이었고, 저부터도 온갖 난행 고행 바라밀행을 다 하며 찾고 또 찾았습니다.

스님들의 설법이란 '어렵게 얻어 쉽게 파는' 것입니다. 정말 평생을 거쳐 온갖 난행 고행 바라밀행 끝에 힘겹게 깨달은 것이지만, 깨닫고 보니 그렇게 난행 고행을 할 일이 아니었음을 깨닫고는, '나는 난행 고행 끝에 얻었지만, 여러분은 그러지 마십시오.' 하면서 쉽게 파는 것입니다.

부처님도 그러셨죠. 당신은 목숨 걸고 수정주의(修正主義), 고행주의(苦行主義) 등을 돌며 6년간 난행 고행을 하셨지만, 깨닫고 나서 이렇게 할 일이 아니니 당신들은 나처럼 이렇게 선정과 고행과 온갖 유위의 수행을 갈고 닦지 말고, 내가 깨달은 중도(中道)를 공부하라는 것이었습니다.

이토록 어려운 길이지만, 바른 법문을 만난다면, 또한 너무나도 쉬운 공부가 바로 이 공부입니다. 이 중대한 공부를 목숨 건 구법여행 없이도, 그 간절한 발심만 하고도 할 수 있다니 얼마나 놀라운 일입니까? 우리도 바로 그런 목숨 걸고 구법여행을 하는 심정으로 이 법을 공부한다면, 그 먼 길을 구법여행 갔던 그분들의 정신을 지금 여기에서 되살릴 수 있습니다.

수많은 사람이 깨어나는 시대

그 당시 스님들이 왜 그 멀고도 험난한 구법여행을 갔겠습니까. 구법에서 법이란 곧 나를 깨닫게 하는 법이고, 생사 해탈하게 해 주며, 늙고 병들고 죽는 것 등의 일체 모든 괴로움에서 완전히 벗어나게 해 주는 공부입니다. 경전을 깨달으면 진실로 생사에서 해탈하게 됩니다.

이 말은 그저 교리적으로 하는 말이 아닙니다. 누구나 죽음을 뛰어넘을 수 있습니다. 이것은 체험적으로 가능하며, 이미 바로 지금 수많은 사람에게 일어나고 있는 일입니다. 인류 역사상 유례없이, 전 세계적으로 수많은 사람이 법문을 듣고 문득 깨어나는 놀라운 시대가 바로 지금 우리의 눈앞에 이미 와 있습니다.

필자의 도량에만 해도 법문을 듣는 도반 중에는 자기 성품을 확인하고 가벼워진 사람들이 많습니다. 우리 바로 옆의 일이지, 저 먼 나라 이야기가 아니라는 것입니다. 주변에 도반들이 직접 깨어나는 것을 목격하게 된다면, 설마 설마 하던 사람들도 '아! 여기에 진짜 뭔가가 있구나.' 하며 강한 확신을 하게 될 것이고, 그런 확신과 믿음이 바탕이 되면, 발심 또한 저절로 이루어집니다. 굳건한 발심과 신심, 좋은 도반, 법을 직지(直指)해 주는 눈 밝은 스승이 있다면, 깨달음은 너무나도 쉽게 저절로 드러납니다.

보현행원품과 마음공부

훈습, 저절로 되는 공부

이 공부는 훈습(熏習)하는 공부입니다. 훈습이란 향을 피우면 그 옆에 있는 사람들이 아무것도 안 했음에도 향 내음이 저절로 몸에 배는 것과 같이, 공부하는 회상에서 도반들과 함께 법비를 맞으며 그저 법문을 들었을 뿐인데, 저절로 공부가 무위(無爲)로 이루어진다는 것을 뜻합니다. 이것을 『대승기신론(大乘起信論)』에서는 정법훈습(淨法熏習)이라고 했습니다.

또한, 부처님께서는 아난 존자에게 '이 공부는 좋은 스승과 도반 만나는 것이 깨달음의 전부'라고 말씀하기도 하셨습니다. 공부 회상에 깃들어 법문을 듣고, 그 법의 향기에 저절로 공명하며 그저 법을 듣고 있었을 뿐인데, 공부는 저절로 됩니다. 이처럼 불교는 유위 조작이 아니라, 무위법(無爲法)입니다. 내가 하는 공부가 아닙니다. 그저 저절로 되는 공부입니다. 그것이 바로 하되 함이 없이 하는 중도의 길입니다.

실망스러운 진실

이 법을 공부할 때는 좀 실망할 준비를 해야 합니다. 때로는 너무나 실망스러울 때가 있을 거예요. 법, 마음, 본래면목 하는 이것은 한쪽 측면에서는 너무나 광대무변하고 장엄한 무엇이어서 그 어떤 말로도 다 담을 수 없을 정도이지만, 또 다른 측면에서는 너무나도 당연한 늘 있는 평범한 것입니다. 불가설 불가설, 말로 할 수 없이 위대하고 놀라운 것이면서 동시에 너무나 평범한 것이고 아무것도 아니라서 실망하지 않을 수 없습니다.

그래서 마음속에 '법은 어마어마한 걸 거야. 깨달음은 엄청난 걸 거야.'라는 마음 즉 법상(法相)을 가지고 공부하는 사람은 공부하기가 쉽지 않아요. 왜냐하면, 이 당연한 것을 스스로 확인하고도 '이건 아니야.'라고 지나쳐 버릴 수 있기 때문입니다. 나중에 가서야 '그때 내가 분명히 확인했는데 이렇게 시간을 돌고 돌아왔구나.'라는 것을 깨닫게 됩니다.

공기는 생명에 있어 가장 중요한 요소이지만 너무나 흔해서 귀한 줄 모르고 간절하게 찾을 필요가 없어요. 돈은 어마어마한 노력을 들여야 하고 특별한 사람만 가질 수 있지만, 도(道)는 공기와도 같아서 노력도 필요 없고, 모든 사람에게 이미 다 완벽하게 구족되어 있습니다. 애타게 찾을 필요조차 없는 공기 같아서 이당연한 것을 감당할 마음의 준비가 되어 있어야 합니다.

일체 모든 공덕을 수희찬탄한다

'갖가지 보살의 지혜에 들어가 모든 부처님의 위 없는 보리를 성취하였으며, 열반에 드신 뒤에는 그 사리를 나누어 공양하셨으니 그 모든 선근을 나도 따라 함께 기뻐하며, 또 시방 모든 세계의 육취(六趣) 사생(四生)의 일체중생들이 짓는 공덕을, 한 티끌만한 것이라도 모두 함께 따라 기뻐하며, 시방삼세 모든 성문과 벽지불인 유학(有學) 무학(無學)들이 지은 모든 공덕을 내가 함께 따라 기뻐하며, 모든 보살이 한량없는 난행(難行) 고행(苦行)을 닦아서 무상정등보리를 구하는 넓고 큰 공덕을 내가 모두 함께 기뻐하는 것이니라.'라고 했습니다.

보살의 지혜에 들어가고, 위 없는 부처님의 깨달음을 성취하며, 열반에 드신 뒤에 그 사리를 나누어 공양한 일, 그 모든 선근을 함께 따라 기뻐합니다. 이것이 수희 공덕입니다. 불법이 처음 부처님의 깨달음으로부터 시작되고, 수많은 보살도 공부하게 되고, 부처님 열반 후에도 불사리를 나누는 등의 이 불법을 펴고자 했던 온갖 불교의 역사 속 모든 공덕을 수희찬탄한다는 뜻입니다.

부처님의 사리를 나누는 일이 이토록 중요하다고 생각하면 그것은 말뜻을 따라가느라 말의 낙처를 모르는 것입니다. 사리는 생겨나고 사라지는 것인데, 거기에 의미를 둘 필요가 있겠습니까? 이처럼 불교 경전은 그 표면에 담긴 뜻 너머의 낙처에 눈을 떠서 읽어야 합니다.

또한, 시방세계 모든 중생들이 지은 공덕이 티끌만큼이라도 있다면 그것을 함께 따라 기뻐합니다. 육취(六趣)란 중생이 윤회하여 나아가는 6가지로 지옥, 아귀, 축생, 인간, 수라, 천상의 육도를 뜻하며, 사생(四生)이란 태란습화(胎卵濕化), 네 가지로 태어나는 일체 모든 중생을 말합니다. 불보살님의 공덕만 수희찬탄하는 것이 아니라, 일체 모든 중생이 지은 아무리 작은 공덕이라도 함께 따라 기뻐한다는 것입니다.

유학(有學)과 무학(無學)이란 더 배울 것이 있는 수행자로 견도(見道)와 수도(修道)를 유학이라 하고, 무학도(無學道)를 더는 배울 것이 없는 수행자라고 합니다.

도를 한 번 보는 것이 견도이고, 이는 선(禪)에서 말하는 성품을 한 번 확인한 견성과 비슷합니다. 견도 다음에 수도인 것처럼, 선에서도 견성 이후에 비로소 점수(漸修)라는 수행을 시작할 수 있다고 말합니다. 먼저 도를 확인하는 것은 수행을 통해야 하는 것이 아니라, 스승의 가르침과 가리킴(直指)을 통해 깨닫는 것입니다. 붓다의 모든 제자는 설법을 듣고 깨달았으며, 선의 학인들 또한 스승의 직지인심 법문을 통해 깨달았습니다. 그렇게 깨달은 뒤에 비로소 자기의 업습을 조복 받는 수행을 시작할 수 있습니다. 이렇듯 유학과 무학은 일체 모든 수행자를 뜻합니다.

유학, 무학, 성문, 벽지불이 지은 일체 모든 공덕을 수희찬탄하고, 모든 보살이 무상정등정각이라는 깨달음을 얻고자 하는 모든 노력과 정진, 수행에 대해서도 수희찬탄을 한다는 내용입니다.

불보살, 모든 수행자뿐 아니라 일체 모든 존재의 모든 공덕을 전부 다 함께 따라 기뻐한다는 뜻입니다.

함께 기뻐할 때 나도 그렇게 된다

사실 이렇게 법문을 듣고자 절에 오시는 여러분들을 뵈면 저 또한 많은 자극이 되고, 이 공부에 대한 여러분의 간절함을 볼 때 저 또한 더욱 큰 발심이 됩니다. 여러분들의 공부에 대한 열의를 말 그대로 진심으로 수희찬탄하게 됩니다. 여러분들 또한 주변 도반들의 공부를 보며, 공부가 나아짐을 보며, 서로가 서로에게 진심으로 함께 따라 기뻐해 주게 되면 나의 공부 또한 함께 공명하며 나아갑니다.

수희찬탄은 더 많은 수희찬탄을 부르고, 그럼으로써 더불어 공부하는 올바른 승가(僧伽)가 건립됩니다. 이렇게 참된 공부는 내가 하는 것이 아니라, 승가가 저절로 시켜주는 것입니다. 함께 따라서 기뻐했을 뿐인데 나의 공부도 그들과 공명하며 조금씩 훈습이 됩니다.

부처님의 법을 찬탄하고, 바른 가르침을 찬탄하며, 바른 스님의 법문을 찬탄했을 뿐이고, 그 설법을 받아 지니는 바른 도반들을 보고 진심으로 기뻐하고 수희찬탄했을 뿐인데, 바로 그 수희찬탄에 의해 나도 모르게 공부가 저절로 무위로 익어가는 것입니다. 부처님과 가르침과 승가를 수희찬탄했을 뿐인데, 어느 순간 가랑비에 옷 젖듯, 향 내음이 저절로 배듯 나의 공부도 부처님을 닮아가게 되는 것입니다. 이것이 진정한, 하되 함이 없이 하는 중도의 공부입니다.

남의 성공을 수희찬탄하면 나의 성공이 된다

세속적인 것도 마찬가지입니다. 세속과 출세간이 둘이 아니기 때문입니다. 세속적으로 성공한 사람이 있다면 내 일처럼 마음껏 진심으로 찬탄해 주어 보세요. 아파트값이 몇 억 올랐다고 하면 '우리 집은 안 올랐는데'라고 하며 배 아파하지 말고, 내 일처럼 진심으로 기뻐해 주면 나 또한 그처럼 풍요롭게 될 확률이 높아집니다. 그의 기쁨이 곧 나의 기쁨이 되었기 때문이죠.

사실 이 세상은 근원에서 진실로 나 하나뿐이며, 한마음뿐이기 때문입니다. 불이법이기에, 그의 행복을 내 일처럼 찬탄할 때, 사실은 정말로 그 일은 내 일이 됩니다. 마음으로 정말 내 일처럼 경험하게 되니, 현실은 저절로 마음에서 이미 이루어진 일을 현실로 구현해 내기 시작합니다. 질투하면 질투할 일이 생기고, 수희찬탄하면 수희찬탄한 바로 그 일이 내게도 생깁니다.

오직 하나의 마음밖에 없기 때문입니다. 온 우주 전체는 오로지 하나의 마음이에요. 그리고 이 세상이라는 것은 내가 꾸는 꿈입니다. 유식무경(有識無境), 오로지 내 마음, 의식만 있지 바깥 경계라는 것은 없습니다. 세상은 곧 내 마음의 반영입니다.

수희공덕원은 남들이 지은 공덕을 내 일처럼, 내가 그것을 한 것처럼 기뻐하겠다는 원력을 세우는 것입니다. 진짜 내 일처럼 기뻐한다는 것이 수희찬탄의 참뜻입니다.

수희찬탄의 놀라운 점

얼마 전 종단에서 큰 대작불사를 하는 데 연세가 6~70 정도 되신 두 보살님이 평생 모은 돈 50억 원을 불사에 써달라고 기증하셨고, 또 얼마 뒤에는 모 불교대학에 3억인가를 기부하셨다는 기사가 났더군요. 이렇게 좋은 일들은 공명합니다. 이런 기사를 보고서 '아~ 참 부럽다. 저 사람은 50억 돈이 있으니까 저렇게 했겠지. 나는 돈이 없어서 저렇게 못 하는데.'라고 생각하지 말고,

'와~ 참으로 아름답다. 내 마음처럼 기쁘구나. 저런 마음을 낸다는 것이 얼마나 아름답고 거룩한 일인가.'라는 진심으로 기뻐하고 찬탄하는 마음을 내 보십시오.

수희찬탄의 놀라운 점은, 진리를 위해 전 재산을 헌공한 사람을 보고 질투하지 않고 정말 내 마음처럼 기뻐해 주기만 해도 50억을 불사한 것과 똑같은 공덕이 나에게도 깃든다는 점입니다. 왜냐하면, 두 마음이 없기 때문입니다. 그분의 그 귀한 마음도 사실은 일체중생이 함께 누려 쓰고 있는 이 한마음에서 나왔기 때문입니다. 우리는 모두 이 한마음을 공유해 함께 쓰고 있습니다. 일체 모든 공덕은 곧 이 한마음에서 나온 공덕입니다. 그러니 네 공덕, 내 공덕이 따로 없습니다. 하나로 연결된 이 한마음의 무한공덕, 무량대복에 그저 전기선을 꽂듯 연결하고 하나 되어 공명하기만 한다면, 일체 모든 공덕이 곧 나의 공덕이 됩니다.

이것은 고차원적이고 교리적인 이야기가 아니라, 너무나도 당연한 삶의 진실을 말하는 것입니다. 깨닫고 보면 너무나도 당연한 말이지만, 깨닫기 전에는 도저히 이해할 수 없는 것입니다. 이것이 무분별지(無分別智), 반야지혜(般若智慧)라고 불리는 이 참된 진리의 특징입니다.

모든 공덕이 마찬가지입니다. 부처님의 공덕을 내 일처럼 찬탄할 때 내 안에 부처님의 공덕이 깃들고, 수행자들의 공덕을 찬탄할 때 내 안에 그 공덕이 내 일처럼 깃들게 됩니다. 그래서 유학 무학의 모든 공덕을 내가 함께 기뻐하며, 또 모든 보살의 한량없는 난행 고행을 닦아서 무상정등보리를 구하는 넓고 큰 공덕을 내가 모두 함께 기뻐하는 것이라고 하신 것입니다. 내가 바로 보살이고, 내가 바로 부처이며, 내가 쓰고 있는 이 마음이 바로 무상정등보리이기 때문입니다.

정치적인 중도란?

세상을 상대적인 분별심으로만 바라보면, 세상을 있는 그대로 볼 수도 없고, 세상의 모든 공덕을 수희찬탄할 수도 없습니다. 수희찬탄할 일들보다 마음에 안 드는 일들이 더 많고, 또 자신의 관점에서 좋은 일과 나쁜 일을 나누어 놓고 좋은 쪽만 수희찬탄하기 때문에, 그런 수희찬탄은 올바른 지혜가 아닙니다.

참된 지혜는 세상을 옳고 그르다는 둘로 나누고 바라보는 것이 아니라 그저 있는 그대로 편견 없이, 분별없이 보는 것입니다. 그의 행위를 칭찬하는 것이 아니라 그의 존재 자체를 칭찬하는 것이야말로 참된 수희찬탄입니다.

예를 들어 진보와 보수가 있어요. 진보는 촛불을 들고 시위를 하고, 보수는 태극기를 들고 시위를 합니다. 이것을 어느 한쪽에서만 치우쳐서 보면, 이쪽에서는 저쪽이 틀렸고, 저쪽에서는 이쪽이 틀렸다고 여깁니다. 그러나 분별을 멈추고 바라보면 양쪽 모두 자기가 할 수 있는 최선의 방식으로 나라를 위한 애국을 하는 것입니다. 그런 양쪽 모두가 우리에게는 필요합니다. 그 양쪽은 서로가 서로를 있게 하는 연기적이고 동체 자비인 상생의 양변이지, 서로 헐뜯고 미워하고 없애려 하는 극단적인 양변이 아닙니다.

분별의 눈으로만 보면 그 양쪽이 나뉘어 서로 싸워 이겨야 하지만, 무분별지라는 지혜의 눈으로 보면, 그저 있는 그대로 양변이 모두 필요합니다. 서로가 대립하면서도 그 대립의 끝에 정반합의 상생하는 결실을 얻게 됩니다. 그러니 옳고 그른 분별에서 어느 한쪽만 편을 들어서 수희찬탄하는 것은 지혜가 아닙니다.

그들의 견해를 수희찬탄하는 것이 아니라, 있는 그대로의 존재 자체를 있는 그대로 수희찬탄하는 것입니다. 진보도 보수도 모두 나라를 위하고자 하는 아름다운 동기이기에 진정으로 수희찬탄해 줄 수 있는 것입니다.

어떤 분은 제게 '스님은 왜 나가서 시위에 동참을 안 합니까?' 하고 묻기도 하는데요, 저는 또한 제 나름의 이유로 그 양변에 합류하는 것이 아닌, 또 다른 방식으로 이바지를 하는 것입니다. 어느 한쪽만, 혹은 어느 한 방향만 옳다고 여기는 생각이 바로 분별망상입니다. 태극기를 들든, 촛불을 들든, 아무것도 들지 않고, 나가지 않든, 우리는 모두 있는 그대로 저마다의 방식으로 존재함으로써 이미 세상에 기여하고 있습니다.

그러니 어떤 것인들 수희찬탄하지 않을 수 있겠어요. 일체 모든 것이 전부 수희찬탄할 것들뿐입니다.

하나 되어 모두 기뻐하는 세상

한 가지 팁을 드린다면, 어느 쪽에 있든, 혹은 어느 쪽에 있지 않든, 무엇이든 너무 극단적이지는 마시라는 것입니다. 옳든 그르든 너무 과도하면 집착[탐심]이 되고, 집착하면 상대를 미워하게 되며[진심], 바로 그것이 어리석음[치심]입니다. 이것이 탐진치(貪瞋癡) 삼독(三毒)입니다.

아무리 옳은 생각이더라도 거기에 과도하게 집착하면 그것은 반드시 틀린 것이 됩니다. 옳다는 집착이야말로 틀린 것입니다. 이것이 중도(中道)입니다. 중도라고 해서 진보도 아니고 보수도 아닌 것을 말하는 것이 아닙니다.

어느 것을 하더라도 나만이 옳다는 과도한 생각에 사로잡히지 않으면 상대를 인정하게 되고 진정으로 사랑하게 되며, 그것이 참된 지혜입니다. 이렇게 되면 우리와 다른 사람, 다른 편이라고 할지라도 사랑할 수 있고, 존중할 수 있고, 나와 다르더라도 수희찬탄할 수 있게 됩니다.

내가 먼저 수희찬탄하는 마음으로 산다면, 이 세상이 전부 나를 수희찬탄하는 결과가 드러날 것입니다. 타인을 존중하면 존중받게 되고, 찬탄하면 찬탄 받게 되며, 함께 기뻐해 주면 내 일을 함께 기뻐해 주는 사람을 만나게 됩니다. 세상은 온통 서로가 서로를 존중하고 찬탄하며 사랑해 주는 기쁨으로 넘치게 됩니다.

그러니 보살의 수희찬탄원이야말로 존중과 사랑으로 하나 되어 모두가 기뻐하는 세상으로 바꿀 수 있는 놀라운 원력이 아닐 수 없습니다. 이런 곳이 바로 불국토일 것입니다. 고통은 없고 오직 기쁨과 찬탄으로 넘치는 세계가 바로 수희찬탄원이 구현된 세계이겠지요.

제6 청전법륜원(請轉法輪願)
법문 청하기를 서원합니다

"선남자여, 설법하여 주시기를 청한다는 것은 온 법계 허공계 시방삼세 모든 부처님 세계의 아주 작은 티끌 하나하나마다 각각 불가설 불가설 불찰 극미진수의 많은 부처님 세계가 있으며, 이 낱낱 작은 티끌같이 많은 세계 가운데에서 잠깐 동안에 불가설 불가설 불찰 극미진수의 부처님들이 바른 깨달음을 이루시고, 일체 모든 보살이 둘러앉아 계시오니, 내가 그 모든 부처님께 몸과 말과 뜻으로 갖가지 방편을 지어 설법하여 주시기를 은근히 권청하는 것이니라.

이와 같이 하여 허공계가 다하고 중생계가 다하고 중생의 업이 다하고 중생의 번뇌가 다하더라도 내가 모든 부처님께 항상 바른 법을 설하여 주시기를 청하는 것은 다함이 없을 것이니, 순간순간 계속하여 잠깐도 쉬지 않건만 몸과 말과 뜻으로 하는 일은 지치거나 싫어함이 없느니라."

———

復次善男子야 言請轉法輪者는 所有盡法界虛空界十方三世一切佛剎極微塵中에 一一各有不可說不可說佛剎極微塵數廣大佛剎하며

一一刹中에 念念有不可說不可說佛刹極微塵數一切諸佛이 成等正
覺하사 一切菩薩海會가 圍遶어든 而我悉以身口意業의 種種方便으로
殷勤勸請하야 轉妙法輪이니 如是虛空界盡하며 衆生界盡하며 衆生業
盡하며 衆生煩惱盡하야도 我常勸請一切諸佛하야 轉正法輪은 無有窮
盡이니 念念相續하야 無有間斷하야 身語意業이 無有疲厭이니라

🪷

깨달음의 기본, 법문을 듣고 깨닫는다

『화엄경』「보현행원품」의 여섯 번째 서원인 청전법륜원(請轉法輪
願)은 법륜 굴리기를 청한다, 법을 설해 주시기를 청한다는 원입
니다. 시방삼세 일체 모든 곳에 아니 계신 곳 없으신 일체 모든
부처님께 다양한 방편으로 일체중생을 구제할 수 있는 법을 설하
여 주시기를 청하는 것입니다.

청전법륜원, 즉 설법을 청하는 것은 마음공부에 있어서 상당
히 중요한 원입니다. 절에서 법회가 끝날 때마다 굳건히 되새기는
네 가지 서원이 사홍서원(四弘誓願)인데요, 이것만 봐도 설법을 듣
는 것이 얼마나 중요한지를 알 수 있습니다.

중생무변서원도(衆生無邊誓願度) 번뇌무진서원단(煩惱無盡誓願斷)
법문무량서원학(法門無量誓願學) 불도무상서원성(佛道無上誓願成)

나와 남이라는 일체중생을 다 제도하기를 서원하고, 중생을 제

도하려면 중생의 모든 번뇌를 다 끊도록 해 주어야 합니다. 모든 번뇌를 다 끊어서 불도를 다 성취하기 위해서는 오직 법문이 무량하지만 다 듣기를 서원해야 합니다.

왜 그럴까요? 법문을 들어야 깨달을 수 있기 때문입니다. 석가모니 부처님의 모든 제자도 부처님의 법문을 듣고 깨달았으며, 선의 황금기라고 불리는 조사선(祖師禪)의 시대에도 조사스님들의 직지인심(直指人心)이라는 법문을 듣다가 깨달았습니다. 이를 언하대오(言下大悟), 언하변오(言下便悟)라고 합니다. 불교의 기본 전통, 깨달음의 기본은 바로 여기에 있습니다. 먼저 깨달은 스승의 법문을 듣는 것을 통해 깨닫는 것입니다.

청하지 않으면 설하지 않는다

불교에서는 법문을 들을 준비가 되지 않은 사람, 법을 청하지 않는 사람에게는 법문하지 않는 전통이 있습니다.

보통 타종교를 보면 그 종교가 너무 좋다는 이유로 어떻게 해서든 타인에게 선교를 무조건 하는 것이 제일 원칙이죠. 다른 사람이 싫어하더라도 이 종교가 절대적으로 너무 좋은 것이니까 무조건 선교하는 것이 옳다고 여깁니다. 그래서 아파트를 찾아가며 선교하러 다니는 사람도 있고, 지하철이나 공공장소에서 피켓을 들고 '00 천국 불신 지옥'을 외치는 사람들도 있습니다. 절대적으로 옳다는 말은 곧 이것을 위해 무엇이든 해도 된다는 말이 되기 때문입니다.

그러나 불교는 자연스러운 시절인연을 중요시합니다. 인연이 되고, 법문을 들을 준비가 된 사람에게 법을 설하지, 싫다는 사람을 억지로 앉혀 놓고 법문을 하지는 않습니다. 왜 그럴까요? 다 때가 있기 때문입니다.

또 불교는 불교를 절대화하지 않기 때문입니다. 절대화할 진리라는 무엇을 내세우지 않기 때문입니다. 『금강경』의 '불법은 불법이 아니라 이름이 불법일 뿐'이라는 말도 있고, 6조 혜능 스님의 '본래무일물(本來無一物)'도 있듯, 이 불법에는 불법이라고 내세울 만한 절대적인 실체가 따로 있지 않기 때문입니다.

이 공부는 오직 분별을 깨뜨릴 뿐, 따로 법을 내세우지 않습니다. 분별을 깨뜨리면 곧장 늘 있던 바른 법이 비로소 보이기 때문입니다. 깨달음은 모두가 자기의 본래면목으로 누구나 완벽하게 가지고 있는 본성이기 때문입니다. 따로 찾을 필요가 없습니다. 다만 분별망상 때문에 보이지 않는 것일 뿐이기에, 분별이 멈출 때 비로소 확인되는 것일 뿐이지, 따로 찾거나 획득하는 것이 아닙니다. 이런 연유로 불교에서는 아무리 진리라고 할지라도 진리를 타인에게 강요하지 않습니다.

먼저 청할 때 법을 설할 뿐입니다. 사실 본인이 준비되지 않는다면, 아무리 법을 설해 주더라도 깨달을 수는 없기 때문입니다. 왜 그럴까요? 이 공부는 머리로 하는 공부가 아니기에 말을 잘 이해한다고 깨닫는 것이 아닙니다. 진심으로 활짝 열린 마음으로 진정으로 깨달음을 원하고, 간절하게 듣고 싶은 마음이 먼저 있어야만 합니다. 그러니 아무리 법문을 해 주더라도 본인이 마음의 준비가 안 되어 있다면 결코 깨달을 수 없기 때문입니다. 바로 이런 점에서 청전법륜원은 깨달음에 있어 가장 중요한 원이라고도 할 수 있습니다.

법을 청해야 법을 얻는다

이 공부를 하고 싶다면 법문을 청할 줄 알아야 합니다. 법문 듣고 싶은 마음이 간절해야 합니다. 올바른 법문을 들어야만 깨달을 수 있기 때문입니다.

바른 스승은 자신이 깨달은 마음을 곧바로 직지(直指)해 보이기 때문에, 스승의 법문을 통해 스승과 제자의 마음이 이심전심(以心傳心)으로 통하는 것입니다. 스승이 가리키는 마음을 제자 또한 문득 확인하는 것이 바로 깨달음입니다.

요즘같이 언제나 법문을 들을 수 있는 시대에 법을 청한다는 것은 곧 법문이 있는 곳으로 가고, 법문을 늘 듣고자 하는 마음을 내야 한다는 것입니다. 절에서도 법회를 할 때 법문에 앞서 청법가를 부릅니다. 이것이 바로 청법(請法)의 전통입니다.

가장 처음에 나온 청법의 전통은, 부처님께서 깨달음을 얻으신 다음에 '이 법이 너무 심오한데 중생들이 알아들을 수 있을까?' 하고 고민하는 장면에서 기인합니다. 그때 범천(梵天)이 와서 간청했다고 하죠. 율장 대품에 보면 이렇게 나옵니다.

"내가 도달한 이 법은 깊고, 보기도 어렵고, 깨닫기 어렵고,

아주 고요하고 또 숭고하구나. 단순한 사색에서 벗어나서 더 미묘하고 지혜로운 자만이 알 수 있는 법이다. 그런데 사람들은 집착하기 좋아하고 아예 집착을 즐긴다. 그런 사람들이 '이것이 있으므로 저것이 있다.'라는 연기의 도리를 오롯이 본다는 것은 참으로 어려운 일이다. 또한, 모든 행이 고요해진 경지, 윤회의 모든 근원이 사라진 경지, 갈애(渴愛)가 다한 경지, 탐착(貪着)을 떠난 경지, 괴로움의 소멸에 이르는 경지, 그리고 열반의 도리를 안다는 것도 어려운 일이다. 내가 비록 법을 설한다고 해도 다른 사람들이 이해하지 못한다면 나만 피곤할 뿐이 아니겠는가."

부처님께서 위와 같은 생각을 하셨을 때, 범천이 나타나서 부처님께 "세존이시여! 법을 설해주소서. 선서(善逝)께서는 법을 설하소서. 삶의 티끌이 적은 중생들도 있습니다. 그들이 법을 듣는다면 알 수 있을 것입니다. 그러나 법을 설하지 않으신다면 그들조차 모르고 법은 쇠퇴할 것입니다."라고 권청했다고 합니다.

이 범천의 권청을 통해 석가모니 부처님께서는 설법을 시작할 수 있었고, 우리 또한 지금까지도 이렇게 법문을 들을 수 있었던 것입니다. 우리도 매 순간 간절한 마음으로 늘 권청하는 삶을 살아야 합니다.

추구를 놓아버리는 공부

언젠가 인터뷰를 할 때 기자분께서 "어떻게 하면 기도가 잘 이루어질 수 있을까요?"라고 질문을 하더군요. 찬물을 끼얹는 답변을 하지 않을 수 없었습니다.

우리가 기도한다는 것은 '이런 것이 이루어졌으면 좋겠다, 건강했으면 좋겠다, 남편이 진급했으면 좋겠다, 자식이 합격하고 취직했으면 좋겠다.' 등등 이런 뜻하는 바, 원하는 바를 정해 놓고 그것이 이루어지게 해 달라는 것입니다.

그런데 본질에서 보면, 원하는 것을 추구하는 마음은 지금 여기에 있는 이대로를 버리고 다른 것을 찾아 떠나는 것입니다. 지금 있는 것이 아닌 다른 것을 원하는 것입니다.

만약 토끼가 사자가 되기를 원하거나, 제비꽃이 장미가 되기를 원한다면 어떨까요? 바로 그 추구심이 토끼와 제비꽃을 괴롭게 할 것입니다. 그러나 그저 토끼인 그대로, 제비꽃인 그대로를 인정하고 산다면 바로 지금 여기에서 아무런 문제가 없습니다. 본래 아무 문제가 없었는데, 다른 무언가가 되려고 추구하면서부터 괴로움이 생긴 것일 뿐입니다.

또한, 원하는 대로 되기를 바란다고 하지만, 원하는 대로 되는 것이 정말 좋은지를 알 수 있을까요? 어쩌면 원하는 대로 되지 않는 것이 나를 위해 더 좋을 수도 있습니다. 무엇이 옳은지를 결코 알 수 없습니다. 모를 뿐입니다.

가장 올바른 자세는, 무엇이든 원하는 것도 좋고, 마음을 내는 것은 좋지만, 결과는 알 수 없으니 내맡기면서 집착 없이 행하는 것입니다. 결과를 알 수 없고, 어떻게 될지 모르니 아무것도 하지 않겠다고 하면 그 또한 어리석은 것입니다. 무엇이든 마음에서 일어나는 것을 최선을 다해 실천하고 노력하되, 결과는 인연에 완전히 내맡길 수 있다면 하되 함이 없는 무위의 실천을 하게 됩니다. 그러면 돼도 좋고 되지 않아도 좋습니다.

미래를 향해 추구하는 마음에 집착하게 되면 지금 눈앞에 있는 진실을 놓치게 될 뿐입니다. 이미 있는 완전한 성품은 놓치고, 알 수 없는 허상에 사로잡히게 됩니다. 추구하되 추구하는 바가 없이 추구하는 것이야말로 무위(無爲)의 지혜입니다.

인연 따라 저절로 살아진다

보통 사람들은 '내가 잘나서 이만큼 돈도 벌고 성공했다.'라고 여깁니다. 혹은 '내가 능력이 없어서 실패했다.'라고 생각하죠. 그러나 사실은 그렇게 살아온 '나'는 없습니다. 자책할 필요도 없고, 우월감을 느낄 필요도 없습니다.

내가 산 것이 아니라, 온갖 인연으로 인해 살려지고 있던 것이 아닐까요? 무수히 많은 인연과 조건들이 화합해서 도왔기 때문에 살 수 있었습니다. 내가 산 것이 아니라, 인연 따라 인연생 인연멸의 중중무진의 무한 반복이 있을 뿐입니다. 삶은 인연 따라 끊임없이 변화해 가는 연속입니다.

보현행원품과 마음공부

제행무상(諸行無常), 제법무아(諸法無我)가 바로 그것입니다. 연기법에 따라 무상하게 변해가는 것에는 고정된 실체적 자아가 없습니다. '나'가 없습니다. 그런데도 '나'를 내세워 있다고 여기면서 변하지 않기를 바라고, 자기 뜻대로 되기를 바라면 일체개고(一切皆苦)가 되지만, 무상과 무아를 바로 보면 열반적정(涅槃寂靜)이 드러납니다.

내 의지대로 무엇이든 할 수 있을 것 같지만, 자신의 키를 5cm라도 키울 수 있을까요? 내 의지대로 눈 위치를 1cm 옮길 수 있을까요? 노화를 멈출 수 있나요? 아니면 배고프게 만들 수 있나요? 내가 하는 것이 아니라 이 모든 것이 저절로 이루어지지 않습니까? 삶은 전자동으로 자연스럽게 저절로 인연 따라 흘러갑니다. 내가 애쓰지 않아도 저절로 배고프고, 배고프면 밥 먹고, 배부르면 싸고, 졸리면 자고, 키도 저절로 크고, 소화도 저절로 시키고, 아프면 병원에 가고, 모든 것은 저절로 무위로 흐르고 있습니다.

무아연기, 내가 한 것이 아니라 연기가 한다

여러분이 절에 오신 것도 자신의 자유의지로 왔다고 생각하겠지만 자기 의지만 갖추고 절에 올 수는 없습니다. 인연이 잘 따라 주어야만 가능하죠. 내 의지는 절에 가고 싶었더라도 가족에게 갑자기 사고가 났다거나, 남편이 반대하거나, 생각지 못한 일이 생기게 되면 절에 못 가게 됩니다. 저절로.

절에 온 것 하나조차도 사실은 절에 올 수 있는 조건과 인연이 잘 화합했기 때문에 감사하게 올 수 있었던 것입니다. 이 사소한 절에 오는 일조차 사실은 내 일이 아닌, 우주적인 중중무진 연기의 결과입니다.

삼성전자 회장이 자기 혼자 갤럭시폰을 만들 수 있을까요? 도대체 그 스마트폰은 누가 만든 것일까요? 메모리반도체 엔지니어? 사장? 도매상? 소매상? 디자이너? 부품 업체? 앱 개발자? 어느 한두 명이 만든 것이 아니라, 모든 사람은 그저 자신이 해야 할 어느 작은 한 공정의 일만 했을 뿐이지만, 그 모든 인연이 화합한 결과 그 정교한 스마트폰 하나가 우리 손에 쥐어질 수 있는 것입니다. 어느 누가 한 것이 아니라 연기법이 한 것입니다.

내가 잘나서 산다고 하지만, 나에게서 공기만 빼버려도 우리는 곧장 죽습니다. 공기가 도와주지 않으면, 물이 도와주지 않으면, 온갖 음식물이 공급되지 않으면, 여기 우리는 없습니다.

모든 것은 인연 따라 생겨나고 인연이 다하면 사라집니다. 거기에 나라는 것이 붙을 수가 없어요. 나라는 아상(我相)을 개입시킬 여지가 없습니다.

나와 세상은 이렇게 탄생한다

인연 따라 탁!(죽비 소리) 이 소리가 생겨나고 사라집니다. 이 손과 죽비와 공기라는 인과 연이 화합하면 탁! 그냥 생겨나요. 그런데 이 소리는 인연 따라 생겨났다 인연 따라 사라지고 끝나버렸습니다.

이처럼 이 세상 모든 일은 아무 의미 없이, 이유 없이 인연이 화합하면 생겨나고 인연이 다하면 사라져서 끝입니다. 우리 인생 전체가 이와 같습니다.

우리가 태어나고 죽는 것, 어디서 와서 어디로 갈까요? 이것과 똑같습니다. 탁!(죽비 소리) 이 소리는 온 바 없이 왔다가 간 바 없이 갔어요. 그저 잠깐의 인연화합, 인연생 인연멸일 뿐이었습니다. 여기에 실체가 따로 있습니까? 자아가 있습니까? 의미가 있습니까? 탁! 하는 죽비 소리에 무슨 자아가 있고 의미가 있어요? 아무 의미도 없습니다. 의미는 사람이 분별해서 붙이는 것일 뿐이지요.

세상 모든 것이 이와 같습니다. 자아도 없고, 실체도 없고, 의미도 없습니다. 그저 인연 따라 생겨났다가 사라질 뿐입니다. 그러나 사람들은 이렇듯 '인연생 인연멸일 뿐'인 여기에 자기의 해석과 분별을 붙이고, 이름을 붙이고, 온갖 의미를 부여하고, 그 부여된 의미와 이름을 실체화시킵니다. 이것을 상(相)이라고도 하고, 이름과 모양이라 하여 명상(名相)이라고도 합니다. 이름과 모양을 부여함으로써 연생무생(緣生無生)인 온갖 것을 실제 있는 것으로 실체화하고, 거기에 집착합니다.

이렇게 나와 세상은 탄생합니다. 이 세상 모든 것은 바로 이처럼 탄생했습니다. 자기의 분별 의식이 세상을 만들어 낸 것입니다. 세상은 곧 이렇게 인간의 분별 의식에서 탄생한 것이기에 만법유식(萬法唯識)이라고 부릅니다.

우리 몸도 느낌도 생각도 감정도 의지도 삶 속에서 일어나는 무수히 많은 사건도 전부 다 이처럼 인연 따라 생겨났다 인연 따라 사라지고 끝나버립니다. 거기에 집착해서 붙잡을 만한 것이 아무것도 없어요. 이미 지나간 것은 사라졌잖아요.

이 죽비 소리를 집착해서 붙잡는 사람이 없듯이, 이미 지나간 과거는 인연 따라 생겼다가 인연 따라 사라져서 깔끔하게 끝나버렸습니다. 어디에서도 찾아볼 수 없어요. 그런데도 우리는 의식으로 거기에 의미를 부여하고, 그리워하고, 애착하며, 사로잡힙니다. 이미 지나간 죽비 소리를 집착할 것이 없듯, 이미 지나간 옛 기억과 트라우마에도 집착할 것은 없습니다. 그 모두가 허망한 의식이 지어낸 거짓이기 때문입니다.

어떤 사람은 과거에 누군가가 나를 욕했다는 트라우마에 갇혀 삽니다. 또한, 과거의 수많은 경험과 업장들을 지금까지 가지고 와서 인생을 힘들게 삽니다. 전혀 그럴 필요가 없습니다. 인연 따라 생겨나고 인연 따라 사라지는 걸 우리는 그냥 경험할 뿐이기 때문입니다. 있는 그대로 이 소리를 탁! 있는 그대로 그냥 알아차릴 뿐이에요. 모든 것은 생겨나고 사라질 뿐이고, 생겨났을 때 '생겨났다.'라는 걸 알아차릴 뿐이고, 사라질 때 '사라진다.'라는 사실을 알아차릴 뿐입니다.

분별없이 알아차리는 자리

이 알아차리는 자리에는 분별이 없습니다. 그저 알아차릴 뿐이죠. 이것만이 진실합니다. 이것을 '첫 번째 자리'라고 말할 수 있습니다. 그러나 이 첫 번째 자리에서 연이어 일어나는 온갖 분별과 취사간택 등의 생각은 전부 '두 번째 자리', '두 번째 화살'이며, 분별망상입니다. 이것이 우리를 괴롭게 만드는 주범입니다. 모든 괴로움의 원인입니다. 그래서 붓다는 '두 번째 화살'을 맞지 말라고 하셨습니다.

우리가 참된 지혜로써 할 수 있는 일은 이렇게 일어났다는 것을 일어났다고 알고, 사라졌을 때 사라짐을 아는 것을 알아차리는 것입니다. 이렇게 저절로 알아차려지거든요. 바로 이 알아차림에 대한 알아차림, 이것이 전부입니다. 이것은 분별이 아닙니다. 생각이 아닙니다. 그저 이것일 뿐.

이를테면 탁! 이것을 첫 번째 자리에서 바로 알아차리는데 두 번째 자리에서 탁! 이걸 가지고 '죽비 소리다.' '좋다.' '듣기 싫다.' '차라리 종을 치지.' '목탁을 치지.' 이런 식으로 소리를 해석하는 것은 사람마다 개별적으로 다 다릅니다. 두 번째 자리에 떨어지는 그 내용은 사람마다 다 다르죠. 그러나 탁! 할 때 이 첫 번째 자리, 이 알아차림 이 자체는 똑같습니다. 그저 이것이죠. 탁! 이름도 붙지 않고, 개념도 없고, 분별도 없고, 생각도 아닙니다. 그저 이것일 뿐입니다. 탁!

탁! 이것은 우리를 전혀 괴롭히지 않아요. 또 이 소리를 첫 번째 자리에서 들을 때는, 법당 앞에 있는 사람이나 뒤에 있는 사람이나 여기에 있는 모든 사람이 똑같을 뿐입니다. 그냥 탁 이것뿐이죠. 그냥 알아차릴 뿐이죠. 그 자리에는 분별이 없습니다. 첫 번째 자리에서 듣는 탁! 이 성품은 내가 개입되지 않습니다.

'수행이란 무엇이냐?', 내가 개입될 여지가 없고 분별할 수 없는 이 첫 번째 자리, 탁! 바로 여기에 눈뜨는 것입니다. 그러니 인연 따라 생겨나고 인연 따라 사라지는 이 모든 삶 전체가 그대로 법이고 진리입니다. 인연법, 그것이 바로 진리입니다. 제법실상(諸法實相), 현실이 바로 진실입니다. 무분별지(無分別智)가 바로 지혜입니다. 목전(目前), 눈앞이 당장 이것입니다. 언제나 늘 즉(卽)한 순간에 바로바로 알아차리는 이것뿐입니다. 여기에서 모든 것을 비추고 있잖아요.

마치 거울이 세상을 분별없이 비추듯이, 이 거울 같은 본래 마음 하나가 일체 삼라만상 모든 것을 분별없이 비추고 있습니다. 누구나 바로 지금 다 갖추고 있고 늘 쓰고 있는 이 마음을 말하는 거지, 다른 것을 말하는 것이 아닙니다. 바로 이렇게 곧장 쓰고 있습니다. 늘 이렇게 살아있습니다. 이것이 진정한 생명입니다. 이것이 진정한 나의 본래면목입니다. 이게 반야고 해탈이고 열반이고 참나고 본성이고 불성이고 진리입니다.

삶에는 의미가 없다

누가 나한테 시비를 걸었어요. 혹은 내가 돈을 몇천만 원 날렸습니다. 어떤 안 좋은 일이 벌어졌어요. 어떤 일이 벌어진다고 할지라도 그 일은 특별한 의미가 없습니다. 그냥 인연 따라 왔고 인연 따라 갈 때 갈 거예요.

어디가 아프다고 해봐요. 그러면, '내가 왜 아플까? 내가 곧 죽으려나. 내가 업장이 두터워서 그런가. 나는 왜 하는 일마다 안 되지. 내가 전생부터 가지고 온 업장이 두터워서 그런가?'라는 온 갖 이야기를 지어냅니다.

또 어떤 분은 "저는 업장이 두터워서 하는 일마다 안 돼요."라 고 말씀하시는데, 본인이 업장이 두터운 줄 어찌 그리 잘 아는지 모르겠어요. 그렇지만 그건 자기 생각이에요. '나는 업장이 두텁 다.'라고 생각하는 그 분별이 바로 업장일 뿐입니다. 그러면 내가 만들어 낸 그 생각 때문에 될 것도 안 되게 됩니다.

모든 일은 인연 따라 일어나고 인연 따라 사라지면 끝입니다. 아무런 의미 개념이 없어요. 그런데 늘 내 쪽에서 의미를 부여합 니다. '그때 그 일이 나를 성장시켜 주었어.' 하고 의미 부여하고, '그때 그 일 때문에 내 인생은 망쳤어.' 하고 의미 부여하는데, 내 가 그렇게 생각하는 것뿐이지 그것 때문에 망치지도 않았고 내 인생이 더 잘 된 것도 아닙니다. 모를 뿐이죠.

그냥 인연 따라 그 모든 일이 일어나고 사라졌을 뿐이에요. 그 것을 '인연 따라 생겨나고 인연 따라 사라질 뿐.' 하고 그냥 첫 번 째 자리에서 알아차리면 그뿐입니다. 근데 그걸 생각으로 '내 인 생은 잘 살았어, 못 살았어.'라고 판단하면 정말 어리석은 중생으 로 전락하는 것입니다.

여러분의 인생은 잘 살지도 못 살지도 않았습니다. 그저 인연 따라 살아왔을 뿐입니다. 인연이 생겨나고 인연이 사라졌을 뿐입 니다. 인연 따라 오고 가는 삶을 있는 그대로 내버려 두면, 매 순 간 부처이고, 바로 이곳이 불국토입니다. 분별만 하지 않으면, 모든 것은 그저 있는 그대로 있을 뿐입니다. 그 모든 것을 그저 거울처럼 비출 뿐, 그 어떤 것도 분별하지 않습니다.

생각의 조작만 없으면 그저 우리는 있는 이대로 늘 부처로 진실, 실상에 뿌리를 두고 살아갈 뿐입니다. 세상을 내 식대로 해석할 필요가 없습니다. 판단 분별할 필요가 없습니다. 그 어떤 판단 분별도 진짜가 아니고 내가 일으킨 허망한 의식일 뿐입니다.

저절로 알아차려 진다

그러면 첫 번째 자리에서 정견(正見), 있는 그대로를 있는 그대로 보는 것은 어떻게 보는 것일까요? 인연법을 그대로 경험해 주는 것입니다. 위빠사나에서 말하듯이 그대로 알아차림 해 주는 거예요. 일어나는 것은 일어났을 뿐 그걸 그냥 경험해 주고 알아차리는데 내가 주도적으로 알아차리는 것이 아닙니다. 그러면 알아차리는 내가 있고 알아차리는 것이 있게 되는데, 그러면 진정한 알아차림이 아닙니다. 저절로 알아차려집니다. 통으로, 하나로 알아차려질 뿐이에요. 탁! 이 소리는 저절로 들리지, 들으려고 애써서 듣는 게 아닙니다. 내가 하는 게 아닙니다. 내가 탁! 이 소리를 듣는 게 아니에요. 그냥 일어나죠. 그냥 비춥니다.

그런데 두 번째 자리에 떨어져서 조작하게 되면, '이 소리는 듣기 싫어. 스님! 법문할 때 죽비 좀 치지 말아 주세요.' 뭐 이런 생각이 올라오는 것입니다.

진리에 따라 사는 삶은 단순합니다. 너무나도 단순해서 우리가 못하지요. 우리는 머리로 의식으로 너무 모든 걸 생각하고 해석하고 판단하면서 분별하면서 복잡하게 살아왔기 때문입니다. 단 1초도 안 되어서 보자마자 자동으로 분별하고 해석하는 데 익숙해져 있어요.

불교는 하던 분별을 그냥 하지 말라는 거예요. 하지 말고 그냥 일어나는 이대로를 경험하고 이대로 비추는 자리에서 모든 것을 하는 것입니다. 그러면 다 하면서도 하는 것이 아닙니다. 하되 함이 없이 하게 됩니다. 이 비추는 자리에 딱 뿌리내리고 있으면, 대상 경계에 끌려가 온갖 것을 다 하면서도 그것이 실체가 아닌 줄 깨닫기에, 임시로만 잠시 갔다 올 뿐입니다. 다 하면서도 하는 바가 없고, 거기에 끌려가지를 않습니다.

계획을 세우지 않는 삶

좀 말이 길어졌는데 이처럼 우리는 그냥 이 순간을 살아가면 됩니다. 내 머릿속의 생각 분별을 믿고 '이렇게 살아야 해, 저렇게 살아야 해.' 하고 계획을 세워서 사는 삶은 아주 피곤한 삶입니다.

이 계획은 누가 세웠어요? 내 머릿속 분별이 세웠습니다. 뭘 기반으로 세웠을까요? 자신의 과거 경험, 즉 업을 기반으로 세운 것입니다. 12연기의 무명·행·식인데요, 어리석은 마음, 무명으로 어리석은 행위를 통해서 무수히 많은 업행(業行)을 쌓아왔고, 거기에서 식, 의식, 분별심이 만들어졌습니다.

결국, 어리석음이 만들어 낸 것인데 그 허망한 의식을 기반으로 '내 미래는 이렇게 되어야 해. 내 자식은 이런 삶을 살아야 해. 너는 반드시 이 대학 가야 해. 너는 그 남자랑 결혼하면 안 돼. 남편은 나한테 잘해야 해. 내 인생은 몇 살까진 건강해야 해. 나는 몇 살까진 살아야 해.' 하면서 무수히 많은 것들을 세워 놓습니다. 그 모든 것이 망상입니다. 허망한 의식이 만든 것일 뿐입니다. 그런데 허망한 의식이 만든 대로 삶이 그렇게 되던가요? 안 됩니다. 생각대로 안 되니까 또 괴로워합니다.

세상은 전부 허망한 생각이 만든 가상현실이고 가짜입니다. 그렇다면 참된 진실은 무엇일까요? 지금 이렇게 벌어지고 있는 이것이 참된 진실입니다. 눈앞의 이것이 진실입니다. 탁! 이것이 전부입니다. 저절로 비추잖아요. 여기에 뭐가 부족합니까? 우리는 늘 참된 진실 속에 살고 있어요. 단 한 순간도 진실에서 벗어날 수가 없습니다.

생각이 진짜라고 여기면서 지금까지 살았지만, 생각 속의 삶은 허상입니다. 과거 아니면 미래로 왔다 갔다 하는 게 생각이거든요. 0.1초 전 과거로 죽었다가 깨어나도 못 돌아가요. 탁! 좀 전에 탁 했던 그 과거로 돌아가 보세요. 또한, 1초 후 미래로도 죽었다가 깨어나도 못 갑니다. 즉 생각의 세계, 생각이 만든 가상현실, 분별 망상의 세계 속으로는 죽었다 깨어나도 갈 수가 없어요. 생생히 내가 살면서 체험하고 검증한 거잖아요. 생각 속으로 뛰어들어갈 수 없어요.

우리는 눈앞에 있는 이 자리, 이 진실한 당처, 이 실상에서만 언제나 살고 있어요. 그런데도 이 진실한 실상 속에 온전히 뿌리

내리지 못하고 허망한 착각의 세계가 진짜인 줄 알고, 생각으로 만든 가상세계가 진짜인 줄 알고 살아갑니다. 그걸 쫓아가는 삶이란 끊임없이 괴로움을 만들어 내는 삶일 수밖에 없습니다.

100% 쉬고, 100% 움직인다

깨달음을 얻는다는 것은 내가 원하는 대로 뭐든지 착착 잘 이루는 사람이 되는 것이 아니고, 그저 지금 여기에 온전히 뿌리 내리게 되는 것일 뿐입니다. 눈 앞을 무분별로 사는 것이며, 100% 지금 이 자리에 온전히 존재하고, 만족하고, 받아들이며 매 순간을 사는 것입니다. 지금 여기에 도착해 있으니, 더는 추구할 바가 없습니다.

어떤 것도 추구하거나 원하지 않지만 그런데도 무엇이든 필요한 것은 다 합니다. 그저 순수하게 반응하며 마치 어린 아기들처럼 그 순간에 순수한 열정으로 삽니다.

어린아이들에게, "오후에 재미있는 놀이공원 갈 거니까 지금은 조금만 놀아. 에너지 낭비하지 말고."라고 하는 것이 아이들에게는 안 통합니다. 미래 계획이 없고 오직 지금뿐입니다. 그저 지금 100% 열정적으로 놀고, 짜증이 나면 100% 짜증 내버려요. 완전 연소하여 100%로 놀다가 지치면 곧장 완전히 깊은 잠에 떨어집니다. 불면증 같은 것이 없어요. 100%로 푹 잠을 자고 일어나면 또다시 만랩 풀충전하여 다시 100% 뛰어놀죠.

'공성(空性), 지혜를 체득하면 허무해지고 게을러질 것이다, 집착도 없으니 삶의 에너지도 없을 것이다, 삶을 열정적으로 안 살 것이다.'라는 것은 완전한 오해입니다.

부처님같이 열정적으로 전법을 하며 사신 분이 어디 계세요? 대휴헐처(大休歇處), 부처님은 완전히 크게 쉰 자리에서 무한한 활동을 하시는 분입니다. 모든 게 온전히 쉬어버린 자리인데 무한한 에너지를 가지고 끊임없이 움직입니다. 그래서 이 공부를 하면 쉬면서 끊임없이 움직임이 일어나고 움직이면서 동시에 온전히 쉬게 됩니다. 함이 없이 무엇이든 다 하게 됩니다.

그래서 3조 승찬 대사께서는 "지동귀지 지갱미동 유체양변 영지일종(止動歸止 止更彌動 唯滯兩邊 寧知一種)"이라고 하여, "움직임을 그쳐 멈춘 곳에 돌아가면, 멈춘 것이 다시 더 큰 움직임이 된다. 양변에만 머문다면 어찌 하나임을 알겠는가."라고 하셨습니다. 크게 쉬어버린 자리는 곧 무한한 움직임의 자리와 둘이 아닙니다. 쉰 곳에서 움직임이 나오고, 끊임없이 움직이면서도 근원은 털끝만큼도 움직임이 없습니다. 여여부동(如如不動)이고, 여래여거(如來如去)입니다.

아무리 좋은 말도 과하면 폭력

이런 선법문을 처음 접하는 분들이라면, 이런 가르침은 도저히 이해되지 않으며, 다소 충격적일 수도 있습니다.

내가 잘살고 내가 부자 되고 내가 돈 벌고 내가 남들에게 인정받기 위해서 살아왔는데, 그 내가 없다고 하면 얼마나 황당한 일입니까? 이런 법문을 받아들이기는 참으로 쉽지 않은 일입니다.

그렇기에 이 법문을 받아들일 준비가 되어 있는 이에게 법을 설하는 것입니다. 부처님 당시부터 법을 설하기 전에는 항상 청법을 하고, 법을 설할 조건이 갖추어져야 법을 설합니다. 요즘도 법문 듣기 전에 법회에서 청법가를 부르는 것도 바로 이런 청법의 뜻을 담고 있습니다.

아무리 진리라고 하더라도, 진리에 사로잡혀 진리를 전법한다는 사명감이 지나치면, 그것은 독이 됩니다. 전혀 진리다운 행동이 아닙니다. 집착할 것은 하나도 없기 때문입니다. 진리에도 집착해서는 안 된다는 것이 『금강경』의 '법상(法相)도 타파하라.'라는 가르침입니다. 진리라는 상을 내세워 집착하는 것도 허망하다는 것입니다.

수많은 선어록에서도 선사스님들은 "그저 인연을 만나면 베풀고, 인연이 없으면 쉰다."라고 할 뿐입니다. 전법의 인연을 만나면 법문을 해 주어 그들을 진리로 이끄는 일을 하지만, 그런 사람을 만나지 못하면 그저 쉴 뿐이지 억지로 관심도 없는 사람에게 강요하지 않습니다.

수행은 비묘엄밀하게

저의 은사이신 불심도문 스님은 항상 용성(龍城, 1864~1940) 스님의 유훈 십사목(十事目)을 말씀하시면서 특히 "수행은 안으로 비묘엄밀(秘妙嚴密)하게 하라."라는 말씀을 하곤 하셨습니다.

수행은 은밀하고 비밀스럽게 그러나 묘하고 엄밀하게 하라는 말씀입니다. 남들에게 수행하는 것을 자랑하거나 티 내며 하는 것이 아니라는 것이지요. 수행은 하는 것도 아니고 하지 않는 것도 아니어서 말 그대로 중도의 묘(妙)함이 있고, 그렇기에 비전(祕傳) 즉 비밀스럽게 전해 내려온다는 말처럼 드러내 놓고 할 수 있는 것이 아닙니다.

이 공부는 공부가 나름 많이 된 것 같더라도 오랜 업습을 넘기가 좀처럼 쉽지 않습니다. 따라서 한소식을 했다고 하는 사람조차 오랜 업습에 끌려다니거나 분별에 끄달리는 일들이 계속해서 일어납니다. 그렇기에 오래오래 분별을 조복 받는 공부를 꾸준히 10년이고 20년이고 계속 정진하는 것이 중요합니다. 선에서는 견성한 이후에도 '갱참삼십년(更參三十年)'이라 하여, 다시 30년을 점수(漸修), 보임(保任), 수행해야 한다고 강조하고 있습니다. 이처럼 엄밀해야 합니다. 섣부르게 수행 잘하는 것을 자랑했다가 뒷날 허물을 보이느니 묵언(默言)하는 마음으로 묵묵히 비묘엄밀하게 공부할 일입니다.

이처럼 자기의 공부는 비묘엄밀하게 해야겠지만, 누구라도 스스로 간절히 법을 원하고, 자신의 괴로움에서 벗어나기를 원한다면, 아직 깨닫지 못했더라도 자신이 할 수 있는 최선을 다해 가르침을 전할 수 있습니다. 도반들이 공부에 관해 묻거든 그저 겸손하게 아는 만큼 답해 주고, 함께 법담을 나눌 수 있습니다. 그 또한 청법이기 때문입니다.

또 좋은 법문이나 경전의 가르침 등을 문자로 나누거나, 유튜브의 좋은 법문을 링크로 보내주는 것도 현대인들이 할 수 있는 전법입니다.

청법가에 담긴 의미

불교에서는 설법을 듣고자 할 때, 먼저 스승께 예배하고 간절하게 '법을 설해 주십시오.' 하고 세 번 청하는 청법의식(請法儀式)이 있습니다. 이는 앞서 설명해 드린 범천의 권청에서 유래한 것으로 다른 종교에서는 찾아볼 수 없는 불교 고유의 전통입니다.

요즘 법회 때 법문 전에 청법가라는 노래를 부르는데요, 이 노래의 원류가 된 것이 한문 게송으로 된 청법게(請法偈)입니다.

차경심심의(此經甚深意) 이 경의 깊고 깊은 뜻을
대중심갈앙(大衆心渴仰) 대중들은 간절하게 갈구합니다.
유원대법사(唯願大法師) 오직 원컨대 대법사님께서는
광위중생설(廣爲衆生說) 중생들을 위해 널리 법을 설해 주소서.

이 전통적인 청법게의 내용을 토대로 춘원 이광수(春園 李光洙, 1892~1950) 선생이 우리가 법회 전에 부르는 청법가 가사를 썼습니다. 이분이 원래는 기독교 신자였는데 나중에 불교로 개종해서 효봉 스님 밑에서 불교 공부를 많이 하고 아주 독실한 불자가 되었습니다. 『원효대사』라는 소설도 썼죠. 청법가 가사를 살펴보면

다음과 같습니다.

> 덕높으신 스승님 사자좌에 오르사
> 사자후를 합소서 감로법을 주소서
> 옛인연을 잊도록 새인연을 맺도록
> 대자비를 베푸사 법을 설하옵소서.

원래는 이 가사였는데 누군가가 '옛 인연을 이어서 새 인연을 맺도록'이라고 바꾸었습니다. 아마도 옛 인연을 다 잊고 새 인연만 맺어야 하는가 하는 궁금증에서 더욱더 자연스럽게 바꾼다고 한 것 같은데요, 사실 본래의 가사가 더 적절해 보입니다. 그 뜻도 더 좋고 '잊도록, 맺도록'하는 라임도 좋고 말이죠.

여기에서 옛 인연이란, 이미 지나간 과거를 말하는 것으로, 과거는 곧 분별망상일 뿐이니 내려놓고 오직 목전사(目前事), 즉 지금 눈앞의 현재에 빛나는 늘 새로운 인연을 맺을 뿐이라는 뜻입니다. 그렇다고 과거의 모든 인연은 다 버려야 한다는 뜻이 아닙니다. 과거의 인연들을 지금 만날 때는 오직 과거의 그 사람에 관한 판단 분별을 잊고, 오직 지금, 이 순간의 새로운 존재로 분별을 내려놓고 텅 빈 시선으로 새롭게 만날 수 있어야 합니다.

중도(中道)의 실천인 팔정도(八正道)에서 첫 번째인 정견(正見)이 바로 그 뜻입니다. 정견은 곧 분별없이 있는 그대로를 있는 그대로 보는 것입니다. 과거의 편견, 선입견, 분별없이 눈앞을 지금 여기에서 텅 빈 마음으로 있는 그대로 보는 것입니다. 이것이 바로 불법의 참뜻입니다. 이러한 불법의 참뜻을 청하는 것이 청법이고, 이 뜻을 밝히는 가르침이 곧 법문입니다. 법문 듣는 인연이 바로 새 인연입니다.

이 공부는 바로 이러한 법문이라는 새 인연을 만나는 일입니다. 과거의 분별망상으로 살아온 삶을 잊고, 회광반조(回光返照)하여 완전히 분별을 돌이켜, 지금까지 한 번도 맺지 않았던 불법이라는 새 인연을 만나는 공부입니다. 분별이라는 옛 인연을 잊고, 무분별이라는 새 인연을 맺는 길입니다.

설법할 수 있는 여덟 가지 조건

『앙굿따라 니까야』에서 '뿟니야'라는 제자가 부처님께 "세존이시여! 어떨 때는 부처님께서 가르침을 기꺼이 설하시는데, 어떨 때는 설하지 않기도 하시는데 그 원인이 어디 있습니까?"라고 질문하는 내용이 나옵니다. 부처님께서 아무 때나 설하지 않고, 아무에게나 설하지 않는 이유가 무엇인지 여쭙는 말에 부처님께서는 "법을 설할 수 있는 조건이 맞아야만 법을 설하지 아무 때나 법을 설하지 않는다."라고 말씀하시면서, 법을 설할 수 있는 조건 여덟 가지를 말씀하시는데요, 다음과 같습니다.

첫째, '믿음'을 갖춘 사람에게 법을 설합니다. 즉, 불법승 삼보에 대한 믿음이 있는 사람, 이 법에 대한 믿음이 있는 사람에게 법을 설한다는 것입니다. 믿지 못하고 의심만 하는 사람에게는 법을 설해 봐야 스스로 믿지 않을 것이기 때문입니다.

둘째, 스스로 찾아와서 직접 묻는 사람에게 법을 설합니다. 이 말씀은 직접 찾아와서 법문을 듣는 것이 될 수도 있고, 요즘 같은 시대에서 넓은 의미로 보면 인터넷이나 유튜브 법문을 스스로 찾아 듣는 것도 포함될 수 있을 것 같습니다. 그러나 직접 찾아와서 묻고 들으라는 말씀처럼, 스승과 제자가 한 공간에서 직접 청법하고 법문을 들을 때, 분명 그 공명과 울림은 더욱 클 수밖에 없습니다.

셋째, 가까이 앉아서 법을 들을 자세가 되었을 때 설합니다. 제가 법회를 할 때마다 저 뒤에서 듣는 것보다 법문을 가까이 앉아서 듣는 게 훨씬 좋다고 말씀드리곤 합니다. 학교에서 공부할 때도 그렇잖아요. 맨 앞에 앉는 게 저 뒤에 앉는 것보다 훨씬 집중이 잘 됩니다.

유튜브로만 그냥 습관적으로 듣게 되면 머릿속의 분별 해석, 내 생각으로 걸러서 듣게 될 확률이 높습니다. 그러나 찾아와서 가까운 거리에서 직접 들으면, 나도 모르는 사이에 생각이 멎고 분별을 내려놓고 법의 힘을 곧바로 느끼게 됩니다.

법회 회상에서의 법문 시간은 무언가 알 수 없는, 뭐랄까요, 그 많은 사람이 몸도 마음도 털끝만큼도 움직이지 않고 장엄한 침묵 같은 텅 빈 공간 속에서 온전히 마음을 열고 한마음으로 법문과 하나 되는 어떤 알 수 없는 분위기가 있습니다. 그 속에서 법사와 대중 모두가 저절로 하나되어 공명하고 저절로 깨어나는 어떤 모티브가 분명 있습니다.

보현행원품과 마음공부

넷째, 궁금한 것에 대해서 질문할 때 법을 설합니다. 부처님께서는 대중의 질문을 받고 그에 대한 답변을 법문을 통해서 하곤 하셨습니다. 묻는 것에 대해 답변을 하다 보면 그것이 곧 법문이 된 것입니다. 불교는 이처럼 따로 법문이 정해져 있는 것이 아니라, 중생들이 자신의 문제를 가져오면 그것을 풀어주는 것이 곧 법문이었습니다. 저마다 괴로운 것이 다르니, 부처님의 법문도 늘 다를 수밖에 없습니다. 법문이라는 것은 곧 중생이 스스로 묶어 놓은 분별 망상을 풀어주는 것일 뿐입니다. 따로 법이 있는 것이 아니라, 묶인 것을 풀어주는 것 그것이 바로 해탈(解脫)입니다.

그러니 스님을 찾아뵙게 되면 일반 사람 만나듯 이런저런 소소한 이야기들로 시간을 낭비할 것이 아니라, 청법의 마음으로 질문할 것을 가지고 가는 것이 좋습니다.

다섯째, 귀를 기울여 가르침을 듣는 자세가 되어 있어야 합니다. 경전에 이렇게 나옵니다. 수행자 박깔리가 부처님의 거룩한 상호에 매료되어 부처님 얼굴만 빤히 쳐다보면서 '아, 참 거룩하시구나.' 하면서 빠져들었는데, 부처님께서는 말씀하십니다. "박깔리야, 그만두어라. 그러지 마라."라고 혼을 내시면서 "나의 부서져 가는 몸을 보아서 무엇 하느냐. 부서져 가는 몸을 보면서 거룩하다고 찬탄해서 무얼 하느냐. 이 몸을 보고 찾아오면 안 된다."라고 말씀하십니다. 스님을 보고 자등명(自燈明) 법등명(法燈明) 해야지 승등명(僧燈明) 하면 안 됩니다. 스님은 법을 가르쳐 주는 사람이고, 스님께 와서 법을 듣는 이유는 공부하기 위함입니다. 불교적 전통은 공부가 되고 나면 하산(下山)하는 것입니다. 하산하기 위해 오는 곳이지 여기 앉아서 끝까지 죽을 때까지 스승 곁에 머물러 있는 전통이 아닙니다.

아울러 절에 올 때는 스님에 대한 자기만의 상을 내세우지 말고, 하심하면서, 오직 공부만을 위해 절에 와야 합니다. 누구든 사람에게는 실망할 수 있습니다. 나의 견해와 다를 수밖에 없기 때문입니다. 그래서 불교에서는 "스님 보고 절에 오지 말고, 법만 보고 오라."는 말이 있습니다. 자기 생각을 가지고 불교는 이래야 한다거나, 스님은 이래야 하고, 절은 이래야 한다는 생각을 내세우게 되면, 절에 와서까지 자기의 생각과 싸우게 됩니다.

중요한 것은 이 공부를 하려면, 자기를 내려놓아야 합니다. 하심하는 마음으로 아상과 아집을 내려놓고 오직 활짝 열린 마음으로 법이 들어올 수 있는 준비를 갖추어야 합니다.

부처님께서도 그걸 지적한 거예요. "박깔리여! 그만두어라. 나의 부서져 가는 몸을 보고서 무엇을 하려고 그러느냐. 박깔리여, 진리를 보는 자는 나를 보고 나를 보는 자는 진리를 본다. 참으로 진리를 보면 나를 보는 것이다. 나를 통해 진리를 보려고 해야지 나를 따라서는 안 된다. 자등명 법등명(自燈明 法燈明)하라."라고 말씀하신 것입니다.

여섯째는 가르침을 기억하는 것이고, 일곱째는 기억한 가르침의 의미를 탐구하는 것이며, 마지막 여덟 번째는 의미를 깨달아 가르침을 여법하게 실천하는 것입니다. 쉽게 말해 법문을 신수봉행(信受奉行)하는 것입니다. 잘 받아 지니고, 가르침을 잊지 않으며, 그 참뜻을 잘 사유 탐구하여 현실에서 잘 실천할 수 있어야 한다는 것입니다.

가슴으로 받아 지니고, 기억한 가르침의 의미를 탐구하고 실천해야 합니다. 탐구한다는 것은 분명히 안다는 것인데, 무엇을 분명히 아는 것일까요? '이것은 괴로움이다.'라고 분명히 알고, '이것은 괴로움의 원인이다.'라고 분명히 알고, '이것은 괴로움의 소멸이다.'라고 분명히 알고, '괴로움의 소멸로 이끄는 길이다.'라고 분명히 아는 것입니다. 즉 사성제(四聖諦)를 분명히 아는 것입니다. '이 법문은 나의 괴로움의 원인을 지적해 주고, 원인을 소멸해 주고, 괴로움의 원인의 소멸에 이르는 길을 가르쳐 주는 길이구나.' 하는 것을 온전히 스스로 사유하고 탐구해서 이 괴로움의 소멸에 이르는 길을 가야 한다는 것이지요. 이처럼 사성제를 배우고 실천할 자세가 되어 있는 사람에게 법을 설한다는 것입니다.

이상과 같이 공부인의 자세는 늘 '법을 설해 주십시오.' 하고 간절히 받아 지니고자 하는 마음으로 청법하는 삶을 사는 것입니다. 이것이 바로 청전법륜원입니다. 전법륜이 바로 법의 수레바퀴를 굴리는 것이고, 법의 수레바퀴를 굴린다는 것이 곧 법문을 설하는 것입니다. 청전법륜원은 바로 그 법륜이 만중생에게 끊임없이 굴러가도록 하는 것을 청하기를 발원하는 것입니다. 이 서원으로 인해 부처님께서도 법문을 설하셨고, 그 법륜이 구르고 굴러 2,500년이 지난 지금에까지 올바른 법문이 이어져 온 것이며, 그 혜택을 오늘날 우리가 이렇게 받고 있는 것이니, 이 서원이야말로 참으로 정법을 유지하는 중요한 서원입니다.

제7 청불주세원(請佛住世願)

부처님이 세상에
오래 머무시기를 청합니다

"선남자여, 부처님이 세상에 오래 계시기를 청한다는 것은 온 법계 허공계 시방삼세 모든 부처님 세계의 아주 작은 티끌만큼 많은 수의 부처님이 열반에 드시려 할 때, 또한 모든 보살 성문 연각인 유학과 무학과 내지 모든 선지식들에게 내가 모두 권청하여 열반에 들지 말고 일체불찰 극미진수겁토록 일체 중생을 이롭게 해달라고 청하는 것이니라.

이와 같이 하여 허공계가 끝나고 중생계가 끝나고 중생의 업이 끝나고 중생의 번뇌가 끝나더라도 나의 권청하는 일은 끝나지 않느니라. 순간순간 계속하여 잠깐도 끊어짐이 없건만 몸과 말과 뜻으로 하는 일은 지치거나 싫어함이 없느니라."

—

復次善男子야 言請佛住世者는 所有盡法界虛空界十方三世一切佛刹極微塵數諸佛如來가 將欲示現般涅槃者와 及諸菩薩聲聞緣覺有學無學과 乃至一切諸善知識을 我悉勸請하야 莫入涅槃하야 經於一切佛刹極微塵數劫토록 爲欲利樂一切衆生이니 如是虛空界盡하며 衆生界盡하며 衆生業盡하며 衆生煩惱盡하야도 我此勸請은 無有窮盡이니 念念相續하야 無有間斷하야 身語意業이 無有疲厭이니라

부처님께서 세상에 오래 머무시기를 청하다

보현보살의 열 가지 서원 가운데 일곱 번째는 부처님이 이 세상에 오래 머물러 주시기를 발원하는 청불주세원(請佛住世願)입니다. 지난 시간에 공부한 청전법륜원 즉, 수많은 부처님께 또 수많은 선지식께 법문을 계속해서 설해 주시기를, 법륜을 계속해서 굴려주시기를 발원하는 내용에 이어지는 것이 이 청불주세원입니다. 부처님께서 이 세상에 오래도록 머물러서 중생들에게 법을 펴주시기를 청하는 내용이니 청전법륜원과 청불주세원은 서로 다르지 않습니다.

또한, 발원하는 사람의 마음 자세가 '부처님을 따라서 항상 배우겠습니다.'라고 하는 발원이 있어야만 청전법륜원, 청불주세원이 가능하겠지요. 그래서 바로 다음으로 이어지는 여덟 번째 발원인 상수불학원(常隨佛學願), '부처님을 따라서 항상 배우기를 발원'한다는 내용까지가 서로 연결된 서원입니다.

부처님이 이 세상에 오래 계셔 주시기를 청한다는 것은 온 법계, 허공계, 시방삼세 모든 부처님 세계에 아주 작은 티끌처럼 많은 수의 부처님, 일체 모든 부처님이 열반에 드시려 할 때, 이 세상에 오래 계시어 법을 가르쳐 주기를 청하는 것입니다.

또한, 부처님뿐만 아니라 모든 보살, 성문, 연각, 일체 모든 수행자, 깨달음의 길을 걷고 있는 깊은 공부인들에게 이 세상에 오래 계시면서 법을 설하여 일체중생이 괴로움의 고해 바다를 건널 수 있도록 도와달라고 청하는 것입니다. 중생이 괴로움의 고해 바다를 건너갈 때 배를 타고 간다고 해서 '탈 승(乘)' 자를 붙입니다. 법문을 듣고 깨닫는 자를 성문승(聲聞乘)이라 하고, 연기법을 자각하여 깨닫는 자를 연각승(緣覺乘), 상구보리 하화중생의 보살행을 통해 깨달음의 언덕에 이르는 자를 보살승(菩薩乘)이라고 합니다.

쉽게 말하면, 다양한 방편의 수행을 통해 고해 바다를 건너 저 피안(彼岸)에 이를 수 있으므로 고해를 건너기 위해 방편 수행을 실천하는 온갖 다양한 수행자를 압축하여 세 가지로 나눈 것이 바로 삼승(三乘)입니다. 꼭 이 세 가지의 수행자만이 아니라, 수많은 방편을 실천하는 온갖 수행자를 함축하여 세 가지로 대표해 본 것입니다. 이와 같이 바른 진리의 길을 걷는 일체 모든 수행자에게도 이 세상에 머물기를 청하는 것입니다. 그들이 바로 부처와 다르지 않기 때문입니다.

또한, 아직 공부할 것이 남아 있는 수행자, 그리고 공부를 완전히 마친 수행자, 그리고 부처님 내지 일체 모든 선지식, 이 공부의 길을 걷고 있는 일체 모든 이들에게 빨리 열반에 들지 말고 법을 설해 주기를 항상 권하고 청해야 한다는 것입니다.

물으면 답하고 묻지 않으면 그저 쉰다

선어록에 보면 큰스님들의 삶에 대해 보여주는 대목들이 나옵니다. "인연을 만나면 베풀고 인연을 만나지 않으면 그냥 쉰다."라는 표현이 매우 인상적인데요, 즉 선사스님들은 도를 묻는 제자의 인연을 만나면 그에 따라 응하여 법을 설해 줄 뿐, 묻지도 않

보현행원품과 마음공부

았는데 법을 설하지는 않습니다. 법이라는 것을 따로 내세우지 않기 때문입니다. 일상에서는 그저 배고프면 밥 먹고, 졸리면 자고, 일 있으면 일하는 그것이 수행이고 도이기 때문입니다.

부처님을 무사인(無事人) 즉 일 없는 사람이라고 하듯, 부처님과 조사스님들은 그저 쉴 뿐, 따로 일이 없습니다. 물론 모든 일을 다 하면서도 하되 함이 없이 하는 것을 무사인이라 합니다. 사실 이 세상은 적멸하여 아무 일이 없습니다. 물론 현상계의 일은 다 있지만, 근원에선 아무 일이 없다는 것이지요. 중생이 스스로 분별심으로 일을 만들어 자승자박(自繩自縛)으로 자신을 묶을 뿐입니다. 부처란 중생처럼 자신을 스스로 묶는 존재가 아니라, 그 모든 묶임에서 풀려난 일 없는 사람, 자유인입니다. 그러니 스스로 도인이라는 생각도 없고, 해야 할 일도 없지만, 그저 자연스럽게 모든 것을 다 하며 삽니다.

묶여 있지 않으면, 그저 자유롭게 문제없이 살 뿐이지, 따로 도라고 할 것이 없습니다. 다만 묶여 있는 사람을 만나고, 그 사람이 자신이 묶인 괴로움을 풀어주기를 원할 때 비로소 묶인 것에서 놓여날 수 있도록 법을 설할 뿐입니다.

아파트 초인종을 누르고 법을 전하러 왔다거나, 지하철이나 시내 한가운데를 다니며 '00천국 불신지옥' 하며 시끄럽게 억지로 전하려 하지는 않습니다. 그래서 불교에서는 "오는 사람 막지 않고, 가는 사람 잡지 않는다."라고 말하기도 하죠.

중생이 요청하면 그때 법을 설해 주십니다. 왜냐하면, 나에게는 아무 문제가 없지만, 자신을 스스로 묶어 허망한 착각의 괴로움에 빠진 중생들에게는 세상이 온통 문제투성이이고 괴로움이니 거기에서 벗어나게 해 주고자 법을 설하는 것입니다.

청불주세를 서원하는 이유

그래서 부처님, 또 수많은 선지식, 성문(聲聞), 보살, 연각(緣覺), 수많은 스님, 또 유학(有學)과 무학(無學)이든 일체 모든 선지식에게 이 세상에 오래오래 남아서 법을 설해 주시기를 청할 줄 알아야 합니다. 열반에 들지 말고, 즉 혼자서 일 없는 자리에 딱 계시지 말고, 일체 극미진수의 부처님 국토에서 억겁토록 일체중생을 이롭게 해달라고 법문을 청하는 것입니다. 일체중생을 이롭게 해주기 위해 오래도록 이 세상에 머물러 달라고 청하는 것이 청불주세원입니다.

본래 진리에서는 부처가 따로 없고 중생이 따로 없으며, 일체가 적멸(寂滅)이고 텅 빈 공(空)입니다. 불이법이요, 한마음뿐입니다. 그러니 청할 것이 따로 없습니다. 일체 모든 곳이 부처님이 아니 계신 곳이 없기에 부처님께 더 오래 이 세상에 머물러 달라고 청할 것도 없습니다. 부처님께서는 청하지 않아도 늘 이 세상에 언제나 머물러 있기 때문입니다.

그런데도 왜 청불주세를 해야 할까요? 그것은 중생이 스스로 중생이라는 착각, 무명에 빠져 있기에, 그 착각에서 벗어나리라고 스스로 원해야 하고, 그러려면 부처님께 법을 청해야 하기 때문입니다. 즉 중생에 응해서 부처도 있기 때문입니다. 중생의 질문이 있기에 부처의 답도 있는 것입니다. 중생이 없으면 부처도 없습니다. 생사가 없으면 열반도 없으며, 번뇌가 없으면 보리도 없습니다. 이것이 곧 생사즉열반(生死卽涅槃), 번뇌즉보리(煩惱卽菩提)의 소식입니다.

그러니 청불주세란 곧 중생이 스스로 어리석은 줄 자각하고, 이 어리석은 착각에서 벗어나려는 발원에서 시작됩니다. 청전법륜원, 청불주세원, 상수불학원 이 모든 발원이 바로 중생이 스스로 묶인 것에서 벗어나겠다는 서원을 세우는 것입니다.

그렇게 하여 법문 듣기를 서원하고, 법문해 주실 부처님과 선지식이 오래도록 머무시기를 발원하며, 그 법문을 늘 배우겠다는 서원에 의지해 바른 불법승(佛法僧) 삼보(三寶)가 출현하는 것입니다.

보현행원의 서원이 곧 나의 서원

이런 얘기가 나오는 배경 아닌 배경이 있는데 초기 불교 경전인 『디가 니까야』의 「대반열반경(大般涅槃經)」이 그것입니다. 부처님께서 열반하시기 직전에 시자(侍子)였던 아난 존자에게 은근히 묻는 대목이 나옵니다.

"내가 좀 더 오래 이 세상에 남아서 중생들을 구제해 주기를 원하느냐? 그것을 바라느냐? 청법하느냐?"

라는 질문을 세 번 연이어서 물었는데 그때 아난 존자가 청법을 하지 않았다고 합니다. 사실 그때까지만 해도 아난 존자는 깨달음을 얻은 안목을 갖춘 제자가 아니었습니다. 그렇게 몇 번 이야기해도 아난 존자가 청법을 하지 않자, 부처님께서 "그렇다면 내가 열반에 들겠다."라고 하시면서 열반에 드셨다는 얘기가 나옵니다. 그래서 그 이후 많은 제자가 모였을 때 아난 존자의 허물이라고 질책하는 내용도 나오죠.

아난 존자가 부처님께 법을 청하지 않으니 더는 아난 존자에게는 부처도, 법문도 없는 것입니다. 스스로 물어서 나온 법문은 자신에게 공덕이 되지만, 스스로 묻지 않고 스스로 발심하여 공부하지 않으면, 아무리 좋은 법문도 자신의 것이 되지 못합니다. 어쩌면 그래서 아난 존자는 부처님 곁을 지킨 시자였으면서도, 부처님께서 열반하실 때까지 깨달음을 못 얻은 것일지도 모르겠습니다.

이런 보현행원의 발원을 보면서 우리는, 이 발원을 자기 안에서 진심으로 품고 간절하게 염원하고 있는지를 살펴보아야 합니다. 내 마음가짐이 보현행원의 서원으로 가득 차야 합니다. 이 서원이 자기 안에서 가득 차 넘쳐흐른다면, 그 서원은 부처님께 응답을 받을 것입니다. 분명히! 왜 그럴까요? 이미 부처님과 부처님의 법은 자기 안에 완전히 갖추어져 있기 때문입니다. 본래 있는 것이지만 분별심 때문에 보지 못하고 있습니다. 그러면 어떻게 해야볼 수 있을까요? 어떻게 해야 본래의 자기 부처를 만날 수 있을까요? 괴로움에서 벗어날 수 있을까요? 바로 보현행원의 서원을 진심으로 발하는 것입니다.

제8 상수불학원(常隨佛學願)
항상 부처님 따라 배우기를 서원합니다

"선남자여, 부처님을 따라서 배운다는 것은 무엇인가? 이 사바
세계의 비로자나 부처님께서는 처음 발심하신 때로부터 정진
하여 물러나지 않으시고, 불가설 불가설의 몸과 목숨으로 보
시하며, 가죽을 벗겨 종이로 삼고 뼈를 쪼개어 붓을 삼고 피를
뽑아 먹물을 삼아서 쓴 경전을 수미산 높이로 쌓더라도 법을
소중히 여기는 까닭에 이 일에 신명을 아끼지 않으신다. 하물
며 어찌 왕위(王位)나 도시나 시골이나 궁전이나 정원과 산림
등의 갖가지 소유물을 아끼겠으며, 갖가지 난행과 고행을 마
다하겠는가? 부처님께서 보리수 아래서 정각을 이루시던 일이
며, 여러 가지 신통을 보이고 갖가지 변화를 일으키던 일이며,
갖가지 부처님의 몸을 나타내어 온갖 대중이 모인 곳에 처하
시되, 혹은 모든 보살 대중이 모인 도량에 처하시거나, 성문과
벽지불 대중이 모인 도량에 처하시거나, 전륜성왕과 작은 왕이
나 그 권속들이 모인 도량이거나, 내지 찰제리·바라문·장자·
거사들이 모인 도량이거나, 내지 천룡팔부와 사람인 듯 사람
아닌 듯한 것들이 모인 도량에 처하시거나 간에, 이와 같은 여

러 가지 큰 모임에서 원만한 설법을 천둥소리같이 하여 그들의 발심(바람, 욕망)에 따라 중생을 깨닫게 해 주시던 일이나, 내지 마침내 열반에 들어 보이시는 일 등의 이와 같은 온갖 부처님 의 일들을 내가 모두 따라 배우기를, 지금의 비로자나 부처님 을 따라 배우듯이 하는 것이니라.

이와 같이 하여 온 법계 허공계 시방삼세 모든 부처님 세계의 티끌 속에 계시는 모든 부처님도 이와 같이 하여 순간순간 내 가 다 따라 배우는 것이니라.

이와 같이 하여 허공계가 다하고 중생계가 다하고 중생의 업 이 다하고 중생의 번뇌가 다하더라도 나의 이 따라서 배우는 일은 끝나지 않고 순간순간 계속하여 잠깐도 쉬지 않건만 몸 과 말과 뜻으로 하는 일은 지치거나 싫어함이 없느니라.

—

復次善男子야 言常隨佛學者는 如此娑婆世界毘盧遮那如來가 從初 發心으로 精進不退하사 以不可說不可說身命으로 而爲布施하며 剝皮 爲紙하고 析骨爲筆하고 刺血爲墨하야 書寫經典을 積如須彌하시니 爲 重法故로 不惜身命이어든 何況王位와 城邑聚落과 宮殿園林과 一切所 有와 及餘種種難行苦行가 乃至樹下에 成大菩提하사 示種種神通하며 起種種變化하며 現種種佛身하사 處種種衆會하사대 或處一切諸大菩 薩衆會道場하며 或處聲聞及辟支佛衆會道場하며 或處轉輪聖王小 王眷屬衆會道場하며 或處刹利及婆羅門長者居士衆會道場하며 乃 至或處天龍八部人非人等衆會道場하사 處於如是種種衆會하야 以 圓滿音으로 如大雷震하사 隨其樂欲하야 成熟衆生하며 乃至示現入於 涅槃이어시든 如是一切를 我皆隨學하며 如今世尊毘盧遮那하야 如是

盡法界虛空界十方三世一切佛刹所有塵中一切如來도 皆亦如是어든 於念念中에 我皆隨學이니 如是虛空界盡하며 衆生界盡하며 衆生業盡하며 衆生煩惱盡하야도 我此隨學은 無有窮盡이니 念念相續하야 無有間斷하야 身語意業이 無有疲厭이니라

🪷

놀라운 붓다, 비로자나불은 누구인가?

청불주세에 이어 상수불학이 나오는 까닭이 있습니다. "불법을 설해 주실 선지식 부처님께서 여기 오래 머물러 주시기를 청합니다. 법을 설해 주시기를 청합니다."라고 하려면, 먼저 "저는 부처님 법을 따라서 항상 배울 준비가 되어 있습니다."라는 발원이 전제되어 있어야 합니다. 항상 부처님의 법을 따라서 공부하겠다는 서원을 담은 것이 상수불학원입니다.

부처님을 따라서 배운다는 것은 무엇일까요? "처음 발심했을 때로부터 정진하여 물러나지 않으시고…. 부처님을 따라서 배우겠다."라고 말합니다. 우리가 알고 있는 부처님은 석가모니 부처님인데 여기서는 비로자나 부처님을 말합니다. 그리고 저 뒤쪽에 가면 지금의 비로자나 부처님을 따라서 배우듯이 모든 부처님의 삶을, 석가모니 부처님의 삶을 배우겠다고 발원합니다.

법신 비로자나 부처님의 가르침을 설하고 있는 경전이 바로 『화엄경』입니다. 비로자나불은 석가모니불처럼 형상을 가진 부처님이 아닙니다. 불교의 진리가 이 온 우주에 가득히 비추고 있음을 상

징하는 의미로 비로자나불이라는 인격화된, 형상화된 방편을 세운 것입니다. 다시 말하면 불교의 진리 그 자체를 상징하는 것이 곧 법신 비로자나불이며, 그렇기에 비로자나불은 형상 없이 일체 모든 시간과 공간에 가득하며, 삼라만상 모든 것이 비로자나불 아님이 없습니다.

석가모니 부처님은 2,500년 전에 열반하셨지만, 비로자나 부처님은 이 사바세계에 바로 지금 있습니다. 있고 없음을 넘어서 있습니다. 즉, 그렇기에 진리를 표현할 때는 중도적으로 설해야 하는데, 유무중도(有無中道)라고 하여, "법신 비로자나불은 있다고 할 수도 없고, 그렇다고 없다고 할 수도 없다."라고 말할 수밖에 없는 것입니다. 왜 그럴까요? 진리는 무분별지(無分別智)이기 때문입니다. 분별해서 알 수 있는 것이 아니기 때문입니다. 그래서 출세간(出世間)이라고도 합니다. 세간의 지식으로 알 수 있는 것이 아니기 때문입니다.

이런 측면에서 유와 무의 측면을 동시에 말하는 단어로 공적영지(空寂靈知), 성성적적(惺惺寂寂), 진공묘유(眞空妙有) 등이 있습니다. 텅 비어 공적하지만 소소영령하게 아는 앎의 성품이 있고, 고요하여 적적하지만 성성하게 깨어있고, 참으로는 공하지만 묘하게 있다는 의미입니다.

진리, 법신, 비로자나불은 이처럼 어떤 특정한 말로 딱 정해서 말할 수 없기에 어쩔 수 없이 이처럼 모호해 보이는 중도적인 말로밖에 표현할 수 없습니다. 이것은 말로는 할 수가 없지만, 깨닫고 나면 그저 저절로 계합이 되어 확인되는 진실일 뿐입니다. 그러니 이 법신 비로자나불을 말로 이해하려는 시도 자체가 참된 공부는 아닙니다. 그래서 선불교에서는 이 알 수 없는 '모를 뿐'의 공안에 꽉 막혀 있다가 화두가 타파될 때 한 번 스스로 체험을 통해 깨닫는 것을 설하는 것입니다.

법신 비로자나불을 따라 배운다

법신은 법(法)을 몸으로 한다는 뜻인데, 무엇이 법일까요? 불교 교리를 배우다 보면 법에는 두 가지 뜻이 있다고 합니다. 첫 번째, 불교에서 '법'에는 '존재'라는 뜻이 있습니다. 일체제법(一切諸法)이라면 일체 모든 진리라는 말이 아니라 일체 모든 것들, 일체 모든 존재라는 말입니다. 온 삼라만상 우주 전체를 법이라고 합니다.

그리고 두 번째, '법'에는 '진리'라는 뜻이 있습니다.

이렇게 말하니 존재의 뜻과 진리의 뜻, 두 개가 있다고 생각하는데 사실은 그 두 개가 하나입니다. 일체 삼라만상 온 우주 전체인 존재 그대로가 바로 진리이기 때문입니다. 그러니 불이법인 온 우주 삼라만상 모든 것이 진리의 몸, 법신 비로자나불 아닌 것이 없습니다. 이 모든 존재, 이 죽비 하나, 하늘의 구름 한 점, 땅에 있는 흙 한 줌, 꽃 한 송이, 나무 한 그루, 이 빌딩, 여러분들의 존재, 일체 모든 존재가 그대로 법이요, 그대로 비로자나 부처님입니다. 이것이 『화엄경』의 법신불(法身佛) 사상입니다.

경주 불국사에 가면 대웅전 뒤로 설법전(說法殿)이 있습니다. 대웅전에는 석가모니 부처님을 모셨고, 그 뒤에는 법을 설하는 설법전이 있습니다. 설법전은 선불교의 전통이 드러나 있는 전각(殿閣)입니다. 사실 선의 전통에서는 이 설법전이 먼저 있었고, 대웅전은 나중에 나타났어요. 왜냐하면, 선원(禪院)에는 법을 설하는 설법전만 있으면 되었거든요. 선원에서 주지스님은 곧 방장(方丈)이며, 부처님을 대신해 법을 설하는 법사(法師)였고, 당연히 자기의 본래 성품을 확인한 선지식이었습니다. 방장이며 주지인 스님의 법문을 듣고 곧장 깨어나는 언하대오(言下大悟)의 전통에서 가장 중요한 것은 스승이었고 법문이었습니다. 다른 허다한 허례허식(虛禮虛飾)이나 전통문화 같은 것은 선에서는 큰 의미가 없었습니다. 불립불전(不立佛殿)이라 하여 부처님을 모시는 전각은 세우지 않았고, 유수법당(唯樹法堂)이라 하여 오직 법을 설하는 법당, 즉 설법당만 세울 뿐이었습니다.

그런데 훗날 선에서도 대웅전이 생겨났습니다. 그런데 화엄의 사상이 건축물에도 녹아든 경주 불국사에는 대웅전이 있고, 그 뒤에 설법전이 있으며, 그 뒤쪽 위에 일직선으로 비로자나불을 모시는 비로전이 있습니다. 석가모니불을 모시는 곳이든, 법을 설하는 곳이든, 언제나 그 뒤에 근원에서 배경처럼 비로자나불이 광명을 비추고 늘 있음을 상징하는 것입니다.

눈앞에 있지만 보지 못하는 이것

상수불학원에서 '비로자나 법신 부처님을 따라 배우겠다.'라는 것은 바로 지금 여기에 언제나 늘 함께 계시는 비로자나 부처님께 오래 머물러 주기를 청하는 것이고, 법을 설해 주기를 청하는 것이며, 그리고 비로자나 부처님을 따라 배우기를 청하는 것입니다. 그러니 이 원은 과거 2,500년 전에 왔다가 가신 석가모니불에게 청하는 것이 아닙니다. 바로 지금 목전(目前), 눈앞에 늘 항상 계신 법신 비로자나불을 따라 배우고자 하는 것입니다. 그러니 허황한 먼 옛날의 이야기가 아니라 바로 지금 눈앞에서 법문을 설해 듣고 배워 바로 지금 깨달아야 합니다.

이렇게 말하면, '지금 여기 눈앞에 뭐가 있단 말이지?', '내게는 아무것도 보이지 않는데?', '내게는 눈앞에 책상과 창문과 건물들과 태양 등 이런 것만 보이는데' 이렇게 여길 것입니다. 우리는 색즉시공(色卽是空)으로 색이 있는 바로 거기에 곧장 함께 드러나 있는 공을 보지 못하기 때문입니다. 눈앞의 모양만을 보지만, 그 모양을 드러내고 있는 '이것', 즉 불성, 자성을 보지 못합니다. 없어서 못 보는 것이 아니라, 내가 분별망상의 필터를 가지고 자기 생각으로 재해석된 망상의 세계만을 보고 있기에, 늘 드러나 있는 진리가 보이지 않는 것일 뿐입니다.

이런 말을 들으면, 궁금해집니다. '무엇일까?' '이뭣고?' '도대체 법신 비로자나불이 뭐지?' '늘 있는 법신, 자성이 뭐지?'하고 궁금하고 알고 싶고 답답해집니다. 바로 '이것', 자성, 법신이라고 부르는 이것이야말로 진정한 자기의 본래면목입니다. 몸과 마음인 오온(五蘊)이 나인 것이 아니라, 그 몸과 마음을 드러내고 있는 보이지 않는 '이것'이 진정한 우리의 본래면목입니다. 이것을 확인하는 것이 곧 선불교이고, 견성(見性)입니다.

이 자기의 본래면목을 확인하려면 이 눈앞에 늘 있는 법신 비로자나불을 믿고, 비로자나 법신불의 가르침을 항상 따르겠다는 서원이 있어야 합니다. 부처님과 가르침에 대한 믿음입니다. 그 믿음을 따라 항상 배우겠다는 발심이 있을 때, 비로소 '이것'에 대해 진정으로 궁금해지고, 저절로 화두가 돈발(頓發)되어 '이뭣고?'에 꽉 막히게 되는 것입니다. 선의 수행은 곧 이처럼 꽉 막혀서 이러지도 저러지도 못하고, 궁금하지만 답은 없고, 방법도 없어서, '눈앞에 늘 드러나 있는데 보지 못하는 이것이 도대체 무엇일까?' 하고 답답하고 갑갑한 정신적인 벽에 갇히는 것입니다. 이를 은산철벽(銀山鐵壁)에 갇혔다고 하고, 화두가 들렸다고도 하며, 모를 뿐의 궁금함에 사로잡힌 상태를 의단독로(疑團獨路)라고 합니다.

꿈의 세계와 깸의 세계

이 모든 것이 바로 상수불학, 부처님을 따라 배우겠다는 서원에 기초하는 것입니다.

어떤 부처님일까요? 바로 지금 눈앞에 늘 아니 계신 곳 없고, 안 계신 적 없는 법신 비로자나불입니다. 이 부처님을 따라 배우는 것이고, 이 부처님을 확인하는 것입니다.

깨달음이라는 것은 분별망상의 꿈에서 깨어나는 것입니다. 부처님께서는 꿈을 깨고 보니 '일체중생이 본래 성불해 있다.'라고 하셨습니다. 꿈을 깨면, 눈을 뜨면 바로 이 사실이 확인되는 것입니다.

지난밤 꿈속에서는 이 사람도 괴롭고 저 사람도 괴롭고, 사회적으로도 불평등하고, 온갖 다양한 사건 사고들로 인해 힘들고 괴로운 일이 많았습니다. 온갖 악몽에 시달리기도 했습니다. 그런데 꿈을 깨고 나면 그 꿈 전체가 다 그야말로 꿈이었을 뿐, 아무것도 아니었습니다. 그 심각하던 괴로움들이 꿈을 깨니 말 그대로 꿈일 뿐이었습니다.

꿈속에서 자각몽(自覺夢)을 꾸는 사람이 있듯 꿈속에 살면서도 이것이 꿈인 줄 아는 사람은 꿈속에서 전혀 괴로워하지 않을 것입니다. 분명 꿈속에서는 괴롭고 힘든 일이 다 있지만, 자각몽을 꾸는 자는 그 모든 괴로움 속에서 홀로 전혀 괴롭지 않습니다.

사람들은 이것이 꿈인 줄 몰라서 괴로워합니다. 또 사실 꿈속에서 괴로워하는 그 모든 사람이 사실은 실체적인 존재가 아니라, 내가 꾼 내 꿈속의 그림자일 뿐이었습니다. 그 꿈속 등장인물과 꿈속의 모든 것들이 전부 실체가 아니라, 내 의식이 펼쳐낸 이야기일 뿐이었습니다. 이와 마찬가지로, 너무나 생생해 진짜인 것처럼 보이는 이 현실 세계가 바로 법신 비로자나불이 꾸는 꿈일 뿐입니다.

바로 그 법신 비로자나불은 누구일까요? 놀랍게도 그 법신불이 바로 나 자신입니다. 불이법, 즉 나와 둘이 아닙니다. 꿈속 세상이 전부 하나의 꿈이듯 이 세상도 하나의 법신불일 뿐입니다. 이 하나의 법신 비로자나불뿐이어서 일심(一心), 한마음이라고 하고, 불이법(不二法)이라고도 하며, 『화엄경』에서는 일진법계(一眞法界)라 하고, 『법화경』에서는 일불승(一佛乘)이라고 부릅니다.

괴로움이 거짓 착각인 이유

그러니 괴로움이 괴로움일 수가 없습니다. 꿈속의 괴로움을 꿈 깬 사람 관점에서 어떻게 괴로움이라고 할 수 있겠습니까? 다만 분별의 꿈에서 깨지 못했을 뿐이며, 눈을 뜨지 못했을 뿐이며, 괴롭다는 거짓 착각이 일어났을 뿐입니다.

예를 들어 아파서 괴롭다고 생각하는 사람이 있어요. 아프면 괴롭다는 것이 100% 진실일까요? 사실은 아파서 괴로운 사람도 있지만, 아프지만 괴롭지 않은 사람도 있습니다. 옛날에 전쟁으로 수천 수백 명이 죽을 때를 보자면, 다른 사람은 다 죽고 불구가 되었는데 나는 다행히 손가락 하나 잘리고 살아서 고향으로 돌아왔다면 얼마나 다행스러운 일이겠어요. 중환자실에서 죽어가는 사람을 보면서 일반병동 환자들은 그 다행스러움에 감사해할 수도 있습니다.

아프면 괴롭다는 것이 정말 진실일까요? 그것은 착각일 뿐입니다. 내가 해석한 괴로움일 뿐입니다. 어떤 병은 오히려 다행스러운 일이 되기도 하고, 행복이 되기도 합니다.

또 어떤 사람은 재산 3억이 있어서 너무 행복한 사람도 있고, 다른 사람은 10억을 가지고도 너무 가난하다고 여길 수도 있습니다. 같은 상황일지라도 그 현실에 대한 자기 생각, 판단, 분별이 그것을 다르게 해석하는 것입니다.

제가 인도 히말라야에 갔을 때, 현지에서 만난 청년이 자신의 평생소원을 말하더군요. 트레킹 오는 이들이 묵을 아주 작은 롯지(Lodge) 하나 짓는 것이 소원인데, 대략 환산해 보니 우리 돈으로 3,000만 원 정도가 들더군요. 누군가에게는 평생소원이 3,000만 원일 수도 있고, 또 누군가의 소원은 돈은 없어도 좋으니 가진 빚만 다 갚는 날이 왔으면 좋겠다고 말하기도 합니다.

이처럼 모든 괴로움은 사실 그 현실 자체가 괴로운 것이 아니라 내 마음이 만들어 낸 것입니다. 내 의식에서 나오는 것일 뿐입니다. 행복과 괴로움이 모두 자기 마음이 분별로 지어낸 것일 뿐입니다.

그런 분별에 끌려다니지 않는 부처님의 측면에서 본다면 이 세상은 아무 일이 없습니다. 괴로운 것이 없습니다. 그 모든 것은 생각의 꿈이기 때문입니다. 결국, 깨달음이란 곧 자기 분별 망상에서 깨어나는 것이며, 그럴 때 모든 괴로움이 소멸합니다.

어떤 사람은 남들에게 욕먹은 것으로 괴로워 죽고 싶을 수도 있습니다. 댓글 악플 하나를 보고서도 죽고 싶을 만큼 괴로워질 수도 있습니다. 그뿐인가요? 문득 머릿속에서 떠오른 생각 하나가 나를 죽을 것처럼 괴롭게 만들기도 합니다.

괴로움에서 문득 놓여나는 순간

제가 많은 분과 대화를 나누어 보면 너무너무 괴로워 죽을 것 같다가도 문득 "이거 진짜 아무것도 아니었네. 난 왜 이걸 이렇게 심각하게 생각했지."라고 깨닫는 분들이 계십니다. 자녀에게 특정 대학을 강요하고, 높은 성적에 집착하다가 어떤 계기로 자신이 집착하고 있었음을 깨닫고는 크게 한 번 놓음으로써 편안해지는 분들이 있습니다.

상담을 했던 한 거사님은 주식으로 수억 원을 날리고, 더는 가족 볼 면목이 없고 괴로워 죽을 것 같다고 찾아오셨다가, 문득 돌이키시고는 현실을 있는 그대로 받아들이고 아내에게 있는 그대로 말한 뒤 용서를 구하고, 새롭게 시작해 보겠노라고 하며 올 때와는 다른 가벼운 발걸음으로 돌아간 분도 계셨습니다.

오랫동안 사랑하는 사람에 대한 집착으로 괴로워하다가 문득 자신과는 인연이 없음을 깨닫고 타인에게 간 사람을 마음에서 놓아 주는 것 또한 한순간입니다. 물론 힘들겠지만, 어느 때가 오면 그 오랜 시간 괴로워하던 것이 문득 놓이곤 하는 것을 경험합니다.

모든 괴로움은 자신이 그 사람, 그 상황에 스스로 중요도를 부여하고, 집착을 부여하며, 의미를 부여한 것이기 때문입니다. 나 스스로 부여한 의미와 심각성과 집착이기 때문에 자기 스스로 문득 놓아버리는 것이 가능합니다.

사실 이 세상 자체에는 정해진 의미가 없습니다. 좋은 것과 나쁜 것, 높은 것과 낮은 것, 중요하고 중요치 않은 것, 귀하고 천함 등 그런 것은 자기 마음속에서 나오는 것이지, 사물 속에 있는 것이 아닙니다.

이 세상 모든 것들은 저마다 이렇게 그저 있습니다. 현존하고 있습니다. 거기에는 귀하고 천함도 없고, 좋고 나쁜 것도 없습니다. 다만 사람이 자기를 기준으로 좋고 나쁘다거나, 귀하고 천하다는 분별을 일으켜서 집착하거나 거부했을 뿐입니다.

'잘살았다. 못살았다.' 하는 것은 자기가 부여한 것이지 그런 삶
은 따로 없습니다. 그저 법신 부처님의 삶밖에 없습니다. 그 모든
삶의 다양성이 전부 한마음의 일일 뿐입니다.

죽음은 없다

어떤 사람이 살다가 죽었다면 문제라고 여기겠죠? 슬픔이거나,
아픔이거나, 절망이고 실패라고 여기겠지만, 사실 법계에서 본다
면, 태어난 일체 모든 존재는 당연히 죽게 마련입니다. 전혀 문제
가 아닙니다. 자연스러운 삶의 일부일 뿐입니다. 사람이 그 죽음
을 문제시하고, 그 죽음에 온갖 감정을 개입시킬 뿐이지, 있는 그
대로를 있는 그대로 보면 그저 인연 따라 생겨났다가 인연 따라
사라질 뿐입니다. 인연생(因緣生) 인연멸(因緣滅)에는 아무 의미가
없습니다. 인연가합(因緣假合)이라는 말처럼, 인과 연이 거짓으로
화합한 것일 뿐이지 고정된 실체는 없습니다. 있는 그대로를 있
는 그대로 정견(正見)해 보면, 삶도 죽음도 그저 그럴 뿐이지, 특
별한 의미로 해석할 필요는 없습니다. 삶도 완전하고, 죽음도 완
전합니다.

그런데도 사람들은 이 몸과 마음을 '나'라고 여기는 어리석은
분별망상에 사로잡혀 살기 때문에, 이 몸이 늙고 병들고 죽는다
는 헛된 망상에 빠져 있습니다. 우리의 진정한 본래면목은 결코
죽을 수도 없고, 살 수도 없습니다. 오고 갈 수도 없습니다. 늘 여

여하게 이렇게 있을 뿐!

상수불학, 부처님을 따라 항상 배우는 삶이 바로 이것입니다. 부처가 따로 있는 것도 아니고, 배워야 할 것이 따로 있는 것도 아니고, 늘 이 하나의 부처, 이 하나의 마음이 있을 뿐입니다. 지금 이렇게 있는 이대로의 삶을 온전히 경험하고, 마주하며, 허용하고, 받아들인 채 살게 된다면, 이것이 바로 부처님을 따라 항상 배우는 상수불학의 삶입니다. 그러면서도 스스로 허용한다거나 받아들인다는 생각도 없고, 부처를 따라 배운다는 생각도 없습니다. 그저 아무 문제 없이, 괴로움 없이 그저 살 뿐입니다. 이것이 해탈이고 열반입니다.

최상의 명상, 진정한 선

처음에 공부할 때는 약간 의도적으로라도 이 상수불, 즉 항상 지금 여기에 있는 법신 비로자나 부처님과 만나는 시간을 조금씩 가지는 것이 좋겠습니다. 분별 따라가지 않고, 생각에 빠져 있지 않고, 지금 여기에 무심하게 있을 수 있다면, 그것이 바로 부처님을 따라 항상 배우는 것입니다.

그런 시간을 어렵게 가지는 것이 아니고 집에서 청소하고, 빨래하다가, 일하다가, 길을 걷다가, 출근하다가, 모든 순간에 잠시 생각을 내려놓고 지금, 이 순간과 같이 있어 주는 것입니다. 이 순간에 벌어지는 이 모든 것들을 있는 그대로 맨 느낌으로 해석하지 않고 그냥 경험해 주는 것입니다.

보현행원품과 마음공부

이 자리에 대한 감이 온 분이라면, 일체 모든 일이 바로 이 일 아님이 없음을 늘 돌이킬 수 있어야 합니다. 일체가 이 일 아님이 없음으로 돌아오는 것입니다.

어제 오후 법회를 끝내고 뒷산을 올라갔다가 내려왔는데요, 부산의 도심 산인데도, 올라갔다 내려오는 시간 내내 한 명도 없더군요. 아무도 없는 고요한 곳에 아무 일 없이 그냥 한 걸음 한 걸음 걷는 시간, 자연과 함께 있는 시간, 오르막을 걸을 때 약간 숨도 차고 다리도 아픈 그 느낌과 같이 있어 주어 보십시오. 다리가 묵직해 오는 느낌, 숨이 차오는 느낌, 그 느낌과 같이 있어 주고, 소리가 들려오면 들려오는 소리와 함께 있어 주고, 한 발 한 발 내디딜 때 사가사각거리는 소리와 함께 아무것도 바라지 않고 그냥 있어 주는 것입니다. 눈앞의 현실에 즉(卽)한 바로 이 순간 여기에 깨어있는 것입니다.

지금까지는 계속해서 자기 식대로 눈앞의 현재를 해석·판단·분별한 뒤에 좋은 것은 취하고, 싫은 것은 버리는 조작을 하면서 스스로 괴로움을 만들어 왔을 것입니다. 그 분별과 조작을 놓아 버리고, 그저 이 순간과 같이 있으면, 방 안에 있다가도 잠시 가만히 멈춰 있으면 그 순간, 이 우주가 조용해집니다.

째깍째깍 아주 작은 미세한 초침이 왔다 갔다 하는 소리도 들리고, 또 때로는 공양간에서 이런저런 이야기꽃을 피우는 소리도 들립니다. 그 모든 들리는 소리가 '어떤 소리'라고 해석되는 것이 아니라, 그저 '들릴 뿐'입니다. 볼 뿐, 들을 뿐, 느낄 뿐, 자각될 뿐, 감각될 뿐, 지각될 뿐, 그저 그뿐입니다. 이 모든 것이 전혀 애쓰지 않더라도 저절로 알아차려질 뿐입니다. 저절로 일어나고, 저절로 비추어집니다. 이것은 '내가' 행하는 수행이 아닙니다. 그저 저절로 드러납니다. 이것이야말로 최상의 명상이며, 진정한 선입니다.

괴로움은 생각일 뿐

혜가가 달마에게 "마음이 괴롭습니다."라고 말했습니다. 달마가 그 생각에 빠진 것이 진실인지를 질문합니다. "그 생각을 가져와 봐라. 어디에 있느냐?"

괴로울 때 그 괴로운 생각을 찾아보세요. '어, 괴로움이 어디 있지?' 이렇게 찾아보면 찾을 길이 없습니다. 그것은 단지 생각할 때만 있습니다. 이것은 매우 중요한 얘깁니다. 여러분이 느끼는 모든 괴로움은 생각할 때만 있습니다.

죽고 나서 어떻게 될까 두려워합니다. 죽음을 생각하면 순간 죽음이 두렵지만, 그 생각을 하지 않으면 죽음이 두려울 이유가 없습니다. 신기한 것은 한 번도 안 죽어 봤는데 한 번도 경험해 보지 않은 것을 두려워합니다. 잠을 잘 때도 죽음이 두렵던가요? 아닙니다. 잠에서 깨었을 때 다시 현실이 괴롭고, 죽음이 두렵다는 생각이 일어납니다. 잠 속에는 없던 것이 잠을 깬 뒤 다시 생각이 만든 가상현실로 들어오니 곧장 괴로워지기 시작했습니다.

사실 눈앞에는 지금밖에 없습니다. 내가 태어나서 이렇게 몇 살까지 살았다는 것은 다 진실이 아닙니다. 그건 생각일 뿐입니다. '내가 10년 전에 이렇게 살았는데, 20년 전에 저렇게 살았는데, 30년 전에 어떻게 살았는데…'라는 건 다 자기 생각입니다. 그 생각을 내려놓으면 그 사실이 있습니까? 지금 눈앞에는 그 사실이 없어요. 마찬가지로 '내가 늙어서 죽겠지.' 하는 그 현실도 없습니다. 지금 생각을 일으킬 때만 있습니다.

눈앞이 완전하다

연기법, 이 법이 만들어 낸 지금이라는 이 비로자나 법신 부처님의 삶, 내가 문득 비로자나 법신 부처님이라는 것을 확인하는 순간 이게 법이고, 스승이고, 부처님이지 다른 어떤 스승이 있고 어떤 법이 있겠습니까.

삶이 바로 스승이고, 삶이 바로 법이고, 삶이 바로 불법승 삼보입니다. 지금 내 눈 앞에 펼쳐지고 있는 이대로가 그대로 불법승인데 이것을 보려고 하지 않아요. 삶이 진실인 줄 모르니까 이 불법승 삼보인 비로자나 법신불인 삶을 버리고 내 생각을 좇아서 달아나는 삶을 지금까지 살아온 것입니다. 있는 이대로의 삶을 피해서 도망가든지, 아니면 있는 이대로의 삶을 싫다고 화를 내고 짜증 내면서 밀쳐냅니다.

눈앞에 있는 이 법신 비로자나 부처님의 삶을 자기 식대로 해석 판단해서 '저것은 저렇게 해야 해. 이대로는 안 돼. 지금 이 돈 가지고는 안 돼. 이 건강 가지고는 안 돼. 더 건강해야 해. 돈도 더 벌어야 하고, 자식들도 더 분발해야 하고, 내 인생에 더 좋은 일이 있어야 해. 저 사람처럼 내 인생에도 성공이 와야 해.'라는 자기 생각을 믿고 그 생각을 좇아온 게 지금까지 우리가 살았던 삶입니다. 눈앞 법신불의 완전한 삶을 버리고, 내 생각 속에서 가상현실을 구현해 놓고, 그렇게 생각으로 만든 삶을 자기 생각대로 통제하려고 애쓰며 살아온 것입니다.

그런데 이 마음공부가 참으로 놀랍습니다. 선지식 스님들은 "제자들에게 줄 것은 아무것도 없다."라고 합니다. 선지식의 손에는 따로 숨겨 놓은 것이 없다고 해서 '빈주먹'이라고도 합니다. 왜냐하면, 법은 스승이 가지고 있는 것이 아니고 저마다 자기에게 다 드러나 있는 것이어서, 숨길 수 있는 것도 숨겨진 것도 아닙니다.

여러분 눈앞에 있는 것이 전부입니다. 눈앞의 삶이 그대로 불법승 삼보의 드러남입니다. 이게 비로자나불이에요. 진정으로 부처님을 따라 배우는 것은 지금 이 완전한 삶을 사는 것입니다.

삼라만상이 일어나는 바탕

인연 따라 이 세상 모든 것이 이렇게 일어나고 있습니다. 그런데 이 모든 일들, 이 세상 전체가 일어나려면 바탕이 있어야 합니다. 예를 들어 글씨를 새기려면 바탕이 있어야 합니다. 허공에 글씨를 새길 수 있습니까? 못 새깁니다. 바탕이 있어야 글씨를 새길 수가 있어요. 그림을 그리려고 하면 스케치북 같은 그림 그릴 바탕이 있어야 하고, 영화를 보려면 영화가 드러나는 스크린 같은 배경이 있어야 합니다.

그것처럼 삼라만상, 이 우주법계 일체 모든 존재가 생겨나고 사라지고 생겨나고 사라지고 하려면 그 생겨나고 사라지는 바탕이 있어야 합니다. 일체유심조(一切唯心造)라고 하여, 일체 모든 것을 그려낸 이것을 불교에서는 '마음', '마음 바탕'이라고 합니다. 물론 '바탕'이라는 이 말도 방편이어서 속으면 안 됩니다.

거울 앞에 가면 모든 것이 다 분별없이 비치듯이, 지금 여기에도 온갖 세상을 비추는 거울과 같은 마음이 있습니다. 이 마음 바탕이 온갖 것을 드러내고, 온갖 것을 비춥니다. 이 마음을 선에서는 고경(古鏡) 즉 옛 거울이라고 하여, 옛날부터 늘 있던 삼라만상을 거울처럼 드러내고 비추는 이것을 확인하도록 합니다.

이것을 자성, 본래면목, 주인공, 불성, 본성, 마음, 법 등으로 부르기도 하는데요, 이것을 나타내는 말로 공적영지심(空寂靈知心)이라는 표현이 있습니다. 공적(空寂), 텅 비어 아무것도 없는 공의 바탕, 그 텅 빈 가운데에서 삶도 일어나고 삼라만상 모든 것이 인연 따라 일어납니다. 이것도 인연 따라 탁!(죽비 소리) 아무것도 없는 데서 인연이 화합하니 이 소리가 탁! 나타났다 사라지잖아요. 생각도 문득 일어났다 사라져요. 어디서 왔다 어디로 갑니까? 공에서 왔다가 공으로 갑니다. 여기 이 텅 빈 데서 왔다가 여기로 돌아갑니다. 그런데 텅 비어 아무것도 없는 것 같지만, 또 탁! 하고 소리가 나면 소리가 나는 줄 저절로 알고, 오면 오는 줄 알고 가면 가는 줄 아는 이 소소영령한 아는 마음이 있습니다.

공적영지심

생각이 일어날 때 '일어났구나. 사라졌구나.' 하고 알죠. 이 소리
가 탁! '들리는구나.' 하고 알 뿐입니다. 이렇게 저절로 본래 알 뿐
인 것을 영지(靈知)라고 합니다. 영(靈)이라고 붙인 이유는, 신령스
럽게 안다, 소소영령하게 안다고 해서, 즉 분별해서 아는 것이 아
니라, 저절로 그냥 알기 때문에 그렇게 이름을 붙였습니다.

이 공적영지심은 우리가 일상에서 사용하는, 분별해서 아는 마
음이 아닙니다. 애쓰고 노력하고 비교 분별해서 아는 것이 아니
라, 그냥 즉각적으로 저절로 아는 마음입니다. 이것은 생겨난 것
도 아니고 사라지는 것도 아닙니다. 어디에서 온 것도 아니고, 사
라질 수 있는 것도 아닙니다.

갓난아기 때에도 이 공적영지심은 늘 있었죠. 우리의 분별해서
아는 마음인 분별 의식만 따라가지 않으면, 늘 그 바탕, 배경에
이 공적영지심이 먼저 있습니다. 있고 없음을 넘어 있습니다. 모
든 생각, 분별, 망상이 사실은 그 바탕인 이 공적영지심에서 나온
것일 뿐입니다.

그래서 공적영지심을 바다에 비유하고, 그 위에 일어난 생각,
판단, 분별, 감정, 의식 등을 전부 파도에 비유하기도 합니다. 물
질적·정신적인 일체 생겨난 모든 것이 다 파도입니다. 오온(五蘊)
십팔계(十八界)가 다 파도입니다. 고타마 붓다께서 오온 십팔계가
내가 아님을 밝히신 까닭이 여기에 있습니다. 몸과 마음은 그저
인연 따라 왔다가, 인연 따라 사라지는 허망한 것이고 꿈과 같은

것이어서 실체가 없습니다. 무아(無我)죠.

선에서는 이 있다고도 할 수 없고 없다고도 할 수 없는 '이것', 공적영지심이라는 것을 임시방편으로 내세워서 보다 빨리 연기와 무아를 깨달을 수 있도록 한 것입니다.

선불교에서 깨달음의 열 가지 길을 그림으로 그려놓은 십우도(十牛圖)를 보면, 소를 찾고 소를 확인해서 키우다가 소가 사라집니다. 소가 바로 불성, 견성, 공적영지심을 말하는데요, 결국에는 소가 사라지듯, 이 불성이라는 방편도 사라집니다.

그러나 『법화경』에서 화성(化城)의 비유를 들고 있듯, 깨달음의 여정이 너무 길고 험하니 중간에 임시로 가짜 성을 만들어 사람들을 쉬게 하고, 힘을 낼 수 있게 하는 것이 바로 선불교의 견성 프로그램입니다. 이것이야말로 불교 역사에 있어서 획기적이고, 놀라우며, 근기가 약한 사람이라 할지라도, 어리석은 중생이라고 할지라도 누구나 쉽게 갈 수 있는 놀라운 공부길입니다. 이 이야기는 차차 계속 하기로 하고 진도를 더 나가보겠습니다.

참된 정진이란?

옛날 사람들은 근기가 약해서 어려운 말을 하면 못 알아들으니, 쉽게 근기를 낮춰서 설명해야 했습니다. 중생들의 기준에서 부처와 중생을 둘로 나누어 놓고 설명해야 했죠.

그래서 경전에서는, 비로자나 부처님께서 처음 발심했을 때로부터 정진하여 물러나지 않으신다고 했습니다. 그런데 비로자나 부처님의 정진이라는 것은 무엇일까요? 비로자나 부처님은 형상이 있는 존재거나 대상이 아니라 진리 그 자체입니다. 그러니 비로자나불은 사실 따로 정진이 없고, 물러나고 말고도 없습니다. 이 말은 곧, 늘 진리 그 자체로서 있다는 것입니다.

쉽게 말하면, 중생들은 늘 생각하는 상태로 있죠. 분별 망상을 하고 있습니다. 이것이 바로 정진하지 않는 것입니다. 무분별지, 분별하지 않는 늘 있는 이 자리에 있는 것이 곧 최상의 정진입니다. 그러니 참된 정진은 따로 정진이 없는 것이죠. 우리의 본래 바탕, 본마음은 퇴전이 없고, 정진도 없고, 그저 늘 이러할 뿐이기에, 이 적멸한 본성에 눈뜨고 여기에 있는 것이 곧 정진입니다.

중생으로서는 분별을 따라가지 않는 것, 생각에 집착하지 않는 것이 곧 정진입니다. 좋다 싫다 분별해서, 좋은 것은 집착하고 싫은 것은 거부하며, 취사간택하느라 힘들게 애쓰는 것이 어리석은 중생입니다. 분별과 취사간택을 하지 않는 것, 아니 분별하되 분별이 없고, 취사하되 취사가 없는 것이 곧 참된 정진입니다.

생각과 분별을 전혀 안 하고 살 수는 없으니, 생각이 일어나고 분별이 일어날 때, 탐진치 삼독이 일어날 때, '올라오는 생각에 끌려갔구나.' 하고 알아차리고, 다시 본래 자리로 되돌아오는 것이 곧 정진입니다. 이것이 지관(止觀)이죠. 분별과 탐진치를 멈추고, 있는 그대로 보는 것이 곧 중도이며 수행이고 정진입니다.

분별이 일어나도 파도가 곧 바다이듯, 그 분별이 곧 이 마음 아님이 없음을 보는 것이 곧 정진입니다. 화를 내도 그 화가 곧 이것이고, 병이 나더라도 병이 곧 이것이며, 온갖 일들이 다 일어날지라도 그 모든 일이 낱낱이 '이것' 아님이 없음을 늘 확인해 나가는 것이 참된 정진입니다.

이러한 참된 정진을 항상 따라 배우겠다고 다짐하는 것이 곧 상수불학원입니다.

참된 보시, 참된 자비와 사랑은?

또 불가설 불가설의 몸과 목숨으로 보시하며 불가설 불가설 말로 할 수 없고 말로 할 수 없는 무수히 많은 몸과 목숨으로 보시한다.

왜 불가설 불가설일까요? 삼라만상을 흩어놓으면 불가설 불가설, 말로 할 수 없는 것이 많잖아요. 하늘, 구름, 땅, 바람, 모래, 나무, 꽃 등등 일체 삼라만상은 말로 할 수 없을 만큼 많지 않습니까.

이 많은 삼라만상이 그대로 법신불이고, 이 일체 모든 법신 부처님이 늘 불가설 불가설 몸과 목숨을 다해, 온 존재를 다해 보시하고 있습니다. 즉 이 삼라만상 온 우주 법계 전체는 무수히 많은 삼라만상 우주 전체가 다른 우주 전체를 향해서 무수히 많은 보시를 하고 있습니다. 그러지 않으면 우리가 이렇게 살 수가 없습니다.

그래서 '오직 사랑뿐', '무한한 자비일 뿐'이라고 하며, 동체대비

(同體大悲)를 말합니다. 이 세상은 서로가 서로를 무한히 돕고, 살려주고, 나누고 베푸는 동체적 사랑과 자비의 한바탕 축제입니다.

연기적 자비라는 말이 있는데요, 불교에서 말하는 연기법의 지혜는 곧 자비를 의미합니다. 우리는 모두 연기법으로 살고 있습니다. 연기법으로 사는 자체가 무한한 자비를 행하고 있는 것이며, 그렇기에 일체 서로 연결된 모두는 서로를 돕고 있습니다.

보시를 억지로 해야지만 하는 것이 아니라, 존재 자체가 이미 보시와 자비, 사랑으로 가득합니다. 내가 숨을 쉬는 것 하나도 무한한 자비행입니다. 공기는 완전한 자비로움으로 나를 살게 합니다. 그러면서도 한번도 대가를 바라지 않습니다. 물이 필요하면 언제나 물을 얻고, 밥이 필요할 때는 밥이 생겨났으며, 살아오며 한번도 옷을 입는 데 실패해 본 적이 없습니다. 배고프면 먹고 부르면 싸고, 졸리면 자고, 저절로 나이가 들고, 키가 크고 이 모든 것이 저절로 이루어지고 있습니다. 이것이 곧 불가설 불가설한 자비입니다.

삼라만상 두두만물 일체 모든 존재가 언제나 나를 돕기 위해 중중무진의 연결성을 가동하고 있습니다. 연기즉자비가 아닐 수 없습니다.

우리는 모두 온 우주 전체를 향해 무한한 몸과 목숨을 다해서 매 순간 불가설 불가설 모든 법신 부처님께 온 우주 전체를 위해서 보시하는 중이고, 또 무수히 많은 불가설 불가설 부처님의 보시를 받는 중입니다. 주면서 받고 받으면서 주고, 이 놀라운 생명의 순환은 둘이 아니게 늘 드러나 있습니다.

삶의 실상이 본래 이러함을 따라서 배우는 것이 곧 상수불학입니다. 연기를 깨닫는 것이 곧 자비를 실천하는 것입니다. 이러한 본래의 자기로 깨어나는 것이 바로 깨달음이며, 그것은 본래부터 이미 늘 갖추어져 있습니다.

법에 신명을 아끼지 않는다

부처님은 가죽을 벗겨 종이로 삼고, 뼈를 쪼개서 붓을 삼고, 피를 뽑아 먹물을 삼아서 쓴 경전을 수미산 높이로 쌓더라도 법을 소중히 여기는 까닭에 이 일에 신명을 아끼지 않으신다.

무엇이 부처님일까요? 삼라만상이 곧 부처님 아닌 것이 없습니다. 이것이 색즉시공(色卽是空)이며, 불이법입니다. 가죽도 종이도, 뼈와 피도, 먹물과 경전과 수미산, 이 모든 것이 전부 다 법신불(法身佛), 이 한 자리에서 나온 것입니다. 무엇을 하든 전부 이 법의 일 아닌 것이 없습니다. 이 법계(法界)는 말 그대로 존재 자체가 그대로 법인 세계이기에, 무엇이든 드러난 모든 것이 전부 신명을 아끼지 않고 있습니다.

이것을 방편의 말로 표현하자니, 부처님은 가죽을 벗겨 종이로 삼고 피를 뽑아 먹물을 삼아 경전을 무한히 설하시는 일에 신명을 아끼지 않는다고 표현한 것입니다. 오직 부처뿐이기 때문입니다.

이처럼 오로지 법 하나를 위해서 신명을 바치겠다는 마음, 나도 부처님을 따라 이런 마음을 배우겠다고 서원을 세우는 것입니다.

이렇게 얘기하면 "스님은 스님이니까 그렇게 하겠지만 우리는 재가자인데 어떻게 그걸 합니까?"라고 하시는 분들이 있습니다. 스님이 불교를 믿으라고 하면, 이게 불교 얘기를 하는 줄 알아요. 아닙니다.

불교에서 불(佛)은 일체 모든 존재의 근본을 말하고, 교(敎)는 가르침을 말합니다. 저마다 자기 근본을 깨닫자는 것이며, 이 말은 곧 저마다 자신의 괴로움의 문제를 해결하고 살자는 것입니다. 괴로움을 소멸하고 괴로움 없는 자유로운 삶을 살자는 것이 곧 불교입니다. 생로병사(生老病死)라고 하는 허망한 망상에 사로잡힐 것이 아니라, 그 생로병사의 괴로움에서 벗어나 자유롭게 살자는 것이 불교입니다.

그러니 불교가 어찌 한 종교만의 문제이겠어요. 불교는 곧 저마다 자기를 깨닫는 것이고, 자기 괴로움을 해결하는 가르침입니다. 스님들에게만, 불교 신자들에게만 불교가 필요한 것이 아닌 이유입니다. 그래서 『금강경』에서는 '불교는 이름일 뿐'이라고 했습니다. 그저 편의상 일체 모든 존재의 완전한 괴로움, 소멸의 가르침을 불교라고 이름했을 뿐입니다.

그러니 이 공부는 저마다 자기에게 가장 중차대한 일입니다. 일생일대에 가장 중요한 일이기에 '일대사인연(一大事因緣)'이라고도 합니다. 이 마음공부 인연이야말로 금생에 할 수 있는 가장 존귀하고, 중차대한 일입니다.

아무리 힘들어도 끝끝내 가야 할 길

하물며 어찌 왕위(王位)나 도시나 시골이나 궁전이나 정원과
산림 등의 갖가지 소유물을 아끼겠으며, 갖가지 난행과 고행
을 마다하겠는가?

이 마음공부, 나를 깨닫는 공부, 괴로움에서 벗어나는 공부, 이
공부야말로 내 인생에서 1번으로 가장 중요한 공부이니, 공부인이
라면 모름지기 온 마음이 이 공부에 몰입이 되어 있지, 다른 세간
적인 즐거움 등에 끌려다니지 않습니다. 돈과 명예, 권력, 지위 등
세간의 즐거움들은 언제든 물거품처럼 사라질 것이기 때문입니다.
　하물며 왕위와 권력에 집착하거나, 도시나 시골에 있는 땅을
가지려고 하거나, 궁전 같은 집에 집착하거나, 정원을 가지려고 하
거나, 살림을 가지려고 하거나, 빌딩이나 아파트에 사로잡혀 있거
나 하는 등 온갖 욕심을 내고 소유물을 탐내겠습니까? 세간의
욕망과 집착을 탐하지 않을 뿐 아니라, 오직 이 법을 공부하는
일이라면 무엇이라도 마다하지 않게 됩니다. 온갖 난행 고행을 마
다하지 않고 정진합니다.
　아끼는 마음을 가지는 것 자체가 나와 그것을 둘로 나누어 놓
고 내가 그것을 갖겠다는 소유욕입니다. 둘로 나누는 마음과 욕
심과 집착이 많으면 많을수록 이 법과는 어긋납니다.
　불교에서 보시하라는 얘기를 자꾸 하는 이유는 보시하는 것을
통해서 아끼고 집착하는 마음이 저절로 떨어져 나가기 때문입니

다. 그 어떤 것이든 과도하게 집착하지 않는 마음으로 살아가는 것이 중요합니다. 집착하게 되면 마음이 그 대상에 사로잡혀 이 공부를 제대로 해 내기 어렵기 때문입니다. 물론 그렇다고 해서 집착을 하지 말아야 한다는 것에 집착할 것도 없습니다. 무소유에 집착하는 것도 소유에 집착하는 것 못지않게 어리석은 것입니다.

인연 따라 삶을 살다 보면 자연스럽게 부자도 되고, 가난하게도 되는데, 그중 어느 한쪽을 거부하거나, 다른 쪽에 집착할 것이 없습니다. 그저 인연 따라 자연스럽게 받아들여 잘 쓰면 됩니다. 자연스럽게 부자가 되었다거나, 부자가 되고 싶다면, 그 마음이 현재의 진실이니, 열심히 살고 노력해서 부자가 되면 됩니다. 다만 노력은 하되, 결과에 대한 집착은 없기에, 부자가 돼도 좋고 안 돼도 좋은 것이지요. 그러면 마음이 혼란스럽지 않고, 어딘가에 사로잡히지 않으며, 고요하기에, 세속적인 모든 것을 하면서도 그것이 완전히 우리를 사로잡지는 않게 됩니다.

돈이야 아무리 번다고 하더라도 사라지는 것도 한순간입니다. 수 천억을 벌었더라도, 자신이나 사랑하는 사람이 갑자기 죽게 되었거나 병이 난다면, 그 돈이 다 무슨 의미가 있겠습니까?

정말 중요한 것은 '영원히 괴로움 없이 사는 삶'입니다. 임시로 생겨났다가 사라지는 것에 목숨을 걸 필요가 없습니다. 이 마음 공부야말로 진정한 내가 누구인지를 깨닫게 하기에, 이것은 왔다가 가는 임시적인 자유가 아닙니다. 이것이야말로 생사(生死)라는 괴로움을 해결할 수 있는 공부입니다. 자신의 인생이 늙고 병들고 죽는 것을 해결할 수 있다면, 이것보다 더 중요한 공부가 어디에 있겠습니까?

그러니 경전에서는 이 공부를 위해서라면 "갖가지 난행 고행도 마다하지 않는다."라고 했습니다. 이 공부를 위해 불가설 불가설 몸과 목숨을 바치며 난행 고행을 마다하지 않고, 오직 이 공부를 위한 발심을 굳건히 하는 것입니다.

그렇다고 요즘은 옛날처럼 난행 고행을 할 필요도 없습니다. 옛날이야 경전 하나를 구하려고 해도 중국에서 고난의 길, 히말라야를 넘어 인도까지 갔다 와야 했으니 난행 고행도 필요했겠고, 또 스승이 없으니 스승을 찾으려고 온 세상을 다 뒤지며 평생을 허비해야 했을 것입니다. 그러나 지금의 시대는 난행 고행을 할 필요도 없이, 인터넷이나 스마트폰 하나면, 온갖 경전과 지혜의 말씀이 넘치고, 유튜브에는 스님과 선지식의 설법들이 넘치는 시대입니다. 간절한 마음만 있다면, 지금의 시대처럼 공부하기 좋은 시대가 어디 있겠습니까? 이것은 인류 역사 이래로 처음 있는, 놀랍도록 공부하기 좋은 시대입니다.

덕분에 옛날처럼 난행 고행하며 공부하지 않아도 되게 되었지요. 그런데도 공부를 하지 않겠다면, 그것은 아직 시절인연이 안 된 것이니, 누구도 어쩌지를 못합니다.

이것이 진짜 신통

부처님께서 보리수 아래서 정각을 이루시던 일이며, 여러 가지
신통을 보이고 갖가지 변화를 일으키던 일이며,

부처님께서 보리수 아래에서 정각을 이루시고, 법을 전하실 때 중생 구제를 위해 방편으로 갖가지 신통 변화를 보이셨다고 알려져 있습니다. 사람들은 부처님이 신통 변화를 일으켰다는 이런 이야기를 좋아하는데 그 낙처를 잘 알아야 합니다. '부처님은 신통 자재하셔서 축지법도 쓰고, 타심통도 있고, 전생도 보는 분이지.'라고 생각하면 엄청난 오산입니다.

경전에도 외도의 신통과 불법의 신통에 대해서 여러 번 나오는데, 중국의 방거사(龐居士)는 '신통(神通)과 묘음(妙音)이 물을 길어오고 땔나무를 해오는 일'이라고 했습니다. 임제의현(臨濟義玄, ?~867) 스님은 "부처님께서 여섯 가지 신통이 있으시니, 참으로 불가사의하다고 사람들은 말하는데 그렇다면 여러 천인과 신선과 아수라, 귀신들도 역시 신통이 있는 것 아니겠는가. 이들도 부처님이라고 말할 수 있겠느냐. 도를 배우는 벗들이여, 착각하지 마라. 아수라들이 제석 천신과 싸우게 되면 8만 4천의 권속들을 거느리고 연근 뿌리의 구멍으로 들어가 숨는다."라고 하셨습니다.

임제 스님은 계속해서 "내가 예를 든 것은 모두가 업의 신통이거나 의지할 신통들이다. 제대로 된 신통이 아니다. 부처님의 육신통(六神通)은 그런 것이 아니다."라고 하면서 부처님의 육신통에 대해 설명합니다.

"물질의 경계에 들어가지만 물질의 미혹함을 받지 않고, 소리에 들어가지만 소리의 미혹함을 받지 않고, 냄새의 경계에 들어가지만 냄새의 미혹함을 받지 않고, 맛의 경계에 들어가지만 맛의 미혹함을 받지 않고, 감촉의 경계에 들어가지만 감촉의 미혹함을 받지 않고, 법에 들어가지만 법의 경계에 미혹함을 받지 않는다. 그러므로 색·성·향·미·촉·법 이 여섯 가지가 모두 텅 비었음을 통달하고 있다. 어디에도 매이지 않는 무위도인(無爲道人)을 속박할 수 없다. 비록 오온의 번뇌로 이루어진 몸이지만 바로 이것이 땅으로 걸어다니는 신통이다."

물 위를 걸어다니는 게 신통이 아니고 땅 위를 걷는 것이 신통입니다. 물 길어오고 땔나무 해 오는 것이 신통자재한 일입니다. 여러분이 하는 일거수일투족이 그대로 신통이지 다른 신통은 없습니다.

앞에서 말씀드린 것처럼 눈으로 물질을 보는데, 보이는 데 끌려가지 않는 게 신통입니다. 분별해서 좋은 걸 보면 집착해서 가지려 하고, 싫은 것은 밀쳐내려고 하면 보이는 것에 끌려가는 것이고, 보이는 것에 속박당하는 것입니다. 보이는 경계에 미혹함을 받는 것이지요.

또 소리가 들리더라도 소리의 경계에 미혹하지 않는다는 것은 소리를 듣더라도 소리를 들을 뿐이지 그 소리의 내용물을 쫓아가서 어떤 말에는 상처받고 어떤 말은 좋아하는 등 취사간택하지 않고, 냄새에, 맛에, 색성향미촉법(色聲香味觸法)의 바깥 대상 경계에 끌려가지 않고 미혹하지 않는다는 말입니다. 그것이 허망한 인연일 뿐인지라 실체가 아닌 것을 알고, 생겨나고 사라지는 생멸법임을 알기 때문에 그렇다는 것이지요. 그래서 땅으로 걸어다니는 것이야말로 진정한 신통자재라고 하는 것입니다.

눈·귀·코·혀·몸·뜻이 색·성·향·미·촉·법이라는 경계에 끌려 가지 않는다면, 즉 육식(六識)의 분별에 휘둘리지 않는다면, 지금 눈앞의 일체 모든 것이 법 아닌 것이 없습니다. 색·성·향·미·촉· 법에 끌려가지 않으면 색·성·향·미·촉·법이 전부 진리입니다. 눈 만 뜨면 온통 진리뿐입니다. 숨 쉬는 것이 진리이고, 길을 걷는 것이 진리이고, 밥 먹고 똥 싸는 것이 전부 신통자재한 진리 아닌 것이 없습니다.

누구에게든 법을 설한다

갖가지 부처님의 몸을 나타내어 온갖 대중이 모인 곳에 처하 시되, 혹은 모든 보살 대중이 모인 도량에 처하시거나, 성문과 벽지불 대중이 모인 도량에 처하시거나, 전륜성왕과 작은 왕이 나 그 권속들이 모인 도량이거나, 내지 찰제리, 바라문, 장자, 거사들이 모인 도량이거나 내지 천룡팔부와 사람인 듯 사람 아닌 듯한 것들이 모인 도량에 처하시거나 간에, 이와 같은 여 러 가지 큰 모임에서 원만한 설법을 천둥소리같이 하여 그들의 발심(바람, 욕망)에 따라 중생을 깨닫게 해 주시던 일이나 내지 마침내 열반에 들어 보이시는 일 등의 이와 같은 온갖 부처님 의 일들을 내가 모두 따라 배우기를 지금의 비로자나 부처님 을 따라 배우듯이 하는 것이니라.

이와 같이 하여 온 법계 허공계 시방삼세 모든 부처님 세계의 티끌 속에 계시는 모든 부처님도 이와 같이 하여 순간순간 내가 다 따라 배우는 것이니라.

이와 같이 하여 허공계가 다하고 중생계가 다하고 중생의 업이 다하고 중생의 번뇌가 다하더라도 나의 이 따라서 배우는 일은 끝나지 않고 순간순간 계속하여 잠깐도 쉬지 않건만 몸과 말과 뜻으로 하는 일은 지치거나 싫어함이 없느니라."

찰제리(刹帝利)는 사성 계급 가운데 두 번째인 크샤트리야(Kṣatriya), 즉 왕족을 말합니다. 부처님께서는 모든 중생의 요구에 따라서 중생들의 근기에 맞춰서 법문해 주신다는 말씀입니다. 즉 어떤 대중들이 있든 간에 법문을 청하는 자리가 있다면 법을 설해 주시는데, 천둥소리와 같은 사자후(獅子吼)의 법문을 설하신다는 것입니다. 천둥소리에, 사자 소리에 밀림의 모든 짐승이 깜짝 놀라듯, 부처님의 사자후 법문에 인연 있는 중생들은 놀라고 감동하고 찬탄하며 받아 지닙니다. 중생들의 발심에 따라 중생들을 깨닫게 해주시기 위해 부처님은 어떤 법회든 마다하지 않고 찾아가십니다.

우리도 자기가 할 수 있는 만큼 주변에 힘든 사람이 있으면 도와주고, 괴로운 사람을 위해 괴로움에서 벗어나게 해 주고, 법문과 지혜가 필요한 사람에게는 법을 안내해 주면서 '나 또한 이렇게 부처님을 따라서 상구보리 하화중생하는 전법의 삶을 살겠습니다. 부처님을 따라 배우겠습니다.'라고 하는 발원입니다.

부처님의 행을 따라 배운다는 의미

또한, 부처님께서 깨달음을 얻으실 때부터 열반에 이르실 때까지 하셨던 모든 부처님의 행, 온갖 부처님의 일들을 내가 모두 따라 배우기를 발원하는 것입니다.

이것은 곧 내가 곧 부처임을 깨닫겠다는 발원과 다르지 않습니다. 일체중생의 일체 행들이 깨닫고 보면 전부 부처님의 행이 아님이 없고, 일거수일투족 모든 움직임이 불사(佛事) 아님이 없기 때문입니다. 내가 깨달으면 일체의 행이 전부 부처의 행을 배우고 따르는 행이고, 깨닫지 못하면 하나하나가 전부 업 짓는 일이 되고 맙니다.

즉, 역사적 인물인 석가모니 부처님의 행적과 삶을 따라 배우는 삶을 사는 것이 아니라, 바로 지금 눈앞에 있는 비로자나불이라는 법신부처님의 행을 따라 항상 배우기를 소홀히 하지 않겠다고 하는 것이 진정한 상수불학원, 청불주세원입니다.

이런 행을 6조 혜능 스님은 일행삼매(一行三昧)라고 했습니다. 어떤 행을 행하든 이 법신의 자리에서 하게 되면, 일거수일투족 모든 행이 전부 삼매 아님이 없기 때문입니다.

그러니 이것은 특정한 행위, 특정한 삶의 모습, 특정한 거룩한 행동을 따라서 한다는 말이 아닙니다. 겉으로 보이는 행위, 즉 석가모니불의 행적은 모양 따라 나타난 것이니, 그것은 영원하지 않습니다. 겉모습의 행위를 따라 하는 것은 올바른 일행삼매가 아닙니다. 어떤 행위를 하더라도 일체의 행위를 함에 비로자나 법신불의 자리에 뿌리를 내린 채 하는 행위입니다. 이것이 바로 '하되 함이 없이 하는' 무위행(無爲行)입니다.

그러니 이렇게 된다면, 부처님의 행을 따라 배울 것도 없습니다. 깨닫게 되면, 내가 바로 부처이고, 내가 곧 비로자나불임이 드러나니, 무엇을 하든 전부 부처의 행이고 무위행이며 일행삼매가 되는 것입니다. 이것이야말로 진정한 상수불학입니다.

깨달음의 순서, 신해행증

내 생각과 판단 분별을 내려놓으면 언제나 부처님은 밝게 드러나 있습니다. 이러한 것이 온전히 이해되고, 내 삶에서 체득이 되는 것이 중요합니다. 불교는 신해행증(信解行證), 믿고 이해하고 행하고 증득(證得)하는 것을 강조합니다. 부처님 법을 굳게 믿고 공부해 나가다 보면 이해 안 되는 것들도 점차 가슴으로 이해가 되고 소화가 되며, 그렇게 되면 온 존재로서 행하게 됩니다.

그전에는 집착하는 생활을 했다면 저절로 집착이 떨어져서 가벼운 행을 하게 됩니다. 나도 세계도 실체라 여기니, 내가 세상에서 잘 살아가기 위해 애쓰고 노력하며 유위 조작하느라 힘겨운 투쟁의 삶을 살게 되다가, 문득 깨닫고 나면 저절로 나와 세계가 사라지고, 삶은 가벼워지며, 하되 함이 없이 저절로 내맡긴 채 살아가게 됩니다. 그렇게 점점 법에 가까워지다가 문득 증득하여, 법도 따로 없고 부처도 따로 없고 해탈도 따로 없이 다시금 현실로 깨어나게 됩니다. 이 깨어남은 내가 깨어나는 것이 아닙니다.

내가 깨닫는 일은 절대 일어나지 않습니다. 내가 없음을 깨닫는 것이기 때문입니다. 이 불이법의 계합에는 증득도 없고, 그저 본래 있던 이 생명, 삶, 현실이 언제나처럼 그대로 다시 밝아질 뿐입니다.

우리들의 삶에서도 이처럼 공부가 되어갑니다. 이 공부에 대한 굳은 믿음이 어느 날 생기고, 부처님과 가르침과 스님들에 대한 믿음을 통해 꾸준히 법문을 듣게 됩니다. 그러면서 점차 불법에 대해 단순히 머리로만 이해되는 것이 아닌 가슴으로 체험되는 이해가 깊어집니다. 바른 이해는 곧 바른 행을 가져옵니다. 삶이 가벼워지고, 집착이 놓이며, 탐진치 삼독이 점차 옅어집니다.

이 공부를 이제 도저히 놓을 수가 없습니다. 발심과 신심이 깊어지고, 이 공부, 법, 마음, 불성에 대한 간절한 깨달음의 마음이 나날이 깊어지되, 머리로가 아닌 가슴으로, 온 존재로 공부를 하게 됩니다. 머리는 쉬어지고 온통 모를 뿐이지만, 그 모를 뿐인 벽에 부딪쳐 퇴전함 없이 법문 앞에 나를 조복하다 보면, 어느 날 시절인연의 때를 만나면 문득 쉬어지고, 문득 내려가 바른 증득을 하게 됩니다.

이 신해행증(信解行證)의 가르침을 꼭 믿으시고, 꾸준히 오래오래 정진해 나아가시기 바랍니다.

제9 항순중생원(恒順衆生願)
항상 중생 수순하기를 서원합니다

"선남자여, 항상 중생을 수순한다는 것은 온 법계 허공계 시
방세계의 중생들이 여러 가지 차별이 있어 태에서 나고 알에
서 나고 습기로 나고 화(化)하여 나기도 하며(胎卵濕化: 四生), 지
수화풍(地水火風)을 의지하여 살기도 하고, 허공을 의지하여
살기도 하며, 초목에 의지하여 살기도 하는 바, 이런 여러 가
지 종류와 여러 가지 몸과 여러 가지 형상과 여러 가지 모양
과 여러 가지 수명과 여러 가지 종족과 여러 가지 이름과 여러
가지 성질과 여러 가지 소견과 여러 가지 욕망과 여러 가지 뜻
과 여러 가지 위의와 여러 가지 의복과 여러 가지 음식으로 여
러 시골 마을과 도시와 궁전에 거처하며, 내지 천룡팔부와 인
비인(人非人: 사람인 듯 아닌 듯한 존재) 등과 발 없는 것, 두 발 가
진 것, 네 발 가진 것과 여러 발 가진 것이며, 형상 있는 것, 형
상 없는 것, 생각 있는 것, 생각 없는 것, 생각 있는 것도 아니
고 없는 것도 아닌 것 등 이러한 여러 가지 중생들을 내가 모
두 그들에게 수순하여 갖가지로 섬기고 갖가지로 공양하기를
부모같이 공경하고, 스승과 아라한과 내지 부처님이나 다름이

없이 받들며, 병든 이에게는 어진 의원이 되고, 길 잃은 이에게는 바른 길을 보여주고, 캄캄한 밤에는 빛이 되며, 가난한 이에게는 보배를 얻게 하나니, 이렇게 보살이 일체중생을 평등하게 이익되게 함을 말하는 것이니라.

어떤 까닭인가? 보살이 중생을 수순하는 것은 곧 부처님께 수순하며 공양하는 것이고, 중생들을 존중하여 섬기는 것은 곧 부처님을 존중하여 섬기는 것이며, 중생들을 환희심 나게 하면 곧 모든 부처님을 환희심 나게 해드리는 것과 같기 때문이니라.

어떤 까닭인가? 부처님은 대자비심으로 체(體)를 삼으시는 까닭에 중생으로 인하여 큰 자비심을 일으키고, 자비로 인하여 보리심을 내고, 보리심으로 인하여 정각을 이루심이 마치 넓은 모래사장에 서 있는 큰 나무의 뿌리가 물을 만나면 가지와 잎과 꽃과 열매가 모두 무성함과 같으니 생사(生死)라는 광야의 보리수도 또한 이와 같으니라. 일체중생은 뿌리가 되고 불보살님은 꽃과 열매가 되니, 자비의 물로 중생들을 이롭게 하면 모든 불보살님의 지혜의 꽃과 열매가 성숙하게 되느니라.

어떤 까닭인가? 보살들이 자비의 물로 중생들을 이롭게 하면 곧 아뇩다라삼먁삼보리를 성취하기 때문이다. 그러므로 보리는 중생에게 달렸으니 중생이 없으면 모든 보살이 마침내 가장 훌륭한 정각(正覺)을 이루지 못하느니라.

선남자여, 그대는 이 이치를 이렇게 알아라. '중생에게 평등한 마음인 까닭에 원만한 자비를 성취하고, 자비심으로 중생들을 수순하는 까닭에 부처님께 공양함을 성취하는 것'이라고 알아야 하느니라.

보살은 이와 같이 중생을 수순하나니 허공계가 다하고 중생계가 다하고 중생의 업이 다하고 중생의 번뇌가 다하여도 나의 수순함은 다함이 없느니라. 순간순간 계속하여 잠깐도 쉬지 않건만 몸과 말과 뜻으로 하는 일은 지치거나 싫어함이 없느니라."

—

復次善男子야 言恒順衆生者는 謂盡法界虛空界十方刹海所有衆生의 種種差別이니 所謂卵生胎生濕生化生이 或有依於地水火風而生住者하며 或有依空及諸卉木而生住者하야 種種生類와 種種色身과 種種形狀과 種種相貌와 種種壽量과 種種族類와 種種名號와 種種心性과 種種知見과 種種欲樂과 種種意行과 種種威儀와 種種衣服과 種種飮食으로 處於種種村營聚落城邑宮殿하며 乃至一切天龍八部人非人等과 無足二足과 四足多足과 有色無色과 有想無想과 非有想非無想인 如是等類를 我皆於彼에 隨順而轉하야 種種承事하며 種種供養호대 如敬父母하며 如奉師長과 及阿羅漢과 乃至如來하야 等無有異하며 於諸病苦에 爲作良醫하며 於失道者에 示其正路하며 於暗夜中에 爲作光明하며 於貧窮者에 令得伏藏이니 菩薩이 如是平等饒益一切衆生하나니 何以故오 菩薩이 若能隨順衆生하면 則爲隨順供養諸佛이며 若於衆生에 尊重承事하면 則爲尊重承事如來며 若令衆生으로 生歡喜者면 則令一切如來로 歡喜니라 何以故오 諸佛如來가 以大悲心으로 而爲體故로 因於衆生하야 而起大悲하며 因於大悲하야 生菩提心하며 因菩提心하야 成等正覺하나니 譬如曠野沙磧之中에 有大樹王하니 若根得水면 枝葉華果가 悉皆繁茂인달하야 生死曠野菩提樹王도 亦復如是하야

一切衆生으로 而爲樹根하고 諸佛菩薩로 而爲華果하야 以大悲水로 饒
益衆生이면 則能成就諸佛菩薩智慧華果하나니 何以故오 若諸菩薩이
以大悲水로 饒益衆生이면 則能成就阿耨多羅三藐三菩提故라 是故
로 菩提가 屬於衆生이니 若無衆生이면 一切菩薩이 終不能成無上正覺
이니라 善男子야 汝於此義에 應如是解니 以於衆生에 心平等故로 則能
成就圓滿大悲하며 以大悲心으로 隨衆生故로 則能成就供養如來니라
菩薩이 如是隨順衆生하야 虛空界盡하며 衆生界盡하며 衆生業盡하며
衆生煩惱盡하야도 我此隨順은 無有窮盡이니 念念相續하야 無有間斷
하야 身語意業이 無有疲厭이니라

중생에게 수순한다는 의미

「보현행원품」 아홉 번째 원인 항순중생원(恒順衆生願), 항상 중
생을 수순한다는 아주 중요한 원 가운데 하나입니다.

중생수순(衆生隨順)에서 수(隨)는 '따르다, 맡기다, 허락하다.' 순
(順)은 '거스르지 않는다, 도리를 따른다.'라는 뜻으로 수순은 '남
의 뜻에 맞추거나 순순히 따른다, 상대방에게 맞춰 준다.'라는 뜻
이 있습니다. 더 나아가 상대방의 근기에 맞추어서 따라주되 결
국에는 필경(畢竟) 상대방에게 참된 이익을 도모해 주는 일이라는
의미가 있습니다. 다시 말해서 중생을 수순한다는 것은 중생들의
근기에 맞춰서 중생에게 이익을 도모해 줌으로써 진정으로 중생
을 위한다는 말입니다.

그러나 이렇듯 중생수순이 '중생의 뜻에 따라준다, 맞춰 준다.'

라고 하니까 그러면, 중생이 나쁜 짓을 하고 삿된 짓을 해도 무조건 맹목적으로 따라주는 것으로 생각하는 분들이 있는데 전혀 그렇지 않습니다. 필경에는 그에게 진정한 이익이 가도록 하는 것이기 때문에 중생수순이 겉으로 보기에는 중생수순이 아닌 것처럼 보일 수도 있습니다.

때로는 고통이 돕는다

예를 들어, 우리는 늘 '나'라는 에고, 아상(我相)에게 이익되는 쪽으로만 일이 벌어져야 한다고 믿습니다. 그래서 '내 생각', '분별 망상'만 옳다고 여기기 쉽습니다. '나'라는 아상은 늘 나에게 좋은 일만 일어나야 하고, 늙지도 않고, 병들지도 않고, 죽지도 않아야 한다고 여깁니다. 그러나 그럴 수는 없습니다. 오히려 진정으로 나를 위한다면, 적당한 괴로움을 통해 나를 깨닫게 하고, 병들고 늙는 과정을 통해 자신의 진정한 본래면목, 참나를 확인하려는 발심을 할 수 있게 될 것입니다.

이처럼 법신불, 진리에서는 중생을 수순하는 데 있어서, 진정으로 그 중생을 깨닫게 하려고 수순합니다. 단지 중생이 생각과 분별 망상으로 자기에게 이익되는 일만을 원한다고 무조건 그것을 들어주는 것이 중생수순이 아닙니다.

때로는 고통을 보내줌으로써 그 괴로움 속에서 깨닫게 하는 것도 중생수순입니다. 괴로움이 우리를 깨어나게 할 수 있다면 그 괴로움이 진정으로 그를 도운 것이기 때문입니다.

보통 심리상담사는 조건 없이 내담자의 말을 다 들어주고, 받아 들여주곤 합니다. 그러나 스님들이 상담할 때는 듣기 싫은 말이라 할지라도 꼭 해 주어야 하는 말이라면, 냉정하게 들리더라도 해 줍니다. 그런 말은 듣기 싫겠지만, 진정으로 그를 위하는 마음에서 꼭 해 주어야 할 말은 해 주는 것입니다. 때로는 눈물을 쏙 빼놓기도 하죠. 그래서 당장은 서운하고, 그런 말이 듣기 싫고, 받아들이고 싶지 않겠지만, 훗날 깨닫고는 찾아와서 그때 그런 말을 들었기 때문에 이렇게 변화될 수 있었다고 말하곤 합니다. 이 또한 중생수순입니다.

그럼에도 불구하고 수순한다

그러나 기본적으로 중생수순은 '그들을 있는 그대로 허용한다. 있는 그대로 받아들인다. 그들의 나와 다른 점을 인정해 준다.'라는 것에 있습니다. 그들이 설사 나쁜 짓을 했다 했을지라도, 죄인이라 할지라도, 그것으로 그들을 낙인찍고 거부하는 것이 아니라, '그럼에도 불구하고' 그를 있는 그대로 인정하고 받아들여 줍니다. 그들이 잘못했던 그때의 의식 수준에서는 그렇게밖에 행동할 수 없었음을 받아들여 주고, 그 잘못을 통해 깨달을 수 있도록, 참회할 수 있도록, 더는 그런 잘못을 하지 않도록 깨닫게 만들어 주는 것입니다.

이처럼 잘못했다고 무조건 미워하는 것이 아니라 그 잘못을 통해 깨어나도록 이끄는 것이 곧 중생수순입니다. 그러니 누구든 그 어떤 최악의 죄인이라 할지라도 불법 문중에 들어오면 무한히 용납되고, 허용되고, 사랑으로 받아들여지는 것입니다. 여기에는 타종교 신자도 당연히 예외가 아닙니다. 누구라도 그들을 종교가 다르다고, 피부색이 다르다고, 죄인이라고, 내 뜻과 안 맞는다고 거부하는 것은 중생수순이 아닙니다.

이렇듯 온전히 허용하는 일체중생에 대한 수순을 왜 하는 것일까요? 모든 존재, 모든 중생은 곧 부처이기 때문입니다. 이 한 마음에서 모두가 나왔기 때문입니다. 우리는 모두 불이법으로 둘이 아닌 하나이기 때문입니다. 그들을 돕는 것이 곧 나를 돕는 것입니다.

그러니 중생수순에 허용되지 않는 존재는 없습니다. 누구나 부처님의 무한한 자비와 지혜라는 중생수순의 포용 안에 들어옵니다. 그래서, 다음에 올 내용에 보면 '온갖 중생들'의 종류를 다양하게 표현하고 있는 이유가 여기에 있습니다. 그 모든 중생을 다 수순하겠다는 것입니다.

보현행원 전체가 곧 항순중생의 실천

만나는 모든 존재, 모든 중생을 부처님이라고 생각해서 예경제불원, 예배하고 공경하는 마음으로 대해 주는 것도 하나의 수순중생원입니다.

칭찬여래원, 주변에 만나는 사람들이 잘하는 것들을 칭찬해 주고 찬탄해 주는 것을 통해서도 중생을 수순해 줄 수 있습니다.

광수공양원, 그들에게 공양하는 것을 통해서 중생을 수순해 줄 수도 있고 또 나와 부딪치는 일이 있고 내가 그에게 잘못한 게 있으면 내 업장을 참회하는 것을 통해서 상대방을 수순해 줄 수 있습니다.

수희공덕원, 그들이 공덕이 있을 때 그 공덕을 내 마음처럼 내 일처럼 기뻐해 주는 것을 통해서도 중생 수순을 할 수가 있습니다.

또 청전법륜원·청불주세원·상수불학원, 그들이 부처님 법문을 더 들을 수 있고, 더 찬탄할 수 있도록, 그리고 그들에게 중생심으로서의 분별심만 있는 것이 아니라 부처님의 무분별심이 그들에게 더욱더 자라나도록 그들도 또한 부처님 지혜의 말씀을 따라서 더 배우기를 발원하는 것이 전부 다 항순중생원이라고 할 수 있습니다.

이렇게 다른 많은 원을 잘 실천하는 것이 곧 항순중생원입니다.

지수화풍의 순환

"선남자여, 항상 중생을 수순한다는 것은 온 법계 허공계 시방 세계의 중생들이 여러 가지 차별이 있어 태에서 나고 알에서 나고 습기로 나고 화(化)하여 나기도 하며(胎卵濕化 四生), 지수 화풍(地水火風)을 의지하여 살기도 하고, 허공을 의지하여 살기도 하며, 초목에 의지하여 살기도 하는 바,

일체 세계에 있는 모든 중생은 다 서로 차별점이 있습니다. 태에서 나고, 알에서 나고, 습기로 나고, 화하여 나기도 합니다. 태란습화(胎卵濕化) 사생(四生)은 중생들이 태어나는 방식에 대한 네 가지 분류법입니다. 네 가지로 낳은 일체 모든 중생의 자비로운 어버이와도 같은 분이라고 해서 부처님을 사생자부(四生慈父)라고 합니다.

태생은 어머니의 태를 빌려서 태어난 사람들, 동물들을 뜻합니다. 난생은 껍질로 된 알을 깨고 출생하는 날짐승을 말합니다. 습생은 어둡고 습한 물기 있는 땅에서 화합해서 생긴 유정들로 모기, 파리 등 곤충들이 습생에 속합니다. 네 번째는 화생이라고 해서 부모의 인연을 받지 않고도 자연변화 되어 출생하는 것입니다. 지옥이나 천상 세계의 중생들은 화신, 화현(化現)으로 태어난다고 합니다.

사생일신(四生一身)이라 하여 태란습화로 태어나는 모든 중생이 사실은 한 몸, 한 중생이라는 말이 있습니다. 일체유심조라 하여 일체 모든 것은 마음이 지은 바라는 것도 같은 말입니다. 일심(一心), 한마음에서 일체중생이 모두 나왔습니다. 인연이 달라 다르게 태어나는 것일 뿐이지 그 본성은 모두 다르지 않습니다.

이렇게 태란습화로 태어난 중생들은 지수화풍(地水火風)이라는 사대(四大), 쉽게 말씀드리면, 땅의 기운, 물의 기운, 불의 기운, 바람의 기운을 의지해서 살고 있습니다. 내 몸은 지수화풍으로 이루어져 있는데, 이 세상의 지수화풍이 내 몸의 지수화풍으로 끊임없이 순환하며 몸을 살리고 있습니다. 그래서 세상의 지수화풍을 외사대(外四大)라 부르고, 우리 몸의 지수화풍을 내사대(內四大)라 부릅니다. 인연 따라 외사대와 내사대가 순환하며 생겨나고 사라질 뿐이기 때문입니다. 또 지수화풍에 의지해 사는 중생 중에는 허공을 의지해 사는 새들도 있고, 초목에 의지해 사는 짐승, 사람 등의 중생도 있습니다.

일체 모든 중생의 종류

이런 여러 가지 종류와 여러 가지 몸과 여러 가지 형상과 여러 가지 모양과 여러 가지 수명과 여러 가지 종족과 여러 가지 이름과 여러 가지 성질과 여러 가지 소견과 여러 가지 욕망과 여러 가지 뜻과 여러 가지 위의와 여러 가지 의복과 여러 가지 음식으로 여러 시골 마을과 도시와 궁전에 거처하며, 내지 천룡팔부와 인비인(人非人), 등과 발 없는 것, 두 발 가진 것, 네 발 가진 것과 여러 발 가진 것이며, 형상 있는 것, 형상 없는 것, 생각 있는 것, 생각 없는 것, 생각 있는 것도 아니고 없는 것도 아닌 것 등 이러한 여러 가지 중생들을

여기에서는 일체 모든 종류의 중생들을 말하면서 그들을 모두 평등하게 수순 포섭하여 교화해야 함을 설하고 있습니다. 중생들은 온갖 다양한 부류가 있습니다. 온갖 종류가 있고, 다양한 몸이 있으며, 그 형태와 모양도 다양하고, 수명도 다르며, 종족도 다르고, 이름과 성질도 다르고, 저마다 가지고 있는 소견과 욕망도 뜻도 다 다르고, 행동거지 등 위의와 입는 의복과 먹는 음식도 다 다릅니다.

겉으로는 아무리 다르더라도 그 모든 중생이 전부 이 한마음에 서 나왔기 때문에, 전부 섭수하고 포섭하여 지혜로써 교화한다 는 것입니다. 이처럼 불교에서는 사람이라고 더 중요하게 여기고, 짐승들은 낮게 보지도 않으며, 서로 다른 성격, 형상, 종족, 견 해, 욕망, 입는 옷과 먹는 음식 등으로 중생들을 둘로 나누지 않 고, 차별하지 않습니다. 겉으로는 서로 다른 중생의 종류이지만, 그 근본은 전부 불성을 지니고 있으며, 그 모든 중생이 전부 마 음 하나에서 출현했기 때문입니다. 불교에서는 그 누구도 차별하 지 않고 평등하게 바라보는 것입니다.

전통과 토속을 다 받아들인다

천룡팔부(天龍八部)란, 불자님들은 천룡팔부 신중(神衆)이라 해 야 더 잘 아실 것 같은데요. 불법을 지키는 호법신(護法神)으로, 하늘에 있는 천신(天神)과 용신(龍神) 등 여덟 부의 신장(神將)들로 불법을 보호하는 신들을 칭하는 것입니다.

원래는 인도 각지에 있던 토착 신들로서, 특히 브라만교의 『리 그베다』, 『마하바라타』 등에 등장하는 신들의 무리인데, 대승불교 가 발전함에 따라 불교에 포섭되어 팔부신중으로 불리게 된 것입 니다. 불교는 이처럼 그 지역의 토착신이나 전통, 신화 등과 대립 하면서 불교가 아닌 것과 싸워 이기며 등장한 종교가 아닙니다. 무엇이든 전부 한마음에서 나온 것이기 때문에 포섭하지 못할 것 이 없는 종교입니다. 이것이 불교의 특징인데요, 불교에서는 내세우는 고정된 것이 따로 없기에 무엇이든 다 받아들여 포섭하여 그것에 익숙한 사람들에게 그것을 방편으로 활용하여 포교하곤 합니다. 적과 아군으로 둘로 나누지 않고, 불이법으로 받아들여, 오히려 그것을 방편으로 중생들을 깨닫게 하는 것입니다.

이것이 불교가 역사 속에서 종교전쟁에 휘말리지 않는 이유이기도 합니다. 역사적으로 늘 불교가 가는 곳에는 전쟁이 없고, 수순과 포용만이 있었습니다. 한국의 산사에 산신각이 있는 것도 한국의 토속신앙을 섭수 수순하여 받아들여 오히려 교화의 방편으로 쓴 것임을 알 수 있습니다. 이것이 바로 불교의 중생수순, 항순중생의 원력이 있기에 가능한 것입니다.

사람 아닌 존재까지 중생으로 수순한다

인비인(人非人)은 사람과 사람 아닌 존재를 말하는데, 비인(非人)에는 팔부신중과 귀신, 축생 등이 포함됩니다.

태란습화 사생뿐만 아니라 천룡팔부, 사람과 사람 아닌 일체 모든 존재도 다 중생이기 때문에 그들도 다 포섭하고 항순, 수순할 수 있어야 한다는 것입니다. 발 없는 뱀이나 두 발 가진 중생들, 또 네 발 가진 짐승 등의 중생들, 그리고 여러 발 가진 중생들, 일체 모든 중생에 대해 자상하게 포섭하여 설명하고 있습니다. 그 어떤 중생이라 할지라도 단 하나도 포기하지 않고 섭수하여 교화해야 할 평등한 존재이기 때문입니다.

"형상 있는 것 형상 없는 것, 생각 있는 것, 생각 없는 것, 생각 있는 것도 아니고 없는 것도 아닌 것 등등…." 해서 이러한 여러 가지 중생들을 모두 수순한다고 말하고 있는데요, 『금강경』에서도 구류중생(九類衆生)에 관한 내용이 나옵니다. 태란습화의 네가지 중생과 형상에 따른 분류인 유색(有色: 형상 있는 중생), 무색(無色: 형상 없는 중생), 인식의 유무에 따른 중생의 분류법인 유상(有想: 생각이 있는 중생), 무상(無想: 생각이 없는 중생), 생각이 있는 것도 아니고 없는 것도 아닌 중생[비유상비무상(非有想非無想)] 등 곧 일체중생을 일시에 몰록 깨닫게 한다는 얘기가 나옵니다.

이렇듯 불교에서는 사람뿐만이 아니라, 이 구류중생이 전부 다 평등한 중생이어서 곤충, 짐승, 날짐승, 하늘에 있는 천신들 등 일체 모든 중생을 위해서 동체대비심(同體大悲心)으로 그들을 다 포섭하여 수순하며, 포용해 진리로 이끌고 있습니다.

생태환경의 발전 과정과 연기법

제가 예전 대학원에서 불교 환경을 공부할 때 서양의 환경학자들, 환경론자들이 말하길, 인류가 가야 할 최상의 궁극적인 환경론의 정점에 불교 연기법적인 불교 환경론이 있다고 설명하는 것을 보았습니다. 옛날 공리주의(功利主義)라는 '최대 다수의 최대 행복'의 대상은 오직 인간에게만 해당하는 이야기였습니다. 그러다가 피터 싱어(Peter Singer)는 동물해방론을 주장하며 그 대상에 동물도 포함해서 동물도 고통에서 해방되어야 함을 역설하였습니다. 그 이후 그 대상이 점차 식물과 생태계 환경 전체로까지 확

대되었고, 나아가 지구 전체가 살아있는 생명의 실체라고 하는 가이아 이론(Gaia theory)에까지 이르며 변화 발전해 왔습니다. 이런 생태환경의 사상적 정점에 이르면 결국 불교의 연기와 자비와 동체적인 세계관을 최종적으로 받아들이고 있음을 볼 수 있습니다.

불교의 연기적인 지혜는 인간만을 위한 것도 아니고, 동물까지만 한정된 것도 아니며, 여기 「보현행원품」에서 보듯, 일체 모든 존재와 비존재, 인간과 비인간에 이르기까지 모든 종류의 셀 수 없는 중생들 전체를 연결된 동체적인 존재로 보아 자비로써 수순하는 삶의 실천에까지 나아가는 통합적인 환경생태학이 아닐 수 없습니다.

인류의 미래는 이러한 온 우주와 중생세간 전체를 동체적인 자비로 수순하는 이 연기법적인 가르침을 통해 결국 통합될 수밖에 없을 것입니다. 그 바탕이 되는 가르침이 바로 항순중생입니다.

불교에서는 일체 모든 중생이 구류중생뿐만 아니라 '산하대지현진광(山河大地現眞光)'이라 해서 이 산하대지 국토 또한 마음과 다르지 않다고 말합니다.

『유마경』에서도 '심청정(心淸淨) 국토청정(國土淸淨)'이라 하여, 마음이 청정한 것이 곧 국토가 청정한 것임을 설합니다. 불교의 연기적인 세계관으로 보면 산에 있는 풀 한 포기, 나무 한 그루, 강, 바다, 공기 전부 다 이 세상 모든 것이 서로 연결된, 즉 우리와 한 몸입니다.

사람들이 풍요로운 삶을 위해서 산을 무너뜨려 빌딩을 짓고, 공장을 짓고, 바다에 쓰레기와 오염된 폐수를 버리고 살았지만,

바다가 오염되면 사람 몸도 오염되는 것을 알게 된 것입니다. 연결성, 연기법적인 상호 상관성에서 보니까 산을 허물면 인간의 생명도 허물어져 가고, 땅과 바다, 이 우주 법계가 오염되면 사람의 몸도 함께 오염된다는 것을 알아차리면서 연기법적인 세계관이 진리요, 진실이라는 것을 이해하게 된 것이지요.

일체중생을 부처님같이

내가 모두 그들에게 수순하여 갖가지로 섬기고 갖가지로 공양하기를 부모같이 공경하고, 스승과 아라한과 내지 부처님이나 다름이 없이 받들며, 병든 이에게는 어진 의원이 되고, 길 잃은 이에게는 바른길을 보여주고, 캄캄한 밤에는 빛이 되며, 가난한 이에게는 보배를 얻게 하나니, 이렇게 보살이 일체중생을 평등하게 이익되게 함을 말하는 것이니라.

불교에서는 구류중생, 일체 모든 중생, 더 나아가 대자연 삼라만상에 수순하여 갖가지로 섬기고 갖가지로 공경·공양하기를 부모님같이 하고, 스승과 아라한(阿羅漢)과 내지 부처님과 다름이 없이 공양하고 공경하고 받들어 주라고 했습니다.

일체중생과 삼라만상 대자연에 이르기까지 생태환경 전체가 곧 법신 비로자나불 아님이 없기 때문입니다. 대자연이 살아나면 진리도 살아나고, 생태환경이 죽으면 사람도 진리도 죽어가기 때문입니다. 그러니 일체중생을, 삼라만상과 모든 존재를 부모님처럼 부처님처럼 공양하고 공경해야 한다는 것입니다. 이보다 더한

생태 환경론이 어디에 있겠습니까?

구체적으로는 병든 이에게는 어진 의원이 되어서 그 병을 치유해 주고, 길 잃은 이에게는 바른길을 보여주고, 캄캄한 밤에는 빛이 되어주고, 가난한 이에게는 보배를 얻게 해 주니, 이렇게 보살이 일체중생을 평등하게 이익되게 함을 말하는 것입니다.

즉 일체중생을 수순한다는 것은 이렇게 갖가지 다른 모습과 개성을 가졌지만, 그들 일체 모든 구류중생을 마치 부처님과 부모님을 받들듯이 공양하고 공경하고 찬탄하면서 그들의 근기에 맞춰서 그들에게 진정 무엇이 필요한지, 고통받는 것은 무엇인지 살펴서 주라는 것입니다.

쉽게 말하면 불교에서 말하는 대기설법(對機說法), 응병여약(應病與藥)으로 병에 맞춰서 약을 주는 것입니다. 중생의 근기에 맞게 주는 것을 다른 말로 하면 동사섭(同事攝)이라고도 하는데요, 동사(同事) 즉, 같은 일을 하면서 그들을 섭수하라는 것입니다. 중생의 눈높이에 맞춰, 나 또한 그들의 눈높이로 가서, 함께 그 힘든 일을 같이하며 그들을 돕는 것입니다. 중생이 있는 곳, 중생의 고통이 있는 곳이면 언제나 뛰어들어서 같이 그것을 행하는 것을 뜻합니다.

왜 그래야 할까요? 겉모습은 다 다르고, 근기도 다 다르지만, 그들의 근원에는 전부 완전한 불성을 지니고 있기 때문입니다. 다만 분별 망상 때문에 스스로 중생이라고 착각하며 살고 있을 뿐입니다. 그래서 그들이 겉으로 봤을 때는 짐승이요, 날아다니는 풀벌레요, 나보다 생명의 가치가 낮은 것 같지만 그것은 중생의 분별 눈으로 봤기 때문에 그런 것입니다. 분별의 눈으로 보니까,

하루살이는 파리보다 더 하찮은 것 같고, 파리보다는 조금 더 덩치 큰 곤충이 귀한 것 같고, 덩치 큰 곤충보다는 강아지와 고양이가 더 귀한 것 같고, 강아지와 고양이보다는 사람이 더 귀한 것 같은데, 실로는, 이 본바탕에서는 다 다르지 않다는 것입니다. 차별, 분별심은 인간의 머릿속에서 나온 망상이기 때문입니다.

근원에서는 본래 부처이기 때문에 일체중생을 항상 수순한다고 했습니다. 어떻게 수순하느냐? 일체중생을 있는 그대로 보는 것이 중생수순입니다. 즉 있는 그대로의 중생을 있는 그대로 허용해 주면 그대로가 바로 부처입니다. 그런데 내가 그들을 내 식대로 해석하고 판단하기 때문에 중생처럼 보이는 것이지요.

있는 그대로 중생을 허용해 주고, 있는 그대로 바라봐 줬을 때 그들이 나에게 와서 곧장 부처로 드러납니다. 그러나 편견 어린 시선으로 잘났거나 못났다는 시선으로 바라봤을 때 그들은 잘났거나 못난 사람이 되어서 나에게 다가옵니다. 그런데 그들을 부처님으로, 있는 그대로 바라보면 그들은 무한한 가능성을 가진 부처로서 성품을 드러낼 수 있게 됩니다.

현실적인 항순중생의 실천

현실에서는 어떻게 항순중생, 중생수순을 실천할 수 있을까요? 나와 인연 맺은 사람들, 나에게 다가오는 인연들에 마음을 활짝 열고 함께해 줄 수 있습니다.

나와 인연도 맺어지지 않은 사람, 혹은 나와 인연도 없는 사람에게 중생수순을 하겠다고 억지로 찾아가서, 그들이 싫어함에도 불구하고, 내가 너를 위해 도와줄 테니 내 말을 들어보라고 억지로 애쓸 필요는 없습니다.

마음 내어 그들을 돕되, 할 수 있는 한 최선을 다할 뿐, 결과에 대해서는 집착하지 않는 태도가 좋습니다. 내가 그를 돕기 위해 이 마음공부를 알려주고 싶어서 열심히 가르쳐 주는데도 그가 마음이 없다면 그것은 거기서 멈춰야 합니다. 아직은 시절 인연이 안 온 것입니다. 그들이 원하지 않는다면 멈추고, 다른 인연을 만나면 되지, 그 특정한 사람에게 집착할 필요는 없습니다. 이렇게 과도하게 집착하지 않고 지혜롭게 행하면 설령 그 사람이 바뀌지 않아도 내가 괴롭지는 않습니다.

그 사람이 바뀌고 안 바뀌고는 상관이 없어요. 그 일은 내 일이 아닙니다. 인연에 맡기면 됩니다. 모든 것은 삶의 인연에 맡겨요. 그렇다고 해서 불교가 숙명론은 아니고 운명론도 아닙니다. 그래서 끊임없이 매 순간순간 내가 할 수 있는 최선의 중생수순, 중생을 위해 도움을 줄 수 있는 것입니다. 근기에 맞게 도움은 주되 집착도 없고, 특정한 결과를 기다리지도 않습니다. 그저 행함으로써 나의 할 일은 끝난 것입니다.

무아를 체험하지 못하는 이유

무엇이든 과도하게 집착하지 않는 게 중요한데, '나라는 개인, 너라는 개인이 있다.'라고 생각하면 집착이 안 될 수가 없습니다.

저 사람을 잘되게 바꾸어 줘야 한다고 생각하니까 자기 뜻대로 안 되면 괴로운 것입니다.

그런데 여기에는 '나'라는 개인이 없습니다. 저기 저 사람이라는 개인도 없습니다. 그러니 누굴 미워할 수 있겠습니까. 미운 사람이 아무도 없어요. 이 세상에는 그저 연기, 인연법의 흐름만이 있을 뿐입니다. 인연법이 이렇게 펼쳐지고 있는 연기의 장, 법의 장밖에 없습니다. 너라는 개체, 나라는 개체가 없습니다.

이것은 실제로 여러분이 체험해 봐야 하는 것입니다. 어떻게 체험하느냐? 사실은 매 순간 체험하고 있습니다. 매 순간 놀라운 진리의 체험, 무아의 체험을 하면서도 다른 곳을 보느라 이 단순한 진실을 놓치는 것이 문제일 뿐입니다.

무아(無我)는 눈앞에서 곧장 체험됩니다. 그런데 우리는 이 무아의 체험을 매 순간 곧장 자기 생각으로 해석해서 덮어버리는 습관이 있습니다. 눈으로 나를 보자마자, 세상 사람을 보자마자, '여기는 내가 있고 저기는 네가 있지. 저 사람이 나에게 욕을 했어. 나를 공격했어. 내가 상처받았어. 저놈은 나쁜 녀석이야.'라고 곧장 생각으로 해석을 합니다.

그런데 가만히 보십시오. 그 사람이 나한테 욕을 했어요. 그런데 그 사람이 나한테 욕했고 그 사람이 나를 공격했다는 것은 내가 해석한 생각이잖아요. 그 생각을 좇아가면 '남들도 저 사람처럼 나를 욕하고 있지 않을까? 저 사람은 매일 내 뒷말을 한 것은 아닐까? 어떻게 복수를 하지? 나는 욕이나 먹는 실패자야.' 등등 온갖 상상력이 동원되어 점점 더 커지면서 괴로워집니다. 그게 생각이 부풀려 낸 허상입니다. 그 생각을 걷어내고 있는 그대로 보면 어떻습니까? 진실을 가만히 보세요. 해석과 생각을 다 빼어 버리고 봅시다.

(죽비를 들며) 이게 죽비인지 알려면 생각을 개입해야 죽비라고 알 수 있습니다. 이 사람이 누군지 알려면 생각을 이입시켜야 합니다. '이 사람은 여자다. 이 사람은 남자다. 나랑 친하다. 안 친하다. 이 사람은 나랑 친한 친구고, 이 사람은 안 친한 사람이다.' 이 모든 것이 다 생각이 만든 거잖아요. 이 생각을 싹 빼면 그냥 어떤 존재예요. 어떤 존재라는 것도 생각이에요. 너라는 것도 생각이에요. '내 바깥에 있는 것은 너고 안에 있는 것은 나야.'라는 것도 생각입니다. 생각을 빼면 어떤 것이 나오겠습니까?

"이 능력 없는 놈아." 하고 욕하는 소리가 내 귀에 와서 닿아요. 이 소리가 내 귀에 와서 닿을 때 저 사람이 나에게 욕했다는 것은 생각이고, 사실은 어떤 소리가 여기에 와서 닿았을 뿐이에요. 욕이 와서 닿은 것이 아니에요. 그저 소리 파장 하나가 알아차려졌을 뿐입니다. 그 최초의 알아차림에는 분별이 없습니다. 이것을 '첫 번째 자리'라고 부릅니다. 여기에는 아무 일이 없어요. 그저 그 소리(소리도 분별이고)라는 알아차림뿐입니다. 그 소리에는 사실 내가 그 소리를 듣는다는 분별이 있는 것이 아니라, 그 소리가 일어남과 동시에 비추는 이 알아차림, 이 알아차림에 대한 알아차림이 있을 뿐입니다.

저절로 듣는 이것

모든 것이 전부 다 그렇습니다. 저 사람이라는 것도 생각이고 나라는 것도 생각이고 욕이라는 것도 생각이에요. 진실은 무언가가 알아차려졌을 뿐입니다. 저절로 비춰질 뿐이죠. 비춰진다, 알아차려진다는 것도 말이고, 그저 이렇게 살아있죠. 깨어있는 뭔가가 있습니다. 이것이 '생명'이고, '있음(Being)'입니다. 이걸 언어로 표현하자니 공적영지심이고 불성이고 자성이라고 그저 이름했을 뿐입니다.

갓난아기는 배우지 않았는데, 어떤 소리가 들리면 곧장 들을 줄 아는 이 알아차림이 본래부터 갖추어져 있었잖아요. 이것은 배워 익힌 것도 아니고, 애써야 하는 것도 아닙니다. 누구나 본래부터 갖추고 있었던 본래면목입니다. 여기에는 '들음'이라는 이 알아차림뿐입니다. 이 최초의 자리에는 욕설도 없고, 칭찬도 없습니다. 이 알아차림을 해석하여 분별할 때, 그것이 욕설도 되고, 칭찬도 될 뿐입니다. 이 들림을 알아차리는 이것은 저절로 일어납니다. 저절로 들리는 것이 알아차려졌을 뿐이지 '내가 그 소리를 들은' 것이 아닙니다. 이 알아차렸다는 것에 대한 알아차림, 이것이 여기에서 진실한 것의 전부입니다. 나머지는 다 생각이에요.

'탁!'(죽비 소리) 이것은 여러분이 들은 게 아니에요. 저절로 들렸을 뿐이지요.

'탁!', '바깥에 저 소리가 있고 여기 듣는 내가 있어. 내가 저 소리를 들었어.'라는 것은 다 생각입니다.

여기에서 '나'라는 것도 빼고, '너'라는 것도 빼고, 죽비라는 것도 빼면 여기 뭐가 있습니까? 모든 생각 다 빼면 탁! 탁! 실상으로는 이게 다잖아요. 이걸 굳이 말로 표현해서 '저절로 그냥 들릴 뿐.'이라고 하는 것인데, 여기 무슨 해석이 필요하겠습니까.

누군가 내게 "능력 없는 놈아." 하고 욕을 했다 해도 그 말의 개념을 따라가서 분별하니까 '내가 능력 없는 놈이구나.' 하고 서글퍼지고 괴로워지고 화가 나는 것입니다. 그러니 굳이 말의 개념을 따라갈 필요는 없습니다. 개념을 따라가지 않으면 그냥 '듣는 알아차림' 이거 하나뿐이에요. 여기 좋거나 나쁜 게 있습니까?

'저절로 들릴 뿐!'인 이 첫 번째 자리를 두고, 우리는 곧장 두 번째 자리에 떨어져서 '저놈이 나한테 욕해서 화가 나.'로 확대하여 해석해 버리는 것입니다. 저놈이 따로 있고 내가 따로 있고 욕이 따로 있어서 내가 거기에 걸려든 것입니다. 속은 거죠.

저 사람이 나를 괴롭힌 것이 아니라, 내가 그렇게 분별해서 그걸 붙잡고 믿은 것이니, 내가 나를 괴롭힌 것입니다. 여기 진실은 뭐만 있습니까? 이 알아차림만 있습니다. 이것도 말이지만요.

듣는 이것을 통해서 '어, 듣는 뭔가가 있네.' 하는 '듣고 있음', 이 있음의 존재, 이것이 확인됩니다. '들림', '알아차림.' 들리는 소리가 알아차려지고, 볼 때는 보는 것이 알아차려질 뿐입니다. 보고 나서 '좋은 것, 나쁜 것' 하는 것은 다 해석이고 분별입니다.

생각은 내가 아니다

생각할 때도 마찬가지입니다. 우리는 생각을 일으켜 놓고 '내가

보현행원품과 마음공부

이 생각을 일으켰어.'라고 하면서 그 생각을 나와 동일시합니다. 가령 나쁜 생각을 하면 '나는 나쁜 놈, 파렴치한 놈'이라고 생각합니다. 사실 전혀 그런 게 아닙니다.

그 생각은 어떻게 일어나는지 아세요? 나쁜 놈이라서 나쁜 생각을 하는 게 아니에요. 인연이 나쁜 상황에 딱 마주치면 그 인연 따라 저절로 나쁜 생각이 일어납니다. 내가 나쁜 놈이라서 그 반응이 일어나는 것이 아니라, 인연 따라 업습(業習) 따라 저절로 일어납니다. 다만 이때 화내는 반응을 많이 했던 업의 경험을 가진 사람은 더 많이 화를 내고 욕을 하겠지만, 그렇지 않은 사람은 반응이 다르게 나오겠지요.

누구나 인연이 화합하면 저절로 화가 납니다. 그런데 우리는 인연이 화합해서 화가 나는 줄 모르고 '내가 화를 냈으니까 나는 나쁜 사람'이라고 자신을 규정 짓습니다. 우리는 인연에 반응하면서 살 뿐이에요. 그 특정 반응 패턴과 업습을 보고 '나', '나의 성격'이라고 집착해 아상을 만들어 내지만 않는다면, 거기에는 '나'는 없습니다. 무아죠. 그렇다고 전혀 없는 것은 아닙니다.

사실 매 순간 어떻게 반응하느냐 하는 내용과는 상관없이, 그 반응 자체가 일어나고 있습니다. 이렇게 살아서 움직이는 무엇이 있습니다. 이렇게 살아있죠. 상대방의 듣기 싫은 말에 화로 반응을 하든, 웃어넘기든, 그 반응은 다 다를 수 있지만, '들음'이라는 이 알아차림, 이 알아차림에 대한 앎이 누구에게나 이렇게 살아 있습니다. 듣는 내가 있고 들리는 소리가 둘로 나뉘어 있는 것이 아니라, 이 하나의 주객합일의 '들을 뿐'이 있습니다.

너와 내가 둘이 아닌 자리

이것이 있으면 저것이 있고, 저것이 있으면 이것이 있듯이, 눈이 있으므로 보이는 대상이 있고, 보이는 대상이 있으므로 눈이 있지, 눈과 대상은 따로 떨어져서 저 홀로 존재하는 것이 아닙니다. 그것은 둘이 아니게 서로 연결되어 있습니다. 보는 내가 따로 있고, 보이는 대상이 따로 있는 것이 아니라, 사실은 이 봄 하나가 있습니다. 이처럼 할 뿐, 들을 뿐, 볼 뿐, 생각이 일어날 뿐, 모든 것은 그저 이럴 뿐입니다. 여기는 주와 객이 둘로 나뉘지 않는 자리입니다.

진실에는 나도 없고 너도 없습니다. 인연생(生) 인연멸(滅), 이 세상에는 인연 따라 생겨나고 인연 따라 사라지는 것들뿐입니다. 연기법으로 존재하는 모든 것들은 인연 따라 생기고 인연 따라 사라지므로 실제가 아닙니다. 인연생 인연멸로 생기고 사라지는 것을 공(空)하다고 하고 무아(無我)라고 합니다. 아예 없는 것이 아니라 있기는 있는데, 인연 따라 임시로 있는 것이기에 인연이 다하면 사라질 뿐이니, 그것을 실체적으로 있다고 할 수 없기 때문입니다.

그러니 생긴 것들이 죽어 없어질 때 괴로워할 필요가 없습니다. 없어지는 것이 그것의 당연한 본분사(本分事)이기 때문입니다. 인연 따라 생겨난 것은 당연히 인연 따라 사라질 뿐입니다. 사람이 태어나서 죽는 것은 너무나 당연합니다. 그것은 괴로운 무엇이 아니라, 자연스러운 진리의 모습입니다.

부자도 가난도 없다

인연생 인연멸, '인연 따라 생겨나는구나, 사라지는구나.'라고 그냥 알아차릴 뿐입니다.

그런데 우리 중생심은 '나에게 돈이 생겼다, 돈이 사라졌다, 돈이 있을 때는 좋다, 부자다, 돈이 없으면 가난하다, 괴롭다.' 이런 식으로 취사간택을 하면서 괴로움을 만드는 것뿐입니다.

돈이 있으니 부자고, 돈이 없으면 가난하고 괴롭다는 것은 그저 생각일 뿐이죠. 진실은 돈이 있으면 인연 따라서 온 것이니 인연 따라 필요한 것을 사고 쓸 수 있을 뿐입니다. 돈이 사라지면 그 또한 서글프거나 가난한 것이 아니라, 그저 돈이 없어졌을 뿐이고, 그러면 좀 안 쓰거나 적게 쓰며 인연에 맞게 반응하며 살면 그뿐입니다. 가볍게 인연 따라 살 뿐이죠.

그러나 우리는 분별과 취사간택을 하면서 돈이 있고 없음에 휘둘리고 부자와 가난을 규정하면서 자신을 '어떤 자'로 만들어 아상을 만들고 사로잡힙니다. 인연 따라 돈이 있을 뿐인데 '나는 부자야.'를 만들고, 인연 따라 있던 돈이 사라졌을 뿐인데 '나는 가난해.' '비참해.'라는 생각을 만들어 냅니다. 그 생각이 없다면, 돈이 있든 없든 그저 인연 따라 그것에 맞게 살아갈 뿐입니다.

몸도 마음도 대상일 뿐 내가 아니다

'볼 뿐, 들을 뿐, 만질 뿐, 일어날 뿐' 그것이 진실입니다. 거기에는 이 몸도 포함됩니다. 이렇게 알아차려지는 것이잖아요. 이 몸도 알아차려지는 대상입니다. 감각이 알아차려지고, 느낌이 알아차려지고, 생각이 알아차려지고, 의지가 알아차려지고, 의도가 알아차려집니다. 알아차려지는 것은 대상이지 진정한 내가 아닙니다. 눈이 눈을 볼 수 없듯이 자기는 자기를 볼 수 없습니다. 진정한 자기는 자기를 알 수도 없습니다. 하나이기 때문입니다.

그러나 몸과 느낌, 생각, 의지, 의식이라는 오온(五蘊)은 알아차려지는 대상입니다. 그러니 이것을 어떻게 진정한 나라고 할 수 있겠어요. 나에게 알아차려지는 '것'일 뿐입니다. 그러니 이 오온은 내가 아닙니다. 몸과 마음은 진정한 나라고 할 수 없습니다.

느낌, 감정을 보죠. 우울한 느낌이 일어났다가 사라졌는데, 우울한 느낌이 올 때 우울한 줄 알고, 우울한 느낌이 사라졌을 때 우울하지 않은 줄 아는 '이 마음'은 우울보다 먼저 있었습니다. 우울한 마음이 떠나갔을 때도 이 아는 마음은 그대로 있죠. 우울함이 왔을 때 우울한 줄 아는 이 마음이 그 우울함을 알아봅니다. 그러니 우울함이라는 느낌, 감정은 왔다가 가는 것이고, 그런 온갖 감정들이 오고 갈 수 있도록 하는 배경, 그 모든 감정을 알아차리고 있는 이 아는 마음이 먼저 있습니다. 이것이 진정한 나일 것입니다.

몸도 마찬가지죠. 10대 때의 젊고 건강한 몸은 사라졌고, 20대 때의 몸도 왔다가 갔고, 지금은 50대의 나이 든 중년의 몸을 보고 있습니다. 그러면 10대, 20대, 30대, 40대 때의 몸은 왔다가 갔지만, 이 몸을 보고 있는 이 마음은 왔다가 가지 않고 이렇게 남아서 50대인 이 몸을 보고 있습니다. 왔다가 가는 몸이 먼저가 아니라, 그 오고 가는 몸을 보고 있는 이 마음이 늘 있는 자기의 본래면목입니다.

몸과 느낌, 생각, 의지, 의식이라는 오온은 왔다가 갑니다. 그러나 그 몸과 마음이 올 때 온 줄 알고, 갈 때 간 줄 아는 이 마음은 결코 오고 가지 않습니다. 이 아는 마음이 있어서 그 모든 것이 오고 가는 것을 비춥니다. 이것이 진정한 '나'이지, 오고 가는 몸과 마음이 진정한 나가 아닙니다.

공적영지 진공묘유 성성적적

그런데 이 진정한 나, 아는 마음, '이것'은 모양도 없고 크기도 없고 뭐라고 이름 붙일 만한 '뭐'가 없어서 있다고 할 수도 없고 그렇다고 없다고 할 수도 없습니다. 세상 모든 이름을 지닌 것은 그 이름에 해당하는 '무엇'이 모양으로 정해져 있지만, '이것', 이 참마음, 불성, 본성, 자성, 본래면목이라고 이름 붙인 이것만은 그런 대상이 아닙니다. 그런 이름에 해당하는 '무엇'을 찾아볼 수가 없습니다.

그렇다고 전혀 없는 것은 아니니, 어쩔 수 없이 '이것'을 공적영지(空寂靈知)라고 했습니다. 다시 말해 공적해서 텅 빈 것 같으면서도 영지, 즉 소소영령하게 모든 것을 다 안다는 것이지요. 그래서 이것을 유무중도(有無中道)로 설명할 수밖에 없습니다. 즉, 있다고 할 수도 없고, 없다고 할 수도 없다는 것입니다.

공적영지와 비슷한 표현으로 진공묘유(眞空妙有), 성성적적(惺惺寂寂)이 있습니다. 진공묘유는 참으로 공한데, 묘하게 있다는 것이고, 성성적적은 고요하고 고요한 가운데 성성하게 깨어 비추는 것이 있다는 것입니다. 유와 무를 동시에 말하는 이런 중도적인 언어를 통해 어쩔 수 없이 말로 표현할 수 없는 것을 말로 설하고 있는 것입니다.

이것을 선불교에서는 '마음', '법', '본성', '자성', '본래면목', '주인공', '불성' 등으로 말합니다. 그리고 이것은 말로 할 수 없어서 어쩔 수 없이 '이것'이라고도 합니다. 이 온 우주 전체가 사실은 오로지 이 마음 하나일 뿐이라는 것입니다. 일체유심조(一切唯心造)가 그것이죠.

온 우주 전체가 오로지 하나의 마음밖에 없다면, 하나의 뿌리밖에 없다면 하나의 바다 위에 파도가 치듯이 이 세상에 있는 삼라만상 분별이 되는 모든 것들은 파도일 뿐입니다. 삼라만상이 파도일 뿐이고, 그 삼라만상의 바탕은 하나의 바다, 물일 뿐입니다. 이 물을 확인하는 것, 마음을 확인하는 것이 바로 견성(見性)입니다.

눈이 눈을 볼 수 없듯

오로지 바다밖에 없다면 바다가 바다를 알 수 있을까요? 눈이 눈을 볼 수 있습니까? 눈은 다른 것은 다 볼 수 있어요. 그러나 눈이 눈은 볼 수 없습니다. 왜냐하면, 하나는 하나를 볼 수 없고,

자기는 자기를 볼 수 없습니다.

이 세상 전체가 하나의 공, 하나의 부처, 하나의 진실, 하나밖에 없다고 생각해 보세요. 일불승(一佛乘), 일진법계(一眞法界) 하나밖에 없다는 걸 인식하는 누군가가 있다면 그건 하나인가요? 하나가 아닌가요? 하나가 아니죠. 하나를 인식하는 자가 또 따로 있잖아요. 하나가 있고 하나를 인식하는 자가 있다면 둘입니다.

진짜 하나밖에 없으면 인식하는 자와 인식되는 대상이 둘로 나뉘지 않겠지요. 하나밖에 없는 것입니다. 그러니까 인식되는 것들, 대상들은 진짜 내가 아닙니다. 참나, 불성이 아닙니다. 보는 나와 보이는 대상이 둘이 아닌 '이것'이 바로 진정한 하나입니다. 이 하나 위에서 삼라만상의 모든 세계가 나왔으니, 삼라만상의 일체 모든 세계가 곧 이 하나의 진실입니다. 색즉시공(色卽是空)입니다. 색이 곧 공이지 색을 벗어나서 따로 공이 뒤에 있는 것이 아닙니다.

뜰 앞의 잣나무

그래서 '진리가 무엇입니까?' 하고 묻는 제자에게 스승은 그저 눈앞에 있는 '뜰 앞의 잣나무'를 가리켜 보입니다. 그것은 뜰 앞에 있는 잣나무라는 대상을 가리키는 것이 아닙니다. 뜰.앞.의.잣.나.무. 이 하나하나가 전부 다르지 않은 이 하나의 진실을 100% 드러내고 있습니다. '뜰' 여기에서 이미 다 드러나 있습니다. '뜰' 이것입니다.

큰스님들이 법상에 올라 법문을 하시기 전에 죽비를 들어 보이는 거기에 이미 100% 법문은 다 설해 마친 것입니다. 보일 법을 이미 다 보여줬기 때문이지요.

임제 스님에게 한 수행자가 여쭈었습니다. "도대체 부처가 무엇이고 진리가 무엇입니까?"

임제 스님께서 말씀하시길, "법문 듣는 너다. 뭐가 법문을 듣고 있느냐?"라고 하셨습니다.

수행자가 답하길, "저는 도대체 무슨 말씀인지 알 수 없습니다."

임제 스님께서 말씀하시길 "알 수 없다고 하는 것 바로 그것이다."라고 하신 것에서도 잘 알 수 있습니다.

알 수 없으려면 '모르겠다.' 하는 그게 있어야 하잖아요. 이것은 모양도 없고, 빛깔도 없고, 어떻게 생겼는지도 모르겠어요. 몸에 붙어있는 것도 아닌 것 같아요. 몸에 있는 것들은 다 알아차려지는 것들이잖아요. 인연생 인연멸하는 것들이지 이걸 보는 게 아니거든요. 근데 이것은 볼 수 있을까요? 볼 수 없을까요?

견성(見性)이라고 해서 성품을 본다는 표현을 썼지만 실제로는 견성은 보는 게 아닙니다. 보려면 보는 나와 보는 것이 둘로 나뉘어 있어야 합니다. 그래서 진짜 견성은 계합이라는 말을 씁니다. 계합이라는 말은 하나로 합쳐진다는 말입니다. 진정한 깨달음은 하나가 되는 것이지 이것이 저것을 보는 게 아니에요. 그래서 '법이 법을 본다.' '부처가 부처를 본다.'라는 표현을 쓰는 것입니다. 뭔가를 보던 방식으로는 성품을 볼 수 없고, 도를 이해하는 방식으로 볼 수 없습니다. 중생들이 지금까지 육근(六根)과 육경(六境)을 다루는 방식으로는 이 진리와 만날 수가 없다는 말입니다.

그렇기에 '견(見)이 곧 성(性)이다.'라고 하기도 합니다. 보는 이것이 곧 성품이지, 이것을 떠나 따로 성품을 찾지 말라는 것입니다. 법문을 듣고 있는 네가 바로 '이것'이고, '알 수 없다.'라고 하는 것이 바로 '이것'입니다.

눈이 눈을 볼 수 없지만, 눈이 무엇을 보든 대상의 모양과는 상관없이 언제나 '보는 이것'이 있음이 확인되지 않습니까? 핸드폰을 들어도 그것을 보는 '이것(눈)'이 확인되고, 저 산을 보고 태양을 보고 바다를 보고, 심지어 화장실에서 똥을 봐도 자신의 눈이 확인될 뿐입니다. 눈이 눈을 보는 것은 바로 이런 것입니다. 무엇을 보든 거기에서 눈이 확인되는 것입니다.

무엇을 보든, 무엇을 듣든, 무엇을 냄새 맡든, 무엇을 감촉하든, 어떤 생각을 하든, 무엇이든 일어났다 하면 거기에 '이것'이 있습니다. 조짐만 있어도 곧장 바로 이것입니다. 일체가 이렇듯 마음 아닌 것이 없지 않습니까?

그런데도 사람들은 '이것'을, '불성'을 다른 곳에서 찾으려고 합니다. 찾고 있는 자기를 돌아보지 않고, 바깥으로 불성을 찾으려고 애를 쓰니, 찾으면 찾을수록 어긋날 뿐입니다.

꿈의 비유

마치 어젯밤 꿈에 갑자기 내가 꿈에 딱 등장함과 동시에 우주 전체가 확 펼쳐졌어요. 그때 이 현실은 있었습니까? 없었습니까? 꿈속에서 있을 때 지금 이 현실은 있었을까요, 없었을까요? 잠자고 있는 동안 이 현실은 없어요. 자고 일어나도 똑같이 여기로 돌아오잖아요. 내가 잠을 자는 동안에도 '이 세계는 있었겠지.'라고 생각할 뿐이잖아요. 실제로 잠을 자면서 이 현실을 경험한 적이 있습니까? 없잖아요. 그게 진짜 실제 아니겠습니까.

꿈속에는 나도 있고 세상도 있고 사람들도 있고 온갖 사건들이 있습니다. 그때 어떤 사람이 꿈속에서 '이 모든 것이 꿈일 뿐이다, 나도 세상도 빌딩도 하늘도 바람도 구름도 세상 사람 모두가 전부 하나의 꿈일 뿐이다, 이 모든 것이 꿈으로 하나일 뿐 서로 다른 것이 아니다, 하나의 의식일 뿐이다.'라는 말을 듣는다고 해도 결코 믿지를 못할 것입니다.

너무도 당연한 진실이지만 꿈속에 있는 동안은 절대 믿을 수가 없습니다. 그러나 꿈에서 깨자마자 곧장 그 믿을 수 없던 모든 말들이 곧바로 진실임을 깨닫습니다.

꿈에서 깨고 보면, 꿈속에서는 진짜 나와 세계가 있는 줄 알았는데, 그 모두가 하나의 의식 위에 펼쳐진 꿈이었을 뿐임이 명백해집니다. 이것이 바로 꿈 깬 자와 꿈꾸는 자의 차이입니다.

분별 망상의 꿈속에 사로잡혀 있는 중생들에게 이 세상은 전부 다 따로 떨어져 실체적으로 존재하는 것 같습니다. 나도 있

보현행원품과 마음공부

고 세상도 있고, 삼라만상 모든 것이 실체적으로 있는 것 같습니다. 누군가 선지식 스승이 나에게 '나와 세계는 둘이 아니다, 나와 이 우주와 사람들 전체가 곧 하나의 의식일 뿐이다.'라고 말해 줘도 결코 믿을 수 없겠죠. 그래서 스스로 깨어나야만 확연해지는 것입니다. 스스로 체득하여 꿈을 깨고 나면 그때 가서 모든 것이 너무나도 명백해지는 것입니다.

여러분이 꿈에서 깨어나고, 지금 어젯밤 꿈을 돌아보니까 그 꿈속에 있던 모든 것들이 하나의 의식이 펼쳐낸 환상이었잖아요. 그때는 너도 있고 나도 있다고 생각했는데, 오로지 하나의 이 꿈 전체를 보는, 전체를 펼쳐낸 하나의 의식, 하나의 알아차림, 하나의 봄, 너와 내가 둘이 아닌 그 하나밖에 없었잖아요. 내 꿈을 만들어 낸 내 의식이 이 꿈의 세계 전체를 만든 것입니다. 꿈을 깨보면 너무나도 당연한 사실입니다. 그런데 꿈속에서는 죽었다가 깨어나도 이해가 안 되는 것이지요.

현실도 꿈이다

이 현실도 똑같습니다. 이 현실이라는 꿈을 앞에서 군이 표현했던 알아차림이라고 하든 순수한 앎이라고 하든, 이 모든 것을 아는 그 자리, '이것', '마음' 하나가 이 삶 전체를 펼쳐낸 것입니다. 전체를 대기대용(大機大用)으로 대기, 큰 기관 하나가 큰 법, 마음 하나가 대용으로 크게 온 우주 전체를 다 굴리고 있다는 말입니다. 내 의식 하나가 꿈의 세계 전체를 만들었다가 딱 사라지는 것과 같은 것입니다.

이런 얘기들이 피부에 와닿지 않을 수도 있습니다. '아, 저 스님 이야기는 너무 허황한 거 같아.'라고 생각하시는 분들이 있을 것입니다. 그것이 바로 생각이죠. 생각이 만든 세계가 너무 견고하다 보니까, 생각이 만든 세계를 내려놓고 생각 아닌 것을 그대로 가리키면 이해가 안 된다고 합니다. 왜냐하면, 우리는 이해되어야지만 직성이 풀리는 특성이 있기 때문입니다. 그래서 이 공부는 자신이 직접 체험하고 직접 경험해 봐야 한다고 하는 것입니다.

자기 체험으로 확인하라

탁!(죽비 소리) 이 소리가 정말 내 바깥에서 들리는 것인지, 바깥에 이 소리가 따로 있고 듣는 내가 따로 있는 것인지, 아니면 진짜 탁! 이것 하나만 있는지를, 생각을 걷어내고, 직접 한 번 자기 체험으로 마주해 보십시오.

우리가 명상하는 이유도 여기에 있습니다. 생각을 가지고 세상을 평소처럼 분별해서 바라보는 것을 내려놓고, 있는 그대로를 있는 그대로 보라는 것이지요. 이것이 지관(止觀)입니다.

혼자 가만히 앉아서 모든 생각을 내려놓고 묵연(默然)히 생각도 왔다 가도록, 소리도 왔다 가도록, 몸의 감각도 왔다 가도록, 느낌도 왔다 가도록, 모든 것이 왔다 가도록, 모든 것을 완전히 허용한 채 가만히 있어 보십시오.

모든 것이 왔다 가는, 왔다 가는 모든 것을 지켜보는 자로 남아서 그냥 가만히 묵연하게 지켜볼 때 '아, 이 소리도 왔다 갈 뿐이구나. 모든 것이 그냥 왔다 갈 뿐이구나. 허망해서 내가 사로잡혀서 집착해야 할 뭔가가 따로 있는 게 아니구나.' 하는 것을 알아차리게 됩니다. 그렇게 생각하라는 말은 아니고요.

그리고 조금 더 생각을 완전히 걷어내게 되었을 때 '왔다 가는 이것이 그대로 전부구나. 이 들리는 소리 이것이 전부구나. 이게 그냥 하나구나. 내가 따로 있고 저 소리가 따로 있는 게 아니라 소리가 들리면 그것이 나구나. 새가 짹짹하고 지나가면 그 짹짹하는 그것이 바로 나로구나. 전부가 오로지 하나구나. 그저 이것뿐이구나'라는 사실이 깨달아집니다.

진정한 항순중생은 이것이다

이렇게 있는 그대로를 있는 그대로 보는 것, 그것이 진정한 중생수순입니다. 있는 그대로의 존재를 자기 식대로 해석, 분별해서 바라보면, 어리석은 중생으로 볼 수밖에 없습니다. 그러나 있는 그대로 분별없이 바라보는 통찰의 지혜가 생기면 일체중생을 자기 식대로 분별해서 좋고 나쁜 존재로 나누는 것이 아니라, 그저 통으로 하나로 보게 됩니다. 일체중생을 있는 그대로 보는 것, 그것이야말로 진정으로 일체중생을 사랑하는 대자대비의 자비심입니다. 통으로 하나로 보기에 동체대비심이라고도 합니다. 이것이 진정한 중생수순이죠. 중생들을 있는 그대로 볼 때, 거기에는 중생이 따로 없고, 그 어떤 차별도 없습니다. 중생이 있는 거기에 부처가 있습니다. 중생과 부처와 마음, 이 셋은 서로 다르지 않다고 한 『화엄경』의 가르침이 바로 그것입니다. 이것이야말로 진정한 중생수순이고, 항순중생입니다.

이것이 진정한 중생 구제죠. 구제해야 할 중생이 따로 있고, 구제할 부처가 따로 있는 것이 아닙니다. 오직 부처뿐, 오직 마음뿐, 오직 이것뿐임이 확연해지는 것이 바로 중생수순입니다.

삶은 이토록 완전합니다

삶은 이대로 완전합니다. 괴로움이 있는 여기에 그 어떤 괴로움도 없습니다. 그러나 생각을 믿기 시작하면 다시 괴로움은 시작됩니다. '나'를 만들어 내기 이전에는 나도 없고 세상도 없습니다. 그저 알 수 없는 불가사의한 '이것'이 있을 뿐입니다. '이것'은 무엇인지 생각은 결코 알 수 없습니다. 그러나 '이것'은 알 수 없지만, 이렇게 다 드러나 있습니다.

보이는 모든 것들 속에, 들리는 모든 소리 가운데 숨소리, 느껴지는 감각들, 지각들, 생각들, 배가 고프고, 졸리고, 길을 걷고, 하늘은 푸르르고, 호수는 고요하고, 건넛마을 개는 짖고, 고양이는 야옹 하는, 이것이 지금 이렇게 드러나 있는 전부입니다. 바로 지금 눈앞에 있는 이 모든 것이 진리의 완벽한 드러남입니다. 법신은 언제나 자기를 이렇게 드러내며, 그 무엇도 감추지 않습니다. 여기에 고통은 없습니다. 부족도 없고 결핍도 없고 아쉬운 것도 없습니다. 여기에는 그것을 느낄 '사람'도 없습니다.

보현행원품과 마음공부

여기에 '나'가 없을 때, 세상은 이렇게 온전히 현존합니다. 삶은 그냥 드러납니다. 어떤 이유도 없습니다. 이것이 본래 해탈입니다. 완벽한 구족입니다. 여여함입니다. 이것은 아무것도 아니지만, 그 모든 것입니다.

여기에는 '나'가 없지만, 이 모든 것이 전부 '나'이며, '나의 것'입니다. 나가 아닌 별도의 중생은 없습니다. 모든 중생이 전부 나이며, 거기에는 또한 내가 없습니다. 이것이 항순중생입니다. 나도 없고 중생도 없고 부처도 없는 가운데, 드러나는 일체 모든 중생을 수순합니다. 있는 그대로 봅니다. 존재는 늘 이토록 완벽합니다.

법비를 맞고 부처의 꽃이 핀다

어떤 까닭인가? 부처님은 대자비심으로 체(體)를 삼으시는 까닭에 중생으로 인하여 큰 자비심을 일으키고, 자비로 인하여 보리심을 내고, 보리심으로 인하여 정각을 이루심이 마치, 넓은 모래사장에 서 있는 큰 나무의 뿌리가 물을 만나면 가지와 잎과 꽃과 열매가 모두 무성함과 같으니, 생사(生死)라는 광야의 보리수도 또한 이와 같으니라. 일체중생은 뿌리가 되고 불보살님은 꽃과 열매가 되니, 자비의 물로 중생들을 이롭게 하면 모든 불보살님의 지혜의 꽃과 열매가 성숙하게 되느니라.

부처님은 대자비심(大慈悲心)으로 체(體)를 삼으신다고 하셨습니다. 체는 본체(本體)입니다. 부처님의 본체, 본바탕은 대자비심, 동체대비심(同體大悲心)이라는 것입니다. 불교의 자비심은 그 앞에 항상 동체(同體)라는 말이 붙습니다. 불이법(不二法), 온 우주가 통으로 하나라는 동체적인 자각에서 자비심이 나옵니다.

같은 몸이라는 자각이 있으므로 크나큰 자비심이 생기는 것입니다. 즉 '내가 돈이 있으니까 돈이 없는 너를 도와줄게. 나는 지혜로우니까 지혜가 없는 너를 도와줄게.'라고 하는 것은 차별심을 가지고 내가 너를 돕는 것입니다. 이것은 진정한 도움, 진정한 자비가 아닙니다. 사랑을 베푼다는 표현은 할 수 있겠지만 진정한 자비심은 둘로 나누고 베푸는 것이 아닙니다.

예전엔 집집마다 '가화만사성(家和萬事成)', '일심(一心)' 같은 액자가 많이 걸려 있었습니다. 일심을 걸어 놓고도 일심이 무슨 뜻인지는 잘 모릅니다. 온 우주 전체가 오로지 하나의 마음, 하나의 부처밖에 없다는 말입니다. 하나의 마음, 하나의 부처이므로 내가 너를 돕는 게 아니지요. 내가 나를 돕는 것입니다. 오직 나 하나뿐이기 때문입니다.

이 몸뚱이가 배고프면 음식을 입에 넣어 주죠. 그러나 갚으라는 말은 안 하죠. 같은 몸이기 때문입니다. 똑같습니다. 동체대비심이라는 근본에 뿌리내린 이는 누군가가 힘들고 괴로워하면 당연히 돕게 됩니다. 그들이 바로 나 자신이기 때문입니다.

중생이 괴로울 때 괴로움에서 벗어나도록 해 주는 것이 곧 보리심입니다. 이것이 '자비로 인하여 보리심을 내고, 보리심으로 인하여 정각(正覺)을 이룬다.'라는 것입니다. 동체대비심에 뿌리를 내리고 있으니, 일체중생이 보리(깨달음)를 이루고 정각을 이루는 것이 곧 나의 일입니다.

중생들은 생사심(生死心)에 사로잡혀 있습니다. 생겨나고 사라진다는, 내가 태어나고 늙고 병들고 죽는다는 망상에 빠져 있습니다. 그러나 생사심에 사로잡힌 중생들, 즉 생사라는 광야의 보리수에 물을 주고 그 나무의 뿌리가 물과 양분을 만나면 잎과 꽃과 열매가 무성해지듯, 중생이 괴로움의 소멸과 해탈이라는 꽃과 열매를 맺게 됩니다. 그래서 이런 부처님의 가르침, 법문을 비에 비유하여 법우(法雨)라고 합니다. 중생이 법의 비를 맞으면 열반의 꽃이 피어납니다.

중생이 보리수의 뿌리가 되어 법문이라는 물과 양분을 흡수하면 불보살이라는 꽃과 열매가 열립니다. 이처럼 자비의 물로 중생들을 이롭게 하면 모든 불보살님의 지혜의 꽃과 열매가 성숙하는 것입니다.

중생이 곧 부처다

어떤 까닭인가? 보살들이 자비의 물로 중생들을 이롭게 하면 곧 아뇩다라삼먁삼보리를 성취하기 때문이다. 그러므로 보리는 중생에게 달렸으니 중생이 없으면 모든 보살이 마침내 가장 훌륭한 정각(正覺)을 이루지 못하느니라.

여기서 중생수순의 겉에 드러난 의미는 일체중생을 수순해서 구제해 주겠다는 마음입니다. 중생이 무엇인가 하면 분별심이 중생입니다. 내 안에 있는 이 분별이 중생이에요.

그렇다고 분별을 죽여 없애는 것이 아닙니다. 분별과 싸워 이기는 것이 아닙니다. 분별을 욕하거나 탓하거나 취하거나 버리거나 하지 않고, 있는 그대로 보고 허용해 줌으로써 하나가 되었을 때 분별심이 해결됩니다. 분별하되 분별에 걸리지 않게 됩니다. 번뇌 즉보리(煩惱卽菩提), 분별이 그대로 깨달음이 됩니다.

분별심이 사라지니까 무분별지인 무상정등정각(無上正等正覺)이 저절로 드러나는 것입니다. 그러니 중생이 없으면 모든 보살이 정각을 이루지 못합니다. 우리가 분별심이 있으니까 그 분별심을 해결하기 위해서 보리심을 내고, 발심하고, 마침내 최상의 깨달음을 얻게 되는 것입니다.

사실 중생이 없으면 부처도 없습니다. 중생이라는 분별이 있으니 거기에 맞춰 부처라는 무분별지를 시설한 것일 뿐입니다. 병이 없으면 치유도 필요하지 않은 것과 같습니다. 부처님은 응병여약(應病與藥)이라 하여, 병이 있을 때 그 병에 맞는 약을 줄 뿐이지, 병도 없는 사람에게는 약도 필요 없습니다.

중생이란 곧 분별심 때문에 스스로 괴롭다는 착각의 병에 걸린 존재입니다. 그러니 중생이 없으면 가장 훌륭한 정각도 없습니다. 그렇기에 중생심이 나쁜 것이 아닙니다. 분별심을 일으키는 내가, 못난 내가, 탐욕심이 많은 내가, 화도 잘 내는 내가, 어리석은 내가, 업도 많이 지은 내가, 그동안 잘못한 일도 많은 내가, 바로 이 어리석은 내가 있어 부처도 있습니다.

사실은 그 못난 내가 근원에서 있는 그대로 보면 곧장 부처입니다. 아무리 못나고 무능하고 성격이 더러운 나라고 할지라도 그 내가 바로 부처입니다. 문득 탐진치의 뿌리를 깨달아 계정혜로 변화시킨다면 단박에 본래 부처였음이 드러나게 됩니다.

그래서 지금 못났다, 탐욕이 많다 해도 다 괜찮습니다. 괜찮다는 말은 잘못해도 된다는 말이 아니라, 거기에 너무 사로잡혀 자신을 괴롭히고, 자책하고, 죄의식에 쩔어 낙오자로 살 필요는 없다는 것입니다.

문제를 없애려 애쓸 것이 없다

탐진치 삼독을 없애려고 애쓴다고 해서 없어지지는 않습니다. 욕심을 없애려고 한다고 욕심이 잘 없어지지 않아요. 화를 잘 내는 습관이 있는 사람은 화를 없애려고 애쓴다고 해서 없어지지 않아요. 담배 피우고 술 마시는 습관이 있는 사람은 그걸 하루아침에 끊으려고 애쓴다고 해서 끊어지지 않습니다.

탐진치 삼독뿐 아니라, 일체 모든 삶의 문제들을 다 해결하려고 애쓸 것이 없습니다. 그 모든 문제는 내버려 두고 그 모든 문제의 근원에 있는 이 하나의 진실, 이 마음공부 하나만 하면 일체 모든 괴로움의 문제가 전부 소멸합니다.

그냥 법 공부, 마음공부 이 공부만 꾸준히 하는 것입니다. 모든 문제를 다 해결하려고 끙끙 대 봐야 해결도 안 되고, 힘만 들고, 괴롭기만 합니다.

문제, 고통, 탐진치, 번뇌가 나쁜 것이 아닙니다. 번뇌즉보리라는 말처럼 번뇌가 있어야 내가 깨달을 수 있습니다. 번뇌는 나를 도와주는 동반자입니다. 괴로워야 괴로움에서 벗어나겠다는 발심을 할 수 있습니다. 그래서 사성제의 첫 번째가 '괴로움이라는 성스러운 진리'입니다. 이 첫 번째의 진리에 눈을 떠야 다음 발을 뗄 수 있습니다.

그런데 이렇게 마음공부에 발심하여 공부하다 보면 진정한 나의 본래면목이 무엇인지를 궁금해하며 법문을 들었을 뿐인데, 저절로 업장이 소멸하고, 탐진치가 소멸하며, 성격도 좋아지고, 대인관계도 좋아지고, 삶의 많은 문제가 해결되기 시작합니다. 이건 순전히 마음공부의 덤입니다. 그렇게 될 수밖에 없습니다. 모든 괴로움은 번뇌 망상에서 생겼는데, 번뇌 망상의 뿌리가 무엇인지를 바로 보게 되면, 저절로 번뇌 망상에 속지 않게 되기 때문입니다.

그러니 오직 이 공부에 발심하여 퇴전하지 않고 꾸준히 오래오래 공부하겠다는 마음만 지켜나가시기 바랍니다. 그러면 나머지는 그저 저절로 알아서 됩니다.

중생수순이 곧 불공이다

선남자여, 그대는 이 이치를 이렇게 알아라. '중생에게 평등한 마음인 까닭에 원만한 자비를 성취하고, 자비심으로 중생들을 수순하는 까닭에 부처님께 공양함을 성취하는 것이라'라고 알아야 하느니라.

보현행원품과 마음공부

이 공부는 일체중생을 평등하게 보는 공부입니다. 둘이 아니니 차별할 수가 없죠. 일체 모든 사람이 곧 나니까 당연히 평등심이 일어날 수밖에 없습니다. 평등하게 보니까 저절로 원만하게 자비가 성취되고, 자비심으로 일체중생을 수순하니까 이것이 바로 일체 부처님을 공양하는 것과 다르지 않습니다.

일체중생이 곧 부처님이기 때문입니다. 부처님과 중생이 둘이 아닙니다. 중생을 수순하여 중생에게 공양하는 것이 곧 부처님께 공양하는 것입니다. 중생에게 가장 훌륭한 공양은 곧 중생의 괴로움의 원인인 분별 망상을 없애 주는 것입니다. 분별을 소멸하게 해 주면 곧 무분별지라는 지혜를 공양받는 것입니다. 이것이 바로 부처님께 공양하는 것이죠. 절에 와서 부처님 전에 공양 올리는 것만 불공(佛供)이 아니에요. 일체중생을 수순하는 것이 부처님께 공양을 올리는 것입니다.

또 어떤 중생이 제일 중요한 중생이에요? 내 머릿속에 생각 판단 분별하는 중생을 구제하는 것이 부처님께 불공 올리는 것입니다. '나'라는 중생을 구제하는 것이 먼저입니다. 자기 분별을 구제하면 일체의 분별이 구제됩니다. 만법유식(萬法唯識)이라 하듯, 자기의 분별이 곧 이 세상 모든 것이기 때문입니다. 자신이 분별에서 구제되면 일체중생이 구제됩니다. 일체중생을 구제하는 것이 곧 부처님께 공양하는 것입니다.

법당에 와서 공양물을 많이 올리는 것만이 공양이 아닙니다. 물론 그렇다고 해서 또 공양을 올리지 않으면 안 되겠죠. 법을 전하기 위해서는 부처님께 공양 올리는 것이 필요합니다. 법당에 공양을 올리는 것은 하나의 법보시라 할 수 있어서 해야 하겠지만 그것만이 불공은 아니라는 말입니다.

내가 나라는 중생 구제하는 것도 불공이고, 수많은 또 다른 나, 중생들을 수순하여 그들의 괴로움을 소멸하게 해주는 것도 불공입니다.

다함 없는 항순중생의 서원

보살은 이와 같이 중생을 수순하나니 허공계가 다하고 중생계가 다하고 중생의 업이 다하고 중생의 번뇌가 다하여도 나의 수순함은 다함이 없느니라. 순간순간 계속하여 잠깐도 쉬지 않건만 몸과 말과 뜻으로 하는 일은 지치거나 싫어함이 없느니라."

이와 같이 중생을 수순하는 이 참된 불공, 참된 수행을 허공계가 다하고, 이 온 우주가 다할 때까지, 또 중생의 번뇌가 남아 있는 한은 나의 이 수순함도 끝이 없이 이어지리라는 서원입니다. 순간순간 계속하여 잠깐도 쉬지 않으며, 몸과 말과 뜻으로 이 청정한 중생수순의 서원을 실천함에 지치거나 싫어함이 없다는 것입니다. 이것이 참된 서원입니다.

보현행원품과 마음공부

제10 보개회향원(普皆廻向願)
공덕을 널리 회향하기를 서원합니다

"선남자여, 지은 공덕을 모두 다 회향한다는 것은, 처음 부처님께 예배하고 공경하는 것(예경제불)으로부터 중생의 뜻에 수순하는 것(항순중생)에 이르기까지의 그 모든 공덕을 온법계 허공계 일체중생에게 남김없이 회향하여 중생들로 하여금 항상 안락(安樂)하게 하고 모든 병고(病苦)가 없게 하며, 하고자 하는 나쁜 일은 모두 이루어지지 않고, 닦고자 하는 착한 업(業)은 속히 빨리 이루어지며, 온갖 악취(惡趣=惡道: 지옥, 아귀, 축생, 수라)의 문은 닫아버리고, 인간과 천상에는 열반에 이르는 바른길은 열어 보이며, 모든 중생이 쌓은 악업(惡業)의 무거운 고통의 과보는 내가 다 대신 받아서 그 중생들이 모두 다 해탈을 얻고 마침내는 위 없는 깨달음을 성취하기를 원하는 것이니라.

보살은 이와 같이 회향하나니 허공계가 다하고 중생계가 다하고 중생의 업이 다하고 중생의 번뇌가 다하더라도 나의 이 회향은 끝나지 않고 순간순간 계속하여 쉬지 않건만 몸과 말과 뜻으로 하는 일은 지치거나 싫어함이 없느니라."

復次善男子야 言普皆廻向者는 從初禮拜로 乃至隨順히 所有功德을
皆悉廻向盡法界虛空界一切衆生하야 願令衆生으로 常得安樂하야 無
諸病苦하며 欲行惡法은 皆悉不成하고 所修善業은 皆速成就하며 關閉
一切諸惡趣門하고 開示人天涅槃正路니라 若諸衆生이 因其積集諸
惡業故로 所感一切極重苦果를 我皆代受하야 令彼衆生으로 悉得解
脫하고 究竟成就無上菩提니 菩薩의 如是所修廻向이 虛空界盡하며 衆
生界盡하며 衆生業盡하며 衆生煩惱盡하야도 我此廻向은 無有窮盡이니
念念相續하야 無有間斷하야 身語意業이 無有疲厭이니라

회향이란?

보통 절에서 기도하면 마지막 날 회향(廻向)한다, 회향법회를 한
다고 말합니다. 회향한다는 것은 자신이 쌓은 공덕, 자신이 마음
공부한 공덕, 기도 수행한 공덕이 하나라도 있다면 그 모든 것을
남김없이 일체 중생에게 회향하는 것, 되돌려 준다는 것입니다.
이런 마음으로 원을 세우는 것이 보개회향원(普皆廻向願)입니다.

기도 회향만이 아니라 마음공부한 공덕, 복을 지은 공덕, 또한
살면서 쌓은 무한한 선근(善根) 공덕들을 나 혼자 가지는 것이 아
니라 일체중생들과 함께 나누면서 살겠다고 하는 자비심의 회향
이기도 하면서 동시에 불이중도(不二中道)의 실천입니다.

회향에는 두 가지 의미가 있는데요, 첫째는 자기를 위한 회향
이고 둘째는 일체중생을 위한 회향입니다. 자기를 위한 회향이란

자기라는 중생을 구제하는 것으로 자신이 어리석은 마음을 돌이켜 반야 지혜와 깨달음으로 향하게 하는 회향입니다. 나라는 중생을 먼저 구제하여 깨달음으로 회향할 수 있어야 일체중생을 구제할 지혜도 생겨나겠지요. 그리고 두 번째가 일반적으로 말하는 나의 공덕을 일체중생에게 회향하는 것입니다.

회향과 불이중도

우리 불교의 모든 수행, 모든 공부는 다 불이중도(不二中道), 이 하나의 가르침을 설하고 있습니다. 부처님 가르침의 실천의 핵심을 중도라고 합니다. 중도적인 실천이냐? 아니냐? 불이법의 실천인지 아닌지를 보면 외도의 수행인지 불교의 수행인지를 알 수 있습니다. 또 불교 수행이라 할지라도 불이중도에 근거해서 공부하고 있느냐, 닦아가고 있느냐 아니냐에 따라서 참되게 잘하고 있는 수행인지 아니면 잘못 가고 있는 수행인지를 알 수 있는 가늠자와도 같은 것이 바로 이 불이중도입니다.

회향도 그렇습니다. 왜 회향을 할까요? 나와 일체중생이 둘이 아니기 때문입니다. 그런데 우리는 자기 생각으로 자기 분별 망상으로 둘로 나누어 놓고 여기에 내가 있고 저기 바깥세상에 사람들이 있다고 착각합니다. 그래서 여기 있는 나를 먹여 살리고, 나를 부자가 되게 하고, 내가 능력 있게 하고, 내가 잘나고 행복하게 살고 싶어 하고, 나라는 아상·아집을 내세워서 나 위주로 내 인생만을 생각하면서 살고 있습니다. 바로 그것, 나와 너를 나누는 마음 때문에 깨닫지 못하는 것입니다.

이법(二法)은 둘로 나누는 마음이고, 분별하는 마음입니다. 이렇게 분별하는 마음을 가지면 깨달을 수가 없습니다. 분별하는 마음만 없어지면 그 자리가 곧 깨달음의 자리입니다. 그런데 우리는 늘 마음속에서 나다 너다 둘로 분별해 놓고, 내가 행복하기 위해서, 내가 공덕을 얻기 위해서, 내가 잘되기 위해서 살아왔단 말입니다. 그런 '나 지향적인 삶', '나를 확장하려는 삶', 아상(我相) 본위의 삶, 그것이 깨달음을 드러나지 못하도록, 아니 이미 드러나 있는 깨달음을 보지 못하도록 만드는 유일한 하나의 병통입니다.

회향이라는 수행이 있는 이유도 여기에 있습니다. 내 것을 쥐고 내 소유물, 내 집착, 내 사람, 내 것, 내 공덕만을 잔뜩 쥐고 있던 삶이었다 해도 이웃과 나누고 다른 사람과 나누면서 회향하는 삶을 연습하다 보면 나와 너라는 분별심이 점점 줄어들게 됩니다. 다르게 말하면, 나라는 아상이 줄어들고, 일체중생을 향한 동체대비심이라는 지혜가 생겨날수록 당연하게 내 것으로 쥐는 삶이 아닌, 모든 공덕을 이웃에게 나누고 회향하는 삶으로 전환됩니다.

회향의 공덕

일체중생이 곧 나와 다르지 않습니다. 일체중생에게 회향하는 것이 곧 나 자신에게 회향하는 것입니다. 나에게만 잘하면 잎에 물을 주는 것과 같지만, 일체중생에게 회향하면 뿌리에 물을 주는 것과 같아 결국 나 자신에게 진정한 양분이 됩니다.

나만 챙기고, 이웃과 나누지 않고 베풀지 않으며 회향하지 않는 삶은 곧 세상과 자비로운 연결을 끊게 만들고 맙니다. 결국, 나 또한 세상으로부터 도움을 받지 못하게 되지요. 삶이란 끊임없이 순환하고 주고받는 연기법의 세계인데, 이 연결을 끊고 나자신만을 챙기기 시작하면 나도 고립되기 시작합니다.

내가 먼저 회향을 시작하면 나 또한 이 우주 법계로부터 법신불의 회향을 받게 됩니다. 가는 곳곳마다 나를 돕는 사람을 만나고, 언제 어느 곳에서든 세상이 따뜻한 친절로써 호의를 베푼다는 것을 경험하게 됩니다. 이 세상이 참으로 따뜻하고 친절하며 다정한 곳임을 깨닫게 됩니다. 그러니 그 피드백으로 나 또한 점점 더 그들에게 감사해하고, 점점 더 나누게 되죠. 이처럼 회향은 또 다른 회향을 불러오고, 온 우주를 자비와 나눔으로 연결합니다. 세상은 너무나도 풍요롭고 원만구족한 곳으로 변하게 되지요.

세 가지 회향

『대방광불화엄경소(大方廣佛華嚴經疏)』에서는 회향의 세 가지 종류를 설하고 있습니다. 실제회향(實際廻向), 보리회향(菩提廻向), 중생회향(衆生廻向)이 그것입니다.

사전적인 의미를 살펴보면, 실제회향은 자신이 수행하여 얻은 선근 공덕을 돌이켜 무위 열반에 이르려는 것이고, 보리회향은 자신이 수행해서 얻은 선근 공덕을 깨달음으로 돌이켜 그 공덕을 얻으려는 것이며, 중생회향은 일체중생을 해탈하게 하려고 자기의 수행 공덕을 중생에게 돌이켜 주는 것입니다.

실제회향

조금 쉽게 살펴보겠습니다. 첫째, 실제회향이라는 것은 수행 공덕을 모두 부처님께 돌리는 회향입니다. 부처님께 공양을 올리는 것도 이런 의미죠. 모든 공덕은 곧 부처님의 공덕이기에 부처님께 회향하는 것입니다. 무엇이 부처님일까요? 나의 본성이 곧 부처님이고, 일체중생의 본성이 다 부처님입니다. 둘이 아니게 나와 일체중생이 전부 한마음, 불성, 실제, 부처, 이 한 자리에서 나왔으니, 이 근본으로 되돌리는 것이 곧 실제회향입니다. '나'라는 분별과 아상을 쉬고, 나의 실제인 불성이 드러나도록 하는 회향이 곧 실제회향입니다.

보리회향

둘째, 보리회향인데요, 보리는 곧 깨달음이죠. 부처님의 가르침을 통해 수행하여 깨닫게 되었으니, 이 법과 깨달음을 일체중생과 함께 두루 나누어 회향하겠다는 뜻입니다. 이 좋은 부처님 법을 나 혼자만 알고 있지 않고 일체중생에게 두루 전하여 모두 함께 깨어나기를 서원하는 회향입니다.

작게는 경전을 보시하고, 내가 읽고 깨닫고 감동한 불서를 사서 도반들에게 보시하고, 또 부처님 말씀을 복사해서 사람들에게 문자로 보내주고, 좋은 법문 있으면 링크를 걸어서 보내주기도 하면서 내가 할 수 있는 작은 법보시를 실천하는 것입니다. 요즘은 유튜브에서 좋은 법문을 만나면 따뜻한 멘트와 함께 링크를 보내주는 것도 보리회향이 될 수 있고, 좋은 글귀나 부처님 말씀 등을 적어 보내주는 것도 보리회향이 될 수 있겠네요.

또 좀 더 넓게 말하면 괴로워하는 사람들에게 그 괴로움을 벗어나도록 이끌어 주는 것이 곧 보리회향입니다. 불교의 깨달음, 보리란 곧 괴로움의 소멸을 말하는 것이기 때문입니다. 고통받는 이웃을 구해주고, 힘들어할 때 건져내 주며, 작은 관심과 사랑으로 지혜의 가르침으로 이끌어 주는 것들이 전부 보리회향이 될 수 있습니다.

중생회향

셋째는 중생회향이라고 해서, 일체 중생에게 하는 회향입니다. 중생을 구제하는 것이 곧 나 자신을 구제하는 것입니다. 중생들을 괴로움에서 벗어나게 해주는 것이 곧 나의 괴로움을 소멸하는 것입니다.

만약 여러분이 어떤 법문에 이끌려 그 법문을 듣고 있다면, 그것은 자기에게서 나온 법문입니다. 물론 스님이 하신 법문이겠지만, 그 법문을 들을 만한 열린 귀와 안목은 나에게서 나온 것이기 때문입니다.

일체중생에게 회향할 때, 그 사람이 깨달을 수 있도록, 괴로움에서 벗어날 수 있도록 내가 도움을 줄 때, 그것은 곧 나를 깨닫게 하는 일입니다. 그 모든 것이 다 자기 일입니다.

지장보살님은 내가 먼저 부처가 되겠다고 하지 않고, 일체중생이 다 부처가 되고, 심지어 지옥에 있는 중생들까지 전부 부처가 되고 나면 그때 가서 나도 부처가 되겠노라고 서원하신 분입니다. 어떻게 그럴 수 있을까요? 일체중생의 성불이 곧 나의 성불이기 때문입니다. 일체중생에게 회향하는 것이 곧 나 자신에게 회향하는 것입니다.

나에게 있는 공덕을 나 혼자서만 꽉 쥐고 베풀지 않겠다는 것은 곧 나 자신을 어리석게 만드는 일일 뿐입니다. '나'와 '내 것'이라는 망상 속에 자신을 가두기 때문입니다. 이 '나'라는 것이야말로 가장 큰 어리석음입니다.

아홉 가지 행원 공덕을 전부 회향합니다

선남자여, 지은 공덕을 모두 다 회향한다는 것은, 처음 부처님께 예배하고 공경하는 것(예경제불)으로부터 중생의 뜻에 수순하는 것(항순중생)에 이르기까지의 그 모든 공덕을 온법계 허공계 일체중생에게 남김없이 회향하여, 중생들로 하여금 항상 안락(安樂)하게 하고 모든 병고(病苦)가 없게 하며, 하고자 하는 나쁜 일은 모두 이루어지지 않고, 닦고자 하는 착한 업(業)은 속히 빨리 이루어지며, 온갖 악취(惡趣=惡道: 지옥, 아귀, 축생, 수라)의 문은 닫아버리고, 인간과 천상에는 열반에 이르는 바른 길은 열어 보이며, 모든 중생이 쌓은 악업(惡業)의 무거운 고통의 과보는 내가 다 대신 받아서 그 중생들이 모두 다 해탈을 얻고 마침내는 위 없는 깨달음을 성취하기를 원하는 것이니라.

보살은 이와 같이 회향하나니 허공계가 다하고 중생계가 다하고 중생의 업이 다하고 중생의 번뇌가 다하더라도 나의 이 회향은 끝나지 않고 순간순간 계속하여 쉬지 않건만 몸과 말과 뜻으로 하는 일은 지치거나 싫어함이 없느니라.

회향한다는 것은 앞에서 말씀드린 아홉 가지 원, 부처님 예배하는 예경제불원부터 중생의 뜻에 수순하는 항순중생원에 이르기까지 이 모든 서원을 실천한 모든 공덕을 온 법계 허공계 일체중생에게 남김없이 회향하는 것입니다. 아홉 가지 보현행원을 실천하고서도 '내가 실천했다.' '내가 서원했다.' '내 공덕이다.'라고 붙잡아 집착하지 않고, 작은 공덕이라도 있다면 이 모든 공덕을 전부 일체중생에게 회향하는 것이 곧 열 번째 서원인 보개회향원입니다.

이 모든 보현행원의 서원을 실천하여 쌓인 모든 공덕을 중생들에게 회향하되 다음과 같이 구체적으로 회향합니다. 불교란 곧 사성제라고 했죠. 사성제는 괴로움과 괴로움의 소멸로 즉 불교의 핵심은 일체중생을 괴로움에서 벗어나도록 이끄는 것입니다. 당연히 회향도 일체중생의 괴로움을 소멸시키도록 이끄는 것입니다. 그러니 회향을 한다는 것은 나의 이 공덕을 돌려 모든 중생이 괴로움에서 벗어나도록 하는 데 쓰이기를 서원하는 것입니다.

회향 공덕으로 중생이 안락하기를

보현행원의 공덕을 중생에게 회향하오니, 이 회향 공덕이 중생에게로 돌아가 모든 중생이 고통 없는 안락한 삶을 살기를 발원하는 것입니다. 또한, 중생들이 병고(病苦)에서 해방되기를 발원합니다.

또한, 그들이 어리석은 마음으로 하고 싶어 하는 일 중에 나쁜 일은 모두 이루어지지 않기를 발원하고, 착한 업은 속히 빨리 이루어질 수 있기를 발원합니다.

중생들이 나쁜 업을 많이 지으면 곧 나쁜 과보를 받아 악취(惡趣)로 나아간다고 합니다. 악취란 육도윤회의 길 가운데 나쁜 곳으로서 지옥(地獄), 아귀(餓鬼), 축생(畜生), 수라(修羅)를 말합니다. 중생들이 이런 악취로 갈 수 없도록 그 악취의 길은 닫히기를 발원합니다.

사실 사악취(四惡趣)란 내 바깥에 따로 있는 세계가 아니라, 나쁜 업을 많이 지으면 지옥의 의식이 열리고, 화내는 마음이 연습되면 아수라라는 전쟁의 지옥이 열리며, 어리석은 생각으로 살 때 축생의 의식이 열리는 것을 뜻합니다.

삼계유심(三界唯心)이라는 말처럼 욕계·색계·무색계라는 일체 모든 윤회의 세계가 곧 우리 마음 하나의 일일 뿐입니다. 그러니 내 안의 망상분별, 탐진치 삼독을 소멸시키는 것이 곧 악취를 소멸시키는 길입니다. 자기 안의 탐진치를 소멸시키는 것이 곧 삼악도를 소멸시키는 것이고, 악취의 문을 닫아버리는 것입니다. 또한, 중생들의 탐진치를 소멸시켜 주는 것이 악취의 문을 닫아버리는 것입니다.

그렇게 되면, 육도윤회하는 일체중생들, 인간과 천상 등 일체 모든 중생에게 열반에 이르는 바른길, 괴로움 소멸의 바른길을 열어 보이기를 발원하는 것으로 이어집니다.

중생의 고통을 내가 다 받겠습니다

나아가 이 회향의 정점에 '모든 중생이 쌓은 악업의 과보는 내가 다 받아서 중생들이 모두 다 해탈을 얻고 위 없는 깨달음을 얻기를 발원'하고 있습니다. 보살에게는 중생의 고통이 곧 나의 고통입니다. 일체중생과 내가 둘이 아닙니다.

이 불이법, 한마음, 본래면목이라고 불리는 이 해탈 자리에서 보면, 사실은 이 하나의 마음이 온 세상 만중생이라는 전체 세상, 모든 중생을 펼쳐내고 있습니다. 전부가 이 마음 아닌 것이 없습니다. 이 하나의 마음이 일체중생의 의식을 드러내고 있습니다. 이 하나의 마음 바탕 위에서 일체중생이 분별하고 고통받고 하는 삶을 만들어 내고 있습니다.

일체유심조(一切唯心造)라고 하듯 마음 하나가 일체 세상 삼라만상 모든 것을 만들어 냅니다. 고통도 여기의 일이고, 지옥도 여기의 일이며, 일체중생의 모든 삶이 전부 다 이 하나의 일일 뿐입니다. 그러니 여기에서 보면, 일체중생의 고통이 전부 내 고통이 아님이 없습니다.

중생이 이것을 깨닫게 된다면, 더는 고통은 고통이 아닙니다. 이 한마음의 바다는 적멸의 자리이기 때문입니다. 온갖 파도가 치더라도 바다는 움직임이 없듯, 일체의 괴로움이 나타나더라도 그 모든 괴로움을 드러낸 마음 바탕에는 아무 일도 없습니다. 괴로움이 다 있지만 그런 괴로움은 없습니다. 이 사실을 깨닫는 것이 곧 일체중생의 고통을 내가 다 받겠다고 하는 발원입니다.

중생에게는 고통인 것이 부처에게 가면 그런 일이 없기 때문입니다. 중생에게는 파도가 좋거나 나쁘지만, 바다에는 어떤 파도가 쳐도 그 모든 것이 다 하나의 바다일 뿐, 좋거나 나쁜 것은 없는 것과 같습니다.

꿈속에서 괴로워하는 중생들

사실 일체중생이 받는 모든 고통의 과보가 지금 내가 받는 고통의 과보입니다. 일체중생의 고통이 지금 내 고통입니다. 꿈을 꾸면 꿈속에 있는 모든 중생이 괴로워하고 있죠. 꿈속의 모든 중생은 사실 내 꿈에 등장한 중생들입니다. 내 의식이 펼쳐낸 중생이죠. 당연히 중생의 고통도 내 의식이 펼쳐낸 고통일 뿐입니다. 그 모든 중생과 중생의 고통이 하나의 꿈일 뿐입니다. 내가 꿈에서 깨어나면 그 모든 꿈은 없습니다. 고통받는 중생도 없습니다. 즉 나 하나가 깨어날 때 일체중생이 깨어납니다. 괴로움에서 건져집니다.

언뜻 보면 '남들의 고통을 내가 대신 받기를 서원'하는 대목에서 받아들여지지 않으면서, '이렇게까지 해야 해? 다른 중생이 받을 나쁜 과보를 내가 받아야 해? 다른 사람이 암에 걸려 죽을 것 같을 때, 저 사람 대신에 내가 암에 걸려 죽어야 해? 그런 것이 보살의 행원이라면 나는 절대 못 해.'라고 생각하는 분들도 많을 것입니다. 그러나 이 말의 낙처는 그런 뜻이 아닙니다.

한두 명의 중생이 아니고 모든 중생의 모든 괴로움을 내가 다 대신 받겠다는 것입니다. 이 대신 받겠다는 말이 뜻하는 낙처(落處)는 곧 『금강경』의 일체중생을 일시에 제도한다는 말과 같습니다. 돈오사상(頓悟思想), 몰록 깨닫게 한다고 합니다. 즉 문득, 몰록, 단박에 일체중생들의 일체 모든 괴로움을 내가 다 소멸하게 한다는 것입니다. 이것이 곧 그 모든 괴로움을 내가 다 받는다는 의미입니다. 깨닫고 나면 그런 괴로움이 없기 때문입니다.

어떻게 무엇으로 일체중생을 몰록 깨닫게 해서 괴로움을 다 소멸시켜 줄 수 있을까요? 내가 내 안에서 분별 망상을 여의면 일체중생의 분별 망상이 여의어집니다. 내 안에 있는 모든 괴로움의 문제가 해결되면 일체중생의 모든 괴로움의 과보가 다 사라집니다. 그게 바로 내가 대신 받는 것입니다. 꿈속에 있는 모든 등장인물을 일일이 다 쫓아가서 그 사람들을 깨닫게 하기는 쉽지 않습니다. 꿈속의 모든 사람의 괴로움을 내가 다 해결해 주기는 쉽지 않습니다. 그들의 괴로움을 내가 대신 받을 수도 없습니다. 그러나 내가 문득 깨어나면 꿈이 끝나버립니다. 중생도 없고, 중생의 고통도 없습니다.

그래서 불교에서는 부처님께서 깨달았을 때 일체중생이 일시에 해탈해 마쳤다고 말합니다. 내가 깨달을 때 일체중생도 깨닫습니다. 깨닫는다는 것은 곧, 일체중생이 본래 다 깨달아 있음을 깨닫는 것이기 때문입니다. 바로 지금 눈앞에 진리는 다 드러나 있습니다. 일체중생은 그대로 부처입니다. 다만 부처가 스스로 부처인 줄 모르는 이들이 중생일 뿐입니다. 바로 그 착각에서 깨어나는 것이 곧 부처입니다.

불전함에 보시하는 것만 회향이 아니다

이와 같이 회향에는 더 근본적인 뜻이 내포되어 있습니다. 보통 불자분들은 기도할 때 매일 얼마씩 돈을 모았다가 회향하는 날 절에 가서 불전함에 넣는 것을 회향이라고 생각합니다. 물론 그것도 회향이 아닌 것은 아니겠지만, 위에서 설한 바와 같이 중생들이 안락하기를 발원하며, 주변에 힘들고 괴로운 사람이 있으면 그 고통을 함께 감당해 주고, 없애주고, 소멸시켜 주기 위해 법보시를 하고, 나아가 그들이 좋은 일을 하고, 마음공부를 하여 결국 영원한 깨달음과 자유를 얻기를 발원해 주고 실천해 주는 것이야말로 참된 실천적인 회향입니다. 내가 깨닫고, 일체중생을 깨달음으로 이끄는 것이야말로 참된 보개회향원입니다.

총결분[利益]

10대원의 구족과 경전의 공덕

10종대원의 공덕

"선남자여, 이상에서 설한 것이 보살마하살이 원만하게 구족하고 있는 10종대원(十種大願)이다. 만약 모든 보살이 이 큰 서원을 따라 정진하여 나아가면 능히 일체중생을 성숙시키고, 아뇩다라삼먁삼보리를 수순케 하며, 보현보살의 수행과 원력을 원만하게 성취하게 될 것이니라.

—

善男子야 是爲菩薩摩訶薩의 十種大願이 具足圓滿이니 若諸菩薩이 於此大願에 隨順趣入하면 則能成熟一切衆生하며 則能隨順阿耨多羅三藐三菩提하며 則能成滿普賢菩薩諸行願海하리니

🪷

부처님께서 이 열 가지 서원을 실천하면, 정진해서 나아가면 일체 중생을 구제할 수 있다고 말씀하셨습니다. 지혜를 성숙하게 만들 수 있고, 또 최상의 깨달음을 얻을 수 있고, 보현보살의 수행과 원력을 성취하게 될 수 있습니다.

무엇과도 비교할 수 없는 공덕

그러므로 선남자여, 그대들은 이 뜻을 이와 같이 알아야 한다. 만약 선남자 선여인이 시방에 가득한 무량무변 불가설불가설 불찰극미진수 일체 세계에 가득 찬 으뜸가는 칠보와 또한 모든 인간과 천상에서 가장 훌륭한 안락으로 저 모든 세계에 있는 중생들에게 보시하고, 모든 세계의 불보살님들께 공양하기를, 저 불찰 극미진수겁을 지나도록 계속하여 그치지 않는 그 공덕과 또다시 어떤 사람이 이 열 가지 원(願)을 한 번 들어 얻은 공덕을 서로 비교하면, 앞의 공덕은 뒤의 것의 백분의 일도 미치지 못하고 천분의 일도 미치지 못하며 내지 우파니사타분(分)의 일에도 미치지 못하느니라.

—

是故로 善男子야 汝於此義에 應如是知니라 若有善男子善女人이 以滿十方無量無邊不可說不可說佛刹極微塵數一切世界上妙七寶와 及諸人天의 最勝安樂으로 布施爾所一切世界所有衆生하며 供養爾所一切世界諸佛菩薩호대 經爾所佛刹極微塵數劫토록 相續不斷하야 所得功德을 若復有人이 聞此願王하고 一經於耳한 所有功德으로 比前功德하면 百分에 不及一이며 千分에 不及一이며 乃至優波尼沙陀分에도 亦不及一이니라

🪷

일체 중생과 부처님께 세세생생 계속해서 그치지 않고 칠보와 최상의 안락으로 보시하고 공양하기를 지속하는 공덕이 얼마나

크겠습니까? 그러나, 어떤 사람이 보현보살의 10종대원을 한 번 들어서 얻은 공덕은 그 공덕보다 비교할 수 없을 만큼 더 크다는 것입니다. 어느 정도인가 하면, 백분의 일에도 미치지 못하고, 천분의 일에도 미치지 못하고, 내지 우파니사타분(優波尼沙陀分)의 일에도 미치지 못한다고 합니다. 우파니사타분은 말로는 상상할 수 없는 숫자를 뜻합니다.

쉽게 말해 법의 공덕은 이 모든 것과 바꿀 수 없습니다. 왜냐하면, 이 법 안에서 삼천대천세계도 일어나고 사라지고, 칠보(七寶)도 왔다가 가고, 중생도 왔다가 가고, 과거·현재·미래도 왔다가 가고, 과거·현재·미래의 모든 부처님도 이 자리에서 왔다가 가는 것이기 때문입니다. 이 자리가 근본 자리, 바탕입니다.

이를테면 이 자리가 바다이고 그 모든 것은 물결에 불과합니다. 생각으로 헤아리면 이런 말도 안 되는 비유가 말이 되는 이유가 바로 여기에 있습니다.

최악의 죄, 오무간업도 소멸된다

또 어떤 사람이 깊은 신심으로 이 열 가지 원을 받아 지니거나 읽고 외우거나 한 게송만이라도 사경한다면 오무간업(五無間業)이 소멸되고, 세간에서 받은 몸과 마음의 병이나 갖가지 괴로움 내지 불찰 극미진수의 일체 악업이 다 소멸될 것이다. 또한 온갖 마군(魔軍)이나 야차(夜叉)나 나찰(羅刹)이나 구반다(鳩槃茶), 비사(毘舍=비사사), 부다(部多) 등 피를 마시고 살을 먹는 악한 귀신들이 모두 멀리 달아나거나, 혹은 좋은 마음을 내어 가까이 있으면서 수호할 것이니라.

—

或復有人이 以深信心으로 於此大願에 受持讀誦하며 乃至書寫一四句偈하면 速能除滅五無間業하며 所有世間身心等病의 種種苦惱와 乃至佛刹極微塵數一切惡業이 皆得消除하며 一切魔軍과 夜叉羅刹과 若鳩槃茶와 若毘舍闍와 若部多等의 飮血噉肉하는 諸惡鬼神이 皆悉遠離하며 或時發心하야 親近守護하리라

🪷

이 보현보살의 10종대원을 받아 지니거나 읽고 외우거나 사경한다면 악업이 소멸되고, 온갖 병과 괴로움이 소멸되며, 나쁜 귀신들도 다 달아나거나 나를 도울 것이라는 뜻입니다.

오무간업(五無間業)은 무간지옥(無間地獄)에 갈 만큼의 큰 죄인 오역죄(五逆罪)를 짓는 업을 말합니다. 오역죄, 오무간죄는 살모(殺母), 살부(殺父), 살아라한(殺阿羅漢), 파화합승(破和合僧), 출불신혈(出佛身血)의 죄로 풀이하면 다음과 같습니다.

첫째는 아버지를 죽인 죄이고, 두 번째는 어머니를 죽인 죄, 세 번째는 깨달은 아라한을 죽인 죄, 네 번째는 승가의 화합을 깨뜨린 죄, 다섯째는 부처님의 몸에 피를 흘리게 한 죄입니다.

부모님과 아라한을 죽이거나, 부처님 몸에 피를 흘리게 한 죄는 당연히 불가에서 큰 죄라고 할 만합니다. 그런데 주목할 만한 점으로 파화합승이 있는데요, 절에서 화합을 깨는 죄가 지중하

다는 것입니다. "대중이 화합하면 소도 잡는다."라는 말이 있는데요, 스님들이 진짜로 소를 잡아먹는다는 말이 아니고, 그 정도로 말도 안 되는 얘기를 하더라도 대중이 화합하면 다 승인이 된다는 말입니다. 그만큼 화합이 중요하다는 것입니다.

사찰이라는 승가 대중 생활은 사회의 공동체와는 다릅니다. 다른 곳에서는 자기 뜻을 말하고, 관철도 하고, 토론도 할 수 있겠지만, 이 사부대중이라는 마음공부 공동체에 들어오면 일단, 자기 자신과 대중의 마음공부가 가장 중요합니다. 그렇기에 공부가 다 되기 전까지는 오직 공부에만 매진하는 것이 좋습니다. 이런저런 옳으니 그르니 하는 것에 얽매였다가는 공부는 물 건너가고 맙니다. 그러니 때로는 마음에 안 드는 것이 있고, 내 뜻과 맞지 않는 것이 있더라도 공부로 삼고 사부대중 공동체의 뜻에 따르며, 오직 자신의 공부를 해 나가는 것이 중요합니다.

마지막은 출불신혈(出佛身血)이라고 해서 부처님의 몸에 피를 낸 죄입니다. 데바닷다가 부처님을 죽여 불교 교단을 장악하기 위해 자객도 보내고, 술 취한 코끼리도 보내고, 부처님께서 지나가는 계곡에 큰 바윗덩어리를 떨어뜨리기도 했는데요, 바윗덩어리가 부처님 발을 스쳐 지나가면서 발톱 밑에서 피를 내게 한 적이 있었던 것에서 유래되었습니다.

이렇게 죄업 중에도 가장 악한 죄인 오무간죄업도 보현행원의 10종대원을 실천하면 소멸될 수 있다는 것입니다.

병과 고통과 악업이 다 소멸된다

그뿐 아니라 세간에서 받은 몸과 마음의 병은 물론이고 온갖 괴로움이나 내지 불찰극미진수의 일체 악업이 다 소멸된다고 합니다. 이런 경전의 말도 그 낙처를 확실히 해야 합니다. 경전의 말뜻대로만 이해하면, 보현행원을 실천하면 절대 질병도 걸리지 않고, 아주 심한 최악의 병도 다 나으며, 모든 죄업이 다 소멸되니 앞으로는 좋은 일만 일어나겠다고 여기기 쉽습니다.

그러나 경전에서는 그 당시 경전을 설할 때 중생들의 근기에 맞게 대기설법(對機說法)한 것으로 병에 따라 약을 준다는 응병여약(應病與藥)으로 설해진 것입니다. 그 당시 중생들을 교화하기 위해서는 그들이 이해하는 언어와 방편을 써야 했던 것이지요. 중생들은 당연히 병도 낫고, 죄업도 소멸된다고 해야 믿지, 스스로 자기 본성을 깨달으라고 하면 너무 어렵게 느끼기 때문에, 이런 방편을 쓴 것입니다.

이런 방편도 틀린 말은 아닌 것이, 사실 이 공부를 하면 표면적으로 병도 낫고 죄도 없어지고 근원적으로 괴로움에서 벗어나게 되는 공덕이 있습니다. 좋은 일만 생기는 것은 아니지만, 좋은 일이든 나쁜 일이든 그 무엇이든 받아들일 수 있는 지혜가 생겨나기에, 좋고 나쁜 경계를 뛰어넘을 수 있게 됩니다. 이처럼 보현행원 10종대원의 실천을 하면, 근원에서 괴로움을 소멸할 수 있습니다.

악귀가 선신이 되는 이유

그리고 온갖 마구니, 야차, 나찰, 구반다, 비사, 부다 등 피를 마시고 살을 먹는 악한 귀신들이 모두 멀리 달아나거나 혹은 좋은 마음을 내어 가까이 있으면서 수호해 준다고 합니다.

여기서 나오는 마군들은 사천왕의 권속들로 야차와 나찰은 북방 다문천왕(多聞天王)의 권속이고, 구반다는 남방 증장천왕(增長天王)의 권속이고, 비사는 비사사라고도 부르는데 동방 지국천왕(持國天王)의 권속이고, 부다는 부단나라고도 부르는데 서방 광목천왕(廣目天王)의 권속이라고 합니다. 애초에 이들은 전부 다 사람의 피를 빨아먹고 살아가며 사람들을 괴롭히는 악귀(惡鬼)였다가 훗날 부처님께 귀의해서 "제가 사천왕을 도와서 일체중생을 굽어 살피겠습니다."라고 하는 좋은 원을 세우고 중생들의 수행을 돕는 좋은 선신(善神)이 됩니다.

온갖 악귀들이 불교에 귀의하여 선신이 된다는 내용은 불교 안에서 종종 등장하는 이야기입니다. 불교는 이처럼 최악의 죄인이거나, 악귀든 귀신이든 마귀든 할 것 없이 모조리 둘이 아닌 불이법의 지혜로 돌아오게 하여 그들을 전부 구제합니다. 일반적이라면, 나쁜 존재는 없애고 좋은 존재는 살려야 하겠지만, 불교에서는 근본 뿌리를 보기 때문에, 그 모든 선악의 존재 모두가 두루 갖추고 있는 자성, 본래면목, 불성을 일깨우는 것입니다. 그러니 불교에 오면 소외되거나, 버려지거나, 구제가 안 될 중생이 하나도 없습니다. 그러니 대자대비라고 하겠죠. 불교의 자비에는 그 어떤 나쁜 놈들도 다 포섭됩니다. 사실 이런 경전에 등장하는 온갖 악귀들은, 경전이 설해지던 그 당시 그 지역, 그 나라에서 믿고 있던 민간신앙, 토속신앙, 다양한 종교에서 믿고 있고 전해져 내려오던 온갖 귀신들을 말합니다.

사람들이 그런 귀신이 있다고 믿으니까, 그런 믿음에 따라서 알아듣기 쉽게 설명해 주다 보니 이런 방편을 쓰게 된 것입니다. 즉, 사람들은 나를 괴롭히는 온갖 악귀, 귀신, 마장, 마귀 등이 있어서 우리를 고통받게 한다고 믿었고, 그들에게 고통받는 것을 끔찍하게 두려워했던 것이지요. 그러다 보니 경전에서는 그런 온갖 악신도 보현행원 10종대원을 실천하면 사라지거나, 오히려 나를 돕는 수호신으로 변모한다고 말해 준 것입니다.

다 방편이죠. 그런 귀신이 어디 있겠어요? 그 귀신, 마장들이 전부 자기 생각에서 나온 것이니까, 그 생각을 깨뜨려 주면 저절로 귀신, 마장들도 사라지게 됩니다. 바른 견해를 갖추게 해 주는 것이 바로 불법입니다. 죽고 나서 지옥에 가면 저 무서운 악귀들이 나를 잡아먹고, 괴롭힐 것이라고 두려워하며 살았는데, 이 불법을 믿고 공부하면 그런 일이 없어진다고 하니, 그 당시 사람들은 얼마나 안심할 수 있었겠습니까? 처음에는 그렇게 사람들을 그들의 눈높이에서 안심시킨 뒤에, 이 법을 설해서 참된 진실을 일깨워주는 것입니다. 이것이 바로 불교의 방편 법문입니다.

지옥도 극락도 마음이 만들 뿐

지장보살은 지옥 중생을 구제하는 분이라고 하는데요, 지장보살뿐만 아니라 여러분이 지옥에 가도 법을 공부하고 법에 대한 안목이 밝아져서 깨달음을 얻는다면, 그곳이 바로 극락이 되어버립니다. 여러분이 가는 그곳이 전부 천상 세계로 바뀌고 악귀들이 전부 다 선신으로 바뀝니다. 악귀라는 건 티끌만큼도 찾아볼 수 없게 바뀌는 것입니다. 사실 본래 그런 게 없거든요. 불이법, 이 하나의 진실밖에 없기 때문입니다. 악귀라는 것도 이 자리에서 나왔고 선신이라는 것도 이 자리에서 나왔지 어디 다른 데서 나온 것이 아닙니다. 그러니 사실은 악귀만 없는 것이 아니라 선신도 따로 없어요.

자기 마음 하나, 분별에서 만들어 냈을 뿐이지 악귀, 나찰, 지옥, 신 다 자기가 만든 것입니다. 부처도 자기가 만들었어요. 지옥이나 천당이나 다 자기가 만든 것입니다. 나를 뺀 부처도 따로 없고 극락세계도 따로 없어요. 있다면, 바로 지금 여기에 부처가 이미 드러나 있고, 극락세계가 환히 드러나 있을 뿐입니다.

『아미타경』에도 그렇게 나옵니다. 서방정토에만 극락세계가 있는 것이 아니라 진짜 서방정토는 바로 여기입니다. 그래서 한 발짝 떼서 발을 옮겨 곧장 극락세계 한가운데 도착한다고 합니다. 동서남북 어디를 가나 다 다양한 이름의 극락세계가 있다고 하는 것이 바로 여기가 극락세계라는 뜻이고, 『아미타경』의 진정한 의미입니다.

보현행원을 외우는 공덕

그러므로 이 보현행원을 외우는 사람은 세상살이에 어떠한 장
애도 없어 마치 하늘의 달이 구름을 벗어난 듯할 것이다. 그러
므로 모든 불보살님이 칭찬하시며 일체 천상 사람과 세상 사
람들이 다 예경하고 일체중생이 마땅히 공양하느니라.

이 선남자는 훌륭한 사람의 몸을 받되 보현보살의 공덕을 원
만히 갖추고 오래지 않아 보현보살과 같은 미묘한 몸을 성취
하여 대장부다운 32상(相)을 구족할 것이며, 만약 천상이나 인
간에 태어나면 나는 곳마다 항상 으뜸 되는 가문에 태어날 것
이요, 모든 악취는 다 없어지고, 나쁜 벗은 멀리 여의며, 모든
외도를 항복 받고, 온갖 번뇌를 모두 해탈하여 마치 큰 사자가
뭇 짐승들을 굴복시키듯 할 것이니, 능히 일체중생의 공양을
받을 것이니라.

是故로 若人이 誦此願者는 行於世間호대 無有障礙호미 如空中月이 出
於雲翳하야 諸佛菩薩之所稱讚이며 一切人天이 皆應禮敬이며 一切衆
生이 悉應供養이니 此善男子는 善得人身하야 圓滿普賢의 所有功德하
야 不久當如普賢菩薩하며 速得成就微妙色身하야 具三十二大丈夫相
하며 若生人天하면 所在之處에 常居勝族하야 悉能破壞一切惡趣하며
悉能遠離一切惡友하며 悉能制伏一切外道하며 悉能解脫一切煩惱호
미 如師子王이 摧伏群獸하야 堪受一切衆生供養하리라

이러한 경전 내용을 보면서 옛날에는 과장이 참 심하다고 생각했었는데요, 자세히 살펴보면 절대 과장이 아닙니다. 공부하다 보면 왜 과장이 아닌지를 알게 됩니다. '정말 이렇게 표현할 수도 있겠구나. 이렇게밖에 표현할 수가 없겠구나.' 하는 생각이 들곤 합니다. 오히려 부족하면 부족했지 전혀 과장된 표현이 아니라는 것을 깨닫게 됩니다.

보현행원을 외우는 공덕이 곧 10종대원을 서원하는 공덕이며, 그것이 곧 이 불법, 선, 마음공부, 중도를 실천하는 공덕입니다. 이 마음공부를 하게 되면 세상살이에 장애가 사라집니다. 장애가 다 있으면서도 더 이상 마음에서는 장애가 없고, 걸림이 없으며, 자유로워집니다. 당연히 이렇게 말할 수 있습니다. 마치 하늘의 달이 구름을 벗어나듯, 온갖 번뇌 망상의 구름에서 벗어나 쾌청하고도 청명한, 깨끗한 텅 빈 하늘을 그대로 드러내게 됩니다.

당연히 모든 불보살님이 칭찬하고, 세상의 온갖 성현(聖賢)들이 칭찬하고 존중하고 찬탄하게 됩니다. 천상 세계 신들이든, 인간계의 사람이든 모두가 다 이 사람을 예경하고 공양하고 공경하며 존귀하게 여기게 됩니다. 이 희유한 불법을 만난 것도 어려운데, 직접 공부하고 실천하니 어떻게 그러지 않을 수가 있겠습니까?

이런 공부인은 다시 태어나더라도 훌륭한 사람의 몸을 받고, 보현행원을 닦았으므로 보현보살의 공덕을 구족한 채 태어나며, 오래지 않아 보현보살과 같은 미묘한 몸을 성취하게 됩니다. 보현행원을 실천한다고 해서 당장에 보현보살의 미묘한 몸이 구족 되는 것은 아니겠지만, 점차 오래지 않아 그렇게 변해가게 됩니다.

사실 깨닫고 나면 참된 법신(法身)을 깨닫는 것이기에 법신에는 모습도 없고 형상도 없습니다. 그러나 이 형상 없는 몸을 설하면 중생들이 이해하지 못하기에, 중생들의 요구와 근기에 맞춰, 불법을 깨닫게 되면 대장부다운 32상, 즉 서른두 가지 중생들과는 다른 미묘하고 아름다운 몸의 특징을 지니게 된다고 방편을 만들었습니다. 그러니 여기서도 32상을 구족할 것이라고 했습니다.

또 옛날 사람들은, 특히 인도에서는 좋은 가문에 태어나는 것 자체가 중요했어요. 브라만, 크샤트리아, 바이샤, 수드라, 불가촉천민 중 무엇으로 태어나느냐에 따라 삶이 완전히 달라지기 때문입니다. 그러니 좋은 가문에 태어나는 것처럼 좋은 일이 없었죠. 그러니 그 상황에 맞게 이 공부를 하게 되면 좋은 가문에 태어난다고 했습니다. 부처님의 자비 방편에 고개를 숙이지 않을 수 없는 대목이죠.

또한, 모든 악취는 다 없어지고, 나쁜 벗은 멀리하게 되며, 모든 삿된 외도를 항복 받게 되고, 온갖 번뇌는 모두 해탈하게 된다고 설합니다. 능히 사자가 뭇 짐승을 굴복시키듯 모든 번뇌를 굴복시키고, 능히 일체중생의 공양을 받게 된다는 것입니다. 이런 것들이 전부 보현행원을 실천하는 공덕입니다.

보현행원의 공덕으로 극락세계에 왕생한다

또 이 사람이 목숨을 마치는 마지막 찰나에는, 육신은 모두 다 흩어지고 모든 친척 권속은 다 떠나고, 일체의 권세도 잃어

코끼리, 말, 수레와 보배, 비밀 창고의 재물들이 하나도 따라오지 않지만, 이 열 가지 서원은 서로 떠나지 않고 어느 때에나 앞길을 인도하여 한 찰나 동안에 극락세계에 왕생함을 얻으리라. 극락세계에 가서는 곧 아미타불과 문수보살, 보현보살, 관자재보살과 미륵보살 등을 뵈올 것이며, 이 보살들은 모습이 단정하고 공덕이 구족하여 아미타불 주위를 장엄하고 계실 것이니, 그때 그 사람은 제 몸이 절로 연꽃 속에서 태어나 부처님의 수기 받음을 스스로 볼 것이니라.

—

又復是人은 臨命終時最後刹那에 一切諸根이 悉皆散壞하며 一切親屬이 悉皆捨離하며 一切威勢가 悉皆退失하며 輔相大臣과 宮城內外와 象馬車乘과 珍寶伏藏인 如是一切가 無復相隨호대 唯此願王은 不相捨離하야 於一切時에 引導其前하야 一刹那中에 卽得往生極樂世界하나니 到已에 卽見阿彌陀佛과 文殊師利菩薩과 普賢菩薩과 觀自在菩薩과 彌勒菩薩等이니 此諸菩薩이 色相端嚴하며 功德具足하야 所共圍遶어든 其人이 自見生蓮華中하야 蒙佛授記하고

🪷

이 보현행원을 독송하고 수행하고 법을 공부하는 사람이 죽으면 이런 일이 벌어진다는 것입니다. 죽고 나면 당연히 세상에서 벌었던 돈이며 재산, 집, 가족, 명예 등 모든 것은 다 흩어지고 없어지기 마련입니다. 하지만 이 법을 공부한 공덕만은 없어지지 않고, 이 서원은 떠나지 않고 어느 때나 앞길을 인도해서 우리를 한 찰나에 극락왕생하도록 이끌어 준다는 것입니다.

이 세상의 모든 일은 전부 생멸법입니다. 생멸법이란 인연 따라 생겨나고 생겨난 것은 전부 사라질 수밖에 없는 것들이라는 뜻입니다. 그러나 이 공부는 불생불멸법입니다. 생겨난 바도 없고 사라질 수도 없는 '이것'을 확인하는 공부이기에 이 본바탕의 자성을 깨닫고 나면 불생불멸하는 영원한 진실에 눈뜨는 것입니다. 이것은 결코 사라질 수 없습니다. 이것이야말로 영원한 복락이며 극락입니다. 그리고 이 참된 마음의 본성을 확인하도록 이끄는 공부가 바로 보현행원의 10종대원입니다.

이런 것을 경전에서는 이렇게 썼어요. 그 당시 사람들은 견성이니 깨달음이니 이런 것은 너무 멀게 느껴졌고, 오직 극락세계에 왕생하는 것이 최상의 공덕이라고 느꼈기 때문입니다. 무엇이 극락일까요? 서방에 있는 것만 극락이 아니라, 참된 극락은 자기 마음을 깨닫는 것입니다. 자기 본성을 깨달으면 본래 극락이었음이 드러나기 때문입니다.

그러니 이 보현행원을 닦으면 극락세계에 왕생하며, 아미타불을 친견하고, 문수와 보현, 관자재, 미륵 등의 보살을 뵙게 됩니다. 온갖 좋은 벗들, 스승들, 이 법계를 장엄하고, 중생들을 깨달음으로 이끄는 법의 존재들을 친견하게 됩니다.

내가 만나는 것이 곧 나 자신입니다. 내가 보는 것이 곧 나입니다. 내 안에 있는 것만 볼 수 있습니다. 내가 준비되면 그때 부처님도 뵙고 스승도 뵙고 보살도 뵐 수 있지, 내가 준비되어 있지 않으면 극락 속에서도 극락을 모르고, 스승을 만나면서도 스승을 알아보지 못합니다. 그러나 이 보현행원을 닦게 되면, 부처

보현행원품과 마음공부

님을 친견하고 보살님을 친견하며 극락세계에 갈 수 있게 됩니다. 내가 바로 극락세계의 사람이 되어버린다는 뜻입니다.

바로 지금 눈앞에, 이 중생세간의 한가운데, 본래부터 극락세계가 펼쳐져 있었고, 누구든 본래불, 아미타불 아닌 분이 없었으며, 모든 주변에서 만나는 사람들이 그대로 보살님들 아님이 없었음이 밝혀진다는 것을 이렇게 쓴 것입니다.

그러니 자기의 몸이 저절로 연꽃 속에서 태어나죠. 자기 몸이 곧 법신 아님이 없음이 밝혀지고, 이 세상이 통으로 한 송이 연꽃과 같음을 깨닫게 되니, 연꽃 즉 진리 속의 사람으로 다시 태어나는 것입니다. 이것이 곧 부처님이 된다는 수기가 아니겠습니까? 자신이 본래부터 이미 수기를 받았음이 밝혀집니다. 이것도 말이고, 사실은 수기를 받고 말고도 없이, 본래부터 자기가 아미타불임이 밝혀지는 것입니다.

행원의 공덕으로 상구보리 하화중생한다

수기를 받고 나서는 무수한 백천 만억 나유타 겁을 지나도록 불가설불가설 세계에 널리 다니며 지혜의 힘으로 중생들의 마음을 따라 이롭게 할 것이며, 오래지 않아서 보리도량에 앉아 마군을 항복 받고 정각을 이루며, 법문을 베풀어 능히 불찰 극미진수 세계의 중생들로 하여금 보리심을 내게 하고, 그 근기에 따라 교화하여, 오래도록 모든 중생을 널리 이롭게 할 것이니라.

一

得授記已에 經於無數百千萬億那由他劫토록 普於十方不可說不可說世界에 以智慧力으로 隨衆生心하야 而爲利益하며 不久에 當坐菩提道場하야 降伏魔軍하고 成等正覺하야 轉妙法輪하야 能令佛刹極微塵數世界衆生으로 發菩提心하야 隨其根性하야 敎化成熟하며 乃至盡於未來劫海토록 廣能利益一切衆生하리라

🪷

    부처님께 수기를 받고 나서는 무수히 길고 긴 세월을 지나도록 무수히 많은 세계를 널리 다니며 지혜의 힘으로 중생들을 이익되게 합니다. 아미타불을 무량수불(無量壽佛) 혹은 무량광불(無量光佛)이라고도 부르는데요, 무량한 수명과 광명에 가득 편만해 계신 분이기에 그렇습니다. 이 말은 달리 말하면, 그 무량한 시간과 공간이 곧 바로 지금 여기이고, 따로 시간과 공간이 없음을 뜻합니다. 시간·공간을 초월하여 오직 눈앞에서 매 순간순간 지혜의 힘으로 중생들을 이익되게 하는 것이지요. 이것이 바로 보살의 행원이며, 보살의 보임(保任) 수행입니다.

    이렇게 보임 수행해 나가다 보면 결국 머지 않아 깨달음의 도량에 앉아 온갖 번뇌망상인 마군을 항복 받고, 완전한 깨달음을 얻게 됩니다. 완전한 정각을 성취하고 나면 무수히 많은 세계의 온갖 중생들에게 법문을 베풀어서 그들이 보리심을 내게 합니다. 중생들의 근기에 맞는 법문을 통해 교화함으로써 오래도록 중생들을 널리 이롭게 하고 깨달음에 이르게 합니다. 이것이야말로 보현행원의 수승한 공덕입니다.

노후에 할 수 있는 최상의 공부

선남자여, 저 중생들이 이 열 가지 원(願)을 듣고 믿고 받아 지니고 읽고 외우며 남을 위하여 설해 준다면 그 공덕은 부처님 외에는 알 사람이 없느니라. 그러므로 그대들은 이 원을 듣고 의심을 내지 말고 지성으로 받으며, 받아서는 읽고 읽고는 외우고 외우고는 항상 지니며, 내지 베껴 쓰고 남에게 설하여 주어라. 이런 사람들은 한생각 동안에 온 행원(行願)을 다 성취할 것이니 그 얻는 복덕은 한량없고 가없으며 능히 번뇌의 고해에서 중생들을 건져내어 마침내 생사를 멀리 여의고 모두 다 아미타불의 극락세계에 가서 나게 되리라."

―

善男子야 彼諸衆生이 若聞若信此大願王하야 受持讀誦하고 廣爲人說하면 所有功德이 除佛世尊하고는 餘無知者라 是故汝等은 聞此願王에 莫生疑念하고 應當諦受하며 受已能讀하며 讀已能誦하며 誦已能持하며 乃至書寫하야 廣爲人說이니 是諸人等은 於一念中에 所有行願이 皆得成就하며 所獲福聚가 無量無邊하야 能於煩惱大苦海中에 拔濟衆生하야 令其出離하야 皆得往生阿彌陀佛極樂世界하리라

🪷

『화엄경』「보현행원품」 보현보살의 열 가지 행원은 이 정도로 놀라운 공덕이 있습니다. 이 열 가지 보현행원을 현대적인 방법으로 여러분이 실천하기 가장 좋은 방식으로 쉽게 알려드려 본다면, 바로 절에 와서 법문을 듣고 공부하는 원이라고 할 수 있습니다.

너무나도 쉽고 간단한 보현행원의 실천이지요. 법문을 듣고 깨닫는 것이야말로 보현행원의 최종적인 길입니다. 법문을 들으면 저절로 보현보살의 10종대원이 다 실천될 수밖에 없습니다.

이 한 세상 현실 세계에서 돈도 벌고 사랑도 하고 자식도 키우고 할 건 다 하지만, 꾸준히 법문을 듣고 마음공부를 통해서 보현보살 행원을 실천하는 것만큼 놀랍고 큰 공덕이 없습니다.

내가 남은 평생 정말 내 온 존재를 바쳐서 해야 할 서원이 있고, 공부가 있다는 것이 얼마나 좋은 것인지 모릅니다. 보통 어르신들을 뵈면, 나이 들어가면서 할 일도 없고, 남들은 무시하고, 심심하고, 돈도 없고, 그런데 시간은 많으니, 그 무료한 시간을 어떻게 보내야 할지 몰라 고독사를 하기도 한다고 합니다.

그런 분이 이 공부를 만나면 정말이지 환희용약할 일이죠. 죽을 때까지 내 목숨 바쳐서 할 수 있고, 또 반드시 해야만 하는 공부가 생겼다는 것이 얼마나 기쁜 일입니까? 그런데 이것은 돈이 드는 일도 아니고, 힘든 것도 아니고, 오래 앉아 있어야 하는 것도 아니고, 절에 꼭 가지 않더라도 요즘은 유튜브로도 할 수 있고, 남는 시간 무료한 시간이 많을수록 그 시간을 법문 듣는 시간으로 바꿀 수 있으니 더욱더 좋습니다. 더욱이 이것은 하면 할수록 체감적으로 삶이 변화되고, 행복해지고, 자유로워지고, 가벼워집니다. 죽음이 두렵지 않게 됩니다. 삶과 죽음이 둘이 아님을 깨닫게 됩니다.

마음공부를 하면 노후가 정말 즐겁습니다. 마음공부가 즐거운 공부라는 것을 알면 노후가 마음껏 공부할 수 있는 축복 받은 시간이 될 것입니다.

제가 아는 지인 중에 높은 지위에 있다가 내려온 다음 굉장히 충격받은 분이 있었습니다. 그 자리에 있을 때는 사람들이 엄청난 대접을 해주었는데 그 자리에서 내려오자마자 대접을 안 해 줄 뿐만 아니라 완전히 무시하는 사람들도 있다는 겁니다. 본인이 상대방을 무시했으면 더 무시당할 수 있겠지만, 어쨌든 자리에 있을 때와 없을 때 대접은 완전 다릅니다. 그것을 그러려니 받아들이는 사람도 있지만, 충격으로 다가오는 사람도 있죠. 영원하지 않은 지위에서 내려온 것뿐인데 자기가 무너집니다. 자아의 추락을 경험하면서 엄청난 충격에 빠집니다.

이런 사람도 마음공부를 하면 달라집니다. 마음공부를 하면 혼자 있으면서도 충만합니다. 누군가의 대접을 받아서 기쁜 것은 정말 유치한 기쁨에 불과합니다. 상대방이 나를 인정해 주든 안 해 주든, 대접해 주든 안 해 주든 상관없이 자기중심이 딱 서게 됩니다. 이 좋은 내 공부 하기도 바쁜데, 남들을 신경 쓰겠어요?

일대사인연을 만난 기적

이 마음공부의 공덕, 보현행원의 공덕이 얼마나 큰지 사람들은 잘 모릅니다. 오직 부처님만이 그 공덕을 다 알 수 있습니다. 그러니 굳은 믿음을 가지고, 의심을 내지 말고, 지극정성으로 받들어 이 공부에 힘쓸 일입니다. 이 법문을 항상 받아 지니고, 읽고 외우고, 내지는 베껴 쓰고, 남들에게 설해 주라는 것입니다. 남에게 설하는 것이 곧 나에게 설하는 것입니다.

나 스스로 받아 지니는 것은 물론 타인에게까지 이 공부와 인연을 맺게 해 주게 되면, 결국 그 회향 공덕으로 인해 이 행원을 더욱 온전하게 성취하게 됩니다. 그렇게 해서 얻는 공덕은 한량이 없어 능히 모든 번뇌를 여의게 하고, 중생들을 고해에서 건져내 생사 해탈로 이끕니다. 아미타불의 극락세계로 이끕니다.

예로부터 최고의 경전이라고 칭송받는 『화엄경』에서 여러분을 공부시키려고 이렇게까지 얘기를 했는데 이 말이 어떻게 헛된 말일 수가 있겠습니까. 대한민국에 수천만 명의 인구가 있고, 온 세계에 80억의 인구가 있어도 불교, 마음공부와 인연이 있는 사람들이 그리 많지 않습니다.

마음공부에 발심한 여러분은 그것만으로도 '선택받은 뛰어나고 타고난 공부인이구나.'라는 자부심을 품으셔도 됩니다. 물론 공부한다는 상을 내라는 것도 아니고, 으스대라는 것도 아니죠. '내가 얼마나 복이 많으면 이 일대사인연(一大事因緣)인 공부를 만났겠는가. 참으로 알 수 없는 감사한 인연이구나.' 하는 마음이 드는 것이죠. 내면에서 태산 같은 자부심을 품고 '이 공부를 정말 간절히 해야겠다.'라는 발심을 이어 가시기 바랍니다.

중송(重頌)

게송으로 거듭 밝히다

이때 보현보살마하살은 이 뜻을 다시 펴려고 하여 시방을 두루 살피면서 게송으로 말하였다.[1]

◉ 모든 부처님께 예경하다

온 법계 허공계 시방세계 가운데
삼세의 한량없는 부처님들께
나의 깨끗한 몸과 말과 뜻으로
한 분도 빼지 않고 두루 예배합니다.

보현보살 행원의 크신 힘으로
한량없는 부처님 앞에 몸을 나투되
한 몸으로 티끌 같은 몸을 나타내

---

1   爾時에 普賢菩薩摩訶薩이 欲重宣此義하사 普觀十方하고 而說偈言하사대

티끌 수의 부처님께 절하옵니다.[2]

⊙ 모든 여래를 칭찬하다

한 티끌 속에 티끌 수의 부처 계시고
보살 대중 모인 속에 각각 계시고
온 법계의 티끌 속도 그와 같아서
부처님이 가득함을 깊이 믿으며

제각기 가지각색 음성으로
다함 없는 묘한 법문 널리 펴내어
오는 세상 모든 겁이 다할 때까지
부처님의 깊은 공덕 찬탄합니다.[3]

⊙ 널리 공양을 수행하다

가장 좋고 아름다운 묘한 꽃다발
좋은 음악 좋은 향기 좋은 일산들

---

2 禮敬諸佛 所有十方世界中에 三世一切人師子를 我以淸淨身語意로 一切徧禮
盡無餘호대 普賢行願威神力으로 普現一切如來前하며 一身復現刹塵身하야
一一徧禮刹塵佛이로다
3 稱讚如來 於一塵中塵數佛이 各處菩薩衆會中하니 無盡法界塵亦然이라 深信
諸佛皆充滿하고 各以一切音聲海로 普出無盡妙言詞하야 盡於未來一切劫토록
讚佛甚深功德海로다

보현행원품과 마음공부

이와 같이 가장 좋은 공양물들로
한량없는 부처님께 공양합니다.

가장 좋은 의복들과 가장 좋은 향
가루 향과 사르는 향, 등(燈)과 촛불을
하나하나 수미산의 높이로 쌓아
한량없는 부처님께 공양합니다.

넓고 크고 수승한 이 마음으로
시방삼세 부처님을 깊이 믿으며
보현보살 행(行)과 원(願)의 크신 힘으로
두루두루 부처님께 공양합니다.[4]

⊙ 모든 업장을 참회하다

지난 세상 내가 지은 모든 악업은
성 잘 내고 욕심 많고 어리석어
몸과 말과 뜻으로 지었사오니
내가 이제 남김없이 참회합니다.[5]

4　廣修供養 以諸最勝妙華鬘과 妓樂塗香及傘蓋인 如是最勝莊嚴具로 我以供養
　諸如來하며 最勝衣服最勝香과 末香燒香與燈燭을 一一皆如妙高聚하야 我悉
　供養諸如來하며 我以廣大勝解心으로 深信一切三世佛하고 悉以普賢行願力으
　로 普徧供養諸如來로다
5　懺除業障 我昔所造諸惡業이 皆由無始貪恚癡라 從身語意之所生이니 一切我今

⊙ 남의 공덕을 따라 기뻐하다

시방세계 여러 종류 모든 중생과
성문·연각·유학·무학 여러 이승(二乘)과
모든 부처 보살들의 온갖 공덕을
지성으로 모두 따라 기뻐합니다.⁶

⊙ 법륜 굴리기를 청하다

시방의 모든 세간 비추는 등불로
처음으로 큰 깨달음 이루신 분께
위없는 묘한 법문 설해 주시길
내가 지금 지성으로 권청합니다.⁷

⊙ 부처님이 세상에 오래 머무시기를 청하다

모든 부처 열반에 드시려 할 때
이 세상에 오래오래 머무르셔서
모든 중생 안락토록 구제하시길

皆懺悔로다
6 隨喜功德 十方一切諸衆生과 二乘有學及無學과 一切如來與菩薩의 所有功德
皆隨喜로다
7 請轉法輪 十方所有世間燈의 最初成就菩提者에 我今一切皆勸請하야 轉於無
上妙法輪이로다

지극정성 기울여서 청하옵니다.[8]

⊙ 널리 다 회향하다

예경하고 공양하고 찬탄한 복과
오래 남아 법문하시길 청한 공덕
따라서 기뻐하고 참회한 선근
중생과 불도에 회향합니다.[9]

⊙ 항상 부처님을 따라 배우다

내가 여러 부처님을 따라 배우고
보현보살 원만한 행 닦아 익혀서
지난 세상 시방세계 부처님들과
지금 계신 부처님께 공양하오며

여러 가지 즐거움이 원만하도록
오는 세상 부처님께 공양하옵고
삼세의 부처님을 따라 배워서

---

8 請佛住世 諸佛若欲示涅槃에 我悉至誠而勸請호대 惟願久住刹塵劫하사 利樂
   一切諸衆生이로다
9 普皆廻向 所有禮讚供養佛과 請佛住世轉法輪과 隨喜懺悔諸善根을 廻向衆生
   及佛道로다

보리도를 성취하기 원하옵니다. [10]

⊙ 항상 중생을 수순하다

한량없는 시방법계 모든 세계를
웅장하고 청정하게 장엄하옵고
부처님을 대중들이 둘러 모시어
보리수나무 아래 앉아 계시니

시방세계 살고 있는 모든 중생
근심 걱정 여의어서 항상 즐겁고
깊고 깊은 바른 법문 공덕을 얻어
온갖 번뇌 다 없기를 원하옵니다. [11]

⊙ 받아 지니기를 원하다

내가 보리 얻으려고 수행할 때에
내가 가는 곳곳마다 숙명통 얻고

---

10 常隨佛學 我隨一切如來學하야 修習普賢圓滿行호대 供養過去諸如來와 及與
　現在十方佛과 未來一切天人師하야 一切意樂皆圓滿이니 我願普隨三世學하야
　速得成就大菩提로다
11 恒順衆生 所有十方一切刹의 廣大淸淨妙莊嚴에 衆會圍遶諸如來가 悉在菩提
　樹王下하시며 十方所有諸衆生을 願離憂患常安樂하야 獲得甚深正法利하야
　滅除煩惱盡無餘로다

출가하여 모든 계행 깨끗이 닦아
때가 없고 계 지키고 번뇌가 새지 않으며

천과 용과 야차들과 구반다들과
사람들과 사람 아닌 이들에게까지
중생들이 쓰고 있는 여러 말로써
가지각색 음성으로 설법하였네.[12]

⊙ 자리(自利)와 이타(利他)를 수행하기를 원하다

청정한 바라밀다 꾸준히 닦아
어느 때나 보리심을 잊지 않았고
번뇌 업장 남김없이 소멸하고서
여러 가지 묘한 행을 모두 이루며

모든 번뇌 모든 업과 마군 경계도
세상살이 그 속에서 해탈 얻으니
연꽃잎이 물방울에 젖지 않듯이
해와 달이 허공중에 머물지 않네.[13]

---

12 受持願 我爲菩提修行時에 一切趣中成宿命하고 常得出家修淨戒하야 無垢無
破無穿漏하며 天龍夜叉鳩槃茶와 乃至人與非人等의 所有一切衆生語를 悉以諸
音而說法이로다

13 修行二利願 勤修淸淨波羅蜜하며 恒不忘失菩提心하야 滅除障垢無有餘하야
一切妙行皆成就하고 於諸惑業及魔境과 世間道中得解脫하야 猶如蓮華不着水

⊙ 중생들을 성숙시키기를 원하다

모든 악과 온갖 고통 모두 없애고
중생들에 평등하게 즐거움 주어
티끌겁이 다하도록 쉬지 않으니
시방중생 이익케 함 한량이 없네.

내 항상 중생들을 수순하리니
오는 세상 모든 겁이 끝날 때까지
보현보살 넓고 큰 행 항상 닦아서
가장 높은 깨달음을 성취하리라.[14]

⊙ 함께하여 떠나지 않기를 원하다

나와 함께 보현행을 닦는 도반들
어디서나 서로 함께 모여들어서
몸과 말과 뜻의 업을 똑같이 하고
모든 수행 모든 서원 같이 닦으며

하며 亦如日月不住空이로다

14 成熟衆生行願 悉除一切惡道苦하고 等與一切群生樂호대 如是經於刹塵劫토록
十方利益恒無盡하며 我常隨順諸衆生하야 盡於未來一切劫토록 恒修普賢廣大
行하야 圓滿無上大菩提로다

나의 일을 도와주는 선지식들도
보현보살 좋은 행을 가르쳐주고
우리들과 언제나 함께하시어
환희심을 일으키기 원하옵니다.[15]

◉ 공양하기를 원하다

바라건대, 부처님을 뵐 때마다
불자 대중 여래 곁에 모여들어서
넓고 크고 좋은 공양 차려 올리며
오는 세상 끝나도록 지칠 줄 몰라

부처님의 묘한 법을 받아 지니고
온갖 모든 보리행을 환히 밝혀서
깨끗한 보현의 도(道) 항상 닦아서
오는 세상 끝나도록 익혀지이다.[16]

---

15 不離願 所有與我同行者가 於一切處同集會하야 身口意業皆同等하야 一切行
   願同修學하며 所有益我善知識이 爲我顯示普賢行하고 常願與我同集會하야
   於我常生歡喜心이로다
16 供養願 願常面見諸如來와 及諸佛子衆圍遶하고 於彼皆興廣大供하야 盡未來
   劫無疲厭하며 願持諸佛微妙法하야 光顯一切菩提行하고 究竟淸淨普賢道하
   야 盡未來劫常修習이로다

⊙ 이익케 하기를 원하다

시방세계 모든 곳에 두루 다니며
닦아 얻은 복과 지혜 다함이 없고
선정 지혜 모든 방편 해탈법으로
다함 없는 공덕장을 모두 얻으리.

한 티끌에 티끌 수의 세계가 있고
세계마다 한량없는 부처님들이
간 곳마다 여러 대중 모인 속에서
보리행을 연설하심 항상 뵈옵네.[17]

⊙ 법륜 굴리기를 원하다

끝없는 시방세계 법계바다에
털끝만한 곳곳마다 삼세의 바다
한량없는 부처님과 많은 국토에
내가 두루 수행하기 여러 겁(劫)일세.

부처님의 말씀은 청정하시어

---

17 利益願 我於一切諸有中에 所修福智恒無盡하야 定慧方便及解脫에 獲諸無盡
功德藏하며 一塵中有塵數刹하고 一一刹有難思佛이어든 一一佛處衆會中에 我
見恒演菩提行이로다

한 말씀에 여러 가지 음성 갖추고
중생들이 좋아하는 음성을 따라
바다 같은 변재의 법문 설해 주시네.

삼세의 한량없는 부처님께서
이와 같은 다함 없는 법문 바다로
깊은 이치 묘한 법문 연설하시니
그 지혜로 깊이깊이 들어가리라.[18]

⊙ 정토(淨土)에 들기를 원하다

내가 능히 미래세에 깊이 들어가 보니
일체의 모든 겁이 한생각이요,
과거·현재·미래의 모든 세월이
한생각 나온 곳으로 돌아갑니다.

삼세의 한량없는 부처님들을
한생각 속에서도 모두 뵈오며
부처님의 경계 속에 늘 들어감은

---

18 轉法輪願 普盡十方諸刹海와 一一毛端三世海와 佛海及與國土海하야 我徧修
行經劫海로다 一切如來語淸淨하사 一言具衆音聲海하야 隨諸衆生意樂音하야
一一流佛辯才海하며 三世一切諸如來가 於彼無盡語言海로 恒轉理趣妙法輪이
어든 我深智力普能入이로다

요술 같은 해탈의 위력입니다.[19]

⊙ 부처님 섬기기를 원하다

한 터럭 아주 작은 티끌 속에서
삼세의 장엄한 세계 나타나며
시방의 티끌 세계 터럭 끝마다
내 모두 깊이 들어가 장엄하리라.

오는 세상 세간 비출 밝은 등불들
부처 되어 설법하여 중생 건지고
부처님 일 다 마치고 열반 보이면
내가 두루 나아가서 섬겨 모시리.[20]

⊙ 바른 깨달음 이루기를 원하다

재빠르게 두루 도는 신통의 힘과
넓은 문에 두루 드는 대승의 힘과

---

19 淨土願 我能深入於未來하야 盡一切劫爲一念하고 三世所有一切劫으로 爲一念
際我皆入하며 我於一念見三世의 所有一切人師子하고 亦常入佛境界中의 如幻
解脫及威力이로다
20 承事願 於一毛端極微中에 出現三世莊嚴刹하고 十方塵刹諸毛端에 我皆深入而
嚴淨하며 所有未來照世燈이 成道轉法悟群有하사 究竟佛事示涅槃이어든 我
皆往詣而親近이로다

지혜와 행(行) 널리 닦은 공덕의 힘과
위신력으로 덮어주는 자비의 큰 힘

깨끗하게 장엄하온 복덕의 힘과
집착 없고 의지 없는 지혜의 힘과
선정 지혜 좋은 방편 위신력과
원만하게 쌓아 모은 보리의 힘들

깨끗한 온갖 모든 선업(善業)의 힘과
온갖 번뇌 깨뜨려 부수는 힘과
마군들을 항복 받는 거룩한 힘과
보현행을 원만하게 닦은 힘으로[21]

⊙ 열 가지 원(願)을 모두 맺다

모든 세계 간 곳마다 청정 장엄해
한량없는 중생들을 해탈케 하며
다함없는 바다 법문 가려 알아서
지혜바다 깊이깊이 들어가리라.

---

21 成正覺願 速疾周徧神通力과 普門徧入大乘力과 智行普修功德力과 威神普覆
大慈力과 徧淨莊嚴勝福力과 無着無依智慧力과 定慧方便諸威力과 普能積集菩
提力과 淸淨一切善業力과 摧滅一切煩惱力과 降伏一切諸魔力과 圓滿普賢諸
行力으로

어디서나 모든 행을 깨끗이 닦고
가지가지 서원을 원만히 하며
부처님을 친히 모셔 공양하옵고
오랜 세월 싫증 없이 수행하며

삼세의 한량없는 부처님들의
가장 높은 보리(菩提)와 행(行)과 원(願)들을
내가 모두 공양하고 원만히 닦아
보현보살 행원으로 보리 이루리. 22

⊙ 보현보살과 같기를 원하다

온 세계의 부처님의 맏아들은
그 이름 거룩하신 보현보살님
내가 이제 모든 선근 회향하나니
지혜와 행 저 보살과 같아지이다.

몸과 말과 뜻의 업이 늘 청정하고
모든 행(行)과 세계 또한 그와 같나니

---

22 總結大願 普能嚴淨諸刹海하며 解脫一切衆生海하며 善能分別諸法海하며 能
甚深入智慧海하며 普能清淨諸行海하며 圓滿一切諸願海하며 親近供養諸佛海
하며 修行無倦經劫海하며 三世一切諸如來와 最勝菩提諸行願을 我皆供養圓
滿修하야 以普賢行悟菩提로다

보현행원품과 마음공부

이런 지혜 이름하여 보현이시니
저 보살과 같아지기 소원합니다.²³

⊙ 문수보살과 같기를 원하다

나는 이제 보현보살 거룩한 행과
문수보살 크신 서원 깨끗이 하여
저 일들을 남김없이 성취하리니
오는 세상 끝나도록 쉬지 않으리.

내가 닦는 행에는 한량없으니
다함 없는 모든 공덕 이루어가고
끝이 없는 온갖 행에 편히 머물러
가지가지 신통의 힘 요달하리라.

문수보살 용맹하고 크신 지혜와
보현보살 지혜의 행(行) 사무치고자
내가 이제 모든 선근 회향하여서
그 임들을 항상 따라 배우오리다.²³

---

23 結歸普賢 一切如來有長子하니 彼名號曰普賢尊이라 我今廻向諸善根하야 願諸
　智行悉同彼로다 願身口意恒淸淨하며 諸行刹土亦復然이니 如是智慧號普賢이
　라 願我與彼皆同等이로다
24 結歸文殊 我爲徧淨普賢行과 文殊師利諸大願하야 滿彼事業盡無餘하야 未來
　際劫恒無倦이로다 我所修行無有量하야 獲得無量諸功德하며 安住無量諸行中

⊙ 회향에 돌아가다

삼세의 부처님들 칭찬을 하신
이와 같이 훌륭하고 크신 서원들
내가 이제 그 선근을 회향하여서
보현보살 거룩한 행(行) 얻고자 합니다. 25

⊙ 정토에 태어나기를 원하다

원컨대 나의 목숨 마치려 할 때
온갖 번뇌 모든 업장 없애고 나서
저 아미타 부처님을 만나 뵈옵고
속히 극락세계 왕생하리라.

내가 이미 저 세계에 가서 난 다음
눈앞에서 이 큰 소원 모두 이루어
온갖 것을 남김없이 성취하여서
끝도 없는 중생들을 기쁘게 하리.

하야 了達一切神通力이로다 文殊師利勇猛智요 普賢慧行亦復然하니 我今廻向
諸善根하야 隨彼一切常修學이로다
25 結歸廻向 三世諸佛所稱歎인 如是最勝諸大願을 我今廻向諸善根하야 爲得普
賢殊勝行이로다

저 부처님께 모인 대중 청정하여라
나는 이때 연꽃 위에 태어나리니
아미타 부처님을 친히 뵈오면
그 자리서 보리수기 내게 주시리.

부처님의 보리수기 받들고 나서
마음대로 백억 화신 나타내어서
크고 넓은 시방세계 두루 다니며
이 지혜로 모든 중생 제도하리라.[26]

⊙ 열 가지 원을 모두 맺다

허공계와 중생계가 끝난다면은
이내 원(願)도 그와 함께 끝나려니와
중생들의 업과 번뇌 끝이 없으니
나의 원도 마침내는 다함 없으리.[27]

---

26 願生淨土 願我臨欲命終時에 盡除一切諸障礙하고 面見彼佛阿彌陀하야 卽得
往生安樂刹이로다 我旣往生彼國已에 現前成就此大願하야 一切圓滿盡無餘하
야 利樂一切衆生界로다 彼佛衆會咸淸淨이어든 我時於勝蓮華生하야 親觀如
來無量光이 現前授我菩提記로다 蒙彼如來授記已에 化身無數百俱胝하며 智力
廣大徧十方하야 普利一切衆生界로다

27 總結十門無盡 乃至虛空世界盡하야 衆生及業煩惱盡이여 如是一切無盡時니
我願究竟恒無盡이로다

⊙ 경(經)의 수승한 공덕

가이 없는 시방세계 가득히 쌓은
칠보로써 부처님께 공양한대도
가장 좋은 기쁨으로 천상 인간을
티끌겁이 다하도록 보시한대도

어떤 이가 거룩하온 이 서원들을
한 번 듣고 지성으로 믿음을 내어
좋은 보리 얻으려고 우러른다면
그 공덕이 저 복보다 훨씬 나으리.[28]

⊙ 여러 가지 수행(修行)의 이익

나쁜 벗은 언제나 멀리 여의며
나쁜 세상 영원토록 만나지 않아
아미타 부처님을 빨리 뵈옵고
보현보살 좋은 서원 갖추오리니

이 사람은 훌륭한 목숨을 얻고

---

28 經의 殊勝한 功德 가, 校量聞益 十方所有無邊刹에 莊嚴衆寶供如來하며 最勝
安樂施天人하야 經一切刹微塵劫이라도 若人於此勝願王에 一經於耳能生信하
야 求勝菩提心渴仰하면 獲勝功德過於彼로다

이 사람은 날 때마다 인간에 나서
이 사람은 오래잖아 보현보살의
그같이 크신 행원 성취하리라.

옛적에는 어리석고 지혜가 없어
다섯 가지 무간죄를 지었더라도
보현보살 이 서원을 읽고 외우면
한생각에 저 죄업이 사라지리니

날 적마다 가문 좋고 용모 잘나고
복과 지혜 모든 공덕 다 원만하여
마군이나 외도들이 어쩔 수 없어
삼계 중생 좋은 공양 받게 되리라.²⁹

⊙ 최후의 결과를 게송하다

오래잖아 보리수 아래 앉아서
여러 가지 마군들을 항복받나니
정각을 성취하고 법을 설하여

---

29 通顯諸行益 卽常遠離惡知識하며 永離一切諸惡道하고 速見如來無量光하야
具此普賢最勝願하면 此人善得勝壽命하며 此人善來人中生하며 此人不久當成
就 如彼普賢菩薩行하리라 往昔由無智慧力하야 所造極惡五無間이라도 誦此普
賢大願王하면 一念速疾皆消滅하며 族姓種類及容色과 相好智慧咸圓滿하며
諸魔外道不能摧하야 堪爲三界所應供하리라

가이 없는 중생들에 이익 주리라.[30]

⊙ 수지(受持)하기를 권하다

누구든지 보현보살 이 서원들을
읽고 외워 받아 지녀 연설한다면
부처님이 그 과보를 아시오리니
결정코 보리도를 얻게 되리라.

누구든지 이 서원을 읽고 외우라.
그 선근의 한 부분을 내 말하리니
한생각에 모든 공덕 다 성취하고
중생들의 청정한 원 성취하리라.

바라건대 보현보살 거룩한 행의
그지없이 훌륭한 복 다 회향하여
삼계고해 빠져 있는 모든 중생들
아미타불 극락세계로 어서 가소서.[31]

---

30 速詣菩提大樹王하야 坐已降伏諸魔衆하고 成等正覺轉法輪하야 普利一切諸含識하리라

31 結勸受持 若人於此普賢願에 讀誦受持及演說하면 果報唯佛能證知니 決定獲勝菩提道하리라 若人誦此普賢願하면 我說少分之善根을 一念一切悉皆圓하야 成就衆生淸淨願하리라 我此普賢殊勝行의 無邊勝福皆廻向하야 普願沈溺諸衆生으로 速往無量光佛刹하여지이다

여래(如來)의 찬탄(讚歎)
여래가 찬탄하다

이때 보현보살마하살이 부처님 앞에서 이러한 보현의 큰 서원과 청정한 게송을 읊자 선재 동자는 한량없이 기뻐 뛰놀고 여러 보살은 크게 즐거워했으며, 부처님께서는 "훌륭하도다, 훌륭하도다." 하시며 찬탄하셨다.

—

爾時에 普賢菩薩摩訶薩이 於如來前에 說此普賢廣大願王淸淨偈已하신대 善財童子가 踊躍無量하며 一切菩薩이 皆大歡喜어늘 如來가 讚言하사대 善哉善哉라하시니라

🪷

선재동자, 보현보살 10종대원을 듣고 깨어나다

보현보살이 부처님 앞에서 이러한 보현보살의 10종대원의 큰 서원과 게송을 읊자, 선재동자와 여러 보살들은 한없이 기뻐하고 즐거워했으며, 부처님 또한 그 훌륭함을 찬탄하십니다.

선재동자(善財童子)는 『화엄경』 「입법계품」에 등장하는 구도자로

53명의 선지식(善知識)을 찾아 천하를 두루 다니다가 마지막으로 보현보살을 만나서 그의 10종대원을 듣게 됩니다. 그 공덕으로 아미타불의 극락국토에 왕생하여 입법계(入法界), 즉 법계로 들어가는 큰 뜻을 이루었다고 합니다.

선재 동자는 발보리심(發菩提心)을 일으킨 뒤, 문수보살을 만나 "보살이 어떻게 보살도를 배우며, 보현행을 원만히 할 수 있는가?"를 묻고, 이에 문수는 "참된 지혜를 성취하려면 선지식을 구함에 게으르지 말아야 하고, 선지식의 가르침에 따라 배우며, 선지식의 방편의 가르침에 허물을 보지 말아야 한다."라고 가르칩니다.

이 가르침을 따라 선재 동자는 남쪽으로 가서 덕운 비구로부터 시작해 차례로 53선지식을 친견하고 법문을 들으며 보현행을 완성해 나아가고, 그러다가 마지막에 이르러 보현보살을 만나 10종대원의 법문을 듣고는 비로소 비로자나의 법계에 들어가게 됩니다.

이 보현보살의 10종대원이 가지는 참된 뜻을 깨닫고 실천하게 된다면 참된 진리의 세계로 들어가게 됩니다. 아니, 들어가고 나간다는 것도 방편이고, 내가 곧 법계이고, 내가 곧 우주이며, 내가 곧 부처요, 진리 그 자체임을 깨닫게 됩니다.

선재동자가 53명의 선지식을 두루 참방하며 다니고서 마지막으로 보현보살의 10종대원을 듣고 입법계 했다는 사실은, 그만큼 『화엄경』의 「보현행원품」과 보현보살의 10종대원이 중요하다는 사실을 암시합니다. 모든 선지식을 두루 참방하고 배우더라도 결국에 이 보현행원을 실천해야 완전한 깨달음에 이르게 된다는 것입니다.

53명의 선지식을 만나 배우고 깨달은 것을 실천하게 되면 그것이 바로 10종대원의 실천입니다. 즉 팔만대장경 모든 가르침의 실천이 곧 이 10종대원의 실천이라는 의미입니다.

왜 그럴까요? 참된 수행자라면 이 열 가지 서원을 세우고 실천할 수밖에 없기 때문입니다. 분별 망상에 끌려다니며 살던 중생이 한생각 발심하여 구도의 길을 가게 되면, 가장 먼저 부처님을 진심으로 예경하고 찬탄함으로써 나도 저 길을 가야겠다는 서원을 세우게 됩니다. 이것이 제1 예경제불원, 제2 칭찬여래원이죠.

그리고는 부처님을 따라 부처님과 일체중생들에게 보시하고 공양하고 나누는 삶을 살게 됩니다. 이 공부는 아상(我相), 아집(我執)으로 '나'만 잘 되자는 삶을 살던 중생이 돌이켜 나를 내려놓는 길이기 때문입니다. 나와 일체중생이 둘이 아님을 깨닫는 길이기 때문입니다. 이것이 제3 광수공양원입니다.

이제 본격적인 구도자의 길에 들어가기에 앞서, 자신이 지난 과거 어리석은 중생으로 살 때 지었던 수많은 죄업을 참회하게 됩니다. 이것이 제4 참회업장원이죠.

이렇게 참회를 통해 마음이 맑게 비워지면 본래 있던 본연의 공덕들이 드러나기 시작하고, 이 세상에 본래부터 있던 참되고 진실한 온갖 공덕들이 눈에 띄기 시작합니다. 저절로 진리의 공덕과 붓다의 공덕들을 함께 따라서 기뻐하게 됩니다. 지난 세상 이 세상은 온통 중생과 이기심과 다툼들, 어둡고 탁한 일들 뿐이었는데, 이 공부 길로 들어서면서 점차 그런 어두운 것은 거두어지고, 본래 있던 눈부시고 아름다운 공덕들이 조금씩 드러나기 시작합니다. 그 공덕을 진심으로 기뻐하는 것이 제5 수희공덕원입니다.

이렇게 불법 문중에 들어와 부처님을 예경·찬탄·공양하고, 지난 과거의 업장을 참회하며, 진리의 공덕을 수희하게 되면 이제부터는 본격적인 공부의 길로 들어서게 됩니다. 부처님께 진리의 말씀을 청하게 되고, 부처님께서 이 세상에 오래 머무시기를 발원하게 되며, 항상 부처님을 따라 배우기를 서원합니다. 법문을 청해 듣다 보면 저절로 이 법문이 가슴을 파고들어 깊은 공명과 감동, 감화의 울림이 있게 되고, 그것은 저절로 진심 어린 청불주세로 이어집니다. 부처님께서 이 세상에 부디 오래 머물러 오래오래 법문을 설해 주시기를 발원하게 됩니다. 그러면서 상수불학, 즉 항상 부처님을 따라 배우기를 더 깊이 생명을 다해 서원하게 됩니다.

이때가 되면 참으로 진지하게 간절하게, 머리로 이해하는 것이 아닌 활짝 열린 가슴으로 법문을 받아들여 지니게 됩니다. 그러면서 법문이 내 안에 완전히 받아들여지게 되고, 하나가 됩니다. 이렇게 지극정성으로 법문을 청하고 듣고 받아지니다 보면, 문득 법문 끝에 깨닫게 되는 언하대오(言下大悟)의 깨달음이 찾아옵니다.

바로 이 본격적인 공부의 길, 중도의 길에는 이처럼 부처님과 부처님의 법문이 있으니, 이것이 바로 제6 청전법륜원, 제7 청불주세원, 제8 상수불학원입니다.

이렇게 부처님께 법문을 청해 듣고 깨닫게 되면 내가 곧 일체중생과 둘이 아님을 깨닫게 되기에, 저절로 중생을 수순하여 일체중생을 깨달음으로 이끌게 되고, 이 공덕을 남김없이 일체중생에게 회향하게 됩니다. 이것이 바로 제9 항순중생원, 제10 보개회향원입니다.

3장

유통분

믿고 받들어 행하다

1. 지소설법(指所說法)
법을 설하여 가르치다

그때 부처님께서 거룩한 여러 보살마하살과 함께 이 헤아릴
수 없는 해탈 경계의 훌륭한 법문을 연설하실 때,

———

爾時에 世尊이 與諸聖者菩薩摩訶薩로 演說如是不可思議解脫境界
勝法門時에

2. 시회대중(時會大衆)의 신수봉행(信受奉行)

모임의 대중들이 모두 수지하다

문수사리보살을 우두머리로 한 여러 큰 보살들과 그들이 성숙시킨 육천 비구와 미륵보살을 우두머리로 한 일생보처(一生補處)로서 정수리에 물을 붓는 지위에 있는 모든 큰 보살과 시방의 여러 세계에서 모여온 모든 세계의 아주 작은 티끌같이 많은 수의 모든 보살마하살들과 큰 지혜 있는 사리불 마하목건련을 우두머리로 한 모든 큰 성문과 천상·인간의 모든 세간 주인들과 하늘·용왕·야차·건달바·아수라·가루라·긴나라·마후라가·사람인 듯 사람 아닌 듯한 따위의 일체 대중들이 부처님의 말씀을 듣고 모두 크게 기뻐하여 믿고 받들어 행하였다.

—

文殊師利菩薩이 而爲上首하시며 諸大菩薩과 及所成熟六千比丘와 彌勒菩薩이 而爲上首하시며 賢劫一切諸大菩薩과 無垢普賢菩薩이 而爲上首하시며 一生補處로 住灌頂位한 諸大菩薩과 及餘十方種種世界에 普來集會한 一切刹海極微盡數諸菩薩摩訶薩衆과 大智舍利弗과 摩訶目犍連等이 而爲上首어든 諸大聲聞과 幷諸人天一切世主와 天龍夜叉乾闥婆阿修羅迦樓羅緊那羅摩睺羅伽와 人非人等의 一切大衆이 聞佛所說하사옵고 皆大歡喜하야 信受奉行하시니라

이 법문을 듣고 기뻐하여 믿고 받들어 행하다

부처님께서 이와 같은 헤아릴 수 없는 해탈 경계의 훌륭한 법문을 연설하실 때, 온갖 보살들과 비구와 인간, 천상신을 비롯한 일체 대중들이 부처님의 말씀을 듣고 모두 크게 기뻐하고 믿고 받들어 행하였습니다.

일생보처(一生補處)란 한 생을 마친 후에 부처의 자리를 보충한다는 뜻으로, 한 번의 미혹한 생을 마치면 다음 생에는 성불하는 보살의 최고의 경지를 뜻합니다. 예를 들어 미륵보살은 지금 도솔천에서 수행중이라고 하는데요, 그 생을 마치면 인간으로 태어나 성불하여 석가모니불의 자리를 보충한다는 것입니다.

'정수리에 물을 붓는 지위'는 부처님이 지혜의 물을 정수리에 붓는 것이, 마치 인도에서 왕자에게 국왕이 손수 바닷물을 정수리에 부어 줌으로써 국왕이 되도록 하는 것과 같으므로, 부처님의 불사(佛事)를 감당할 만한 지위의 보살을 말합니다.

이와 같은 문수보살, 미륵보살, 일생보처보살, 정수리에 물 붓는 지위의 보살, 그 외에 일체 티끌같이 많은 수의 보살과 육천의 비구, 성문승, 사람뿐 아닌 천상신들, 팔부신중, 인비인(人非人) 등 일체의 모든 대중이 부처님의 말씀을 듣고 기뻐하며 믿고 받들어 행하였다는 것으로 「보현행원품」을 마무리하고 있습니다.

사실 이런 일체의 모든 보살과 인천(人天)과 팔부신중, 인비인 등이라고 한 것은 바다 위의 물결처럼 이 하나의 마음 위에 드러난 그림자일 뿐입니다. 그런 존재들이 실제로 있어서 그렇게 말한 것이라기보다는, 일체 모든 존재라면 전부 다 부처님의 이 해탈법문을 듣고 찬탄하지 않을 수 없다는 것을 뜻합니다. 그 모든 존재가 전부 이 마음일 뿐이기 때문입니다. 그런 온갖 낱낱의 존재가 따로 있는 것이 아니라 오직 이 마음 하나뿐, 법신 하나뿐이기 때문입니다.

보현행원품과 마음공부

초판 1쇄 인쇄 | 2024년 6월 1일
초판 1쇄 발행 | 2024년 6월 5일

지은이 | 법상

펴낸이 | 윤재승
펴낸곳 | 민족사

주간 | 사기순 기획편집팀 | 정영주
기획홍보팀 | 윤효진 영업관리팀 | 김세정

출판등록 | 1980년 5월 9일 제1-149호
주소 | 서울 종로구 삼봉로 81 두산위브파빌리온 1131호
전화 | 02)732-2403, 2404 팩스 | 02)739-7565
홈페이지 | www.minjoksa.org
페이스북 | www.facebook.com/minjoksa
이메일 | minjoksabook@naver.com

ⓒ 법상, 2024

ISBN 979-11-6869-054-7 03220

※책값은 뒤표지에 있습니다. 잘못된 책은 바꿔 드립니다.
※저작권법에 의하여 보호를 받는 저작물이므로 무단으로 복사,
 전재하거나 변형하여 사용할 수 없습니다.